U0541364

国家社科基金重点项目（14AFX010）
云南大学高端智库建设项目资助（2018）

# 中国特色
# 财产申报制度研究

郭强华 著

中国社会科学出版社

图书在版编目（CIP）数据

中国特色财产申报制度研究/郭强华著.—北京：中国社会科学出版社，2019.8

ISBN 978 – 7 – 5203 – 4760 – 0

Ⅰ.①中⋯　Ⅱ.①郭⋯　Ⅲ.①家庭财产—登记制度—研究—中国　Ⅳ.①D922.110.4

中国版本图书馆 CIP 数据核字（2019）第 154427 号

| | | |
|---|---|---|
| 出 版 人 | 赵剑英 | |
| 责任编辑 | 孔继萍 | |
| 责任校对 | 张依婧 | |
| 责任印制 | 郝美娜 | |

| | | |
|---|---|---|
| 出　　版 | 中国社会科学出版社 |
| 社　　址 | 北京鼓楼西大街甲 158 号 |
| 邮　　编 | 100720 |
| 网　　址 | http://www.csspw.cn |
| 发 行 部 | 010 – 84083685 |
| 门 市 部 | 010 – 84029450 |
| 经　　销 | 新华书店及其他书店 |
| 印　　刷 | 北京君升印刷有限公司 |
| 装　　订 | 廊坊市广阳区广增装订厂 |
| 版　　次 | 2019 年 8 月第 1 版 |
| 印　　次 | 2019 年 8 月第 1 次印刷 |
| 开　　本 | 710×1000　1/16 |
| 印　　张 | 24 |
| 插　　页 | 2 |
| 字　　数 | 368 千字 |
| 定　　价 | 138.00 元 |

凡购买中国社会科学出版社图书，如有质量问题请与本社营销中心联系调换
电话:010 – 84083683
**版权所有　侵权必究**

# 目 录

**第一章 境外财产申报制度** ……………………………… (1)
  第一节 美国财产申报制度 …………………………… (1)
  第二节 英国财产申报制度 …………………………… (15)
  第三节 法国财产申报制度 …………………………… (24)
  第四节 俄罗斯财产申报制度 ………………………… (35)
  第五节 越南财产申报制度 …………………………… (45)
  第六节 中国香港财产申报制度 ……………………… (51)
  第七节 中国澳门财产申报制度 ……………………… (62)

**第二章 中国财产申报制度** ……………………………… (75)
  第一节 古代中国财产申报制度典故 ………………… (75)
  第二节 当代中国财产申报制度探索 ………………… (86)
  第三节 当代中国财产申报制度研究 ………………… (90)
  第四节 当代中国财产申报制度案例 ………………… (103)
  第五节 当代中国财产申报制度分析 ………………… (123)

**第三章 如何建构中国特色财产申报制度:基于问卷调查的实证研究** ……………………………………………… (138)
  第一节 对建构中国特色财产申报制度的问卷调查 …… (138)
  第二节 对财产申报灰色收入、多套房产的认知与
        容忍度问卷调查 ……………………………… (156)

## 第四章　中外财产申报制度比较:基于制度文本的实证研究 …………（164）
第一节　国外财产申报制度研究:基于14份制度文本词频
统计分析 ………………………………………………（164）
第二节　国内财产申报制度研究:基于中央与地方制度词
频统计分析 ……………………………………………（177）
第三节　中外财产申报制度研究:基于制度文本词频统计的
比较分析 ………………………………………………（191）

## 第五章　中国特色财产申报制度影响因素研究:基于公众认知
意愿视角 ………………………………………………（196）
第一节　中国特色财产申报制度认知、意愿与影响因素的
问卷调查 ………………………………………………（196）
第二节　公众对中国特色财产申报制度认知、评判与意愿
问卷调查 ………………………………………………（200）
第三节　中国特色财产申报制度影响因素实证研究 ………（212）

## 第六章　中国特色财产申报制度总体设计 ………………………（224）
第一节　中国特色财产申报制度内涵特色 …………………（224）
第二节　中国特色财产申报制度设计指导思想 ……………（231）
第三节　中国特色财产申报制度立法模式 …………………（233）
第四节　中国特色财产申报制度立法时间表 ………………（236）
第五节　中国特色财产申报制度的立法路线图 ……………（240）
第六节　中国特色财产申报制度具体设计 …………………（245）
第七节　中国特色财产申报制度推行策略 …………………（264）
第八节　《中华人民共和国公职人员财产申报法(草案)》……（270）

## 第七章　中国特色财产申报审计公示制度设计 …………………（276）
第一节　制度建设的必要性与可行性 ………………………（276）
第二节　中国特色财产申报审计方法 ………………………（280）
第三节　中国特色财产申报审计内容 ………………………（294）

第四节　中国特色财产申报审计公示 …………………（299）
　　第五节　中国特色财产申报责任追究 …………………（302）

**第八章　中国特色财产申报审计信息管理系统设计** ……………（308）
　　第一节　中国特色财产申报审计信息管理系统的总体设计 ……（309）
　　第二节　中国特色财产申报审计信息管理系统的功能设计 ……（321）
　　第三节　中国特色财产申报审计信息管理系统的集成设计 ……（328）

**第九章　新修订《规定》与新制定《办法》的再修订与再完善** ………（343）
　　第一节　新修订《规定》与新制定《办法》的中国特色 …………（343）
　　第二节　新修订《规定》与新制定《办法》的新问题 ……………（346）
　　第三节　完善新修订《规定》与新制定《办法》建议 ……………（348）

**参考文献** ……………………………………………………………（355）

**附　录** ………………………………………………………………（360）
　　附录一　建设有中国特色财产申报制度的问卷调查 ……………（360）
　　附录二　中国特色财产申报制度及其影响因素问卷调查 ………（365）
　　附录三　公众对官员房产、存款与灰色收入容忍程度调查 ……（367）
　　附录四　依法治国下国家审计相关重要问题的问卷调查 ………（373）

**后　记** ………………………………………………………………（377）

# 第 一 章

# 境外财产申报制度

## 第一节 美国财产申报制度

美国公职人员财产申报经过一百多年的发展已经相当完善,这一制度的系统性、全面性值得我们学习研究。首先,它内容翔实周密,在政府道德法等约束公职人员行为的法典中,有关财产申报的规定就多达4万多页,相当于一部宏大的法典。其次,美国财产申报制度注重对腐败的事前预防。最后,美国的历届政府都十分重视财产申报制度建设,不断对公职人员财产申报制度的条款进行修订和补充,因此,美国财产申报制度也不是一蹴而就的,是在100多年的实践中渐进式发展的结果。

联邦公职人员财产申报制度是从最初作为一项道德约束,发展到逐步明确的法律规定,再逐渐发展为美国反腐败法律。美国财产申报制度主要包括1978年的《政府道德法》、1989年的《道德改革法》、2011年的《政府部门雇员道德行为准则》及《美国法典》,其中《道德改革法》单独用一篇的内容详细介绍了公职人员财产申报的各类要求[1]。

### 一 美国财产申报制度内容

美国对立法、行政和司法三个系统实行统一的财产申报制度,该制度在世界上具有典型意义。

---

[1] 熊鹤林:《美国联邦公职人员财产申报制度探析》,硕士学位论文,华南师范大学,2015年,第30页。

(一) 申报主体

1. 联邦立法部门需申报的公职人员。

国会是美国最高的立法机关,执行宪法所规定的立法权,由参议院和众议院两个部分组成。参、众两院中100名参议员和435名众议员均需要申报财产。同时,除了参、众两院正式成员及副总统外,报酬由所在的部门秘书支付发放的相关助理人员,只要在连续60个工作日内所获得的薪俸大于等于行政15级最低工资比率的人员,该部门至少有一位主要助理人员需要进行财产申报。

2. 联邦行政部门需申报的公职人员。

在行政部门中,主要有以下公职人员需要进行财产申报:总统、副总统;行政级别在GS-15级以上的职员;虽不在行政级别序列,但基本工资大于等于行政15级基本薪酬比率的人员。或者在上述范围外的,与制定政策有关的非公开招聘人员,如:由总统任命的委员会成员;由政府各部门任命的法律顾问;军队中军官工资等于或高于0—7级者;邮政管理局中的总局长、副局长;管委会委员及邮政服务人员;邮资委员会的成员中工资大于等于行政15级最低工资比率的人员;政府道德办公室主任及由其认定的高级公职人员等。

3. 联邦司法部门需申报的公职人员。

《政府道德法》对司法系统的财产申报还做了单独规定。最高法院的首席大法官和大法官、上诉法院法官;以上法院中的公职人员中基本工资大于等于行政15级最低工资比率的人员,均需要进行财产申报。此外还包括政府内的司法部门、税务法院、军事上诉法院及退伍军人上诉法院中被授权的在相关的司法诉讼活动中,履行了审判职能的非审判人员,或者所获得的偿付比率大于等于15级薪俸最低工资比率的人员。另外,为了预防司法腐败,美国在《政府道德法》中进一步规定,有意愿参加联邦政府公职竞选的公民也需要申报财产。

(二) 申报客体

美国公职人员财产申报的范围较广,从财产申报书的具体内容来看,主要包括"劳务所得和投资收益""买卖交易""赠与及赔偿费""债务"等。具体内容主要有以下六个方面。

（1）财产和收入。需要申报的财产主要包括：本人主要住处以外的超过1000美元的房地产购置、出售；超过1000美元的股票、债券及其他有价证券的买卖和交换；总额在5000美元左右的抵押物。

收入方面的申报。用于投资或能够产生超过1000美元收入的自产粮食、牲畜或用于出售或投资的收藏品等，均需要进行财产申报。上一年从资产和经营中所获得的超过200美元的利息、版税、租金、资本收益以及工资、佣金、演讲费、服务费等其他补偿性劳动收入，也需要进行财产申报。财产申报制度对公职人员配偶的收入也做了相应的申报规定，其把申报起点定为1000美元，并且规定只申报来源而不论具体数量。同时，正准备离婚或永久分居的夫妇，同居而没有构成婚姻关系，对于配偶没有申报要求。公职人员所抚养子女的收入，其在联邦政府任职期间的工资以及各类退休、社会福利、补助等也不需要申报。

（2）买卖交易。对于房地产、证券、债券以及各类有价证券，要申报其价值等级、交易情况、日期和种类等，不需报告其实际数量。对于此类财产不管在买卖交易中是否盈利都需要申报且不受200美元起点的限制。此项内容不需要申报的情况包括：初次任职的，家庭成员之间的买卖交易、现金账户和支票、国库券等。

（3）馈赠的礼物、旅行补偿、其他补偿馈赠需要申报的情况主要包括以下几个方面。第一，当申报人及其配偶所抚养子女在接受衣食住行方面的馈赠、款待、各种补偿、赠品大于等于250美元的，需要简单描述礼物来源、特性、价值。第二，馈赠如果是来自同一人或同一单位，当累计满250美元时就需要申报。第三，除了衣食住行外，所接受的其他礼物价值等于或超过100美元时，也需要描述其来源、特性与价值，来自同一单位或个人的礼物应累计。旅行补偿要按照实际的估值单独分类。其他补偿则是在前一个自然年度内所收到的250美元以上的补偿（包括赔偿），需要对其来源、特性、价值等方面进行简单的描述并报告。对于5000美元以上补偿的来源，要注明款项来源的姓名、地址和所受服务的性质。但是，适当的亲戚赠与、遗赠及遗产，做纪念的小礼品，好友非商业目的的礼物，单位之间往来性质的报纸杂志，或者出国时由国外政府提供的适当补偿，不用申报。

（4）债务。这里的债务主要指申报人及其配偶、抚养子女所产生的超过一万美元的债务，即使在申报期间降到1万美元以下，也需申报，这里包括非公经营所产生的各类债务，包括学生贷款、个人限额信贷、租借抵押贷款等。但是，对于所发生的父母、配偶、兄弟、子女之间的债务，抵押或担保贷款，不超过1万美元的借贷充值账户，离婚或永久分居所带来的负债等则不需要申报。

（5）任职协议和清算。公职人员从过去延续下来的安排，如继续参加养老金计划等；未来打算任职的协议或安排，包括对未来的任职打算，原雇主需继续支付的解雇费用、福利计划等各类清算，需要把种类、时间、当前状况等进行申报。

（6）兼职情况。申报人在联邦政府工作以外的有偿兼职或者无偿兼职，如担任盈利或非盈利机构职务，做各类合伙人、代理、顾问等都需要进行说明。但如果申报人担任的是名誉职务或普通会员，在宗教、社区组织中的兼职以及代表美国政府所行使的官方身份的兼职情况不用申报。

（三）申报的受理机构

政府道德署负债受理。《政府道德法》规定在政府人事管理局内设立政府道德管理办公室，专门负责高级行政人员的财产申报公示和协调人事管理局对行政人员的监督。1989年10月，该政府道德管理办公室成为独立的副部级单位，也就是现在的政府道德署，它由总统直接领导。政府道德署按照其职能设有局长办公室、律师及法规办公室、教育办公室、计划监督和协助办公室、行政办公室等部口。局长办公室的职能主要是为政府各部口的廉政工作提供指导方针，并使其按照法规要求及总统的廉政命令来行事。律师及法规办公室主要负责修改有关法规和政策，帮助各部口贯彻执行道德行为管理，同时，还要负责高级政府公职人员的财产申报公示及非法所得财产剥夺等事项。教育办公室主要通过开设培训班、召开研讨会等形式落实对公职人员高质量的道德教育计划。计划监督和协助办公室通过监督年度道德行为管理计划实施情况，来督促各部口公职人员遵守廉政法规。此外，道德准则办公室则是政府道德署设在政府各主要部口的代表机构。为帮助各部门实施道德行为管理计划，政府道德署还任命了一批联络官，同各个部、署机构的道德官员联系，为他们提供信息、资料等帮助。

（四）申报时间

1. 首次任职申报。

首次任职的官员，必须在任职 30 天之内把本人、配偶以及子女的财产状况通过填写、提交财产申报单进行财产申报。由总统提名并由参议院核准的官员，则需在提名后 5 天内把财产状况进行全面申报，以便参议院和廉政署进行审查、核实。总统只要在公开场合宣布要任命某人担任某项要职，则他就需要在总统正式向参议院提名的 5 天内提交财产报告。根据"联邦选举法"选出的总统、副总统、国会议员候选人资格的人员，应在 30 日内，或在当年的 5 月 15 日当天或之前但不能晚于选举日的 30 天内，必须提交财产申报报告。但如果是不超过 60 天的短期政府工作则不需要进行财产申报。单位之间的职务调动，只需要提供原单位的最近一次本人的财产报告复印件，不需要重新进行财产申报。

2. 在职申报。

需要申报的政府官员或雇员，在一个日历年度内担任职务超过 60 天，需要在不晚于次年 5 月 15 日申报上一个年度的财产状况。

3. 离职申报。

公职人员在离职 30 天内需要提交相关的离职财产报告，如果在每年的 5 月 15 日后的 90 天内离职，可在得到廉政署同意的情况下，提交一个在职与离职的混合报告。

（五）申报的审查与受理

1. 关于申报的审查。

各部门指派的道德监督官员或者相关各部部长，应当在申报提交之日起 60 日内进行审查。道德办公室主任对向其传递的报告在接受传递之日起 60 日内进行审查。各国会道德委员会和司法会议，应当在接收申报提交之日起 60 日内进行审查。

2. 关于合规申报的签署。

经审查，财产申报符合相关法律、法规的，审查人应当签署该报告，并陈述其同意该报告的主张。如果在审查之后发现需要提供相应的附加信息，审查人则需要告知被审查人应该提供的具体附加信息，并且说明可以最后提交的期限。审查后发现申报人所提交的信息和相关法律法规有不符的，应通知该申报人，并允许其进行书面或口头申辩，然后再判断报告人的行为是否符合相关法律法规。如果符合条件，审查人应当签署该报告，并陈述其同意该报告的主张。

3. 关于不合规申报的处理。

对于申报人进行书面或者口头申辩后，仍认为其不符合相关法律、法规的，审查人应该通知该申报人这一情况，在可行的条件下，给予申报人咨询的机会，并告知申报人可采取的措施。这些措施主要包括：剥夺、归还、建立一个保密委托、请求豁免、自愿辞职等。对于未在规定期限采取措施的不合规申报人员，如果他的任命或任职当由参议院同意的，该事项应提交给总统来处理。对于未在规定期限采取措施的不合规申报人员，属于军警人员或者国外驻军人员，应提交给相关部长就该事项做出相关处理的报告。其他联邦公职人员未在规定期限采取措施的，应交由国会道德委员会、司法议会及其所在机构的负责人来处理。如果是邮政总局局长及副局长以上级别，则应当由政府道德办公室主任向邮政服务理事会理事提出相关处理的意见。

（六）申报的公开

美国的财产申报制度采取的是有限制的公开，即公开和不公开两种。不公开人员的信息主要包括：总统任命的相关的国家情报机关、安全机关的任职人员等，因其所在职位的特殊性，披露其身份或者相关信息会损害美国的国家利益的人员；身份尚未公开的独立检察官或由其任命的人员。公开的情况包括：法定的高级公职人员财产申报需要在报刊及网络上公开；中、下级公职人员的申报资料放置在指定地点供人们查阅，当然，查阅的前提是需要办理相关的申请手续。

申请手续包括以下几点：申请人的姓名、职业、家庭或单位地址，如果是代申请的，还需要提供代办人的姓名、组织名称、地址等；申请人应该知晓的关于获取或使用该报告的禁令。不合法获取或使用公职人员财产信息主要包括：用于非法目的的；除新闻和通讯媒体需要向公众传播外，用于商业行为的任何目的；用于建立个人信用等级的；用于政治、慈善募资等募资行为的。属于公开申报的人员都需要按照公开申报的程序要求进行申报，受理机关应在审核财产申报报告结束后的 15 日内把申报资料面向社会公开。在申报后的 6 年内，除非法目的查阅或者查阅可能危害国家利益的情况外，任何公民均可查阅或复印。

（七）违规的相关处罚

为了保证财产申报制度的全面落实，美国政府加大了违规的相关处罚，主要包括民事罚款、行政处罚和刑事处罚。

1. 民事罚款。

前述审查人认为申报人故意不进行财产申报或者做虚假报告的，应当将该申报人的信息提交给总检察长进行处理。申报人如果不按时申报个人财产，超期申报的人员会被要求向财政部额外缴纳 200 美元申请费以示惩罚。

2. 行政处罚。

美国法律规定，审查机关需要对公职人员申报的相关材料进行认真的审核，审核的内容包括材料是否真实有效、申报书是否符合相关法律制度的要求等。在审查过程中，如果审查机关认为资料不全，需要提供其他的审核资料，有权要求申报者补充相应资料；如果发现提交的申报材料有错误或填报不符合规定的，有权要求申报人改正并提交正确的报告。对于拒不申报、谎报、漏报、无故拖延的申报者，审查机关可以对其本人或者其所在的单位直接进行行政处罚。

3. 刑事处罚。

司法部长有权对拒不申报、谎报、漏报、无故拖延的申报者提出民事诉讼，若相关诉讼成立，法院可根据实际情况，酌情给予被诉讼者 1 万美元以下的罚款；司法部部长也可对故意提供虚假信息的申报者提出刑事诉讼，法院可给予最高 25 万美元罚金或者 5 年监禁的处罚；财产申报人若违反利益冲突法的有关规定，做出涉及经济利益事项的行为，法院可对其判处 1 万美元以下的罚金或者 2 年以下监禁，或者两项并处。

**二 美国财产申报制度的特点**

美国财产申报制度具有立法制度完备，申报人员主体广泛、内容全面具体，财产申报管理机构相对独立且有权威等几大鲜明的制度特点。

（一）美国没有专门的财产申报法，但申报制度镶嵌于反腐败法律中

美国是将财产申报制度分布在多部法律之中，没有专门的财产申报法。财产申报作为约束公职人员行为的一项措施，早在1883年的《彭德尔顿法》中就有所陈述，这部法律希望把联邦的所有公职人员建立在道德基础上，但是这部法律只在10%的联邦机构得到贯彻。在美国腐败比较严重的19世纪后半叶到20世纪前期，美国各界一直在探索有效的措施来防止公职人员滥用权力。这期间，在1925年汇编了《联邦腐败行为法》，限制竞选中存在的腐败问题，禁止大公司和联邦银行为国会和总统候选人提供竞选经费，但实际效果有限，尤其是"公开竞选开支"的要求也没有得到贯彻，并且在接下来的近半个世纪里，没有一例案件是根据这部法律被起诉的。第二次世界大战后，美国进入了和平建设的经济起飞时期，催生了许多新的腐败问题，打击这些腐败行为推动了财产申报制度的快速发展，并最终单独立法。1965年，约翰逊总统颁布的11222号关于政府道德的行政令，要求联邦公职人员定期进行秘密的财产申报。"水门事件"后，美国国会于1971年通过了取代《腐败行为法》的《联邦竞选法》，对公开竞选的经费来源设置了更高的门槛，卡特总统也要求他的政府高级官员要申报个人和家庭的财产。1975—1978年，《检察长法》《情报自由法》《阳光下的联邦政府法》《财产申报法》等一系列"阳关法案"先后出台，国会1978年通过的《政府道德法》最终从法律层面上确立了公职人员财产申报制度。在1989年，作为总统和国会妥协的产物——《道德改革法》得以通过，并单独用一章内容来阐述财产申报制度的具体规定，其也成为美国财产申报制度规定最详细的法律。为了进一步规范公职人员的财产申报，美国国会在2011年又通过了《政府部门雇员道德行为准则》，财产申报制度在适应时代发展的过程中不断完善。2012年2月，美国众议院提出对《政府道德法》再次进行修正，其中最重要的修正内容之一是要求议员在向众院和参院提交有关财产公示报告后，必须立即将其上网，使所有公众在网上可查[1]。

---

[1] 刘再春：《发达国家官员财产申报制度及其启示》，《理论探索》2011年第3期。

(二) 财产申报主体广泛、内容全面具体

申报主体广泛主要体现在申报主体涵盖立法、行政、司法三大系统，对于可能侵犯到公民权利的人员均要求其进行财产申报，它规定联邦公职人员薪金在 GS-15 级以上的人员都需要申报财产，基本上涵盖了其个人及其配偶、子女所有有价值的项目。财产申报表上既有要求申报自己名下的房屋等不动产，还要申报各种收入，比如演讲收入、稿费、股息红利、接受的馈赠等，甚至个人的负债也要申报。申报的时候要注明收入及支出的数量、来源、日期等，从而能够比较方便地了解到公职人员的收入来源是否合法。

(三) 申报受理机构相对独立且具有权威

美国立法、司法、行政三大系统下面分别设有财产申报受理机构。行政系统中，负责财产申报的机构是政府道德署，20 世纪 80 年代末，它从联邦人事管理局分离出来，之后升格为副部级单位，并隶属于总统，由其直接领导，有着非常高的权威和独立性。在立法系统，美国国会设立了许多机构来调查、管理及监督政府的道德问题，并在 20 世纪 70 年代强化其立法权，直接促成了财产申报制度的立法。国会两院分别单独设立了独立机构管理公职人员财产申报事宜。参议院的受理和审查由书记官负责，众议院由众议院秘书长负责。1978 年后，美国通过对有关法律的一次次修改，逐步扩大了联邦司法机构对公职人员财产申报的监督和处罚力度，同时强化了其调查权力。比如美国的监察长在调查需要时，经司法部口批准，可签发传票强制传唤证人接受询问调查，并且监察长的传票具有法律效力。监察长也可以派遣特别调查员使用跟踪、侦查等手段开展调查，并且配备有与联邦调查局同样的先进侦查工具。此外，受理申报的机构人员队伍十分专业，管理体制独特高效，在美国的政治系统中具有特殊的地位和高度的独立性。

### 三 典型案例：被财产申报制度挑下马的美国高官

第一个受到冲击而下马的，是美国众议院前议长詹姆士·赖特。公众对于众议院议长詹姆士·赖特提交的"财产申报资料"产生怀疑，美国有关独立部门经过详细调查，并且对比他历年提交的"财产申报"等资料，发现他在1989年之前的10年中曾经69次违反国会关于议员财产收入的法规。其违规的主要事实包括：接受了一位房地产开发商的累计价值14万余美元的馈赠；违反有关议员演讲费收入的规定，通过出书获取稿酬5万美元且没有进行申报等。众议院道德委员会还为此进行了历时10个月、耗资150万美元的调查，虽然最后的结果表明，赖特议长并未贪污，也没有"以权获利"，他的行为只是违反了"政府道德准则"而已，但是，在一片舆论谴责中，赖特被迫辞去众议院议长职务。

第二个下马的是亚特兰大市前市长坎贝尔。事发原因据说是坎贝尔先生家里有一台豪华空调（价值上万美元）没有出现在他的"财产申报资料"中而引起民众的怀疑，最后联邦检察官介入调查，在2004年8月以"受贿、逃税"等罪名向联邦法院提起诉讼，在长达数百页的"起诉书"上，详细地列明他的罪行，其中包括：获得超过价值16万美元的非法竞选捐赠、现金、野餐和房屋改造好处；获得"免费"出国（法国）旅游；滥用权力，雇用了一位朋友做他的"特别助手"，这位"特别助手"从市政府领取工资，但大部分时间在为坎贝尔处理私人事务，等等，当然了，也包括那一台价值昂贵的空调。经过两年的调查与审判，法院最终认定坎贝尔先生只是接受馈赠，并没有给馈赠方带来任何实质性的"回报"，属于"拿人钱财没有替人消灾"的"小人"而已，但是，他拿的那些好处，有的没有如数申报，有的实物没有折算成现金而涉嫌"偷税漏税"，最后，在2006年6月13日，坎贝尔以"三项逃税"罪名被法庭判处2.5年监禁和6300美元罚款。坎贝尔既没有贪污，也没有受贿或索贿，只是接受一些馈赠没有如数申报或缴纳"个人所得税"，也就是斯托里法官对坎贝尔进行"法庭训诫"所说的"任期内的一些不当行为"，因为"缺乏为市民服务的诚实精神"，成功举办亚特兰大奥运会的坎贝尔市长就被关进了监狱。

第三位落马的，是康涅狄格州前州长约翰·罗兰。约翰·罗兰可谓少年得志，27岁即当选国会议员，37岁当选康涅狄格州州长，被誉为"共和党明日之星"。这位先生据说是被自家别墅的"免费装修"打垮了。有人发现，他家的别墅进行了比较豪华的装修，但是，装修费用并没有体现在他的"财产申报资料"上，于是相关部门立刻展开调查，调查发现：他曾利用自己的影响，获得去拉斯维加斯旅行、在佛蒙特州和佛罗里达州度假等福利，按照市场价值计算，相当于10.7万美元；获得对自己一幢别墅的免费改建。一共就这两项罪名。2003年12月，他承认"这两项腐败指控"，2004年夏天，他在即将面临州议会的弹劾时宣布辞职。2004年12月23日，罗兰向联邦法官认罪。他承认："没有报告接收的礼品，欺骗了国税局；没有遵守法律，提供诚实服务，欺骗了康州人民。显然，我的错误一直在发生，我对此负全部责任"，并自我检讨是"权利意识和傲慢自大导致了自己的腐败行为"，"请求法官的宽大处理"。2005年3月18日，约翰·罗兰被该州联邦地方法院判处1年监禁、4个月软禁、察看3年、从事300个小时社区服务和缴纳8.2万美元罚款。州联邦地方法官彼德·多尔西在法庭上对他进行"训诫"道："官员不应该服务于自己或自己朋友的利益，而应服务于社会的最高利益。"

### 四　启示与思考

**（一）财产申报制度立法是一个长期完善的过程**

美国官员的财产申报最初只是一项"政府道德准则"，而且仅限于政府行政部门；1978年通过的《政府道德法》，规定官员财产公示制度把必须申报财产的范围扩大到立法、行政和司法三个部门中几千名一定级别的官员。1989年又通过《道德改革法》，对财产登记作出进一步详细规定，国会议员和联邦雇员在卸职后一定年限内不得出任与在职期间的职权有利益冲突的公司职位等。同时根据这项改革法案，美国廉政署脱离人事署，成为独立向总统负责的强势机构。2007年，围绕国会共和党的一系列游说集团丑闻又促使美国加重在官员财产申报方面的处罚力度。财产申报作假不仅要付出高达5万美元的罚金，还构成足以判作假者入狱的刑责。2012年2月，美国众议院提出对《政府道德法》再次进行修正，其中最重要的修正内容之一是，要求议员在向众议院和参议院提交有关财产公示报告后，必须立即将其联网，使所有公众在网上可查。美国联邦公职人员财产申报制度从酝酿到最终立法实施，经历了近一个世纪。所以，作为政府及有关部门既要保持对财产申报立法的信心，要有打持久仗的准备，又不能被网络舆情所"绑架"，成为网络舆情压制下的

"被管理"对象。在当前中国全面深化改革、打击"贪腐"之风的背景下，我们更要坚定这一信念，相信这一制度必将会在曲折前进中不断突破各种阻力。

（二）中央高层要有"壮士断腕"的决心

财产申报制度的监督对象是政府官员，从个人利益的角度来说，该制度的实施就是对官员个人利益的限制和"损害"，特别是在西方国家普遍重视个人隐私权的情况下。因此，没有政府高层的决心，该制度是很难真正执行的。美国历任总统为赢取民心都在积极展示自己反腐倡廉的执政风格，因此，大打廉政牌，推动公共道德立法，建立官员财产申报制度无疑是一剂妙方。从罗斯福、杜鲁门、艾森豪威尔、肯尼迪、约翰逊，到20世纪80—90年代的里根、布什、克林顿等，无不积极突破重重阻力推行财产申报制度。尽管由于个人魄力和能力的不同，努力的效果也不尽相同，但总统们都有改革的政治决心，为财产申报制度的法治化打下了政治基础，美国财产申报制度的建立离不开几届总统的积极推动。

美国高官财产是美国选民早就关注的问题。1860年，林肯竞选美国第16任总统时，在财产公示问题上就胸怀坦荡地面对广大选民做了一个堪称经典的"公示"："有人写信问我有多少财产。我有一个妻子和三个儿子，都是无价之宝。此外，还租有一间办公室，室内有办公桌一张、椅子三把，墙角还有一个大书架，架上的书值得每个人一读。我本人既穷又瘦，脸蛋很长，不会发福，我实在没有什么可以依靠的，唯一可依靠的就是你们。"人们在一片沉寂之后报以热烈的掌声。

在美国，财产讲不清楚，就赢不了选举。美国前总统尼克松在电视上告诉观众，自己老婆当秘书，一直为丈夫无偿工作；尼克松宣读了一份独立会计师事务所的审核报告。报告说明，他们没有发现尼克松有任何私用基金之处，确认每笔支出都用于合法的政治活动。这还没完，他说：我现在要做一件史无前例的事情——向全国公开我的财政状况！尼克松说他没有股票和债券；他买的人身保险只有几千美元；他的房子价值若干（与中产阶级的房产相当），其中一半是未还贷款；为买房还借了父母的钱；他的车子也是普通品牌；他的夫人只有布大衣，根本没有流言里说的用捐款购买的貂皮大衣。尼克松这次大坦白，后来被美国当代史著作称为"切克斯演讲"。共有6000万人收看了这次半小时的电视演讲或听了电台同步广播,而美国当年人口总共才1.6亿人。演讲结束后,电话、电报当晚就潮水般涌入共和党竞选总部,大家纷纷表示:尼克松就是"One of us",我们支持他当副总统。在这之后,竞选公职的人自愿公布家庭财产逐渐成为美国惯例。

(三)美国财产申报制度是"有限公开"并非"全民公开"

美国的财产申报制度采取的是公开申报与秘密申报两种类型。依据《政府道德法》的规定,凡担负重要决策权和指挥权的官员、高级科技人员、咨询顾问人员等,必须公开申报本人及其配偶和抚养子女的财产状况。秘密申报的人员,适用于中、下级官员和雇员,一般由各单位自行确定,一般包括文职GS-15级、军人0—6级及其以下的官员或雇员,主要指那些从事工程合同、物资采购、执照发放、奖金管理、企业监管、行政执法以及对非联邦实体产生经济影响的人员。有限公开主要是考虑到美国公职人员数量庞大,而有些工作岗位本身对于保密的要求比较高,比如在国防情报局、国家安全委员会、中央情报局等工作的相关人员,可能公开其个人的相关信息会危及国家的相关利益;其次要在申报人员的隐私保护和财产申报之间达到一种平衡。实际上,在道德办负责监管和审查的官员财产申报系统中将财产申报者分成了两类。第一类是应予以公开的2.8万名官员的财产申报,其中包括总统、副总统等1200名美国行政部门最高级官员。民众可以在政府网站直接看到这些高级官员的具体财产申报内容。第二类是32.5万名"处于敏感位置"的官员的财产申报报告,这些官员往往职务不高但涉及独立决策过程,其报告并不公开,但道德办会对此进行严格审查,以预防可能的公私利益冲突[1]。

(四)美国财产申报监督检查机制作用有限

美国负责财产申报监督核查的机构有两个。一是根据《政府官员行为道德法》而设立的廉政署。在查阅资料时,我们发现以往的研究夸大了美国廉政道德署的作用:"廉政道德署是美国政府中的实权机构,它由总统直接领导,向总统和国会汇报工作。廉政署的主要职责就是管理政

---

[1] 王恬:《美国"道德办"管着400万公务员》,《决策与信息》2012年第8期。

府各级官员的财产申报事务和监督政府官员的道德行为。一旦发现谁有违法收入,廉政署立即处理。"① 实际上,美国廉政署(又称联邦道德署)是联邦政府各行政部门廉政建设的领导、指导和监督部门,为政府部门及雇员提供廉政事务的建议和指导。廉政署是预防腐败的机构,它不设调查官,不负责调查事务,没有执法权。调查事务由联邦政府设在各部门的监察长办公室或独立检察官、联邦调查局等刑事调查与起诉部门负责。廉政道德署人员不多,规模不大(编制人员为70多名,其中律师15名,年度预算为1200万美元),管辖权有限,调查权也有限。二是政府道德办公室。美国联邦政府道德办公室(Office of Government Ethics, OGE)简称"道德办",以及在政府各个部门中设立的专职的道德官。道德办公室负责监管和审查官员的财产申报报告,这些报告通过与否,通常决定着官员的去留。在美国政府多达350万雇员的庞大行政部门序列中,编制不足80名的美国政府道德办公室(英文简称为OGE)绝对是一个微型部级单位。对联邦雇员违规违法行为的调查权是由各部门监察长和司法部联邦调查局行使的,而道德办公室注重发现和解决"潜在的"利益冲突,即侧重于"防止腐败"发生,而不是事后追惩。比如公开与秘密的财产申报审核就是由OGE负责。对联邦雇员违规违法行为的调查权则由各部门监察长和司法部联邦调查局(FBI)行使。但问题是,不足80人的美国道德办管着400万公务员,还要审核35万公职人员的财产申报,其申报材料的真实性是个大问题②。

(五)财产申报制度立法必须有相关配套措施

美国财产申报制度之所以在反腐过程中成为"利器",与它建立的一套对于全社会的生产、贸易、财务、税收及金融等方面监管的配套措施不可分割,这其中金融实名制是其基础,完善的纳税政策是保证,举报的法律保护是后盾力量。完善的配套措施不仅大大降低了官员的腐败率,也体现了财产申报制度的主要目的是预防腐败而不在于严惩。这让我们认识到,切实落实好财产申报制度不仅是不断健全这一制度本身,还要

---

① 王忻:《廉政署负责监管财产申报》,《环球时报》2005年1月4日。
② 王恬:《美国"道德办"管着400万公务员》,《决策与信息》2012年第8期。

不断健全与之相配套的相关法律制度，降低这一政策落实过程中的风险性，同时可以让公职人员从心理上更加愿意接受财产申报的公开，减少政策落实的阻力。

## 第二节　英国财产申报制度

### 一　英国财产申报制度的创建

英国是世界上最早建立议会制度的国家。1258年议会颁布的《牛津条例》规定：议会法是最高权威，一切法令不得与其相悖。18—19世纪，英国工业革命使它在国内的社会关系发生了巨大的变化，工业资产阶级逐渐上升为政治统治地位。到19世纪40年代，工厂制在英国工业生产中已占据统治地位。1841年，英国工厂工人在棉纺织业中占68.7%，在毛纺织业中占60%，在丝纺织业中占40%。工厂制的确立，形成了近代工业资产阶级和工业无产阶级。工业资产阶级随着经济地位的抬升开始寻求相应的政治地位。争取议会的选举权成为议会贵族集团与工业资产阶级这两支力量争夺的目标。1832年议会改革法案确定了选民的财产资格，使得中产阶级进入了权力集团。1867年，议会再度通过《保守党改革法》进一步扩大选举权，此次，小资产者和工人的上层都获得了选举权。随着工业资产阶级经济实力的迅速增长，在议会内部产生了尖锐的夺权斗争，其中以财富是否为正当获取成为工业资产阶级攻讦议会贵族的把柄。为消除腐败和争取选民，议会在1852年、1853年先后两次通过议案，认定贿赂选民和威胁选民的行为属于刑事犯罪，但成效不大。1872年议会通过了格莱斯顿政府提出的《秘密投票法案》，法案要求各投票点开始实行无记名投票。虽然选举中的腐败现象明显减少，但未能解决根本问题，而且存在着选举费用高昂的现象。竞选中贿赂现象也比比皆是。1880年的大选更是被人们谑称为自由党和保守党之间的"钱袋"竞选。因此，消除选举活动中的种种弊端就成为1884年第三次议会改革的主要任务，而1883年议会首先通过了《净化选举，防止腐败法》，该法案详细列举了各种舞弊和非法行为，舞弊包括贿赂、攻击、绑架或者囚禁选举人，而非法行为主要是指竞选费用超支。同时该法案规定了相应的制裁措施，包括刑事制裁和当选无效的政治后果。值得注意的是，为防止选举舞弊行为，每一位候选人在正式选举结果公布后的30天内，必须提交各项选举费用的申报书，除了少于50天的开支外，每笔开支都必须提供相关单据和收条。虽然该法是针对选举，但是它要求候选人公布其竞选资金和财产，因此被誉为世界上第一部财产申报的法律。颁布之后，议会选举中的腐败现象减少。该法案成为肃清选举腐败的有力开端。从英国官员财产申报制度制定过程来看，选民监督意识增强促使议员候选人公示财产，财产公开透明既是大势所趋，又是立法的必然结果[①]。

作为对财产申报立法最早的国家，英国的相关法规更人性化，鼓励官员诚实申报而非动用惩罚手段。《净化选举，防止腐败法》规定，如果官员个人财产与其正常收入之间存在差距，就必须做出解释和说明。如不能提供合法所得的证据，就会被认定为灰色收入而被治罪。

英国官员分为议会议员和公务员两类。在英国，议员实行收入状况披露制度，只要把各种收入、福利和形形色色的好处摆在明处，就是法律允许的，否则就是违法的。在申报中必须写清如下收入：工资、奖金、津贴、补贴、免费旅游等福利，以及官员从事咨询、写作、讲学和协助他人经营等活动的所得收入。

不过法律规定也有人性化的一面。例如，英国政府官员申报财产和收入只限于本人，其子女、配偶、父母和其他亲属的收入和财产不需要申报。在英国民众看来，亲属的财产具有隐私权。此外，英国公务员利用非工作时间赚取的财产，包括投资产生的股息、红利、房产租金收入等都被看作合法收入。

## 二 英国财产申报制度内容

实际上，英国并没有专门的官员财产申报法律。英国财产申报制度主要体现在两项制度上，即利益登记制度与利益声明制度。此外，英国政府公务员也需要遵守公务员管理的行为规范，其中也有关于经济利益申报的要求。利益登记制度和利益声明制度，是英国保持权力机关公信

---

① 徐华娟：《英国财产申报制度的最初设立》，《南方都市报》2013年6月26日。

力和公共权力者清正廉洁的两项富有特色的制度。

(一) 利益登记制度

英国的上议院和下议院都制定有议员的《行为规范》(The Code of Conduct)，其中明确要求议员的行为需遵守以下七项原则：无私、正直、客观、负责、公开、诚实和领导。①根据英国下议院的《行为规范》，议员需要登记相关经济利益，其目的在于提供其获得的经济利益与收益的信息。这些利益主要是他人认为可能影响其在议会中的行为、言论或投票，或者其作为议员职权范围内所采取行动的任何利益。②涉及议员经济利益登记的行为规范最早于1974年5月22日由下议院决议通过，随后经若干下议院决议如1995年11月6日、2002年5月14日、2008年3月27日、2009年4月30日和2011年2月7日等决议进行了修改。

现行议员《行为规范》规定的英国议员需要登记的内容相当复杂，共有十二大类。

(1) 议员如果担任公共或私营公司的"管理职位"(Directorship)，且收入超过一定数额就需要登记。此处的收入不仅包括薪水和相关费用，还包括任何需纳税的支出、津贴或收益，比如公司提供其一辆汽车也需要登记。议员需登记公司的名称、主要业务内容、因该职位获得的收益以及相关的工作时间等信息。

(2) 议员担任有酬劳的职位、提供专业或被雇用，即在任职期间，因提供专业或受雇于其他机构，比如参加BBC节目，BBC支付其一定的报酬，就需要登记。

(3) 如果议员向客户提供服务，比如担任某公司的咨询顾问，需要登记其提供服务的公司的客户及客户的业务性质。

(4) 如果有他人向议员提供资助，需要登记资助方的名称、地址、金额、接受的具体时间。

(5) 议员或议员配偶（伴侣）收到来自国内的与其议员身份相关或从事的政治活动有关的礼物、收益和招待，且超过一定数额就需要登记。

(6) 议员或议员配偶（伴侣）因其议员身份出国访问也需要登记资助者的名称、地址、金额、目的地和访问目的。

(7) 议员或议员配偶（伴侣）因其议员身份收到来自国外的礼物和收益，且超过一定数额就需要登记。

(8) 议员拥有的土地或地产，如果只是作为个人或配偶住宿用途的不需要进行登记，有盈利收入的就需要登记。

(9) 持有股份，不只是议员个人还有其配偶（伴侣）或子女（未成年子女）持股超过一定份额或价值超过一定标准也需要登记。

(10)《政党、选举与全民公决法》（PPERA）7A 条款规定的受管制交易（controlled transactions）超过一定数额需要登记。

(11) 任何不属于上述类别的相关利益，或议员认为可能会被他人视为会以类似方式影响其行为的利益，可以登记在"其他收入"栏内。

(12) 雇用家庭成员从事与议会相关的活动，需要登记该家庭成员的姓名和与议员的关系，有直接血缘关系的亲属、婚姻关系或者是事实婚姻关系的家庭成员都需要登记。

议员《行为规范》对需要登记的 12 类内容，每一项都解释得非常详细，登记范围内的具体内容的类别和达到登记要求的金额或比例，都有明确的规定[①]。

财产公布要求材料详细显示，例如，一位议员于 2012 年 7 月 1 日参加了 BBC 的节目，得到 200 英镑的收入，要求登记内容包括具体地址和时间。该议员是 7 月 1 日参加的 BBC 节目，他 7 月 3 日即进行了登记。另一项是 11 月 7 日参加了某机构主办的年度会议，在会议上发言获得 1500 英镑的收入，于 11 月 19 日登记。又如，一位议员登记的内容还提到了英国奥组委向他赠送的价值 590 英镑的奥运会游泳比赛门票。

英国上议院对议员的行为规范和下议院略有不同，比如需要登记 10 个项目的内容，但总体的指导精神和原则是大体一致的。登记的目的在于保证公开和责任性，使议员将可能影响其在议会中的行为、言论

---

① 资料来源：House of Commons, Introduction to the January 2013 edition, Register of Members' Finan-cial Interests as at 18 January 2013, http：//www.publications.Parliament. uk/pa/cm//cmregmem/925/925. pdf, last accessed on 30th January 2013.

或投票的利益或是在作为议员范围内的各种利益进行申报，可以是经济利益，也可以是非经济利益。这10个项目的内容主要包括：管理职位；有酬劳的职位；向客户提供的公共建议和服务；股份；土地和地产；资助；海外访问；礼物、收益和招待；其他经济利益；影响议员履行其公共责任的非经济利益（non-financial intent），这类包括了没有酬劳的管理职位或其他雇佣职位，公共机构（如医疗信托基金、大学或学校的管理机构、地方政府和政府其他部门）的成员；博物馆、美术馆或类似机构的人员；利益集团或工会的任职人员；非营利组织的任职人员（office-holder）。

（二）利益声明制度

为了防止官员出现以权谋私现象，英国针对高官制定了一项利益声明制度，即在参与决策前先说明决策事项是否关联到个人利益，利益内容包括个人在公司或社会上的任职、兼职情况以及所加入的政党及社团、个人资产及所持公司股票、配偶及子女的任职情况等。其重点和目的是查找出可能构成冲突的利益，防止以权谋私。

（1）决议规定。英国的利益声明制度要求高官在参与某一事项的辩论、决议、决策之前，先说明自己与该事项可能存在的利益关系，其目的是让同僚们了解他既有的或潜在的相关利益，甄别他言行的公正性和公平性。1974年，英国议会通过了一项决议，规定"在议会及其下设委员会的任何辩论或议程中，在与其他议员、部长、文官就某事项交涉或交换意见时，议员必须首先声明个人的有关利益或任何性质的好处，无论是直接的还是间接的，无论是过去的、现在的还是将来的"。利益口头声明比利益书面申报范围更广，除现有利益外，增加了过去曾存在的利益和将来可能产生的利益，而公开未来利益可能更必要。如果一项立法或事项与议员的预期经济利益有关，可能给他带来好处，这时"坦白"是至关重要的。议员要首先自我判断一下，他的经济利益是否与将要进行的辩论、会议、议程等有关联，如果会引起别人对他公正行事的怀疑，就必须声明。发言时先声明个人利益，再进入正题。多次审议同一事项只在第一次声明。声明要简明扼要，让听者能了解其利益性质即可。

（2）声明的场合。需要声明个人利益的有以下场合：议会辩论、审议法律草案、常设委员会会议、建议修改议案或动议等。自 1995 年起，提出书面动议或者签名附和动议时也要声明个人利益，并在议事日程表本人名字后打印上"R"的标志，或者在申请动议表格的相关栏目中注上记号。印有"R"的标志，说明有利益声明，否则便被认为没有要声明的利益。申请休会辩论和紧急辩论时要声明个人利益。一旦申请被批准，申请人有责任提醒日程安排办公室在日程表上注明利益声明情况。如果被允许在大会上提出紧急辩论申请，申请人应在发言中首先声明相关利益情况。议会常设委员会在选举委员会主席之前，要求每位委员向委员会秘书递交一份详细的个人经济利益材料，并在各委员中传阅。选举结束后，当选的主席首先要求每位委员申明本人与委员会职能范围和主要工作可能相关联的利益。委员们发现个人利益与某项调查事项有关联，应尽早声明。若个人利益与证人构成关系，应在听证会上重复声明。若个人利益会直接受到调查的影响或调查事项直接关联到本人有利益的单位，应回避参与调查。若调查听证会公开进行，委员们应在公民旁听的情况下公开声明。若调查听证会私下进行，委员们应在证人在场的情况下声明。声明情况要记录在案。

（3）限制和回避。当议员所申明的利益与利益冲突制度发生利益冲突，必须对他们的行为进行限制或回避。譬如，当一名议员曾经或正在或将要从议会之外的某个单位（或个人）接受经济好处，他就不能主动提议一个涉及那个单位或类似单位、行业的事务或利益的议会议程，包括不能提出议案或请愿，不能要求休会或辩论，不能提出动议、修正案、草案报告，不能附议等。同样，在议会辩论中，他不能发表任何有游说性质的讲话。如果议员是一个公司的董事，他就不能在议会任何活动中为该公司争取减税、补助、限制竞争等特别优待，也不能主动提出涉及类似公司或行业的议程。如果议员担任一个行业协会、工会、专业技术机构、慈善组织等的顾问，他就不能提倡给那个组织以优惠政策，也不能从言行上支持针对那个组织的运动。如果议员的住宿由一个地方政府无偿提供，他就不能为那个地方政府争取好处。如果议员在某个公司有经济利益，他就不能参加解决涉及那个公司的问题。

与下议院类似，上议院议员除了登记其利益外，也需要在一定情况下对其利益进行"申明":当议员在议会中进行辩论,或与部长、文官就某事项进行辩论或讨论时,需申明其相关利益。此外,对英国政府的普通公务员来说,《公务员管理规范》(Civil Service Management Code)有条款规定,公务员必须向其所在部门或机构申报因其职位带来的任何经济利益,包括管理职位(directorships)、个人或直系亲属(配偶、伴侣以及孩子)所持股份或有价证券。公务员必须遵守其部门或机构针对这些利益所做出的扣留、处理或管理的指示。如公务员破产或牵涉其中也需要向其所在部门或机构进行申报。此外,政府部门或机构必须告知其工作人员在哪些情况下需要报告其接受的礼物、招待、奖品等收益,在哪些情况下接受这些好处之前需得到允许。但是,《公务员管理规范》没有涉及将公务员申报的利益进行公布的规定。

尽管英国有比较复杂的制度规定,但反腐倡廉的工作并非一劳永逸。2009年英国议会发生的涉及各党派的支出丑闻,以及2010年财政部副大臣的"骗补门"和"避税门"风波表明,在严密制度下,仍然存在腐败现象。反腐败对于任何一个政体来说都是一个永恒的任务[①]。

### 三 英国财产申报新举措

2010年5月29日,英国新政府财政部第一副大臣戴维·劳斯因"骗补门"宣布辞职;2010年5月30日,其继任者丹尼·亚历山大又陷入"避税门"风波。卡梅伦新政府因此遭受沉重打击,为重塑政界因丑闻受损的形象,英政府决定陆续公开近万名公务员的收入。最新政策是年薪超过5.8万英镑的公务员都必须公开其收入,这一计划的第一步已经施行。英国首相府2010年5月31日向媒体首次公布了172位年薪超过15万英镑(约合21.75万美元)的公务员名单。卡梅伦年薪14.25万英镑(约合20.6253万美元),这172位公务员的年薪都超过了卡梅伦。其中,公平贸易局局长约翰·芬格尔顿年薪为27.9999万英镑(约合40.5267万美元),是英国身价最高的公务员,高出卡梅伦近一倍,约是普通英国民众年薪的11倍。9月,新政府又公布了年薪超过5.8万英镑的公务员名

---

① 谭丽:《各国严管官员财产申报》,《党政干部文摘》2009年第4期。

单,约有9000人的薪水曝光。未来可能还将公布包括全民医疗保健服务的家庭医师、校长、地方政府主管、资深警察等公务人员的薪水。根据卡梅伦的计划,其他一些公共部门如铁路路网公司、英国广播公司以及电视4台这些国有公司,也必须很快公布其薪酬。值得注意的是,英国公务员系统约有50万名雇员,年平均开支约为130亿英镑。英国财产公布的只是雇员的一部分。

英国政府官员弗朗西斯·莫德说:"透明化是政府的政策核心。未来政府部门必须将薪酬信息对外公开。"

弗朗西斯·莫德又说:"采取这样的措施能够使政府赢得更多选民的信任。另外,增加透明度也是新政府提高效率的关键,有助于让公众监督公共部门的开支。"卡梅伦说:"我们的新政府肩负特殊且具有历史意义的责任,即重建(公众对)我们政治体系的信心。"负责监督公务员薪资的内阁办公室部长麦浩德说:"我们拉开窗帘,让阳光照进权力的走廊来。做到了透明与负责,我们才能开始挽回民众的信任。透明或许会让我们感到不舒服,然而这却能让公众给我们压力。透明化是政府有效运作的关键,也将使公众帮助我们传递公共开支更好的价值观。"[①]

### 四 典型案例:卡梅伦财产申报风波

英国首相戴维·卡梅伦身世显赫,他具有纯正的英国王室血统。卡梅伦家族长期扎根英国金融界,包括其父亲在内的很多家族成员都从事股票经纪或金融投资的工作。卡梅伦祖父的祖父就是当时汇丰银行伦敦总行的首席主管。

由于卡梅伦传奇的身世和优秀的履历,他毕业后3年就被借调到唐宁街10号工作。他不负众望,不仅在工作上屡创佳绩,还适时地迎娶了贵族之女萨曼莎。萨曼莎是英国国王查理二世的后裔,家里拥有121公顷的庄园。

卡梅伦夫妇在伦敦的府邸价值420万美元,此外已知的还有一栋价值160万美元的房产。据英国《每日邮报》估算,卡梅伦夫妇双方父母的财产合计大约为4300万美元。累计相加,卡梅伦的身家可达到5000万美元。

---

① 《英国晒公务员收入172人超首相》,《北京日报》2010年6月6日。

2016年4月,英国首相卡梅伦"高调"公开过去六年的私人税务记录。因卷入了亡父遗产避税丑闻,卡梅伦不得已公布了个人报税明细,以平息外界的争议。但报税文件显示,卡梅伦从母亲那里收到20万英镑的赠与,可规避7万英镑的遗产税款,被外界质疑其家族精心利用规则避税。卡梅伦一家遭起底①,在父亲伊恩·卡梅伦2010年离世后,卡梅伦的母亲玛丽于2011年5月、7月分别向两个儿子各馈赠10万英镑。连同父亲死后分到的30万英镑免税遗产,卡梅伦共得到50万英镑,而不用为此缴一分一毫的遗产税。根据英国税制,若继承人获财产持有人赠予不多于32.5万英镑的财产,且持有人在赠予后七年仍在世,则可视作馈赠,无须课以40%遗产税。换言之,卡梅伦分别获得的三笔款项皆未达到课税水平,但若他直接从父亲那里继承全数50万英镑,则须为达到课税门槛的20万英镑财产缴纳8万英镑税款。这使得舆论开始质疑卡梅伦借母亲来避税。

在卡梅伦终于承认持有亡父伊恩·卡梅伦投资基金的股份后,数百名示威民众2016年4月9日包围了唐宁街10号,要求他下台。

唐宁街辩称这些馈赠已申报并完全合法,并解释称卡梅伦的父母于数年前将位于伯克郡、当时价值超过250万英镑的祖屋给了卡梅伦的长兄亚历山大,2011年玛丽只是将卡梅伦应得的一份分给他。有英国媒体称,对于母亲有意赠送财产,卡梅伦事前毫不知情,他也未于父亲在世时与家人商讨过此事。

卡梅伦后来发布了另一份声明表示,"从我自己的财务状况来说,我没有股份。作为英国首相,我有工资,我还有一套房子,现在因为我们住在唐宁街,所以房子已出租。我所有的就是这些了"。他还补充道:"我现在没有股份、没有离岸信托、没有离岸基金,这些东西一样都没有。所以,我认为,我说得够清楚了。"卡梅伦办公室表示,卡梅伦、他的妻子和孩子没有从任何离岸基金中获益②。

---

① 《卡梅伦一家遭起底 都是有钱人》,2016年4月12日,大洋网-信息时报(http://www.dayoo.com/)。

② 美美:《英国首相卡梅伦直面海外资产风波:系所继承的遗产》,2016年4月8日,汇通网(http://news.fx678.com/C/20160408/201604081407592220.shtml)。

卡梅伦虽然没有违法，但是他作为一个国家的执政领袖，他的财富以及避税企图激怒了民众，在选民心中的形象也大打折扣。英国媒体狂轰滥炸，对卡梅伦的不依不饶使得"巴拿马文件"显现并导致卡相"裸奔"，也几乎抹去了他这些年的所有政绩。最后，卡梅伦在脱欧的"政治豪赌"中失败，卡梅伦时代最终落幕了。

卡梅伦的"避税门"起因于财产公示。卡梅伦自证清廉时，也没忘记倚靠财产公示。然而财产申报公示对于卡梅伦来说则是一把双刃剑。

## 第三节　法国财产申报制度

### 一　法国财产申报制度内容

法国历来重视对社会政治生活和政治家活动的财务监管，在这方面的监管有着深厚的法律基础，法国宪法、组织法、选举法、一般法和专门法中都有对于政治活动进行财务和金融监管的法源和有关规范。法国公职人员的财产申报制度就是法国普遍的财务、金融监管制度的重要组成部分。

1988年，法国制定了《政治生活资金透明法》，开始推行财产申报制度，同年还专门成立了"政治生活资金透明委员会"。该委员会按照法律规定审查政府成员、议会主席和市长的财产状况，并对来历不明的财产进行调查。1995年修订的法国《政治生活资金透明法》①扩大了财产申报的主体。

（一）财产申报主体

1. 政府成员，包括总理、部长、国务秘书。
2. 国家议员，包括国会议员、参议员。
3. 欧洲议员，包括欧洲议会议员。
4. 地方官员，包括大区区长、科西嘉议会主席、国民议会主席、海外省议会主席、海外属地当选执行总统、人口在3万人以上的城市市长。
5. 企业负责人，包括：①工业和商业性质的国有公立机构主管；

---

① 最近一次修订是2011年11月19日，编号：INTX8800003L。

②营业额超过1000万欧元的国有企业及其子公司主管；③超过2000栋建筑的住宅管理机构主管；④营业额超过75万欧元的混合经济公司的董事会主席或代理理事机构负责人、董事长、监事会主席和执行委员会成员、总经理、法定代表人等。

（二）财产申报的受理和管理机构

《政治生活财务透明法》规定成立政治生活财务透明委员会。政治生活财务透明委员会由以下人员组成。

三名法定委员：最高行政法院副院长，任委员会主席；最高司法法院第一院长；最高审计法院第一院长。六名正式委员和六名候补委员：四名现任或名誉的分区行政法院院长或最高行政法院法官，其中两名候补，这四名成员由最高行政法院全体法官选出；四名现任或名誉的分区司法法院院长或最高司法法院法官，其中两名候补，这四名成员由不在最高司法法院任职的全体法官选出；四名现任或名誉的分区审计法院院长或最高审计法院法官，其中两名候补，这四名成员由最高审计法院法官选出。

委员会成员的任命以法令形式颁布。

政治生活财务透明委员会秘书长由司法部部长根据委员会法定委员的提名进行任命。委员会成员还包括报告人。报告人由最高行政法院副院长和全体行政法院系统的法官，最高司法院第一院长和全体司法院系统的法官，以及最高审计法法院的第一院长和全体审计法法院系统的法官联合任命。为了完成其任务，委员会还将得到相关政府机构的协助。

政治生活财务透明委员会的组织结构、运作方式和它所涉及的法律程序均由最高行政法院以法令形式颁布。如果发现《政治生活财务透明法》第一、二条中规定的人员有违反该法的行为，政治生活财务透明委员会将先要求其做出解释，而后通知其任职的部门。在任职期间，本法第一、二条中规定的人员必须在其财产状况发生重大变动之后及时向政治生活财务透明委员会通报。

政治生活财务透明委员会可以要求该法第一、二条中规定的人员提供其按照《纳税法》第170—175条和第885条应提交的报税材料。如果相关人员在两个月内未能提交上述报税材料，委员会有权力要求税务机关提供相关材料副本。委员会确保其收到的财产申报材料和财产变动说明的机密性。已经提交的财产申报材料和财产变动说明只有满足以下条件方可公布：申报人已提交材料的权利所有人或司法机关提出申请，并且材料的公开将有利于解决争议或查明真相。

政治生活财务透明委员会根据议会成员和《政治生活财务透明法》第一、二条中规定的人员提交的财产申报材料和财产变动说明评估其财产状况。每隔三年委员会在政府公报上公布一次调查报告，但这份报告中将不会出现相关人员的姓名。

《政治生活财务透明法》规定，如果在相关人员做出说明之后仍发现有来源不明的财产变动，政治生活财务透明委员会即将材料移送检察机关。

《政治生活财务透明法》第四条规定：任何将上述财产申报材料和财产变动说明通过除审计报告以外的形式公布或传播的行为，都将按《刑法》第226—1条受到处罚。如果政治生活财务透明委员会了解到有上述行为的发生，委员会主席应立即向检察机关提交一份意见。

《政治生活财务透明法》第五条规定：如果地方议会主席或地方行政机构的民选长官未能按照本法第二条的规定申报财产，将在一年内丧失担任此职位的权利。

《政治生活财务透明法》规定，如果一个具有征税权的市镇联合体的议会成员或主席未能按照该法第二条的规定申报财产，将在一年内丧失担任此职位的权利。同时地方行政法院将向此市镇联合体所在省的省长宣布解散相关议员或主席的办公室。

如果该法第一、二条中规定的人员故意隐瞒或捏造其财产中的某些部分，并对材料的真实性或委员会的工作产生影响，将被处以30000欧元罚款，并按《刑法》第131—26、131—27条中规定的方式剥夺其公民权和担任公共职务的权利。任何不遵守《政治生活财务透明法》第二条第一款第四段中规定义务的行为将被处以15000欧元罚款。

（三）财产申报的内容

法国财产申报的内容主要有以下11个方面。

（1）房屋。在填写申报表格时，要求注明房屋性质、详细地址及面积、获得途径及获得日期、房产的法律形式、购买金额和使用房屋期间的装修费用以及当前申报时期的房屋现值。

（2）有价证券。包含三个方面：非上市证券交易、上市公司证券交易以及各项其他投资。法律规定必须说明交易证券的公司名称、购买价格、现值、投资组合类型和性质、银行账户以及证券开户账号。申报主体在任期到期、连任或离职时，也必须说明这些项目的资金变化情况，委员会将结合上市公司的企业业绩和股价走势来分析个人申报情况的真实性。

（3）人身保险。必须明确指出人身保险公司名称及联系方式、人身保险合同编号和签订日期以及保险额度。申报主体在任期到期、连任或离职时，也必须说明人身保险最低资本率、定期支付和领取的清单，以便委员会核查。

（4）银行账户、储蓄存折、可持续发展账户、住房储蓄计划、家庭储蓄账户、现金或其他。必须明确说明开户银行名称及账户号码、储蓄金额。

（5）家具。必须说明在申报时的家具保单价值或估价评估，以及购买价值。

（6）收藏、艺术品、首饰、珠宝、宝石和黄金。必须说明申报品类型以及金额。以法国前总统萨科齐为例，在2012年的申报表格中该项目的收藏品价值近10万欧元，包括名人手稿、真迹、名表、珍贵邮票及雕像。

（7）带动力的车辆、船和飞机等。必须说明相关财产的性质、品牌、购买年份、购买价格以及现价。

（8）商业经营权和客户资源、收费和办公场地，必须说明其性质、所占比重、资产负债情况。

（9）其他财产，包括公司往来账户，明确财产性质以及金额即可。

（10）海外动产和不动产及账户持有，必须说明性质和金额。

（11）负债。必须详细说明贷款人或债权人的名称和地址，债务的性质、时间和目的，债务金额和借款期限，在申报时的余下偿还金额以及每月支付的还款金额。另外如有需要，还可以选择补充第12项的收入状况说明和第13项对申报财产组成有重大影响的事件，或者备注任何申报人需要说明的特殊情况。

（四）财产申报的责任和处罚

《政治生活财务透明法》规定，每逢总统选举之前，总统候选人必须将有关财产状况的资料用加封条的信封交给宪法委员会；两院议员上任15天内必须向议院办公厅提交准确、真实的财产状况申报单；所有政府成员和地方官员上任15天内必须向专门依法设置的委员会（由最高行政院副院长任主席、最高法院和省级法院的首席院长组成）提交个人财产状况申报单。议员在任期届满前，政府成员和地方官员在职务终止时，也要提交新的财产申报单。不论出任申报、日常申报还是离任申报，所有报告都在《政府公报》上公布。《政府公报》向全体国民公开，可免费、自由查询。特别是在公布总统大选结果时，必须附上当选总统的财产申报单。所有被公布的信息随时可以被媒体和非政府组织监督核实。

对于中央政府组成人员和特定的地方官员，包括大区区长、海外省议会议长和较大城市（居民达30万以上）市长，该法规定必须在被任命或上任后15天内提交个人财产状况申报单。上述议员、政府官员未按规定申报财产的，取消被选资格。

所有申报信息由政治生活财务透明委员会按法律要求保密，除涉及司法机构应法律程序要求查询外，不接受任何组织和个人的查询。任何将相关信息违法公布者将面临刑法惩罚1年监禁和45000欧元罚款。

法国公务员制度规定，申报违法包括两种情况，一是拒绝申报，二是虚假申报，对于申报违法者须予以法律制裁。例如，法国《政治生活财务透明法》就明确规定，如果议员或地方官员未按规定报送财产申报表或竞选账目，就在年内取消被选资格。

《刑法》第432—12条例规定："任何公职人员在行使公共权力或履行公共服务任务，或担任公职的选举任务的事务中，直接或间接地拿取、收取或保留任何企业和业务中相关负责管理、清算或付款的全部或部分利益，将被处以5年监禁和75000欧元罚款。"

自 1995 年以来，因涉嫌财产来源不明而被调查的官员有 10 人次，被查处的涉案人员有 5 人，其中 3 人被判刑，最高刑期是 3 年，是由于接受企业的贿赂、回扣等问题。另外，对于公务员接受的礼物，法国的相关法规也有比较严格的规定。金额较低的礼物，如烟酒、食品等，可以归个人所有。价值巨大的艺术品等必须登记上缴。为了规范政治人物竞选资金来源，加强财产监督，法国对捐赠资金规定，政党和议员候选人只能接受自然人的捐赠，最高捐赠额度不得超过 1 万欧元[①]。

## 二 法国财产申报效果

2014 年 7 月 1 日，一条"萨科齐涉腐被拘留调查"的重磅消息震惊了整个法国。调查法官称，萨科齐涉嫌贪污、违反职业保密规定获利，并利用政治影响力获取司法部门对其 2007 年总统竞选期间非法收受政治献金一事的调查进展信息。据法国媒体报道，萨科齐此次被拘留接受正式调查，与他涉嫌在 2007 年总统竞选时分别接受利比亚前总统卡扎菲 5000 万欧元、欧莱雅集团掌门人莉莉安·贝当古夫人 15 万欧元的非法政治献金不无关系。

萨科齐是法国现代历史上第一个被警方拘留和调查的前总统。然而，"萨科齐式"的腐败在法国历史上绝不是个案。就在 2011 年 12 月，法国另一位卸任总统希拉克因挪用公款、滥用职权被处 2 年有期徒刑。此外，被视为法国最大的腐败案"埃尔夫石油公司舞弊案"至今还让法国人感到忧虑。据法国媒体透露，埃尔夫公司每年仅"正常支付"的佣金总额就高达 1.2 亿欧元，如此巨大的资金到底流向何处？里面有多少秘密？该案直接涉案人员 42 人，包括法国前总统密特朗、前总理巴拉迪尔、前外长及宪法委员会主席迪马、前内政部长帕斯卡以及一大批高级官员，间接涉案人员更是不胜枚举。该公司前总裁弗罗希·普里让在法庭辩护时曾说道："法国政府支持的贿赂网络巨大无比。付钱时，总统、总理及其他高官们，一个都不能少。没有他们的关照，生意没法做。"法国前外长

---

① 胡振良、杨清清、刘晨文：《法国政治生活财务监督制度》，《国外公职人员财产申报与公示制度》，中国社会科学出版社 2013 年版。

迪马也感叹道："他（普里让）只不过是法国政府贪污丑闻的知情人和替罪羊。"

法国腐败程度如何，看一看下面的数据就知道了。

2014年2月，欧盟委员会发布的《欧盟反腐败报告》显示，68%的法国受访者认为法国的腐败问题普遍存在，60%的受访公司认为腐败问题成为其在法国经商的一个主要障碍。该报告还指出，法国同其他欧盟国家一样，腐败高发易发领域主要集中在公共机构、国有企业、政党、公共采购这几个领域。2013年12月，欧洲理事会发布的《法国预防腐败评估报告》显示，腐败高发人群主要为政客、法官和检察官这3类人群。报告称，法国民众对政府的信任度达到了历史最低水平，其中59%的法国受访者认为本国政客腐败，腐败形式表现为政客在竞选中非法收受利益集团的所谓政治捐款，作为交换给利益集团的好处。此外，法国检察官、法官近年来受到来自政治人物的压力增加，独立性被削弱，权钱交易与利益冲突问题严重[①]。

究竟是什么原因导致今天的法国腐败问题普遍存在？综合2014年欧盟发布的《欧盟反腐败报告》、欧洲理事会2013年发布的《法国预防腐败评估报告》等，归纳出法国腐败问题产生的主要原因是官商勾结。除了相关预防腐败制度不健全、执行不到位的次要原因外，也有法国财产申报制度设计欠缺、执行效果不佳等原因。

1. 关于法国财产申报制度欠缺问题。

第一，政治生活财务透明委员会没有刑事调查权。虽然在法律上规定了政治生活财务透明委员会有权要求官员提供收入及财产报税材料，在2个月内未得到申报人的反馈可要求税务机关提供相关材料副本，若发现相关人员在说明财产后仍发现有来源不明的财产变动，可将材料移送到检察机关，这些都是前期的收集调查权利和起诉权，但是随着腐败的持续高难度和高科技化发展，对后续的调查和取证造成了不小的障碍，立案和破案都难以取得实质性的进展，造成了政治生活财务透明法律效用的成效甚微。

---

① 阳平：《法国腐败问题为什么普遍存在》，《中国纪检监察》2015年第5期。

第二，政治生活财务透明委员会无权审查官员家属的财产状况。法国公务员的申报财产和收入只限于本人，其配偶、有民事连带合同允许的同居人以及未成年子女的收入和财产不需要申报，是受隐私权保护的。因此，很多官员可以将自己的存款、地产和投资等转移到亲属或子女名下，使他们有可能隐瞒真实的收入情况，并有意在财产申报中弄虚作假，从而规避审查和社会监督。

第三，官员在任职或国家企业高层在职时期，无法解释清楚的财产变动情况不构成犯罪，即便是检察机关已经接受了委员会移送的材料，只要没有正式法律判定和惩处，"疑点利益归于被告"都不能确认其犯罪事实。这就给走法律漏洞的不法官员提供了逃避罪行的可能性。

第四，现有的惩处措施和制度有待加强和补充。参考之前提及的《刑法》第432—12条例规定："任何公职人员在行使公共权力或履行公共服务任务，或担任公职的选举任务的事务中，直接或间接地拿取、收取或保留任何企业和业务中相关负责管理、清算或付款的全部或部分利益，将被处以5年监禁和75000欧元罚款。"此条例是法国对抗利益冲突的惩处基础，是一项刑事处罚，但是该处罚规定没有相应严格的"不能兼任职务"的制度来配合，即取消其同时的公职职位，用来有效防止腐败和利益冲突出现的可能性。

2. 关于法国财产申报人材料真实性核实难问题。

法国的官员财产申报是政治人物任职或成为候选人的先决条件。虽然法国财产申报规定总统候选人在正式竞选前15天之内，议员、官员在被任命或上任15天之内，必须提交一份详细的个人财产状况表，所申报的财产状况必须真实具体，并以名誉保证。总统候选人和离职总统的财产向全社会公开。但其他政治人物，出于保护个人隐私的目的，仅仅向政治生活透明委员会申报。议员财产申报的内容不包括利益冲突情况、财产收入来源信息，且申报的内容不向社会公开，导致财产申报制度有名无实。例如，2001年7月26日，法国新闻媒体报道，法国国民议会办公厅已经做出决定，同意向司法当局转交希拉克总统1988—1993年担任议员期间的私人财产申报表。据报道，两位法官采取这一行动的目的，是核实希拉克当年担任总理期间在申报私人财产时是否填写了从总理府特别基金提取的补贴金额,是否用这笔现金支付了1992—1995年间他携带夫人、女儿和贴身警卫因私旅行的飞机票。两位法官推测,用现金支付机票和当年巴黎大区分配公共市场时的贪污现象可能存在着某种联系①。

### 三 典型案例:奥朗德总统的财产"透明风暴"

2013年4月15日,法国政府在政府官网上公布了全部37名政府成员的财产申报资料,这是奥朗德总统所发起的"透明风暴",即"官员道德要求"的第一步。而这次"透明风暴"很大程度上是不得已而为之。

此次公布的内容,包括政府成员们的银行账户、房地产、寿险、汽车、珠宝等拥有情况和信息。部长们必须公布其在法国和外国的房地产总数、总价值、购买或获得的日期及来源、所有权构成、房贷情况;必须公布其名下股票、基金和债券的名称、数量、购买价格和当前市值;必须公布个人人寿保险价值、合同性质和回报条款;必须公布名下所有各类银行账户的存款情况;必须公布家中贵重家具、艺术品、珠宝、宝石等高价物品的名称、数量和价值;必须公布名下汽车和其他车船、飞机的品牌、数量和价格;必须公布自己工资外收入的来源、数量;必须公布个人债务状况。

这次"透明风暴"很大程度上是不得已而为之,起因是所谓"卡于扎克门"。卡于扎克是法国前预算部部长,此人是整形美容师出身,辩才无碍,思虑缜密,是社会党内冉冉升起的政坛新星,前途无量。2012年12月初,一家影响力不大的法国新闻网站Médiapart忽然刊出消息,称卡于扎克在瑞士私人银行开设账户,并曾于2009年在该账户和某瑞士资产管理公司位于新加坡的理财账户间转移财产。12月5日,卡于扎克在国民议会做证,称自己"过去、现在都没有海外账户";2013年3月中旬,卡于扎克的政敌、律师米歇尔·贡内尔突然将一份据称保存长达12年的录音电话信息提交巴黎警方,声称这个2000年无

---

① 《法国议会决定向司法部门转交总统财产申报资料》,2001年7月27日,北方网(http://news.enorth.com.cn/system/2001/07/27/000101462.shtml)。

意中录下的电话信息，可以证明卡于扎克在瑞士 UBS 银行开设了账户。警方随即展开调查，先后有包括贡内尔在内的 4 人证实，电话录音里的人就是卡于扎克。

3 月 19 日卡于扎克宣布辞职，但仍坚称自己无辜，奥朗德政府也继续摆出相信、支持他的姿态；4 月 2 日巴黎时间 17 时，卡于扎克在得知负责调查案件的法官将会到瑞士查账后突然心理防线崩溃，承认自己的确有一个总金额 60 万欧元、开设近 20 年之久的瑞士银行账户，也的确用这个账户向第三地转移过资产，一时舆论哗然。

根据 1988 年制定的《政府成员家庭财务透明度法案》，政府官员和国民议会议员有义务保持私人财产透明化，并且不得在海外拥有秘密账户，但长期以来这项法案并未得到认真履行。卡于扎克事件的症结，不仅仅在于海外账户本身，更在于他在议会听证会上做伪证，并说谎长达 4 个月之久。瑞士曾是避税天堂，卡于扎克长期在这里保持账户，很难洗刷逃税嫌疑，而奥朗德政府上台后一直忙于加税、查税，卡于扎克更是专司这一任务，如今的结果无异于自打耳光。

比卡于扎克更尴尬的，则是奥朗德政府和社会党。上年他们打着"诚实政治"的旗号胜选，在卡于扎克事件曝光后又长期偏听偏信、无所作为。

正因如此，奥朗德和社会党在 4 月 2 日当晚就开始"消毒"，总理埃劳甚至要求政府成员 4 月 5 日前就公布个人资产（后延至 15 日）；4 月 10 日，奥朗德推出"透明风暴"即"官员道德要求规范整改方案"，内容包括政治生活透明化，成立独立监督审计机构，审查部长、议员、地方行政长官及其合作者的财务状况；政府成员个人财产申报状况公开化；修改《政府成员家庭财务透明度法案》，并在修正案通过后要求议员公开个人财产申报情况；禁止议员兼职，取消给前部长的津贴，禁止议员合作者从事有偿游说、咨询工作；加强打击经济、金融犯罪力度，成立专门的财政监察院负责调查起诉重大经济金融案件，成立打击偷漏税和贪污受贿的中央机构，将涉此类案件官员、议员的最高量刑从现在的 3 年提高到 10 年；采取积极行动打击逃税天堂，并谋求得到欧盟委员会的合作，等等。公布政府成员财产申报资料，只是其中一小部分。

对于"透明风暴"中公布个人财产信息的要求，部长们的态度并不一致。一些部长，如残疾人保障部部长玛丽·阿莱特卡罗蒂、住房部长塞西尔·杜弗洛、发展部长帕斯卡·加芬等，未等限期到期就提前主动公布了个人财产状况，但更多部长则以"应尊重本人和家属隐私"为由，对"透明风暴"态度保留、勉强。

在国会里的情况也如此，尽管有不少议员主张更彻底的"透明化"，但反对公开个人财产情况的最激烈声音同样来自这里，下议员克洛德·巴尔托洛甚至称要求公布官员、议员个人财产状况者是"偷窥狂"。

微妙的是，尽管"卡于扎克门"是攻讦政府的好机会，但反对党的声音并不统一。不少反对党要员对公布财产同样意见保留，如最大反对党人民运动联盟主席让-弗朗索瓦·科佩明确表示，自己绝不公布个人财产，因为"绝对透明是不折不扣的极权主义产物"，而前总理菲永虽主动公布了个人财产申报信息，却反对将此立法，理由是这会在政坛营造"相互怀疑、人人自危的政治紧张空气"。

然而民意却支持"透明风暴"，《法兰西周末报》主办的IFOP民调显示，63%的受访者认为通过选举任职的官员、议员公布个人财产状况是"当代民主国家所必须的"。近年来法国经济形势不佳，就业形势恶化，贫富差距拉大，公众对政治家的诚信不放心，对政客们一方面"瞒富"、一方面通过税收"劫贫济富"日趋不满，民调结果就是这种情绪的折射。

不过支持"透明风暴"者也指出，这一措施面临三大棘手难题：信息的真实性、制裁的有效性、国际合作。即便他们也坦承"严刑峻法从未让违法犯罪消失"，且1988年就生效的《政府成员家庭财务透明度法案》形同虚设，谁又能保证修改后的新法会药到病除？

不仅如此，正如许多批评者所指出的，申报和公开的政府成员个人财产情况，都是由当事人自己提交的，并未经过有关部门的核实，且尽管在许多国会议员一再要求下，总理让—马克·埃劳曾在4月12日表示，将把更具权威性、更能直观反映政府成员个人财产收入状况的税单列入公布范畴，但最终税单并未出现在公布材料中。对此，政府与议会关系协调部长阿兰·维达尔表示，税单"不会被包含在'透明'范畴内"，理由是"过度透明侵害个人隐私","有违宪嫌疑",一些批评者也指出,这"只能鼓励官员说谎",把本属于自己的动产、不动产记到亲属名下,且从目前公布的资料看,某些阁员的申报也的确有"哭穷"之嫌,如复兴部长阿尔诺·蒙特布尔自称"裸官",申报的房产面积仅55平方米不说,还只有40%产权,外省的动产、不动产都是和母亲联名,银行账户存款不到1000欧元,汽车是二手的,价格仅4270欧元,还有20万欧元欠贷;又如生态保护专员塞西尔·杜福罗,所申报的动产不动产有整有零,数目寒酸,汽车是1999款雷诺老爷车,价格仅1500欧元。

然而这些"哭穷部长"或许多虑了:前述 IFOP 民调显示,70% 的受访者在被问及"如果公开官员、议员财产,发现他们都十分富有,将作何感想"时表示富一点不是问题,但不能不老实[①]。

## 第四节　俄罗斯财产申报制度

### 一　俄罗斯财产申报制度立法

俄罗斯财产申报的规定最早可以追溯到叶利钦时期。叶利钦于1991—1999年任总统期间,推行市场经济私有化,采取所谓"休克疗法"让俄罗斯经济濒临崩溃,导致政治腐败和经济犯罪愈演愈烈。为此,1997年叶利钦政府颁布了《俄罗斯联邦政府法》,其中规定政府总理、副总理和各个联邦部长每年都需要向俄罗斯的税务机关申报个人财产。虽然官员财产公开才是防范腐败的第一步,但在叶利钦时代,俄罗斯的首要议题是转型,官商之间的关系依然非常模糊和暧昧,俄罗斯的富豪们仍然主动向克里姆林宫提供竞选赞助。叶利钦时代的财产申报不可能向着掌握俄罗斯经济命脉的金融—工业寡头宣战[②]。

2001年和2003年普京担任总统期间掀起反腐风暴,一些政府高官因此落马,但运动式的反腐败并没有遏制俄罗斯的腐败之风,普京上台之

---

[①] 陶短房:《法国为何要求官员财产申报?》,2013年5月8日,BWCHINESE 中文网(http://www.bwchinese.com/article/1040685.html)。

[②] 徐海燕:《俄罗斯联邦反腐败法制建设评析》,《国际研究参考》2016年第4期。

后，重点打击寡头对俄罗斯政治的影响，那些对叶利钦来说不希望"失去"的政治盟友们已经成为普京的阶下囚。普京当政8年，俄罗斯的国力触底反弹，但是腐败却与日俱增。

2008年梅德韦杰夫上任之后就着力推行反腐败立法。为此，专门成立了反腐败委员会，梅德韦杰夫亲自担任主席，足见反腐败之迫切。梅德韦杰夫开始改变策略，既要制定一套关于腐败的标准，又要推动一系列的法律出台，以形成一个反腐败的系统。2008年12月25日，梅德韦杰夫签署了《俄罗斯联邦反腐败法》，奠定俄罗斯官员财产公开制度的法律基础。该法案明确提出公职人员要进行财产申报，公职人员及其配偶和未成年子女的财产都需要公之于众。该法首先界定了腐败的基本概念，确立了预防和打击腐败的主要原则，指明了国家机关提高反腐败工作效率的主要方向，规定了公务员及其配偶、未成年子女提交收入和财产信息的义务等。

2009年4月，梅德韦杰夫带头公开了自己的财产，作为总理的普京也在第二天公布了自己的财产。2009年5月18日，梅德韦杰夫签署第558号总统令，要求公职人员对财产进行申报，并以附件的形式提供了几十张申报表，需要填写的内容包括收入信息、财产信息、银行账户的货币资金信息、有价证券信息等。

2010年，梅德韦杰夫总统又签署了《2011—2012年国家反腐败的国家战略和国家计划》，此后，在俄联邦出台的一系列反腐败律令、方针和政策在联邦主体层面得到了响应和落实，俄罗斯的各州、市、共和国和自治区也纷纷制定了适合本地区特点的反腐败法规、政策和实施机制。俄罗斯将官员财产信息发布在网络上，便于公民监督。在梅德韦杰夫的强力推动和以身示范之下，官员财产申报制度就在俄罗斯落地了。值得关注的是，梅德韦杰夫将国有公司的领导人也列入了财产申报的范围之中，换言之，凡是公权力的执行者都需要公布自己的财产，接受监督。

2012年3月13日，梅德韦杰夫总统签署了《2012—2013年国家反腐败计划》，进一步强化在行政领域的反腐败措施。与以往相比，有以下新内容，一是对官员的收入和财产的"实时监控"。官员在接受质询时，如果对"来路不明"的财产不能够解释清楚来源，即被认为具有犯罪嫌疑，可被解雇并剥夺财产。改变了法律中原有的"无罪推定"的原则。二是与上述规定相对应，规定担任公职的公务员、市政官员、国家所属机构的合作单位的工作人员及其家庭成员（配偶和未成年子女），有义务提供购买房地产、证券、股票、车辆等国家规定的应上报财产的凭证。此外，还需要提供大额收入的款项来源等。三是整合政府各部门已有的数据库，建立综合性的电子数据库，以加强对官员个人资产情况的分析和掌握，发现申报收入与实际收入之间的出入，以及实际资产与合法收入之间是否相符，从而对国家公务人员实行大范围的财产监督，为反腐败提供线索和信息。

2012年12月21日，俄罗斯一项禁止公务员、国家官员及其配偶和未成年子女拥有海外资产的法律草案，在议会杜马一审获得通过。根据上述法律草案，俄罗斯各级公务员、国会议员、现役军人以及内务部、联邦司法系统、联邦毒品控制部门、调查委员会、检察官办公室和海关的雇员都将受新法约束，这些公务人员及其配偶和未成年子女均不得在海外拥有不动产、银行账户和证券，除非证明海外账户的资金是用于公务活动、医疗或学术研究目的，方可按例外论处。而且规定，已经拥有海外资产的俄罗斯公务员，必须在2013年6月1日前清理自己的海外资产；未来即使是通过继承获得海外资产，也必须在产权生效一年内出售或转让有关财产，并将所得款项存入俄罗斯银行。除此之外，那些离开国家岗位的人员在正式离职三年之内，也不能拥有海外资产。违反规定者或公务员在海外藏匿资产，将被处以15万—30万美元罚款或者5年以下有期徒刑。

2012年12月5日，俄罗斯公布了新的反腐败修正案《审查公务员消费占收入比例法》。规定政府官员及配偶、未成年子女的一次性支出如果超过此前三年内收入总额时将面临法律调查，相关财务信息将在政府网站公布并交给媒体，怀疑非法购置的财产将被法院冻结，在申报财产中弄虚作假的官员则可能被开除甚至面临刑事指控。该修正案已于2013年1月1日起生效。

2013年的财产申报又出新招，高额消费支出也要进行申报。在财产申报日到期之前，俄罗斯有30多位议员离婚，虽然不能肯定这些议员全部是因为财产申报而"假离婚"。但离婚之后,官员的配偶就不在财产申报之列,这样就可以躲过一劫。这足以说明官员财产申报制度已经开始发挥威力了。

2014年4月11日,普京批准了《2014—2015年反腐败国家计划》。根据俄罗斯法制信息网公布的相关文件,俄罗斯将采取措施保证联邦议员遵守相关的禁令、限制并承担义务,监督高级官员切实申报所收礼品的估价和上交情况,继续在社会营造对腐败行为的零容忍态度。此外,俄罗斯将根据计划在法院成立反腐败局,法官和法院工作人员应填报收支和财产申报材料。

2014年9月21日,俄罗斯总统新闻办公室主任谢尔盖·伊万诺夫在接受《俄罗斯报》采访时说,2015年初有关官员收入和支出申报体系将进行微调。伊万诺夫指出,从2015年起确定财产信息的时间将从目前的三个月缩短为 个月。这样调整的目的是不让官员有足够的时间来非法使用财产或隐瞒财产。除此以外还规定,如果进入官员账户的收入总数超过官员本人及其家庭最近三年的收入,那么在官员财产申报中应该提供有关在信贷机构账户上资金的流动资料。2015年收入支出申报体系的另一个变化是:以前只要求申报超过官员及其家庭三年收入的支出,这在申报材料中反映甚少。2015年申报时报告的不再是一次购买的费用而是一年内的支出总数,如果一年内支出超过三年内的收入,则必须进行申报。众所周知,在以前的申报系统中官员们经常化整为零,把一次购物分解为多次消费。总之,2015年俄罗斯进一步严格了官员财产申报制度[①]。

## 二 俄罗斯财产申报制度内容

(一)财产申报的主体

(1)联邦国家领导职位的人员,包括总统、政府总理和副总理、总统办公厅主任、政府办公厅主任、列入政府成员的联邦部长、各联邦主体领导人、中央选举委员会主席、杜马议员、联邦委员会主席以及宪法

---

[①] 徐海燕:《俄罗斯的财产申报与公开制度》,2013年5月21日,中国社会科学网(http://www.cssn.cn/sf/bwsf_lllwz/201310/t20131022_446786.shtml)。

法院、最高法院及最高仲裁法院正副院长及法官等。这些人员要在每年4月1日前按规定提交上一年度所需申报信息。(2)联邦国家公务人员及其配偶和未成年子女。(3)非营利性质的国有公司负责人,即国有企业的负责人、国有基金会和其他组织的领导及其配偶和未成年子女。(4)准公务人员的"任前申报",即对竞聘国家集团公司、国家基金会以及联邦或市政机关职位的公民,先要对收入和财产进行申报,接受审核。

(二)财产申报种类

根据《反腐败法》(2009)提供的附表内容细分为八类。

(1)收入信息。包括主要工作收入、教学活动收入、学术活动收入、其他创作活动收入、银行和其他信贷机构存款收入、有价证券及商业组织参股收入、其他收入。(2)财产信息。包括不动产和交通工具。不动产项下细分为地块、住宅楼、别墅、车库和其他不动产等类别。交通工具项下有小型汽车、载重汽车、拖车、摩托车、农用机械、水上交通工具、空中交通工具和其他交通工具。(3)银行和其他信贷机构账户的货币资金信息。(4)有价证券信息。包括股票和其他股份,还包括债券、票据等。(5)财产性债权债务信息。包括正在使用的不动产,并按规定要求申报不动产的属性(如地块、住宅楼、别墅等)及不动产的使用形式(如租赁、无偿使用等)和期限等内容。(6)债权债务。要求申报超过最低工资额100倍定期金融性债权债务,并指明债的内容(贷款或借款)、借款人或贷款人以及债的发生根据、数额。(7)国外财产的价值和交易资金来源。(8)超过三年收入总和的一次性消费(投资)明细。

(三)财产申报原则和时间

按照相关法律,财产公开要按照年度公开的原则,每年进行一次。具体规定为:(1)联邦国家担任领导职位的人员要在每年4月1日前按规定提交上一年度所需申报信息。(2)联邦国家公务人员及其配偶和未成年子女每年4月30日前提交上一年度所需申报信息。(3)非营利性质的国有公司负责人、配偶及其未成年子女的申报参照上述相关规定执行。

(四)申报程序和管理

根据俄罗斯《反腐败法》第八条第五款规定:根据俄罗斯联邦规范

性法律文件规定的程序，可将国家和市政公务人员申报的收入、财产和财产性债务的资料提供给媒体公布。人事部门在受理申报后，可以将当事人申报的不动产、交通工具和年收入信息在各自的官方网站公布或提供给俄罗斯境内的有关大众媒体。

法案还规定了财产公开的范围和比例。公开信息包括：不动产、交通工具和年收入。禁止公布信息包括：可公开信息以外的收入；公务员配偶、子女和其他家庭成员的个人信息；可能判定公务员及其家庭成员居住地、通信地址、电话号码以及其他通信信息及不动产所在地的信息；属于国家秘密或个人隐私的信息；根据反腐败法律规定，相关人员未经允许私自公开需承担相应的法律责任。

（五）责任追究

需要公开申报的信息必须保证其完整性、可靠性，由各机构中负责申报的人事部门有选择地进行核实。如果国家公职人员不提供或故意提供虚假信息，就将面临失去公务人员身份的风险，或者依法追究其法律责任。具体为：

（1）希望获得国家公职职位的公民不提供个人及其配偶和未成年子女收入、财产和财产性债权债务的信息或者故意提供不真实信息，将失去获得相应职位的机会。（2）国家公职人员如果不提供或故意提供虚假申报信息，将被解除国家或地方公职，或者依联邦法律承担其他纪律责任。（3）各机构人事部门公务员如果泄露国家秘密或个人隐私，将依联邦法律追究其责任。同样，政府机构负责受理申报信息的工作人员，如果泄露国家秘密或个人隐私，将依法追究其法律责任。

### 三 俄罗斯财产申报后为何照样腐败

反腐败非政府组织"透明国际"公布的2009年度调查结果显示，2008年居于第147位的俄罗斯，2009年上升为第146位。虽然有所进步，但仍然被列入严重腐败的国家。俄罗斯总统梅德韦杰夫在2008年12月25日正式签署了《反腐败法》。《反腐败法》规定：公务员及其配偶、子女提交收入和财产信息的义务等。也就是说，俄罗斯在实行"官员财产申报"的一年里，腐败还是照旧。俄罗斯实行"财产申报"后为什么照样腐败不能不引人深思。

俄罗斯于 1997 年 5 月 15 日颁布总统令，实施国家公职人员收入和财产申报制度。这是当年叶利钦总统打击财阀、提振政府信任和权威的重大措施之一，但这一法令实施的结果却远不能令人满意，俄罗斯的贪污腐败现象有增无减。由于收入和财产标准不明确，对申报结果的检查和监督也就没有了标准。申报虽申报，但却无法根据申报来对官员是否贪污腐败进行监督。

在普京带头申报收入和财产的情况下，各级官员虽也不得不申报，但申报的却不是自己的实际收入和拥有财产的真实状况。几乎所有官员申报的都是自己工资表上的工资数，外加一处公寓房和一辆汽车。这样的申报使所有的官员几乎都处于同一的"廉洁"水平之上。至于官员的隐性收入、灰色收入、与黑社会甚至犯罪组织的合作收入统统不在申报之列。该文指出，俄罗斯严打贪污而贪污依然故我地发展，原因大概有下述几点。一是缺少一系列确保官员申报收入和财产真实性和准确性的措施。二是由于贪污腐败都与官员的渎职现象紧密相连，而离开了对渎职的严究和查处，反贪污斗争是搞不下去的。三是俄罗斯内部官员也承认，他们在贪污和有组织犯罪面前无能为力，这表明俄罗斯的贪污腐败现象与有组织犯罪连理难分。四是俄罗斯内务部的一项材料表明，俄罗斯当今的贪污犯罪大概有三类：侵吞国家财产（占 79.8%）、受贿（占 15.5%）、商业贿赂（3.8%）。这就是说，当今的贪污腐败已经主要表现为侵吞国家财产。而俄罗斯对此缺少法律、斗争的经验和有效的手段。五是俄罗斯一直不甚注意动员群众的监督和斗争的力量，而在很大程度上将反贪污腐败斗争的希望寄托在执法、司法机构及其秘密工作上。六是俄罗斯并没有放弃对官员实行"高薪养廉"的政策。而在经济不甚发达、官僚主义蔓延、缺少必要的国家和民众监督的情况下，高薪养廉政策对反贪斗争有百害而无一利。

俄罗斯申报制度实施的情况表明，俄罗斯的反贪斗争在许多方面只停留在了申报制度上，并未深入查究、打击、处理从而进入新一轮申报和监督中去。官员们反而在攫取收入和财产的同时，就将各种非法收入合法化，为各种腐败财产正名，将黑色的敛财之途光明化；以妻子的名义存款,以子女的身份购置产业,以亲属的工作来领取高额回报,以国家官员的身份来开采"黑色金矿"。在普京担任总统的8年时间里,俄罗斯官场腐败远远超过叶利钦时代,贪污腐败在当今俄罗斯成为具有群体效应、上下级联动机制以及亲朋和行业关系制约的结构性问题。普京在卸任时也不得不承认他执政8年最大的遗憾是没能解决贪污腐败问题。如今在俄罗斯,边防、海关、警察、银行工作人员公然索贿索礼,已经到了一点羞耻感都没有的程度。

俄罗斯的梅德韦杰夫总统执政伊始,也表达出反腐败的愿望,并于2008年8月签署批准了《反贪法》。新的法令明确规定了官员所要申报的收入和财产不仅包括他自己的,还要包括他的妻子和未成年子女的,不仅要报工资,还要报隐性、灰色和其他一切收入。在新法令执行的过程中,梅德韦杰夫总统的反贪斗争声势比普京时期要大得多,但是反贪的结果并不能令人满意。据俄罗斯内务部截至2009年10月的材料,俄罗斯官员的贪污犯罪现象仍在发展,官员的平均贪污数额一年中增加了2.5倍(从贪污人均9000卢布增加到了2.4万卢布)。这说明,梅德韦杰夫的反腐败行动难以为继[①]。

### 四 启示与思考

**(一) 俄罗斯梅普总统联手打造并成就了财产申报制度**

梅德韦杰夫总统2008年上任伊始就决心系统解决俄罗斯公职人员腐败问题。首先成立由他本人领导的反腐败委员会,制定了国家反腐败计划,2008年底出台了《俄罗斯联邦反腐败法》,公职人员财产申报制度成为这项法律的重要内容。当《俄罗斯联邦反腐败法》在审议过程中遇到很大阻力和抵触时,梅德韦杰夫总统又及时出面施加影响。2009年4月,梅德韦杰夫总统又带头申报并公开本人及家庭成员的财产。2012年,梅普易位,普京继续梅德韦杰夫未完成的作业。12月4日,普京签署了《反腐败法》的修正案,普京在梅德韦杰夫开创的"依法反腐"的道路上继续前行。没有俄罗斯两位总统的坚定推动,俄罗斯的公职人员财产申

---

① 孙兴杰:《评论:俄罗斯财产申报制度是怎样炼成的》,《羊城晚报》2013年11月2日。

报制度就无法建立起来。

(二) 俄罗斯并没有因为担心社会稳定而使财产申报制度难产

梅德韦杰夫在2009年初实施的财产申报制度伴随着一定的社会风险，当年，时任俄罗斯总统叶利钦专门发布了一项总统令，要求官员申报财产。但是这些规定因内容有缺欠，在执行过程中基本走了过场。本来梅德韦杰夫想将财产申报的范围涵盖官员及其所有家庭成员，但是遭到议会的抵制，有些官员将财产置于自己的亲属名下，既可以在财产申报上"过关"，又可以获得大量的灰色收入。2009年4月，梅德韦杰夫带头公开了自己的财产，总理普京也在第二天公布了自己的财产。事后，梅德韦杰夫总统在2009年5月20日的一次视频讲话中承认："腐败是经济发展的一个最大障碍，腐败已经渗透到我们的生活。反腐败是国家面临的一个非常复杂、严峻而迫切的问题。"

(三) 运用政治智慧化解立法利益冲突

在国家杜马对俄罗斯总统提交的一揽子反腐败法律草案进行第二次审读的时候，议员们提出了200多处的修改意见。为保持法案原貌，梅德韦杰夫总统借一次会议讲话，表明了对法律草案审议的态度：他能够接受的修改只限于他同国家杜马领导人约定好的部分，其余内容应尽最大努力保持不变。最后，法案的一些实质性条款还是作了修改。审议中争议最大的条款涉及官员财产申报问题。当初梅德韦杰夫总统提议，任何级别的官员都应申报本人及所有家庭成员的收入和财产。而在最后生效的法律中，申报主体除官员本人，只剩下官员配偶和未成年子女。俄罗斯法学家尼·库兹涅左娃称，梅德韦杰夫总统当初提交国家杜马的草案，经过审议已经失去了锋芒。但是《俄罗斯联邦反腐败法》最终还是体现了梅德韦杰夫总统关于官员财产申报的一些基本主张。值得一提的是，《俄罗斯联邦反腐败法》生效后，在梅德韦杰夫总统签署的配套命令中把财产申报主体范围扩大到了国有公司领导人，这是《俄罗斯联邦反腐败法》中没有的。

(四) 建立财产申报核查和分析机制

2010年，俄罗斯将官员财产信息发布在网络上，以利于公民的监督。有些俄罗斯人便怀疑官员所申报财产的真实性，比如车臣总统申报的财产只有一套36平方米的房子。俄调查结果显示，31%的受访者认为，梅德韦杰夫的倡议"非常好，是早就成熟的反腐败措施"；26%的人认为，"这是好的开端，但俄罗斯官员有办法钻空子"；18%的人表示，"总统的倡议是朝正确方向迈出的一步，但必须寻找更为有效的反腐败方法"；另有15%的受访者认为，梅德韦杰夫的倡议是"公关活动，无法带来实际成果"。持最后这个观点的主要是莫斯科和圣彼得堡市民，以及俄共和自由民主党人士。

《生意人报》援引专家的意见称，俄罗斯反腐败法律和官员财产申报制度中还存在不少漏洞。比如，向税务机关申报财产只涉及官员是否照章纳税，至于开展反腐败工作则必须对官员的支出也进行监督，但这些标准并未被写入反腐败法律中。1995—1999年担任俄总检察长的斯库拉托夫则表示，有关核实官员财产申报内容的工作，必须由独立机构来进行。梅德韦杰夫也表态并提议建立收入和财产申报信息核查机制，以及起草反腐败司法鉴定的法律草案①。

（五）制定相关配套法律制度

俄罗斯官员财产公开制度的建立不是一蹴而就的。在该制度出台以前，财产申报规定散见于总统令和国家颁布的各类法律法规中。其中，1992年4月4日由叶利钦签署的《有关反对国家行政体系内腐败行为》的总统令、《俄罗斯联邦国家公务条例》（1995年）以及《俄罗斯刑法法典》（1996年）和《俄罗斯联邦行政违法法典》（2001年）等法律文件，都多次规定和强调保持行政官员的廉洁性问题。在1997年生效的《俄罗斯联邦政府法》中，有了政府总理、副总理和各联邦部长每年向俄罗斯税务机关申报个人财产的规定。俄罗斯当局还借鉴国际经验推出一系列现实举措，主要有两个方面。一是从2004年起大幅度提高公务员的工资，以期达到"高薪养廉"的效果。据俄罗斯有关资料统计，2004年，俄罗斯35万联邦一级官员，部长级官员工资上涨了近4倍，副部长和司长级工资上涨了4至11倍，而低级别的官员工资上调幅度则在3倍以下。随后于2006年、2007年和2008年继续提高公职人员工资。二是2006年俄

---

① 赵嘉麟：《俄罗斯高官财产申报之后的风波》，《领导文萃》2009年9月23日。

罗斯加入了《联合国反腐败公约》缔约国行列，一方面以昭示俄罗斯政府打击腐败的决心，另一方面也试图借助国际力量和国际经验帮助俄罗斯反腐败。

## 第五节 越南财产申报制度

越南是中国周边重要的社会主义邻邦。中越两国都坚持共产党领导，政治制度相同、理想信念相通、发展道路相近。当前中越两国都在致力于建设社会主义的伟大事业，在发展经济的同时均遭遇到腐败难题。

### 一 反腐败催生越南财产申报制度

越南共产党中央总书记阮富仲毫不讳言："腐败、浪费现象在多个领域和部门存在，已对党的领导和国家管理形成巨大挑战。"[①] 国际腐败监督机构"透明国际"2013年发布的全球"腐败感觉指数"显示，越南在177个国家和地区中排名第116。在南亚诸国中，越南排名第7，位于新加坡、文莱、马来西亚、菲律宾、泰国和印度尼西亚之后。另外，"透明国际"在2013年发布的"全球腐败晴雨表"调查报告中，55%接受调查的越南民众认为，越南近年来的腐败现象增加，仅18%的受访者觉得有所减少，另有27%的受访者说情况没有变化。

而越南政府与世界银行2013年10月发布的一个联合调查显示，越南腐败最严重的部门和领域包括税务、金融、银行、财政和海关。在这些领域内，钱权交易的现象普遍存在。

新华社驻越南首都河内记者杨威援引一位越南新闻从业人员的话说，在越南腐败比比皆是，小到一个审批手续、大到官员的升迁，都存在钱权交易的现象。一些行政部门甚至故意刁难以索取贿赂，公务员的工资水平不高，但一些人的实际收入（包含灰色收入）却不少。

2013年的"全球腐败晴雨表"调查报告显示，30%接受调查的越南民众说，他们曾有过行贿经历；世界银行2012年的企业调查报告提及，

---

[①] 许春华：《越南的反腐运动和制度变革》，《南风窗》2012年7月17日。

超过50%的企业说,在越南只有向公职人员送礼"才能办事"。

腐败问题在越南被称为"国难""内寇",关系到党和国家的生死存亡,因此越南采取了依法治腐①。1990年6月26日,越南部长会议做出反贪污的240号决定。1992年11月20日,越共中央政治局下发了关于制止、清除贪污的15号令,第二天政府总理为了落实政治局指示,做出中央114号决定,同时成立了政府反贪污走私委员会。不久,中央各部委、行业和各级地方政府都成立了反贪污走私的常设机构,并制定了一系列规章制度。1996年底越南国会颁布了《反腐败法草案》,对各种腐败行为作了具体界定,并提出相应的惩处规定。1997年越南国会通过了修改后的《刑法》规定。1998年越南国会通过《反贪污法》规定。

2005年通过了《防止和反对贪污腐败法》。《防止和反对贪污腐败法》第二章第十四条规定:(1)掌握一定职权者须申报本人房地产和其他大宗财产。(2)申报人须如实申报并对申报内容负法律责任。(3)申报对象,财产申报种类,申报时间、程序和手续由政府作出具体规定。越南以立法形式确认掌握职权者必须进行财产申报。

2007年3月9日,越南总理阮晋勇签署了关于财产和收入公开的政府第37号决定,要求国会代表与政府官员申报财产。从2008年起,部分党政机关的干部申报了财产。2011年,政府颁布了第68号决定,对第37号决定进行了补充和修订。2012年11月,越南十三届国会第四次会议通过了《反腐败法(修正案)》,该法律规定越南干部和公职人员必须申报个人财产申报表,从而使得国家公职人员财产和收入申报逐步严格细化。

### 二 越南财产申报制度内容

(一)申报主体

2007年政府第37号决定规定了11种人属于申报范围:(1)专职国会代表、专职议会代表、国会代表和议会代表候选人;(2)县级副处级以上干部和公职人员或机关、组织、单位中享受副处级以上待遇的人员;

---

① 李良勇:《越南破解腐败"国难"举步维艰》,《中国纪检监察报》2014年7月24日。

(3) 部队副团级以上指挥官和县级武装部副指挥长以上军官；公安部门副团级以上、区县级公安局副局长和大队副队长以上干部；(4) 国营医院和研究院的经理、副经理、院长、副院长、会计师、处长、副处长、科室主任、科室副主任和主治医师等；(5) 国家财政拨款的报纸和杂志的总编辑、副总编辑、会计师、处长、副处长等；(6) 国家下属各省、市、区的小学和幼儿园的园长、副园长和会计师，国家下属各初中、高中、中专、职业学校和培训中心的校长、副校长和会计师，国家各大学和高等院校的校长、副校长、会计师、处长、副处长、系主任、系副主任和正教员（相当于副教授）；(7) 国家财政投资项目的经理、副经理、会计师、处长、副处长、项目主任和副主任，官方发展援助（ODA）资金项目经理、副经理、会计师；(8) 国有公司中的总经理、副总经理、经理、副经理、董事长、副董事长、董事、监事长、副监事长、监事、会计师、处长、副处长、项目主任、项目副主任以及业务处长等，受国家委派到国有企业担任上述职务者；(9) 党委书记和副书记，各级人民议会主席和副主席，各乡、坊、镇级人民委员会主席、副主席和委员，公安局长，乡级武装部部长，土地和建设局干部，乡、坊和镇级财务和会计等；(10) 国家调查员、检查员、审判员、法庭书记员、国家巡检员、监察员、执行员和公证员等；(11) 经内务部和各部级单位领导商定并呈报总理批准，如下人员也在申报之列：在国家财政和资产管理部门的工作人员，在国家各级党政机关、政治—社会组织以及国会办公室、人民议会办公室和国家主席办公室工作的人员等，他们直接接触并负责处理机关、组织、单位和个人事务。

越南国家监察总署的局级干部吴孟雄介绍说，越南从 2013 年开始实施这一政策，"最高的公开级别可到副部长级"[①]。

（二）申报范围

根据 2011 年政府第 68 号决定，属于申报范围的机关、组织和单位包括：国家机关、政治组织、政治—社会组织、社会组织、社会—行业组

---

[①] 王欣：《越南监察总署高官：从中国获得大量反腐经验》，《国际时事环球时报》2013 年 2 月 6 日。

织、人民武装单位、事业单位、国有企业以及其他使用国家财政的机关、组织和单位等。第68号决定规定：财产和收入申报的真实性由填报人自己负责。申报表将由人事部门存档，只服务于以下三种情况：一是干部任免和晋级时；二是接受贪污腐败调查时；三是其他与干部人事有关的事项。

### （三）申报形式

政府第68号决定还对申报表的公开形式作出了明确规定：在职干部可由本单位领导决定是在会上宣读或是张贴公示；国会代表及地方各级人民议会代表的申报表需要在代表的办公地点和居住地公示，由国会、地方议会选举委员会以及越南祖国阵线常务委员会指定公示形式；即将当选国会或议会代表候选人的申报清单须对当届国会代表或议会代表公开，具体公示形式由国会常务委员会和议会常设机构决定；政治组织、政治社会组织和行业组织的公职人员，则需要根据本人单位的规定在单位内部公开。以上情况的公示期不得低于30天。

### （四）申报时间

根据《防止和反对贪污腐败法（修正案）》规定，申报时间范围为每年的1月1日至12月31日，在来年的1月1日至3月31日期间完成公示。越南的领导干部须在此期间将个人财产申报清单在本人所在机关、组织或单位公布，与此同时，越南国会代表及地方各级人民议会代表以及候选人的个人财产申报清单须在应选地区公布。

### （五）责任追究

对于不如实申报财产和收入者，可视情况分别做出处分，包括：谴责、警告、降职和开除等处罚，并且在单位公示处罚决定3个月以上。而推迟申报者也可能被处以谴责、警告和降薪等处分。

### （六）其他

国家还统一定制了财产收入申报表，分为1号表、2号表和3号表。首次申报的需要填报1号表，这是申报范围内所有公职人员必须填报的表格；第二次以上申报的填报2号表，即财产变动申报表；国会代表、议会代表候选人和即将发生职务变动者填报3号表。申报表需要填报信息除了本人外，还包括其配偶和未成年子女。申报的内容包括：住房、建筑工程、土地使用权、珠宝、现金、各种有价证券以及其他价值在5000万盾（1美元约合22000盾）以上的物品，存放在国外的价值在5000万盾以上的财产和账户，以及申报期内的实际总收入等。所有财产每年变动金额超过5000万盾的，都必须填报2号申报表。

一般由越南财政部制定实施办法，各地方、部门拟定具体实施细则。例如，2012年越南财政部根据要求于2012年12月3日颁布公文提出了具体实施办法。该办法要求所有单位的干部人事部门必须在2012年12月31日前收齐申报表，并报送财政部。河内市颁布具体操作方案，要求各机关单位公职人员严格执行财产和收入申报。另外，越南河内师范大学和航海大学等单位还公布了具体实施细则，要求正教员（相当于副教授）、各科室以上干部填报财产和收入申报表，并及时上报。越南航海大学规定，如延迟30天之内未上报者，将受到谴责，30—45天者，将受到警告，超过45天的，将受到更加严重的处罚甚至受到法律制裁。

### 三　越南财产申报制度新变化

#### （一）越南要求国有企业进行财产申报

据《越南经济时报》5月26日报道，自2011年7月1日起，国有全资集团和总公司将进行财产、贷款、债务和以黄金、外汇、越盾存款等为主的财产申报工作。申报的财产包括现金（含金、银、宝石）、各种存款，包括参与联营的款项以及基金和银行的各种外汇存款等。另外，各种长期证券投资款、联营股金、短期证券投资款、基金、短期及长期保证金等都须申报。

#### （二）加强党对财产申报工作的领导并严格审核

2014年1月3日，越南共产党中央政治局颁布了关于加强党对财产申报及申报检查工作的领导指示。指示表明，财产申报及申报检查是预防与打击贪腐的重要措施，国家已将其列入法律文本。越共中央政治局要求各级党委、党组织认真落实一系列工作，发挥财产申报及申报检查工作在预防与打击贪腐工作中的积极作用。这些工作包括：加强领导工作，凝聚全体干部、党员、公职人员和机关、组织、单位、机关首长对财产申报工作的共识；领导严格进行财产申报及申报检查工作，提高干部、党员、公职人员在财产申报上的自觉性、诚实性和责任感；加强对党和国家关于财产申报和申报审核工作规定落实情况的监督和检查；继续完善关于财产申报和申报审核工作的法律法规，等等。

指示还提出，以下四类申报需进行严格审核，包括：瞒报，被发现并举报；选举、任命、罢免或处分需要的财产申报信息；新增财产来源不合理的；在权力机关、组织和个人提出申报要求的[①]。

**四 越南财产申报需要完善**

1. 虽然越南公开级别可到副部长级，但主要面向本人所在机关、组织或单位公布。对于财产申报只是采取内部公开的办法，而不是向全社会公开，因此人民群众没有知情权，还是有暗箱操作和互相包庇的空间，因而还不具备很强的约束性。

2. 只要求申报本人、配偶和未成年子女名下的财产，但是没有把其他亲戚和相关的人列入申报范围，这将会使部分干部将其名下的财产转移给这些人。据报道甚至有人将自身财产转到"二奶""三奶"的名下。

3. 尽管越南国家主席张晋创说："任何人都无权阻止媒体反腐败"，但有关法律规定未提及新闻媒体有权跟踪和确认公职人员的申报情况，新闻媒体尚未发挥监督财产申报人的作用。

4. 目前执行财产申报和公开的情况还很有限，也不够严肃，只涉及高级干部、有问题的干部或者即将提拔的干部等人，且主要是申报土地和住宅，而且这些信息也不一定准确，情况就跟反腐一样马马虎虎走过场，干部和群众并不相信这个规定能执行好。

官员财产申报公开政策是预防腐败的一记"重拳"，监察总署官员把其视为越南反腐的一项成果，但不少越南民众对此议论纷纷。阮海关（音）在越南一家报社任职，他坦言，新出台的反腐政策旨在减少贪污现象，但是让官员真正坦诚公开自己的财产是一件很难的事情，目前的越南财产公开制度仍然存在很多不足。事实上，相比现在不"完美"的官

---

[①] 徐艺源：《越南共产党发布指示 要求加强官员财产申报制》，2014年1月15日，国际在线（http：//news.cri.cn/gb/42071/2014/01/15/6991s4391872.htm）。

员财产公开制度，越南许多人对事后以法律严惩来遏制腐败寄予更多期望①。

## 第六节　中国香港财产申报制度

1971年，香港制定的《防止贿赂条例》（2008年修订）拉开了制定公务员财产申报制度序幕，其中规定公务员不应购入可能与其公职有利益冲突的投资。2012年，行政长官办公室制定了《政治委任官员守则》和《行政会议成员每年须登记的个人利益》，对财产申报人员、范围等内容提出了明确规定，并对官员防止利益冲突、具体申报利益内容进行了具体规范。香港财产申报制度不仅是一般意义上的官员财产申报公示，还包括了为防范官员利益冲突的回避制度。

### 一　香港财产申报制度内容

（一）财产申报主体

香港的财产申报主体并未包括所有公务员，而是按照职位来划分。香港将应当申报财产的职位分为第Ⅰ层职位和第Ⅱ层职位。

第Ⅰ层职位：由香港特区政府指定，包括40个主要职位：（1）政务司司长、财政司司长、律政司司长、警务处处长、廉政专员、入境事务处处长、海关关长、审计署署长、11名局长、18名常任秘书长；（2）中央政策组首席顾问、香港特别行政区驻北京办事处主任及新闻统筹专员。

第Ⅱ层职位：由香港公务员事务局发出《通告》或《通函》，对财产申报职位提出指引，确定必须申报职位和指定申报职位。目前，香港公务员队伍有16万余人，须申报财产的第Ⅱ层职位大约有3100个。

必须申报职位包括：（1）第Ⅰ层职位人员的政务助理和私人秘书；（2）第Ⅰ层以外的所有首长级职位。

指定申报职位是指由各局局长、部门首长所指定须申报投资的非首

---

① 潘金娥：《越南公职人员财产申报制度》，《国外公职人员财产申报与公示制度》，中国社会科学出版社2013年版。

长级职位。该类职位由各局局长、部门首长自主确定，要求其根据运作经验，把容易引起利益冲突的职位列为需申报财产的职位并报公务员事务局。

另外，公务员事务局会定期检讨是否有需要把其他职位列为第Ⅰ层职位。各局局长如认为有需要时，可以向公务员事务局建议将某些职位列入第Ⅰ层的职位①。

对于申报主体，香港公务员事务局还特别制定了《指定须申报投资职位的指引》，其中规定，凡是职位可接触敏感资料，而这些资料足以影响在香港及香港以外地区交易的地产及房产、股票及证券、货币、期货和期权合约的价格，这类职位应被列为财产申报指定职位。对于一些高级职位，可容许在职人员行使酌情权做出执法、规管或其他决定，因而使获酌情处理的人士得到财政或经济上的利益，这类职位应考虑列为财产申报指定职位。例如各发牌当局、出入境管制及商业罪案调查部门以及有权决定如何处理和批示合约的高级职位。

（二）申报内容

关于申报内容香港重点放在个人投资方面：（1）香港及香港以外地区的投资；（2）配偶的职业；（3）除每年申报投资外，其间进行的任何相等于或超过20万港元的单次交易或数额相当于三个月薪金（以较少者为准）的投资交易，均须在交易后七天内申报。

香港《公务员事务规例》第463条对须申报和呈报的"投资"作了进一步细化、列明：（1）包括在香港及香港以外地区任何公司或机构的任何投资、持有的股票，或直接或间接拥有的权益，以及在地产或房产（包括自住的物业）的任何权益；（2）包括但不局限于在香港联合交易所上市的证券；在香港期货交易所买卖的期货、期权合约和其他产品；香港盈富基金；领汇房地产投资信托基金以及由公务员拥有、但以其配偶的名义或代行其事的其他人士或代理人或公司名义持有的上述任何投资。

（三）财产申报时间

香港财产申报的时间主要有初任申报、现职申报和随时申报三种。

---

① 黄学贤：《港澳台地区的财产申报制度》，《探索与争鸣》2010年第4期。

初任申报即作为申报主体第Ⅰ层和第Ⅱ层职位的人员在初获委任时须申报其在香港及香港以外地区的投资以及配偶的职业。现职申报规定担任第Ⅰ层职位的公务人员，在获委任时及其以后每年须申报其在香港及香港以外地区的投资以及配偶的职业；担任第Ⅱ层职位的公务人员，须在获委任时及每两年申报其在香港及香港以外地区的投资以及配偶的职业。随时申报规定，担任第Ⅰ层和第Ⅱ层职位的公务人员在每年或每两年一次申报期间，如有任何每次等于或超过20万港元或数额相当于3个月薪金（以较少者为准）的投资交易，均须在交易后7天内申报。

（四）财产公开

香港对财产申报内容的公开十分审慎，力求在接受公众监督与保护个人隐私之间取得平衡。目前，只要求担任第Ⅰ层职位的人员每年登记其在香港及香港以外地区的投资及权益，以供提出要求的市民查阅。担任第Ⅱ层职位的人员只作财产申报，不另作财产登记，因此也就不需要将个人财产情况向公众公开。香港规定当局需保留所有申报的资料直至有关人员离开政府后五年，以便调查任何在该官员任职期间发生、但离职后才披露的利益冲突事件。

（五）受理机构

香港由公务员事务局负责统筹、指引公务员财产申报工作，但对申报资料的处理则实行分级负责制。在香港，由公务员事务局负责索取第Ⅰ层职位人员以及属于第Ⅱ层职位但不隶属于任何局长的部门首长的申报表，由局长或部门首长指定并负责索取第Ⅱ层其他职位人员的申报表，属于第Ⅱ层职位的部门首长应直接向所属局长申报，受理机构即是审查机构。

（六）责任追究

香港规定，如果没有按照规定进行财产申报或者未如实申报财产，都属于违纪行为，违纪人员可能会因情节轻重而被革职或勒令退休。根据《公务员事务规例》第466条，公务员如未能遵守任何申报投资规例和规则，包括没有呈报与公职有利益冲突的投资，均可能遭到纪律处分；如有运作需要以及法理依据支持，更可受其他管理措施规管，例如被指令放弃投资、禁止购入或出售有关投资或把有关投资由他人全权托管。

## 二 香港财产申报制度新视角

（一）利益申报制度内容

"利益申报"，是指具体的个人或组织在社会活动中涉及己方利益时，客观主动向上级或者主管部门或特定组织呈报，避免引致利益冲突和利益输送的结果。以特区行政长官为例，目前对其"利益申报"查核与规管可以参照香港特区《防止贿赂条例》第4、第5及第10条。《防止贿赂条例》第4及第5条订明，如行政长官向他人索取或接受利益，以做出或不做出与其行政长官身份有关的作为，或向他人提供协助以促进签立或促致合约，则属违法。第10条规管有关维持高于其公职收入的生活水平或控制与其公职收入不相称的财产的有关事项。对香港公务员而言，则要遵守《公务员守则》《防止贿赂条例》等法例[①]。

香港的利益申报，相当于内地的回避制度，不仅在港政界、商界普遍存在，在社会生活中也处处能找到"痕迹"。政府官员和不同的机构或组织，对于利益申报的目的和手段有不同的规定。

特区行政长官虽然不属于政治委任官员，但必须遵循《政治委任制度官员守则》相关条文和《行政会议成员每年须登记的个人利益》的规定，每年公布其投资和利益，上载到行政会议网址。历任行政长官办公室均设有礼品登记册，记录行政长官以公职身份接受的礼物。登记册每月更新一次，市民可随时到行政长官网页查阅。5盆兰花、3个花篮、香槟酒、书籍、学习卡……这是香港特区候任行政长官梁振英在短短的两个月内收到的礼品，因为估值高过400港元，依照特区政府规定予以公示。这些礼品梁振英没有保留一件，全部交由政府处理。

香港特区政务、财政、律政三司司长和十二个决策局的局长为代表，均须遵守《政治委任制度官员守则》及有关利益申报的规定。若发现其投资或利益跟他的公职有或似乎有利益冲突时，行政长官可要求有关官员采取下述任何一项或多项措施，包括放弃所有或部分投资（利益）、避免再购入有关投资（利益）或予以出售等6条途径加以处置。

---

① 李海元：《香港：利益申报 社会共识》，《人民日报》2012年5月25日。

香港特别行政区行政会议是协助香港特别行政区行政长官决策的最高官方机构，行政会议成员包括全部 15 位问责制主要官员和 14 位非官守议员，由这 29 名成员组成的行政会议要集体"晒账"。除了行政长官和 15 名司局长（政治委任制度下的高级官员），其他 13 名"非官方人士"每年也要登记其个人利益，已登记的利益如有变更，14 天内必须申报，以便公众即时查核①。

香港 3000 多名身居要职的高级公务员及其家人，一直都是法律严加管束的对象。如涉及处理敏感数据的指定职位公务员（包括所有首长级公务员），须定期申报其私人投资及配偶的职业，包括：须每年及每两年一次申报其所有投资，配偶的职业也包括在申报范围内。政府会衡量他们遇到利益冲突情况的可能，采取适当的管理或防范措施。

现行公务员事务规例和法例特别规定，要求每名公务员避免把自己置于其公职与私人利益（不论金钱上还是其他利益）发生冲突（或可视为有冲突）的情况，包括接受利益、无力偿债、使用官方数据、兼职和离职后受雇等。公务员必须确保公职与私人利益之间不会出现实际、观感上或潜在的利益冲突。这里的"私人利益"不但包括金钱利益，也包括公务员与其他人士或组织的关系或联系，当中尽管并不涉及经济利益，却可左右公务员在执行职务时所做的判断，或令人有理由相信会影响其判断。

2013 年 8 月，香港政府更加细致具体地公布利益申报指引——"行政长官处理政治委任官员涉及潜在利益冲突及接受款待"的指引，要求官员申报私人利益并对其问责，其中，对"私人利益"的定义涵盖本人、家人、亲属或私交好友、所属会所和协会的经济和其他利益，也包括与该官员有私人或社交联系的任何群体等。指引提出，如果问责官员的投资或利益与公务有实际或潜在利益冲突，特首可要求官员放弃或减持相关利益，甚至要求将利益交予他人作"全权托管"，特首亦可指派另一名官员处理有关公务。如果这些利益与政府或官员的公务有抵触，便要向行政长官报告；副局长或政治助理则要向其直属主要官员报告。现行申

---

① 曹旭东、刘恒：《论香港的利益申报与公开制度》，《江苏社会科学》2015 年第 4 期。

报机制下，主要官员要进行两份申报，一份向社会公布，一份则只向特首申报。按照规定，官员家属的工作状况只需向特首申报。

（二）违反利益申报处罚案例①

1. 梁锦松案。

2003年3月5日，时任香港财政司司长梁锦松发表《财政预算案》，大幅增加各种税项，如利得税、薪俸税、汽车首次登记税、离境税、博彩税等，以解决高达700亿港元的财政赤字。当中汽车首次登记税由应课税价值40%—60%改为边际税制，汽车的首付15万元应课税值征收35%，其次的15万元征收75%，再其次的20万元征收105%，余额征收150%。

2003年3月9日，有香港传媒揭发，梁锦松在宣布增加汽车首次登记税前，在1月18日购入一辆凌志房车，但他却没有申报利益，有避税、以权谋私之嫌。对此，梁锦松解释只是"一时大意"，声称买车是因为当时他的女儿即将出生，需要买入可安装婴儿椅的私家车。他其后将节省到的税款双倍捐予香港公益金，希望借此平息外界不满。

3月15日，时任香港特首董建华调查后公布对梁锦松的调查结论，认为梁锦松没有申报利益，违反《问责制主要官员守则》5.1及5.4两项（即避免令人怀疑不诚实、有利益冲突，以及可能有利益冲突时要向行政长官汇报），但认为梁锦松虽有疏失，不过为人正直，遂决定挽留他。然而，梁锦松后来仍然在民意的压力下辞职。这件事充分反映出香港在官员财产申报方面有着严格的制度要求。

2. 陈茂波案。

2013年，香港又曝出官员涉嫌漏报利益、有以权谋私之嫌的事件。负责开发香港土地用途的发展局局长陈茂波，2012年7月上任后就积极推销新界东北发展计划。但在2013年7月底，有香港传媒揭发，陈茂波妻子许步明家族在新界东北的古洞区拥有最少三幅农地。港府一旦收地，估计其将可以收到1245万港元赔偿，大赚35倍。

---

① 许昌：《澳门特区官员财产和利益申报公开制度研究》，《当代港澳研究》2016年第2期。

陈茂波在事件曝光后强调,自己一直遵从问责官员守则和行会规定申报。根据制度,官员的妻子无需申报其财产利益,所以自己并没有做错事。香港特首梁振英也说,陈茂波完全符合申报要求。

不过,事件并未因陈茂波的多次解释而平息。多个反对新界东北发展的团体以及政党在七月底发起游行,要求陈茂波下台。主办团体批评,陈茂波家族成员在新界东北区持有农地,已经和规划新界东北发展构成利益冲突,陈茂波不但没有开诚布公,坦白解释事件,反而只懂砌词狡辩。

香港社会也有一些意见指出,陈茂波太太家族公司被揭露持有三幅位于新界东北发展区内的土地的事件,凸显现行官员申报制度有漏洞,有机会让高官或行会成员将资产转移至配偶或子女名下以隐藏利益,令外界无从监察。基于人民对政治领导的诚信要求越来越高,在很多民主国家和地区,公职人员的利益申报已经包括其配偶及未成年子女,港府有必要修改官员申报制度以阻塞漏洞。

3. 许仕仁、樊容昌案。

2012年3月,政务司前司长许仕仁被廉政公署拘捕。他被指在任期间与香港地产业巨头"新鸿基地产"有利益输送关系,涉嫌触犯《防止贿赂条例》及公职人员行为失当;5月中旬,香港地政总署高官——任职助理署长的樊容昌,冒领租房补贴8年被法院判刑。此人除了赔偿政府360多万元(港元,下同)外,更有可能被追加处罚,损失700多万元的巨额退休金。两案之所以吸引公众眼球,第一,涉案人士级别高;第二,都与房地产有关;第三,都涉嫌公职人员行为失当;第四,在任期间当事人未客观进行利益申报。事发后,香港报纸、电台、电视台一直在滚动报道,公众人物的利益申报问题再次引起市民关注。在媒体舆论高度自由发达的香港,市民对知情权有极高的诉求,公职人员利益申报问题解决不好,随时有可能如许、樊二人被推至"风口浪尖"。

据特区政府统计,截至2012年,5年间香港共有35个经正式纪律处分的个案涉及利益申报问题,包括员工向下属、同事或有公务往来人士借贷、收受承办商金钱上的利益或馈赠等。当中6人遭革职、4人遭迫令退休,其他则被处以谴责、严厉谴责或其他处分。

### (三) 香港议员利益申报升级

2013年8月16日，多名香港立法会议员接受国泰航空公司邀请，到法国参观空中客车工厂，此举引发社会各界争议，认为或存在利益冲突。针对社会和舆论质疑，立法会议员个人权益监察委员会召开会议，检讨议员个人利益的登记规定，建议今后议员登记"海外访问"利益时，须列明收受赞助的估计金额；议员登记拥有的土地或物业（自住物业除外），需要注明所在位置及用途。

香港议员现须公布8类个人利益。按照立法会《议事规则》第83条规定，议员不得迟于每届任期举行首次会议当天，向立法会秘书提供须予登记的个人利益详情，而须予登记的个人利益如有变更，议员须在变更后14天内向立法会秘书提供变更详情。目前规定议员须登记8类个人利益，包括公司的受薪董事职位；受薪工作、职位、行业、专业或职业；获议员提供服务的客户的名称（该等服务是因其立法会议员身份而产生或与该身份有关的）；选举捐赠及财政赞助；海外访问；从香港以外的政府或组织或非香港永久性居民的人士收受的款项、实惠或实利；土地、物业及股份。而议员提交的个人利益登记册可供公众查阅。

议员个人权益监察委员会指出，鉴于公众对立法会议员的言行品德所抱的期望不断提高，委员会自2012年初就开始检讨议员个人利益的登记规定。在研究港府行政会议和英国议会的利益申报制度后，委员会建议对登记规定做出四项修改，以提高透明度和问责性。修改内容包括，在"董事职位"、"受薪工作及职位等"和"客户"类别下，登记议员在有酬期间内进行的工作的性质；在"海外访问"类别下登记议员或其配偶由于立法会议员身份而收受的赞助的估计价值；在"土地及物业"类别下，就议员拥有的土地或物业（自住物业除外）的位置及用途提供更详细数据；新增加一个登记类别，即"理事会、委员会或其他机构的受薪成员身份"，例如在法定团体及非政府机构获酬金的受薪成员身份[①]。

---

① 康殷：《香港议员要求港府修订行政会议财产申报制度》，《南方都市报》2013年6月6日。

### 三　启示与思考

**（一）财产申报不一定要全公开**

在香港，反腐有非常重要的一条：公务员的个人财产和收入不相称，即构成犯罪，除非有合理的解释。官员的个人财产不一定要公开，但要申报，一开始就公开会有顾虑。在香港，现在也不是完全公开的。比如，公职人员需要公布房产，要表明是自住或出租，但地址是不公开的，房屋出租的收入也不需要公开。不过，内部的申报要详细得多，如果发现收入和财产不对称的话，就要解释。

**（二）可采用部分申报与有限公开兼顾隐私保护**

在财产申报制度中，申报资料是否向公众公开是一个相当复杂而敏感的问题。香港的具体做法是第Ⅰ层职位的公务人员做出的申报中，只有某些财务利益可供公众查阅，包括：（1）地产及房产（包括自住物业）；（2）公司股东、合伙人或董事的身份——包括聘任性质、持有的权益所占比例、业务性质；（3）任何上市、公共或私人公司发行股本的1%或以上的股权——包括持有的权益所占比例、业务性质及地点（香港或海外）。第Ⅰ层职位的公务人员申报的其他资料，以及第Ⅱ层职位人员的申报，均不对公众开放。

香港早在回归以前就有财产申报制度，现行的财产申报制度于1998年9月修订后推行的。它致力于在两个方面取得合理平衡：一方面要保障公务员私人投资和隐私的权利，另一方面要维护公务员不偏不倚和向公众交代的原则。其目的是让香港公务员事务局易于发现利益冲突的情况，并能尽早采取适当的防范措施和管理措施。在隐私保护方面，香港的财产申报制度也称为申报投资制度，是根据自愿披露资料以保障申报人本身权益的原则而制定。香港公务员申报投资的内容属个人资料，受《个人资料（私隐）条例》保障。除最高层职位人员可供市民查阅的申报内容外，所有申报投资的个人资料及机密内容只会由已获授权人士处理及用作申报制度内明确的目的。

**（三）申报主体呈现动态变化**

香港财产申报财产主体并不是一成不变。香港公务员事务局会定期检讨是否需要把其他职位列为第Ⅰ层职位。其他各局局长如果认为有必要，可根据需要及出现利益冲突情况的可能性大小，向公务员事务局建议把某些职位列入申报主体第Ⅰ层的范围。对于申报主体，香港公务员事务局还特别制定了《指定须申报投资职位的指引》，规定凡是职位可接触敏感资料，而这些资料足以影响在香港及香港以外地区交易的地产及房产、股票及证券、货币、期货和期权合约的价格，这类职位应被列为财产申报指定职位。

（四）香港财产申报保持100%信任态度

在申报制度上，港府采取100%信任态度，且不会核查申报资产的准确性。问及是否会出现漏报或误报的情况，2012年2月，前任政务司司长林瑞麟书面回应议员时指出，过去十年主要官员漏报利益的个案共有两宗，即梁锦松和刘皇发案①。香港公务员的投资申报表一般交由指定人员复核，有关的申报会保密。复核人员若发现存在实际或潜在的利益冲突情况时，可要求对该公务员采取行动，包括放弃有关投资在指定时间内冻结任何投资交易（例如直至某些市场敏感的资料已公开）、将有关投资交由他人全权托管、避免再购入或出售有关投资或避免处理有潜在利益冲突的个案。有关的管理人员也可将涉及表面或实际利益冲突的职务指派给其他员工。公务员如果未能遵守任何有关投资的规例和规则，包括没有呈报与本身公职有利益冲突的投资，或被发现做出投资或参与的业务令政府声誉受损，都有可能遭受纪律处分。

（五）配偶、子女要申报房产，高官配偶还要申报职业

2012年，香港政府新班子上任40天后，便公布了行政长官及行政会议成员的利益申报资料。这些物业和财产的清单相当详细，除了官员在香港的透明资产，海内外的财产亦有包含，比如，现任政务司司长林郑月娥在英国有3套物业，工联会荣誉会长郑耀棠的太太在广东中山市拥有4个物业等。另据香港屋宇署发现，发展局局长陈茂波妻子公司持有的两个住宅单位有违规改建问题，这两个住宅单位分别位于九龙大角嘴、

---

① 李缘：《又到香港高官财产申报时：不但要清白，还要比白更白》，2012年8月30日，经济观察网（http://www.eeo.com.cn/2012/0830/232707.shtml）。

油麻地上海街。目前，屋宇署已向业主发出清拆令，要求在60天内纠正。

（六）关键职位秘书也要申报

香港的财产申报主体并未包括所有公务员，而是按照职位来划分。香港将应当申报财产的职位分为第Ⅰ层职位和第Ⅱ层职位。第Ⅰ层职位由香港特区政府指定，包括40个主要职位：（1）政务司司长、财政司司长、律政司司长、警务处处长、廉政专员、入境事务处处长、海关关长、审计署署长、11名局长、18名常任秘书长；（2）中央政策组首席顾问、香港特别行政区驻北京办事处主任及新闻统筹专员（3个职位）。此外，必须申报职位还包括第Ⅰ层职位人员的政务助理和私人秘书。

（七）利益申报不但包括金钱也包括"关系"

香港利益申报制度要求公务员必须确保公职与私人利益之间不会出现实际、观感上或潜在的利益冲突。这里的"私人利益"，不但包括金钱利益，也包括公务员与其他人士或组织的关系或联系，当中尽管并不涉及经济利益，却可左右公务员在执行职务时所做的判断，或令人有理由相信会影响判断。香港市民报名加入各类社会组织或开展某个项目前，利益申报表与保密协议也是必不可少的。在公司入职面试时，应聘人被要求填写有关利益申报的表格，查询是否有熟人在本公司任职；在项目申报和评审时，也需要查询个人背景、申报个人利益及利害关系等。比如香港一个影视公司高管，将印刷及制作纪念品合约批给妻子拥有及管控的公司，结果被判入狱一年。九龙某货运公司的一个职员，没有申报与供货商私交友好关系，被判100小时社会服务令。

（八）私交好友也要利益申报

香港利益申报的机制随着社会与舆论监督的日益严厉而愈来愈严格，从官员本人涵盖到亲友以及商业伙伴等多种关系。香港利益申报制度针对行政长官、行政会议成员、政治委任官员、立法会议员、公务员分别制定了投资及利益申报规定，主要包括"定期申报投资及利益"（包括公开申报和保密申报）、"逐项申报特定利益"及"礼物、利益等的记录册"3个部分。各政治委任官员以公务员的申报规定为基础，须额外申报政党背景及20万元或以上的外币投资交易。政治委任官员如果知道有任何事实，可能让人合理地认为会导致该官员获得利益，或其配偶或受供养子女与该官员的公职在形式或实质上、直接或间接地有利益冲突或抵触，也须通知特首。2013年8月，港府更加细致具体地公布处理政治委任官员涉及潜在利益冲突和接受利益及款待的指引。指明政治委任官员的"私人利益"，除官员本人，还包括其家人、亲属、私交好友、所属会所和协会的利益，如果这些利益与政府或官员的公务有抵触，便要向行政长官报告；副局长或政治助理则要向其直属主要官员报告。

## 第七节　中国澳门财产申报制度

### 一　澳门财产申报制度的渐进式立法

澳门并没有"财产申报制度"称谓，严谨的说法是《财产及利益申报法律制度》，立法历经26年于2013年最终颁布实施。澳门财产及利益申报制度是渐进式立法，虽然经历了较长时间，但其廉政建设成就突出。澳门从回归前的腐败丛生到现在成为亚洲廉洁指数排名前列的地区，这表明了以澳门财产及利益申报制度为代表的廉政制度在澳门反腐倡廉、高效行政中所取得的突出成就。

澳门财产申报制度最早可追溯到1987年出台的《核准贿赂处分制度》。这部法律除了规定贪污贿赂有关的刑事犯罪外，在第七条还规定了"不合理富有表象"这一违纪行为。该制度还规定，"公务员须按法律所制定的内容及期限提交财产及收益的声明，则有关声明将作为审定公务员的财产或收益是否具合法性的考虑因素"，是澳门财产及利益申报制度主要内容的雏形。

1992年8月，澳门立法会颁布了《订定具政治职位者必须提交财产利益说明书》，它规定了利益声明书的提交主体、内容、声明书的管理、相关法律责任。全法比较简单，仅十五条。虽然内容简单，作用有限，但是该"说明书"为日后澳门财产申报法的建立奠定了基础。

1998年，澳门立法会颁布了《收益及财产利益的声明及公众监察》，对1992年的法规进行了细化和扩版，在监察公职人员财产状况、防止利益冲突上起到了积极的作用。《收益及财产利益的声明与公众监察》分为四部分，34 条正文，2 个附件。第一部分就声明书的主体做了细致的规定，政治职位据位人、公共职位据位人以及公共行政工作人员均须提交其收益及财产利益声明书。第二部分就声明书的内容进行了详细的规定，声明书包括声明人及其配偶或者事实配偶人士的个人识别资料和其经过严格评估的财产和收益的所有资料。第三部分规定了声明书的取阅、申请取阅决定的法律救济以及声明书的保存及管理。公职人员的财产声明资料并不对外公开，该法列出了具有取阅声明书正当性的实体，这些实体在取阅时也必须严格遵循法律规定[①]。

2003 年 5 月，澳门特别行政区政府向立法会提交了财产申报法案，立法会协同政府代表举行了 7 次会议进行讨论后提交了最终法案。2003 年 7 月通过了《财产申报法》，标志着澳门财产申报制度正式确立。《财产申报法》分为 5 章 35 条。该法正式生效后，作为监察和管理财产申报书的机构，澳门廉政公署为执行这部法律，采取了一系列如解释法律条文、公布申报填写指引、设立收表站、提供上门收表等措施，以便公职人员申报财产。

2006 年澳门发生了震惊全澳的"欧文龙案"，该案引发了社会各界对澳门反贪防腐工作的质疑，尤其是澳门公职人员财产监管缺乏公众监察这一制度缺失也引发了澳门各界关注。澳门立法会议员吴国昌、区锦新向立法会提交了修改现行财产申报法律的法案文本，建议修订取阅财产申报书的范围，容许公众自由取阅行政长官、主要官员、行政会成员、立法会议员、公共行政部门领导及主管人员提交的财产及利益资料，以提升财产申报的透明度。

2011 年 11 月，澳门特区政府向立法会提交了修改《财产申报法》法案，该法案于 2011 年 12 月在立法会全体会议上获得一般性通过，随后进入立法会所属的第一常设委员会的细则性审议阶段，经过 6 次正式会议审议，2013 年 1 月，澳门立法会通过了新修改的《财产及利益申报法律制度》（第 1/2013 号法律，以下简称《新财产申报法》），于 2013 年 4 月

---

[①] 刘俊峰：《澳门现行财产及利益申报制度研究》，硕士学位论文，湘潭大学，2015 年，第 8 页。

22 日正式生效。

《新财产申报法》共 5 章 35 条,从申报主体、申报内容、申报方式与时间、申报地点、公示管理及申报不实后果等方面做了详细规定。和 2003 年《财产申报法》相比,《新财产申报法》主要在以下四个方面进行了修改:一是公开特定公职人员的财产及利益,将关键岗位公职人员的财产状况透明化,强化道德操守;二是拓展申报内容,不仅包括财产,还包括非财产利益,如在非营利组织中的角色及职务;三是优化申报流程,将电脑技术引入申报环节内,降低行政成本;四是明确规定销毁申报书的条件和程序,即申报人死亡 5 年以上或终止职务 10 年以上可销毁申报书[①]。

**二 澳门财产申报制度立法争议与平衡**

从特区廉政公署拟议法案、政府内部酝酿到立法会审议通过的三年多修订过程中,除特定技术细节外,特区政府、立法会乃至可能受到法案规管的利益相关方,以及公众媒体和民众,主要争议焦点集中于以下几个问题。

(一)如何在保护申报人隐私权和公众知情权之间平衡

在该法案审议初期,曾经遭遇来自特区个别机构和官员的质疑:公开财产和利益可能构成对当事人隐私权乃至人身、财产安全的损害。但行政长官本人对完成此项立法抱有坚强决心,而且立法会审议过程中绝大多数议员赞同适度公开财产措施,认同在"顾及合理、适度及比例原则"基础上设计相关制度。

澳门公职人员财产及利益公示主体范围的界定在一定程度上体现了适度、合理的比例原则,它既考虑到了掌握政府重要资讯、有决策权的官员,又根据澳门整个行政体系及运作实践中权力在很大程度上下放到副局级官员这一特点,将副局级或以上官员纳入公示主体。在综合考虑公职人员职务性质、承担的责任、需接受监察的程度、行政资源的合理有效配置等因素的情况下,最终的法律文本体现了当前阶段各种权利与

---

① 陈振:《澳门新财产申报法及其对内地的启示》,《中共浙江省委党校学报》2013 年 5 月 15 日。

利益的平衡。因此，在修订法律中增加专条"在不影响公共行政活动所应遵守的一般原则下，执行本法时尚须遵守透明原则、严格尊重私人生活隐私原则及在处理个人资料上不歧视原则"。立法会专责审议该法案的常设委员会还特别注重将包含当事人隐私权和公众知情权两者平衡原则贯穿于法案之中，指导整部法律的编撰和审议过程，并为此引证了有关国家的立法例和专家论述，指出：公共利益的价值高于公职人员部分隐私利益的价值，因此按照公职人员参与公共权力决策和运作的程度，适当公开其财产和利益，是必要且可行的[①]。

（二）行政会成员与司法官员要求"温和"申报

在特区政府提出的修改法案中，从行政长官到公有和公营企业管理人共七类人士应当公开登记财产和利益。其中政府高官、议员拥有决策权并掌握政府重要资讯，对要求其适当公开财产和利益的异议不多。但行政会有的成员认为，行政会成员没有决策权不应纳入。司法官员特别是检察院对于要求其公开财产和利益也有所保留，担心影响司法官人身和财产安全。审议结果认为，行政会是依据基本法协助行政长官决策的机构，属于掌握政府重要资讯人员，经常在外界乃至一般官员尚未了解内情下参与机密决策，应当受到公开财产和利益制度的监察。确定司法官应当公开财产和利益的理由是，如果有关司法官财产和利益不公开可能引致司法独立受损。理由如下：一是各国（地区）选择采用怎样的财产申报制度依赖于一国或地区的历史传统、法律文化和法治观念。澳门自1998年创设利益申报制度以来，就始终将司法官和行政、立法机关人员纳入统一专门规范规管，并无例外。二是《联合国反腐败公约》所指"公职人员"是包括"司法职务的任何人员"在内的，而且该公约第11条还专门就防止司法腐败提出要求，也说明反对司法腐败不应例外。三是美国、韩国、葡萄牙和中国香港、中国台湾地区的相应立法，都规定了司法官申报和公开财产和利益的制度，为澳门立法提供了有益的借鉴经验。四是该法规定的公开制度的内容相对温和，如对不动产只公布数目、性质和用途，并无

---

[①] 许昌：《澳门特区官员财产和利益申报公开制度研究》，《当代港澳研究》2016年第2期。

坐落位置、价值等详细内容，公开的并非属于敏感个人隐私资料，不会给司法官独立司法判断乃至个人人身和财产安全带来威胁。

（三）如何从澳门实际出发划定申报范围

澳门是个面积约 30 平方公里、不足 60 万常住居民的城市。境内面积小，熟识人员多，自然就形成独特的熟人社会关系。不少意见认为，倘若要求高官实行事无巨细的详尽财产和利益申报，可能会引起许多意想不到的问题。故此，通过政府和立法会的反复磋商，确定了以下申报公开的内容标准：一是在申报不动产时，只需申报数目、性质和用途，不需要公开地点、物业登记标号及估价；二是在申报公司股份时，只需公开企业名称、在注册资本中所占的比例及在公司内的职务，无须申报透过公司间接持有的其他股份和利益，也无须评估公司现时的实有资产和既得利益；三是在申报非营利组织成员身份时，只需申报社团的名称、职位或职务，无须申报其他敏感利益等。

（四）设计利益冲突制度

这一制度的缘起基于澳门特区的现实。截至 2013 年底，澳门有 5000 余个具有法人资格登记的社团，其中 719 个获得有政治选举权的法人选民资格。这些社团及其代表参政、议政热情甚高。其中部分人员既是官员又兼任社团领导，同时获得政府对社团活动大量财政资助，并且通过社团享受特定的公共福利和社会服务。因此，澳门特区社团在澳门社会生活乃至政治事务中扮演着重要角色，在如此深入的广泛社会参与中难免出现涉及公共决策和运作的利益冲突问题，以往就发生过个别人士应该回避而未回避导致不必要猜忌的情况。因此，澳门特区特别设计了社团领袖利益冲突公开制度，具有很强的现实针对性和适用性[①]。

### 三 澳门财产申报制度内容

（一）申报主体：副局级以上必须公示财产

澳门现行的《财产及利益申报法律制度》，由立法会在 2013 年通过

---

① 孟庆顺：《澳门公职人员财产申报制度的改革与经验》，《廉政文化研究》2015 年第 5 期。

最新修正案并生效，该法律规定，包括行政长官及主要官员、立法会议员等公共职位人员和公共行政工作人员，都有提交财产及利益申报书的义务。

新修改后的《财产及利益申报法律制度》，要求公开特定公共职位及政治职位据位人申报书的第四部分，主要是不动产及公司股份的情况。公开人士范围包括行政长官和主要官员、立法会议员、司法官员、行政会成员、办公室主任、副局级以上官员，自治部门、自治基金及其他公务法人（类似"事业单位"）以及公营企业、公共资本企业或公共资本占多数出资额的企业负责人（类似"国企"）。也就是说，掌握公权力的澳门官员以及与公共财政有关的副局级以上人员，都必须公示财产。

除了在编的公务员，法律还特别规定，政府部门临时委任或以编制外的合同制度聘用的服务人员，也视为公共行政工作人员。也就是说，即使是政府聘用的"临时工"，也必须申报财产。澳门廉政公署公布，在2014年，该署共接收了14257名公务人员提交的财产及利益申报书。

按照规定，官员在担任新职务以及终止职务的90天内，都必须提交财产申报书。而对于离任的官员，澳门有"过冷河"法案的约束，相关官员在终止职务后，拟申请在离职前一年曾监管、监控或监察过的私人实体从事私人业务，行政长官可予拒绝。

（二）申报内容：具体细致，存有隐私保护

根据申报义务人需提交的申报书，申报人申报的内容划分为三部分：

第一部分包括有关申报人及其配偶或与其有事实婚姻关系者的个人身份资料和薪俸点及月报酬。

第二部分申报的内容包括：①资产包括不动产、商业企业或工业场所，在合伙或公司的股份、出资或其他资本参与，对船舶、飞行器或车辆拥有的权利，有价证券组合，以及金额或价值超过公职薪俸表所载薪俸点500点的对应金额的银行账户、现金、债权、艺术品、珠宝及其他物品；②从工作或职业活动取得的收益，包括退休辅助或退役补助及退休金或退役金，从工商业活动中取得的收益，从不动产、著作权、工业产权及资金运用所取得的收益；③负债，指金额超过公职薪俸表所载薪俸点500点对应金额的债务；④所兼任的有酬或可获财产利益的职位、职务或活动；⑤如属于开始或重新开始担任职务的状况，申报人须申报其在前两年内曾服务的实体的识别资料。

第三部分申报的内容包括：过去两年基于担任公共职位而获得的直接或间接的经济利益或优惠，特别是财务上的资助，往外地的交通及逗留的款待费用，以及从公共或私人实体所收取的财产利益，但因执行职务而获得的收益除外。

根据该法附列的表格，上述申报的不动产需要注明地点、民事登记编号、购入价或市场估价、拥有人等资料；就企业事项申报要注明法人住所、成立日期、出资比例等；就证券事项申报要注明取得价值和市场估值，银行账户要注明账号和金额，其他财物申报要注明价值金额等，申报内容具体细致。

上述三部分报表申报的内容依法不向公众公开。需要对公众公开的内容仅限于公开义务人需要填报的第四部分，包括不动产数目、商业企业或工业场所、在公司中所占的股份、出资或其他资本参与，以及在任何非营利组织担任的职务。附列的第四部分表格项目相对第二、第三部分的资料较为简单，包含隐私保护考虑。

（三）申报时间：多节点与随时申报

澳门《财产及利益申报法律制度》第4条规定：申报人自开始担任有关职务之日起90日内须提交申报书；续期、续任的在当选之日起也须再申报；随时申报，公共行政人员在所任职部门或实体发生转变、因职务法律改变而变动、薪俸或各种酬劳变动超过公职薪俸表所载薪俸点85点的，须在90日期限内更新申报。

（四）申报受理机构：终审法院和廉政公署

澳门《财产及利益申报法律制度》规定：公职人员的申报书由澳门终审法院办事处和廉政公署受理、管理，其中澳门终审法院办事处负责公共职位据位人、廉政公署工作人员、夫妇或有事实关系的两人均有申报义务，且其中一方的申报地点为终审法院办事处的部分；公共行政工作人员的申报书由廉政公署负责。终审法院办事处和廉政公署为每一申报人设立了个人卷宗，该法对于卷宗收录的内容、程序都有详细的规定。

廉政专员或终审法院院长对卷宗进行核查，对于任何形式上的错误都要通知申报人在一定时间内补充或更正。

（五）申报公示：只公开申报书的四分之一

澳门并没有对全部申报人的全部申报资料进行公开，只公开申报书第四部分——财产及利益公开表。该表主要内容可分为以下几个部分：姓名，身份证明文件所载的姓名，可以填写中文、葡文或外文姓名；职位/职级职务，申报人担任的具体职位名称；工作年限，包括在公共及私人部门的工作时间；不动产（包括农用房地产及都市房地产）——（1）数目，按不动产的性质或用途做出归类，然后指出每类不动产的数量，（2）不动产的性质及用途说明，例如：土地、厂房、分层建筑物等，作住宅居住或工业、商业、社会设备、车辆停泊等用途；商业企业或工商场所，在合伙公司的股份、出资或其他的资本参与；在非营利组织中的成员身份等。

根据该法第21条，仅由澳门特区终审法院办事处确保公众可通过澳门特区法院互联网网站这个唯一法定渠道查阅申报书的第四部分内容，若例外性地采用其他公开方式则须具体情况由行政长官通过批示订定。关于正当取阅的范围，根据该法第14条至第17条，只有申报人在刑事调查程序范围内的司法当局、廉政专员、刑事警察机关、事先知会申报人并取得其同意的具有有关职责的其他公共实体和任何具有正当利益的自然人或法人等六类人有权正当取阅相关申报书，但必须事先取得终审法院院长或廉政专员的批准才能取阅，其他人无权随意取阅。除非按照该法第21条和第22条做依法透露或官方发布。

（六）核实与责任追究制度：不核查但处罚严

根据澳门《财产及利益申报法律制度》规定来看，澳门仅对财产及利益申报书进行形式审查。根据该法第13条第2款规定，澳门廉政公署与澳门终审法院办事处仅对提交形式不当或申报资料第一部分（申报人身份资料）填写方式不当进行审查，并没有从实质内容上对申报书的内容进行核实。

根据澳门《财产及利益申报法律制度》第4章规定：对于违反取阅程序者、对申报人申报资料不法透露者、申报人在规定期限内不提交申报书，申报的资料不正确以及财产来源不明者，都要承担相应的行政或刑事责任。以财产来源不明处罚为例，"申报人本人或藉居人所拥有的财产，异常地超过所申报的财产，且对如何和何时拥有不作具体解释或不能合理显示其合法来源者，处最高三年徒刑或罚金。还有可能被禁止最长 10 年内担任公共职位及公职"。拖交申报书或申报严重不实者将被罚款或追究刑事责任。法律还规定，未经申报人同意，相关单位不得将申报书的第二及第三部分的资料透露给他人，违反者将被处以半年至三年的徒刑。

### 四　澳门财产申报制度实施特点

2013 年 10 月 19 日，澳门终审法院在其网站上公布了行政长官、主要官员及立法会议员等申报的财产（不包括不动产的价值、配偶财产等数据）。19 日公布的申报数据显示，澳门行政长官崔世安所填的资料中，现有 6 个不动产物业，包括一个分层楼宇中的单位，做居住用途；一幢两层高房屋，做租赁用途；3 个车位，做私人车辆停泊用途；还有一个在内地的房屋做居住用途，但只拥有五成业权。澳门财产申报制度得以推行的最大动力来自特首崔世安。崔世安就任特首之后，提出阳光政府理念，财产申报制度开始透明化进程。在《财产申报法》修订时，崔世安本人表示愿意带头公示。

终审法院网上公布官员财产资料后，《澳门日报》报道澳门社会雀跃万分。不少居民通过手机程序互转财产截屏图，谁是铺王、楼王，大家讲得兴高采烈。但也有舆论认为现在的法律不够阳光，作用有限。有分析称，不动产只要求公开申报的数目、性质及用途说明，地点、物业登记标号及价值等数据无须公开，被指"资料太少且隐蔽性强，力度有限"。像楼房的价格会随楼龄、地点、买入时期等不同有极大分别，难以单从数量判断其真实价值。还有舆论质疑称，一些人做了几十年官，难道一个楼房都没有；申报人明明是大老板，物业竟只有几个，莫非全由公司持有？虚报、资产转移等猜测不胫而走。《澳门日报》更是直言，同一申报表格会有多种表达方式，结果造成灰色地带，对公众监督和申报人均不利。

尽管首次公示引发争议，但是澳门政府并未被吓阻。也许在官员财产公示上，澳门制度并不是走在最前面、最先进的。"澳门模式"的意义在于，财产公示关键对象是高层，而且是最高行政长官，特首带头即是承继了世界各国各地区官员财产申报制度的普遍做法，是对下层公务员的示范，又是冲破制度阻碍建立财产申报制度的强有力推动因素。澳门财产申报对我们的启示是，只有领导干部尤其是高层带头公示，在全国范围内推进财产申报才有力量，才有说服力，才能使公众信服，也才能做到实处。

**五 启示与思考**

**(一) 走出了一条澳门特色的财产申报制度**

澳门财产申报制度具有"全面申报、按需审核、有据可查、按职可核"特征。这个特征不同于香港的制度，具有自己的特色。在立法理念上，澳门《财产及利益申报法律制度》在制定时坚持适用性，在"顾及合理、适度及比例原则"基础上设计相关制度，同时践行《联合国反腐败公约》，将国际反腐败要求与澳门特殊实际相结合，既保持了与国际法一致又体现了政府"构建廉洁及透明政府，推行阳光政策，强化监督机制"的立法理念；在立法取向上，该法在公众知情权与公职人员隐私权之间始终坚持隐私权保护和公众知情权平衡；在立法模式上，采取了行政主导的立法模式，例如在2003年修订《财产申报法》过程中，澳门廉政公署与终审法院及行政法务司代表组成的联合工作小组对上述修订案经过3个多月共10次会议讨论，最终形成修法草案提交立法会。

**(二) 实现了科学立法**

虽然第3/98/M号法律《收益及财产利益的声明与公众监察》(俗称阳光法) 在监察公职人员财产状况、防止利益冲突上起到了积极的作用，但廉政公署在执法的过程中还是发现了不少问题：关于财产的市场价值无法准确判定；声明书中关于财产的分类不明确；对平衡配偶间的财产隐私规定不明；对涉及申报程序和卷宗处理的情况缺乏明确规范。澳门廉政公署组织专门工作小组，分析订立阳光法时期立法会的会议记录、意见书、外界的评论意见，对有关法律条文和表格进行逐条深入研究，将一些执行过程中易产生问题和歧义的条文合理化、清晰化，同时引入以方便申报人、接收机构及堵塞法律漏洞的修改，并对葡萄牙、美国、中国台湾、新加坡、英国、中国香港等国家和地区的财产申报制度进行比较研究。经过5个多月共18次会议，工作小组完成了初步方案。紧接着由廉政公署与终审法院及行政法务司代表组成的联合工作小组对上述修订案再作分析探讨。经过3个多月共10次会议讨论，形成了最终修订草案。2003年5月14日，澳门特别行政区政府向立法会提交了《财产申报法》，立法会协同政府代表举行了7次会议进行讨论，6月25日，澳门特别行政区政府向立法会提交了最终法案。2003年7月10日，澳门立法会通过了新修改的第11/2003号法律《财产申报法》。该法正式生效后，作为监察和管理财产申报书的机构，澳门廉政公署为执行这部法律，采取了一系列如解释法律条文、公布申报填写指引、设立收表站、提供上门收表等措施，以便公职人员申报财产制度有效实施。

在修订《财产及利益申报法律制度》（2013）过程中，廉政公署成立专门的小组跟进《联合国反腐败公约》的内容，2010年，澳门廉政公署经过10个月的资料收集与分析，在参考中国香港、澳大利亚、新加坡、美国、加拿大等国家和地区的同类立法，撰写了《各地财产及利益申报制度比较》报告，并完成了澳门特别行政区公职人员及政治职位据位人财产申报法律制度的修订工作。2011年1月1日至2月28日，廉政公署就修订文本向社会各界展开为期两个月的咨询。此外修订《财产及利益申报法律制度》，包括加强公众对公共部门及公务人员的廉政监察、促进行政体系科学化、公职人员廉洁化建设也成为澳门特区政府的施政内容和目标。2011年12月16日修订第11/2003号法律《财产申报法》的新法律草案在议员全票赞成下获得通过。2013年1月3日，立法会再次以全票通过《财产及利益申报法律制度》。

（三）"全面备查，按需检查"制度是对"实质重于形式"的最好诠释

按照澳门《财产及利益申报法律制度》规定，澳门仅对财产及利益申报书进行形式审查。根据该法第13条第2款规定，澳门廉政公署与澳门终审法院办事处仅对提交形式不当或申报资料第一部分（申报人身份

资料）填写方式不当进行审查，并没有从实质内容上对申报书的内容进行核实。《财产及利益申报法律制度》之所以不对公职人员的财产利益是否具有合理来源、申报书内容与实际情况是否相符等情况进行实质审核，是因为在澳门立法当局看来，进行实质核查势必会耗费大量人力及财政资源，甚至造成不必要的恐慌。他们认为，法律一方面要求具有公职人员身份者须如实地申报财产及收入来源，否则负刑事责任；另一方面亦规定仅在有必要时才进行具体核查措施，以监察公职人员是否廉洁守正，如果将来存在"财产来源不明"的情况，那么将追究法律责任。这种"全面备查，按需检查"的做法能很好地顾全利弊，是当时最佳的监察机制。目前，从已实行了财产申报制度的主要国家和地区来看，也很少有主动审核财产申报实质内容的机制，比如美国、法国等。

（四）实行分类责任追究方法

在澳门《财产及利益申报法律制度》关于违法者的责任与惩罚规定中，对违法主体、违法行为进行了科学的归类，并根据情节性质的不同适用不同性质的责任惩处。如将违法主体分为申报人、得知申报信息而不法透露者。就申报人的违法行为来看，可分为欠交申报书、申报资料不正确及财产来源不明三类。在处罚的性质来看，有行政性质的处罚如罚款，有判违令罪、财产来源不明罪，追究刑事责任性质的罚金和徒刑，还有剥夺一定政治权利的处罚，如在限定时间内禁止担任公职或职务，体现了违法、责任、处罚相一致的法律原则。而对于申报人申报材料不正确的处罚则视其主观意图不同，规定了过错者应追究其行政性质责任，而故意者则必须负刑事责任，考虑到了违法者的主观意图，体现了立法的科学性。

（五）必须建立财产申报审核机制

澳门财产及利益申报制度坚持形式审查与事后核查的审查制度，公职人员将财产申报资料上交到有关机关，受理机关对申报资料进行形式审核后，将之锁进保险箱，除非公众强烈质疑或刑事、司法及纪律要求，才对公职人员的财产申报资料进行实质审核，除上述情况外公众难以监察其填报是否诚实，是否存在贪污行为。在"欧文龙案"中，欧文龙非法所得达8.5亿澳门元，从2000年至2006年间他运用手中权力大肆收受贿赂、洗黑钱。期间，廉政公署并未从他上交的财产申报资料中发现其贪腐行径，这表明缺乏实质审核机制的财产及利益申报制度不能完全有效遏制虚假申报，澳门财产及利益申报制度监察机制的设计取向值得商榷。廉政公署及终审法院财产申报办公室对公职人员财产申报资料进行实质审核很有必要。该审核机制必须具备以下四个要素：（1）各部门联合的常态化审核小组，具体人员由廉政公署及终审法院财产申报办公室联合协调；（2）抽查比例，可根据申报规模、反腐要求以及以往申报质量等因素抽取一定比例；（3）审核程序，建立初核、秘密审查与公开审核程序，以及人员配备措施；（4）审核结果，审核小组发布审核结果，发现贪腐行为者，依相关法律惩处，资料经审核证实真实者，给予通报表扬及其他合理奖励。

# 第二章

# 中国财产申报制度

## 第一节　古代中国财产申报制度典故

国外财产公开申报制度最早可追溯到1766年瑞典制定的家庭财产收入申报制度。那么中国的情况呢？

中华文明五千年，追踪中国财产申报制度大抵滥觞于政治制度。中国政治制度在近五千年间纷繁而复杂的演变历程，其间涉及夏商周三代制度、皇帝制度、宰相制度、职官制度、言谏制度、监察制度、军事制度、司法制度和地方建制等中国古代政治制度，从中或许能寻觅到中国财产申报制度的雏形与踪影。

### 一　中国历史上财产申报典故

（一）汉朝东方朔俸禄申报

汉武帝登基初年，征召全国推举贤良达能和有才学的人。各地贤才相继上书自荐，东方朔也在其中。此人性格诙谐，言辞敏捷，滑稽多智，在他刚入仕时，只是任职侍诏公车，收入不多，且"未得省见"。[1] 东方朔觉得自己怀才不遇，无法施展满腔抱负，就用诙谐的言语幽默地申报了自己的收入，并为自己争取到了升官的机会。

据《汉书·东方朔传》记载："久之，朔绐驺朱儒，曰：'上以若曹无益于县官，耕田力作固不及人，临众处官不能治民，从军击虏不任兵

---

[1] 郑凯：《幽默大师东方朔》，《华南师范大学学报》（社会科学版）1996年第3期。

事，无益于国用，徒索衣食，今欲尽杀若曹。'朱儒大恐，啼泣。朔教曰：'上即过，叩头请罪。'居有顷，闻上过，朱儒皆号泣顿首。上问：'何为？'对曰：'东方朔言上欲尽诛臣等。'上知朔多端，召问朔：'何恐朱儒为？'对曰：'臣朔生亦言，死亦言。朱儒长三尺余，奉一囊粟，钱二百四十。臣朔长九尺余，亦奉一囊粟，钱二百四十。朱儒饱欲死，臣朔饥欲死。臣言可用，幸异其礼；不可用，罢之，无令但索长安米。'上大笑，因使待诏金马门，稍得亲近。"①

为了让汉武帝尽快召见自己，重用自己，东方朔故意吓唬几个给皇帝养马的侏儒："皇上说你们这些人对县官没有益处，种田又比不上其他人，也不能做官治理百姓，更不要说拿兵器到前方去作战，对国家毫无益处，只是白白浪费衣食罢了，因此打算杀掉你们。你们还不赶快去向皇帝求情！"侏儒们都非常惶恐，待汉武帝乘辇经过时，都哭着向他求饶。皇帝刘彻问清事情由来，就召来东方朔责备。东方朔终于凭借自己的聪明才智有了一个直接面对皇帝的机会，他借助自己的身材与侏儒矮小的形体不协调所产生的滑稽对比，巧妙地说明自己"奉禄薄""饥欲死"的不合理。这是东方朔为了引起汉武帝的重视而用幽默的方式对其悲剧性处境进行的抗争。"朱儒饱欲死"是嘲他人。"臣朔饥欲死"则是半真半假的自嘲。② 东方朔诙谐风趣的语言逗笑了汉武帝，也为自己争得了升官的机会。

（二）汉武帝引入公众监督推进财产申报

由于战争和其他各种各样的原因，汉武帝时期出现了比较大的财政困难。为此，汉武帝制定了很多财政政策来解决这一问题。推出了针对富裕阶层征收资产税的"算缗令"，要求商业和手工业者申报自己储藏的货物资产，并对他们分别征收12%和6%的资产税。

汉武帝为了贯彻这项政策，随之又颁布了"告缗令"，鼓励对那些隐瞒财产的人进行告发，把被告人的一半财产分给告发人，作为奖赏。"告缗令"在执行的过程中，引发了很大的社会矛盾，这也说明当时社会上

---

① （汉）班固：《汉书》，中华书局1983年标点本。
② 郑凯：《幽默大师东方朔》，《华南师范大学学报》（社会科学版）1996年第3期。

隐瞒财产、抗拒缴纳新增税项的情况非常严重①。

(三) 东汉羊续公开财产自证清廉

东汉后期，羊续历任中央和地方重要官员，他一生勤政爱民、廉洁奉公，其身后的财产只有布衣服、破旧的袍子、数斛盐和麦子而已。在羊续生前任南阳太守时，对当地权势之家的奢侈无度十分厌恶，他常常身穿破旧衣服、乘坐简陋的马车以表为官俭朴的决心。一次，羊续的妻子和儿子前往太守官邸探望他，不料却被羊续关在了门外，羊妻一气之下带着儿子回去了，羊续后来对儿子说："不是我不想见你们，你看父亲身边的财产如此寒酸，你要我拿什么给你们母子呢？"又有一次，汉灵帝准备任命羊续为太尉，太尉位列三公，是一人之下、万人之上的宰相。当时官场上有一个潜规则，凡是即将被任命为三公的官员，都要向东园交纳千万礼钱，同时皇帝要派宦官进行监收（为实权派）。宦官们本想借羊续升迁的机会大捞一把，不料羊续却让他们坐在简陋的席子上，拿出一件旧袍子说："我的财产，只有这个了。"碰了一鼻子灰的宦官们向灵帝诽谤着羊续，羊续因此失去晋升宰相的良机。当然，羊续没有后悔，因为他坚信自己所追求的为官之道是正确的，那份由破袍、盐和麦子组成的财产清单，在羊续看来是无价之宝②。

(四) 三国诸葛亮公开桑田

三国时期著名西蜀宰相诸葛孔明晚年时曾向后主刘禅上过一篇表文——《自表后主》，谈论到自身收入、支出、家当和对财富的看法，表中提及："臣初奉先帝，资仰于官，不自治生。今成都有桑八百株，薄田十五顷，子弟衣食，自有余饶。至于臣在外任，无别调度，随身衣食，悉仰于官，不别治生，以长尺寸。若臣死之日，不使内有余帛，外有赢财，以负陛下。"意思是，我一开始侍奉先帝，收入来源都是依靠官府的俸禄的，自己没有经营过生计。如今在成都种植了桑树 800 株，土地 1500 亩，（供给）子孙吃穿费用尚剩余。而我在外任职，无其他的调度，

---

① 姜鹏：《汉朝"财产申报"第一人卜式"火箭式升迁"》，2013 年 2 月 21 日，人民网（http://history.people.com.cn/n/2013/0221/c198445-20556965-2.html）。

② 夏炎：《古代官员的财产公开方式》，《学习博览》2010 年第 10 期。

平时衣着食物,都仰仗于官府的俸禄,不在外面谋划别的生计,用来增加分毫的收入。如果我死了,家里也没有盈余布匹,外面也没有盈余钱物,以免辜负皇上(期望)。从此表中可见,诸葛亮的主要财产仅有十五顷薄田以及薄田上栽种的 800 棵桑树。这些都是他主动向后主刘禅申报的。

对于一个一人之下、万人之上的一品大员——宰相来说,十五顷田地到底算不算多呢?在西晋初年,朝廷想要限制官员据有过多的田地而颁发"占田法"。在《晋书·食货志》一书中有提及:"其官品第一至于第九,各以贵贱占田,品第一者占五十顷,第二品四十五顷,第三品四十顷,第四品三十五顷,第五品三十顷,第六品二十五顷,第七品二十顷,第八品十五顷,第九品十顷。"① 经过以上比较可知,身居第一品的丞相一职的诸葛孔明薄田 15 顷地(包括 800 棵桑树)只是与官居第八品的小官占田数相等②。

(五)唐朝白居易诗文申报

有诗王之称的白居易,其实不仅是一位出色的诗人,而且是一位公正廉明的官吏。他是我国古代罕有的、可能也是仅有的借用自身古诗佳作自发向世人公开自己俸禄和资产的官员。白居易把他在担当不一样职位时取得收入多少全部都写在自己的诗歌里用来公开申报。南宋学者洪景卢的《容斋五笔》第八卷的《白公说俸禄》里有提到:"白乐天仕宦,从壮至老,凡俸禄多寡之数,悉载于诗……"经过翻看,不难察觉在部分描述为官生活的诗作中,白居易都向百姓申报了自身资产收入情况,若把那些部分组合在一起,就是一张白居易一生的资产收入明细了。

白居易刚刚做官时,被授予秘书省校书郎一职,相当于现在的文秘,诗作里曾说:"幸逢太平代,天子好文儒。小才难大用,典校在秘书……俸钱万六千,月给亦有余。既无衣食牵,亦少人事拘。遂使少年心,日日常晏如。"③ "今我何功德,曾不事农桑。吏禄三百石,岁晏有余粮"。

---

① 谭良啸:《诸葛亮自表后主考析》,《成都大学学报》(社会科学版)2006 年第 6 期。
② 夏炎:《古代官员财产公开方式》,《政府法制》2010 年第 10 期。
③ 蔡建军:《白居易的〈官道〉》,《领导之友》2014 年第 4 期。

这是《观刈麦》中的诗句,是白居易写于唐宪宗元和二年的。当时他任陕西盩厔(今陕西省西安市周至县)县尉,感触于盩厔百姓生活穷苦、劳动艰辛所写的诗,诗中表述了自己没有功劳不用劳作但能够暖衣饱食的惭愧。白居易原本的意思是想表达自己的愧疚,但就财产申报来说,也是一次自主公开的申报。而且他还表现出一个有良心的封建社会官员的人道主义精神。白居易官至左拾遗时作诗道:"月惭谏纸二千张,岁愧俸钱三十万。"可见其每年的俸禄是三十万。他借用自己的诗作公开俸禄,表述了自身的心思,断绝了他人行贿的机会,也断绝了自身受贿的想法。60 岁时白居易又一次被授予太子宾客分司东都一职,每月俸禄是"俸钱七八万,给受无虚月",后又被任命为太子少傅分司东都,这时的俸禄为"月俸百千官二品,朝廷雇我作闲人"。

之前所提及的《白公说俸禄》还记载了白居易一些公开自己财产的诗词:"兼京兆户曹,曰:'俸钱四五万……廪禄二百石,岁可盈仓囷。'贬江州司马,曰:'薄俸可资家。'壁记曰:'岁廪数百石,月俸六七万。'罢杭州刺史,曰:'三年请禄俸,颇有余衣食。'"

"与尔画生计,薄产处置有后先。先卖南坊十亩园,次卖东郭五顷田。然后兼卖所居宅,仿佛获缗二三千……但恐此钱用不尽,即先朝露归夜泉"。这首诗作的名字是《达哉乐天行》,在此诗中白居易留下自己的遗言,其中表明了自身家庭田地状况。白居易还将自己退休后的工资公之于众,"寿及七十五,俸沾五十千"。在那个不为五斗米折腰的年代里,这位大诗人将他的历年收入进账,用诗的语言一一吟出来[①]。

(六)唐朝宰相卢怀慎死后财产公开

唐代玄宗初年的宰相卢怀慎,为官廉洁、不治产业,他病逝后的财产清单中没有留下任何积蓄,家人们甚至连其丧事都无力承办。卢怀慎生前非常俭朴,衣服、器物上没有用金玉做的装饰,虽然身居相位,但妻子儿女仍同贫苦百姓一样挨饿受冻。病重后,同僚们来家里看望他,见到铺的席子单薄破旧,门上也没有挂帘子,如果遇到风雨天,只得举席遮挡;日常饮食,只有两盘蒸豆和几碗蔬菜而已。玄宗见到卢怀慎的

---

① 夏炎:《古代官员的财产公开方式》,《决策探索》2010 年第 7 期。

这份身后财产清单十分感动，同时对这位贫穷宰相的廉洁之举充满钦佩。

（七）北宋司马光公开私家园林

北宋政治家、思想家司马光虽然出身于官宦之家，但没有沾染一点官宦子弟的奢靡之风，秉承清白家风，一生节俭，不奢侈浪费，倡导俭朴为美。司马光做官几十年，甚至在元丰八年官至宰相，但最后只在豫州拥有三顷土地。对一位宰相来说，三顷土地可以说是相当稀寡。

唐朝有一个名叫杨志操的官员，他在从政之前的目标是：有田10顷，奴仆10人。三顷地，连这位尚是一介布衣的杨志操都看不上。据《宋史·司马光传》记载，司马光去世后，家无余钱，家人连丧葬费都付不起。"妻卖田以葬，恶衣菲食，以终其身"。司马光的夫人卖了田地，才安葬了司马光。作为昔日宰相夫人的她，开始过起了清苦的日子，吃粗劣的食物，穿低劣的衣服，直到去世。至于司马光在洛阳的房屋有多少，洛阳的市民都是清楚的。原来北宋洛阳有这样的风习，高官的私家园林每到春天都要向市民开放。按惯例，游客会自动付给或多或少的"茶水费"。"茶水费"相当于门票收入，一个春天，总数可观。仆人每次将这笔收入上交司马光时，司马光总是让仆人留下自用。开放私家园林，实际上起到了公开官员房产的作用。这不是朝廷下令要求做的，而是社会风气使然。

（八）明朝严嵩抄家公开

在古代，贪官的身后财产同样具有典型性，只是一般均为抄家所得，被世人永远唾骂。举明朝的严嵩为例，这是一位人们耳熟能详的大贪官，根据史书记载，严嵩的个人财产为200万两，甚至还有史书称"家赀亦称亿万"，可谓"凡人世所应用之物，无论用与不用，靡所不备"。对于严嵩家的抄家工作前后持续了20余年，严嵩在被抄家后，其部分家产被整理成册，取名《天水冰山录》公之于世。在这部财产清单中，仅是登录的财产字数就有6万多字。其中，有金13171.65两，净银2013478.9两，各式金银器皿、玉器、首饰、家具和珍贵字画、珍贵书籍数千件，房屋宅基地57所，田地山塘27161.819亩，新旧衣服2706件，布匹16886匹零一段，零碎缎绢51035块，扇柄27308把，旧帐幔被褥5461件等。《天水冰山录》的书名取"太阳一出冰山落"之意，正可作为后世贪官之警戒①。

死后被"晒"的也有清官。海瑞去世后，御史王用汲开出海瑞的遗产清单：俸银十余两、绸缎两匹、麻布一匹……更让人唏嘘的是，临死这天，这位"傻傻"的老兄竟然还很精明地算出兵部给他多发了六钱银子的柴火钱，吩咐他的老仆一定要送回去。

（九）清朝嘉庆核实申报

清朝嘉庆年间，有名的"关东才子"——王尔烈也曾公开其收入，他是以聪明伶俐、善于辞令闻名当下的。《辽阳县志》称誉其为"词翰书法著名当世者，清代第一人"。

一次，王尔烈奉命南下主持考试，回京后立刻汇报此次的工作，嘉庆询问王尔烈家庭情况怎么样？王尔烈回答说："几亩薄田，一望春风一望雨；数间草房，半仓农器半仓书。"皇帝听完这话非常开心，跟王尔烈说："你做官一生廉洁，我之前就了解了，现在我刚登基打算重新制钱，我派爱卿前去安徽铜山铸钱。"

王尔烈一去就是 3 年。一日奉命回到京城，嘉庆询问："老爱卿，这几年怎么样？"王尔烈明白嘉庆的隐含之意，没有马上作答，只是从衣袖中拿出三枚铜钱递给嘉庆。嘉庆细心察看，是三枚用的亮薄的钱币，各为"当十钱"、"五铢钱"和"嘉庆国宝"，都是铸造钱币用的样子。王尔烈这才回答说："我除了这 3 枚铜钱之外，仍然是囊空如洗，身无长物！"皇帝深知他是个不会贪污的实在人，深受触动，封王尔烈做"老实王"。

王尔烈辞职归里时，租赁了一些毛驴，声势浩大地从国都启程。看热闹的人议论："什么老实王，是假的！""什么两袖清风，早贪饱了！"这些议论被皇帝所知，其立刻命令检查，还当着朝臣问："驮子队所载何物？"王尔烈答："不过是皇上所赐。"嘉庆说："你辞职归里，朕赐给爱卿的只是白银千两罢了，怎么会需要大队驴驮呢？"王尔烈只得请求检查。经过核实，驴队上装载都是残砖烂瓦。人们瞠目结舌，王尔烈说：

---

① 夏炎：《古代官员的财产公开方式》，《中国党政干部论坛》2010 年第 4 期。

"我老家是三间茅草屋,归里后恐没有栖息之所。因为这个,我拾了一些修葺皇宫的残砖烂瓦,打算带去盖房子。"嘉庆很感动,特地为他建造翰林府一座。在府邸完工后,王尔烈把正中大厅作为义学馆,而他只是住在旁边的厢房。① 王尔烈应对嘉庆皇帝,据实而答,不做任何隐瞒,着实值得嘉许。

(十)张之洞临终申报

"提起中国民族工业,重工业不能忘记张之洞"。这是伟人毛泽东对张之洞的评价。张之洞是晚清洋务派重臣,是中国近代史上一位举足轻重的人物,在近代实业、教育、军队、文化等各个方面都作出了重大贡献。

张之洞曾说:"我所讲究者乃公利,并非私利。私利不可讲,而公利却不可不讲。"他也实实在在地做到了。在他临终之际,对几个儿子如此告诫:"为官四十多年,勤奋做事,不谋私利,到死房不增一间,地不加一亩,可以无愧祖宗。望你们勿忘国恩,勿坠家风,必明君子小人之辨,勿争财产,勿入下流。"而在他死后,就连他的丧葬费,家人也拿不出,多数是亲友和门生资助的。

张之洞使用遗言这样的形式申报自身为官几十年的资产情况,就是做官前后资产持平。张之洞的行为虽然是告诫自己的家人,教育自己的儿子,但也公开了自己一生为官的收入,亦是难得。又有多少人能够做到为官一生,到死亡时,房子没有增加一间,田地没有增加一亩呢?

(十一)康熙财政公示

封建帝王时代,国家是皇帝的个人私产,在"家天下"的政治模式下,一代代帝王可以凭借自己的个人意志力支配国家财产,而臣民无须追究为什么。清朝统治者自北向南立鼎中原,再次一统天下,但是民族之间的矛盾持续高涨,反清武装和清王朝之间的对抗持续至康熙中期才渐渐消沉。除了物质因素,康熙帝采用的攻心策略也值得一提。

康熙二十九年(1690),内务府官员奉命整理宫中花费并整理成册,内列前明建造的殿宇、亭台楼阁的名称及各宫殿配备的宫女仆妇人数作为比较,而后发给诸王公大臣以供查阅。接受任务的内务府官员通过查

---

① 莫清华:《为官当学王尔烈》,《唯实》2011年第10期。

阅前朝留下的账本和询问前朝遗留的太监等，汇总统计部分如表2—1：

表2—1　　　　　　　　明清两朝每年部分主要耗费对比

| 项目栏 | 清朝 | 明朝 | 明朝开支备注 |
|---|---|---|---|
| 光禄寺（负责宫廷膳食） | 用银三万多两 | 用银二十四万余两 | |
| 后宫嫔妃开销（床帐被服、舆轿车子、花毯装饰等方面） | | 用银二万八千二百余两 | 直到清代，库房里还剩有前明宫人的绣鞋数十箱，上面遍饰珠宝，极为华丽 |
| 殿宇修造 | 用银二三十万两 | 用银二百万两 | 明朝留下宫殿楼宇七百八十六座 |
| 宫女 | 九千余人 | 十万人 | |
| 内监 | | | |
| 宫内其他日常耗费 | 用银十万两 | 用银九十六万九千四百余两 | 充作饷银 |

经过资产清点，明朝建造的殿宇规格极高，无论地基还是围墙院落；木料精贵，均采用上等楠木；用砖讲究，为山东临清专制的贡砖，需经水路运到京城；排污设施精致，宫殿内的排水沟用整块的巨石修筑，水管口径粗达数尺，为防生锈，全都用生铜铸造。清朝初期为了巩固统治，房屋修造不及明朝的十分之三；修造房屋的材料也只是普通的砖头和松木。臣民看到以上数据和文字的对比自然一致颂词，以本朝兴利除弊，清廉为治，兆民归心；明朝骄淫坏法，取代前朝是必然的事情。

攻心之道日见成效，但为了巩固前期成果，康熙四十九年（1710），康熙在批复大学士的奏折时重提旧事，强调前朝花费之奢靡、当朝用度之谨慎。大意如下：前明之事，往往纸上所言，据本朝收用万历时的太监所讲，"前朝的一日之费，就可抵如今的一年之用"，如前朝宫中脂粉钱每年开销达四十万两，衣食供应达百万两；宫女内监人数之多尚不能保证饭食供应，而今宫中不过四五百人而已。

为了乘胜追击，康熙下令户部官员"国家钱粮，理当节省"，"每年不征收银粮数额和河工的费用，都有节省的余地。明朝供膳每年花费一百万两银子；每年工部建房，要用二百万两银子，只有节约开支，方有裨益"。接到圣谕，臣民自然齐声夸赞本朝节用、爱民、布德、施仁，为河清海晏、百姓安居的盛世。

然而康熙南巡六次以及修建承德避暑山庄，靡费浩大，开支用度相比前明并没有改善多少。至康熙末年，国家收支勉强相持。但此时国家根基已稳，百姓生活较明末改善许多，民族意识和反抗意识遂遏抑，清政权得以巩固①。

## 二　中国财产申报制度雏形初现

财产申报制度（Properties Declaration System），是根据相关法律规定，要求特定人群对其财产和收入情况进行如实申报的制度。现代财产申报制度主要包括以下几个要素：申报主体、申报内容、申报范围、申报公开、责任追究等。我们以现代财产申报制度内涵与要素考察中国古代财产申报会得出怎样的结论呢？

### （一）中国古代汉朝已经具备财产申报雏形

严格来说，中国古代并未建立真正意义上的财产申报制度。但是中国古代汉朝已初具财产申报雏形。从东方朔的俸禄申报到汉武帝下令商人、放高利贷者等盈利阶层自己统计自家的财产向官府如实汇报，每两千钱资产征收一百二十钱的税负做法，以及汉武帝颁布"告缗令"，鼓励对那些隐瞒财产的人进行告发，把被告人的一半财产分给告发人作为奖赏的法规，都能见诸财产申报制度"身影"。

### （二）中国财产申报第一人是大名鼎鼎的诸葛亮

据《三国志·诸葛亮传》记载，诸葛亮财产申报是以奏章形式申报的。首先，奏章是古代臣属向帝王进言陈事的文书。奏章以公务文书形式出现说明诸葛亮的财产申报是严肃、正式的具有一定规制的制度烙印。其次，诸葛亮"自表后主"内容类似于需填写的财产申报表格与报告，汇报了完整财产内容与说明："成都有桑八百株，薄田十五顷，子弟衣

---

① 青丝：《康熙皇帝为何要向王公大臣公示自己的财产？》，2011年1月21日，中新网－华文报摘（http://www.chinanews.com/hb/2011/01-12/2783436.shtml）。

食，自有余饶。至于臣在外任，无别调度'随身衣食'悉仰于官'不别治生'以长尺寸。若臣死之日，不使内有余帛，外有赢财，以负陛下。"再次，诸葛亮申报的内容是桑树田地，符合当时官员拥有的主要资产，也是当今财产申报的主要内容。最后，诸葛亮有明确申报"受理机构"，就是后主刘禅。

（三）产生了官员利益冲突制度

宋代有一项特殊的回避制度，只要宗族、妻家在该地拥有田产物业的，当事人不能在这个地方做官。《朱文公集》记载："熹祖乡徽州，正属本路，见有坟墓、宗族、田产在婺源"，"在法也合回避"。《吏部条法总类》确实是这样规定的，凡"应参选注阙官"，俱须于差注前验实"本官委的有无祖产并妻家田产在所射处"。

在《大清会典事例》中就记载了这样一件事，乾隆四十三年（1777），浙江绍兴府通判一职出缺，按人事任命制度，先由吏部文选司在初审基础上选出符合条件的若干人选，再以抽签方式决定取舍，结果顺天籍张廷泰中选。但在乾隆帝接见张廷泰时，听出了他的绍兴口音，"因加询问"，得知其幼年曾随父在绍兴居住数年，于是乾隆取消原拟任命，让张廷泰到福建任职去了。

至于亲戚关系的同地任职、上下级任职，那就更不用说了，一律禁止。《文献通考》中记载了一件相反的事情，有兄弟俩在同地任职的特殊案例。那是在唐太宗时期，有廉能之名的贾敦实担任饶阳县令后，他的哥哥贾敦复又被唐太宗派往瀛洲任刺使，成了弟弟贾敦实的上司，按当时的制度，"大功以下不得联职"，同一祖父名下的本家成员，都不能在一个部门任职，何况是亲兄弟！但唐太宗却打破惯例，"以其兄弟廉谨，许令同州"。这件事也从反面让我们看到了古代"回避"制度的严格，没有皇帝的恩准，兄弟俩是绝对不能在同一地方担任职务的。因此，中国古代财产申报制度伴随着官员的回避制度一起产生，对官员腐败起到了防范作用。

（四）具备现代财产申报制度部分要素内容

中国古代财产申报具备的制度要素有：申报内容与当下制度资产类似，如官员俸禄、田地、私家园林，金、银，古玩字画等；申报方式与当下制度接近，有诗书等公开申报、临终申报、死亡申报与抄家申报；申报对象为朝廷官员，与当下公务员财产申报类同；此外还有君主核实等内容。

## 第二节 当代中国财产申报制度探索

### 一 中国财产申报制度立法进程

20世纪80年代，我国进入改革开放时期。改革滋生腐败，国家管制放松给官员创造了利用手中的权力获取个人非法利益的机会。腐败现象在1981年进入第一个波峰阶段，当年查处的腐败案件数量急剧上升，达到31000件；1982年继续上升到32602件；1984年查处案件有小幅回落；1985年查处案件28000件；1986年又急剧上升到49577件[①]。那时，我国反腐战略的基本思路是"两手抓"，一手抓思想政治教育，一手抓法制建设，依靠法律手段调查和惩治腐败分子，并开始重视通过制度化的渠道来开展反腐败斗争。

腐败问题逐渐显现，引起了中央领导的重视，中央在财产申报制度方面的探索也随即展开。1987年，时任全国人大常委会秘书长王汉斌明确提出要在法律中解决对国家工作人员是否建立申报财产制度的问题。1988年，监察部会同法制局对我国财产申报制度的建立进行论证并起草了《国家行政工作人员报告财产和收入的规定草案》，开启了我国长达30年的财产申报制度立法大幕。

1994年，第八届全国人大常委会将《财产申报法》正式列入立法规划，但是因为各种原因，制度最终被耽搁下来，并没有成为正式的法律规范；1995年中共中央办公厅、国务院办公厅联合发布的《关于党政机关县（处）级以上领导干部收入申报的规定》，共包括九条内容，其中对财产申报制度的申报主体、申报范围、申报时间和申报受理机关等做了基础性规定，至此我国公职人员财产申报制度第一次有了政策上的突破；

---

[①] 周淑真、聂平平：《改革开放以来我国腐败状况透视和反腐败战略思路的变迁》，《探索》2009年第1期。

1997年，党中央、国务院颁行《关于领导干部报告个人重大事项的规定》，较为详细地规定了申报人员及其配偶、子女应该申报的项目类别，要求领导干部报告本人、配偶和子女的财产、经济、负债等情况，其中一些重大事项与官员财产状况有关；2000年4月1日，国务院颁行《个人存款账户实名制规定》，对我国实行金融实名制进行了规定，金融实名制作为财产申报制度的配套措施，为其实施做了基础性准备；2001年6月15日，中共中央纪律检查委员会、中共中央组织部联合颁布了《关于省部级现职领导干部报告家庭财产的规定（试行）》，对省部级现职领导干部进行家庭财产申报时的具体要求和细节做了规定；2006年中共中央办公厅印发《关于党员领导干部报告个人有关事项的规定》，该规定比1997年的规定在报告事项范围上更为详尽；2010年中共中央办公厅、国务院办公厅印发了《关于领导干部报告个人有关事项的规定》，针对当前我国反腐倡廉方面出现的新情况、新问题，进一步规范了官员的财产申报；2013年12月，中共中央组织部印发《关于进一步做好领导干部报告个人有关事项工作的通知》，开展领导干部个人有关事项报告抽查核实工作，但在法律层面仍然无实质性突破。

## 二 中国财产申报制度立法进程大事记

中国财产申报制度立法进程大事记如表2—2所示。

表2—2　　　　　　中国财产申报制度立法进程表

| 时间 | 出台的相关文件 | 发布或参与机关 | 评价 |
| --- | --- | --- | --- |
| 1988 | 《国家行政工作人员报告财产和收入的规定草案》 | 国务院监察部和法制局共同起草 | 制度建设起步 |
| 1994 | 《财产申报法》 | 第八届全国人大常委会 | 列入立法项目，但未进入立法程序 |
| 1995 | 《关于党政机关县（处）级以上领导干部收入申报的规定》 | 中共中央办公厅、国务院办公厅 | 第一部有关收入的规定，存在申报范围有限，属于国务院制定的行政法规，法律层次较低 |
| 1997 | 《关于领导干部报告重大事项的规定》 | 中共中央办公厅、国务院办公厅 | 已经废止 |

续表

| 时间 | 出台的相关文件 | 发布或参与机关 | 评价 |
| --- | --- | --- | --- |
| 2001 | 《关于省部级现职领导干部报告家庭财产的规定（试行）》 | 中纪委、中组部联合发布 | 属于党内规定，只是申报对象级别较高 |
| 2005 | 《中华人民共和国公务员法》 | 全国人大常委会 | 属于法律层面，该法未涉及财产申报 |
| 2006 | 《关于党员领导干部报告个人有关事项的规定》 | 中共中央办公厅 | 现已废止 |
| 2007 | 《中华人民共和国政府信息公开条例》 | 国务院 | 属于行政法规，且未要求官员就财产等信息公开 |
| 2010 | 《关于领导干部报告个人有关事项的规定》 | 中共中央办公厅、国务院办公厅 | 属于国家行政法规，未上升到法律层面 |
| 2013 | 《关于进一步做好领导干部报告个人有关事项工作的通知》 | 中共中央组织部 | 属于部门规章，效力仅大于地方规章而已 |
| 2017 | 修订《关于领导干部报告个人有关事项的规定》 | 中共中央办公厅、国务院办公厅 | 新修订的《规定》共21条，3300余字。体现"一突出、两调整" |
| 2017 | 新制定《领导干部个人有关事项报告查核结果处理办法》 | 中共中央办公厅、国务院办公厅 | 明确界定"漏报""瞒报"之间的界限 |

（一）《关于领导干部报告个人有关事项的规定》（2017）修订新变化

一是报告主体进一步突出了"关键少数"。修订后的《规定》，对报告对象的范围作了适当调整，主要是对企事业单位按照分类管理的原则作了进一步区分。概括起来讲，就是"一突出、两调整"："一突出"，就是突出党政领导干部这个重点。党政机关县处级副职以上的干部，都要报告个人有关事项。参照公务员法管理的人民团体和事业单位的报告对象，范围同党政机关一致。这充分体现了对党政领导干部从严管理的要求，对公共权力从严监督的要求。"两调整"，就是将未列入参照公务员法管理的人民团体、事业单位的报告对象范围调整为领导班子成员及内设管理机构领导人员，将国有企业的报告对象范围调整为中央企业的领导班子成员及中层管理人员、省管和市管国有企业的领导班子成员。这样调整，更好地体现了分类管理的原则、精准科学的理念、重点监督的要求。

二是报告事项内容更加突出与领导干部权力行为关联紧密的家事、家产情况。修订后的《规定》，总体上还是报告8项家事、6项家产共14项内容，但有的项目作了进一步明晰、补充完善，个别项目作了合并调整。家事包括婚姻、因私出国（境）证件和行为、移居国（境）外、从业、被司法机关追究刑事责任等情况。家产包括工资收入、劳务所得、房产、持有股票、基金和投资型保险、经商办企业以及在国（境）外的存款和投资等情况。

三是增加了抽查核实的规定。修订后的《规定》中专列了5条，对开展核查的方式、比例、对象以及查核结果运用等作出规定。对家庭财产来源合法性验证、查核结果的运用等作了原则性规定。同时，明确了核查联系工作机制和抽查核实纪律。新增加的这些条文，充分吸收了党的十八大以来开展领导干部个人有关事项报告抽查核实工作的实践成果。特别是此次修订《规定》时，一并研究制定了《领导干部个人有关事项报告查核结果处理办法》，为今后严肃处理不如实报告的行为画出了底线，亮出了红线，为更加有效地强化核查结果运用提供了可遵循的依据，必将促进报告制度得到更好的贯彻执行。

（二）新制定《领导干部个人有关事项报告查核结果处理办法》（2017）新意

一是明确认定漏报或者瞒报需要掌握的基本原则。比如在认定漏报情形时，《办法》的用语一般是"少报告"；在认定瞒报情形时，用语一般是"未报告"。二是区分了漏报、瞒报的具体情形和处理规定。对漏报、瞒报行为的处理，考虑到瞒报属于主观故意，是对组织不忠诚的体现，所以在组织处理方面体现了加重的原则。对隐瞒不报情节较重或者核查发现涉嫌其他违纪问题的，依照《中国共产党纪律处分条例》等追究纪律责任。三是明确了领导干部因不如实报告个人有关事项受到组织处理和纪律处分的影响期。《办法》重申或者明确，受到诫勉处理的，半年内不得提拔或者进一步使用；受到取消考察对象（后备干部人选）资格处理的，一年内不得提拔或者进一步使用；受到调离岗位、改任非领导职务、免职处理的，一年内不得提拔；受到降职处理的，两年内不得提拔；受到纪律处分的，依照《中国共产党纪律处分条例》等规定执行。

## 第三节　当代中国财产申报制度研究

### 一　国内研究

（一）30年来专家学者和部分官员们不遗余力建言立法

国内有很多学者在关注和推动着财产申报制度，如黄苇町、竹立家、巩献田、邵道生、马怀德、汪玉凯、李成言、王长江、张希贤、公方彬、林喆、姜明安、张希贤、王全杰、韩德云、周淑真、王占阳、任建明、李成瑞、王明高、刘燿松、胡星斗、李永忠、杨帆、何家弘、过勇、刘志勇等。

1987年时任全国人大常委会秘书长王汉斌提出需立法解决国家工作人员财产申报制度问题。之后，李成瑞、巩献田等（2008）给全国人大、政协提交建议。2006—2012年在人代会上韩德云七次提出公务员财产申报与公开制度的立法建议。2012年，周淑真等学者就此对新任中纪委书记王岐山再次建议立法。这些学者针对如何实现财产申报制度、财产申报制度的意义和价值、财产申报法的具体设定、财产申报制度的难点和出路等方面都提出了见仁见智的看法和思路。他们的观点对财产申报研究具有极大的启发意义和借鉴价值。

（二）财产申报隐私权保护研究

大多数学者都认为官员的隐私权是有限的，要尊重公共利益优先的原则。刘明波指出，一些国家在接受该制度的同时也提出了一套"任何人出任公职，都有必要放弃、牺牲部分一般公民所能够享有的基本权利，承担政府公职人员所必须的道德义务，在美国将其称为公务员个性的法定自我丧失"[1]。张康之指出，"在公共行政中要拒绝权利，只要公共领域中存在着权利意识，那么行政人员就会选择运用公共权力去为自身权利的实现和扩张开辟道路"[2]。杨建国认为，"公务员的财产申报是一种义

---

[1] 刘明波：《中外财产申报制度述要》，中国方正出版社2001年版。
[2] 张康之：《寻找公共行政的伦理视角》，中国人民大学出版社2002年版，第383页。

务，与公务员的隐私权无关。法治社会要求保护公众的知情权，那么官员的隐私权就要受到一定的限制"[1]。

(三) 财产申报制度的比较研究

我国领导干部的财产申报起步晚于国外官员财产申报，所以在学术研究时，我国的学者会参考国外官员财产申报的研究成果，通过对比，找出可以借鉴的地方。如刘明波通过国内国外的制度对比，主要是针对我国的香港和台湾地区以及国外某一些国家的相关制度，在研究过程中，寻找到新的突破口，为以后进一步探索财产申报提供线索[2]。郐天莹为了寻找能够协助构建我国财产申报制度的经验，通过对我国某些地区和国外一些国家的相关制度调查和分析，来发现这些不同地区和国家在制度建设方面存在怎样的共性，以此来寻找建设官员财产申报制度的一般性规律。他主要的研究地区包括俄罗斯、韩国、美国及中国台湾地区[3]。邰祖岩总结和对比了俄罗斯、韩国和美国的官员财产申报制度在各个方面的研究情况，最后发现制度是否能够有效落实取决于高层领导的决心[4]。张深远、张惠康从历史的层面解读了美国文化在其财产申报制度构建方面产生的深远影响，这些影响主要体现在其国人的观念和心理支撑方面，并进一步论述我国的文化因素及其对财产申报制度构建的影响[5]。李松峰比较分析了国外20个国家和地区建立的财产申报制度，从不同国家在申报主体、立法形式、受理机构及信息管理四个方面入手，研究发现不同国家的制度存在很大差异[6]。基于国情的不同，在参考国外制度建设做法的同时，应寻求符合本国要求的实现路径。此外，

---

[1] 杨建国：《我国公务员财产申报制度：数据、缺失及构建》，《南京农业大学学报》2009年第2期。
[2] 刘明波：《中外财产申报制度述要》，中国方正出版社2001年版。
[3] 郐天莹：《美国官员财产申报制度构建的路径分析与启示》，《中国行政管理》2009年第2期。
[4] 邰祖岩：《国外官员财产申报制度的实施状况及启示》，《领导科学》2010年第20期。
[5] 张深远、张惠康：《美国财产申报制度的文化依托》，《理论探索》2014年第1期。
[6] 李松锋：《官员财产申报制度的国际经验——基于20个国家的比较分析》，《中共浙江省委党校学报》2015年第1期。

周金恋①、曹贵宝、刘宏勋、刘书增②、黎慈③及王建锋④等学者也都在探索过程中，采取与外国一些国家或地区进行对比研究的方式来获取相关的经验。

（四）建立官员财产申报制度的必要性研究

众多学者在实施官员财产申报制度的研究时集中于其建设必要性的分析。如王少黄认为要保持国家行政人员廉洁公正，实现廉政建设，必须拥有一套完善的、具体的、合理的制度和规范，因此，官员财产申报制度必然不可或缺，能够对公职人员产生强大约束力⑤。张平芳、黄卫平强调官员财产申报制度的合法性，认为公务员既然作为国家权力的执行者，那么在拥有官员权力的同时应该承担相应职位级别的责任，其体现的个人特征应服从国家性特征，放弃部分个人利益，以身作则，接受公众监督⑥。朱雯从两个方面探讨了官员财产申报制度的必要性。一方面，遏制腐败现象需要这样的一个制度，能够对官员产生约束力和威慑力；另一方面，作为公职人员，从其责任的内在要求方面，官员有义务进行财产申报⑦。此外，还有陈君⑧、臧玉璞和秦志刚⑨、黄静⑩以及侯

---

① 周金恋：《韩国公职人员财产登记制度的演变及其启示》，《河南社会科学》2006年第6期。

② 曹贵宝、刘宏勋、刘书增：《加美韩新等国家和地区财产申报制度及经验的借鉴与启示》，《邯郸学院学报》2008年第2期。

③ 黎慈：《美国公务员财产申报制度及其启示——从萨默斯的财产申报风波说起》，《云南行政学院学报》2009年第5期。

④ 王建锋、鲍光亮、董小铭：《官员财产申报制度的比较研究——以美国为例》，《经营管理者》2013年第9期。

⑤ 王少黄：《谈谈我国建立财产申报制度的必要性及其初步设想》，《检察理论研究》1992年第1期。

⑥ 张平芳、黄卫平：《构建中的省部级领导干部家庭财产申报制：意义、困境与路向》，《当代中国政治研究报告》2003年第1期。

⑦ 朱雯：《我国官员财产申报公示制度研究》，硕士学位论文，南京大学，2014年，第38页。

⑧ 陈君：《财产申报制度是廉政之必要条件》，《社会》1994年第5期。

⑨ 臧玉璞、秦志刚：《实行公职人员财产申报制度的必要及其内容》，《人才管理》1994年第1期。

⑩ 黄静：《终端反腐——公职人员财产申报制度刍议》，《理论界》2007年第1期。

凯中、解薇薇、朱向东和杜文雅①等学者都认为官员财产申报制度能够发挥拒腐防贪的作用，有必要进行官员财产申报制度的构建。

（五）财产申报核查机制研究

有学者建议通过构建独立、权威、专业的审核机构来完善财产申报制度的审查环节，比如王科、曾栋梁认为相关的人事（组织）部门无法承担核查工作，应设立独立的各级人民廉政院来负责财产申报的受理和检查工作②。柴小梦提出要成立一个具有高度独立性和权威性的机构如"财产申报审核局"，配有法律、审计、金融等专业人员，由中央直接领导负责审查工作③。此外，国家审计局的相关人员也对官员财产申报制度进行过相关的审计研究。福建漳州审计局的林延艺是提出对财产申报要进行审计的第一人。他提出经济责任审计介入财产申报内容真实性的核实，是由经济责任审计的特性决定的，是审计的本质要求，也是防范经济责任审计风险的内在要求。事实上，很多地方都在实行对领导干部经济责任的审计，这与财产申报过程中对官员申报的财产进行审核是相关的。江苏常州审计局的姚留庆、吴洵认为经济责任审计对保障官员财产申报的真实性具有很大作用，可以成立一个由审计、纪委监察局、银行、金融等形成的联动部门负责财产申报的审计工作。目前银行系统间的联网及金融、房地产的实名制都非常有利于审计调查，为审计介入财产申报真实性的调查提供了支撑。

（六）我国财产申报制度的缺陷和完善路径研究

在通过对国内国外官员财产申报制度进行对比和必要性的分析研究之后，很多国内学者的研究重点开始聚焦在当前我国财产申报的缺陷上。到目前为止，已有许多学者从我国制度自身存在的缺陷着手，试图寻找

---

① 朱向东、杜文雅：《我国出台财产申报法势在必行》，《行政论坛》2011年第4期。
② 王科、曾栋梁：《论公职人员家庭财产公示制度的构建》，《哈尔滨学院学报》2008年第12期。
③ 柴小梦：《我国官员财产申报制度建设研究——基于诚信体制视角》，硕士学位论文，云南大学，2012年。

完善的方法。如赵秉志和赫兴旺①、周佑勇和刘艳红②、路策敏和江启疆③、孙昌军④等都曾对《关于党政机关县（处）级以上领导干部收入申报的规定》进行了分析。他们认为规定本身存在许多问题。首先，存在制度上的空白区，相关制度缺乏；其次，规定的内容不具体，太粗略，不便于实施；最后，制度规定的法律地位不确定，不能充分发挥约束力。另外，部思源和欧晓明⑤、朱佩明⑥、孙国祥⑦、田霞⑧、李郁军⑨、韩珍珍和韩兆柱⑩都对官员财产申报制度本身进行了研究，发现了其不足之处，并为制度改进提出了一些具有价值的参考意见。

也有不少学者并不看好官员财产申报制度，认为防腐作用不大。如蒋德海研究发现，由于官员财产申报内容并未进行公示，没有接受公众监督和约束，其实施效果表现不佳⑪。汪玉凯⑫、汪全胜和张苊⑬等认为官员本身也会成为实施财产申报制度的阻碍。因为官员身份具有二重性，既是制度的执行者又担任制定者，所以官员在心理上会产生抗拒情绪，

---

① 赫兴旺、赵秉志：《论中国公职人员财产申报制度及其完善》，《政法论坛》1995年第5期。

② 周佑勇、刘艳红：《我国公职人员财产申报制度探讨》，《社会科学研究》1997年第6期。

③ 路策敏、江启疆：《论财产申报制度的完善》，《学术研究》1998年第1期。

④ 孙昌军：《关于完善家庭财产申报制度的思考与建议》，《湖南社会科学》2000年第6期。

⑤ 部思源、欧晓明：《我国家庭财产申报制度化的现实困境与前瞻》，《理论导刊》2006年第3期。

⑥ 朱佩明：《执政视野下政府官员财产申报制度的障碍与突破》，《岭南学刊》2009年第5期。

⑦ 孙国祥：《财产申报制度建构中的相关问题刍议》，《江海学刊》2010年第2期。

⑧ 田霞：《我国财产申报制度的发展困境和完善路径》，硕士学位论文，华东政法大学，2011年。

⑨ 李郁军：《我国官员财产申报制度问题研究》，硕士学位论文，兰州大学，2013年。

⑩ 韩珍珍、韩兆柱：《官员财产申报制度建设：困境与策略》，《燕山大学学报（哲学社会科学版）》2015年第1期。

⑪ 蒋德海：《有关官员财产申报制度的三个问题》，《探索与争鸣》2010年第4期。

⑫ 汪玉凯：《深化改革要敢于触动既得利益——建立官员财产申报制度的几点思考》，《中共中央党校学报》2009年第2期。

⑬ 汪全胜、张苊：《论我国官员财产申报立法的困境及路径选择》，《法学评论》2014年第1期。

不愿意履行申报义务。

　　研究我国官员财产申报制度存在的众多缺陷并非研究目的，而在此基础上寻找如何完善我国财产申报制度的方法和路径，构建适应本国国情的官员财产申报制度才是根本目标。因此，很多学者又进一步在研究了制度缺陷的基础上指出了完善的方法和路径。如江正平、冯洁认为，要让我国财产申报制度发挥作用，必须加大申报主体，增加申报内容，加强惩处力度，加快完善系统化、法制化的财产申报制度[1]。姚瑞平、刘祖云首先分析了我国官员财产申报制度的不足，并在此基础上认为不仅要建立健全相关的法律法规和完善财产申报配套制度，而且要提高官员本身对制度的认可度，提高履行财产申报义务的自觉性[2]。廖晓明、邱安民在参考外国的财产申报措施之后，认为我国应该加强财产申报制度的规范性，可以采取五步法来实现，即"启动—调查—处理—问责—公开"[3]。徐行、杨鹏飞发现，可以从两个角度来寻找实施国内的官员财产申报制度的阻力，即制度设计和制度执行。因此，一方面需要构建科学的运行机制，完善申报制度；另一方面，随着制度的完善，加强制度的推行力度，确保制度真正得到执行[4]。

## 二　国外研究

　　财产申报制度在国外并没有统一的名称，比如英国将之称为《净化选举防止腐败法》，美国称为《政府道德法》，韩国称为《公职人员伦理法》，俄罗斯则把财产申报纳入 2008 年由梅德韦杰夫总统批准的《反贪法》当中。因此，考察国外对公职人员财产申报制度的研究不能仅仅局限在表面陈述上，更要清楚财产申报制度到底包含哪些潜在内容，才能

---

[1] 江正平、冯洁：《腐败的经济学分析与我国财产申报制度的法律完善》，《甘肃社会科学》2010 年第 3 期。

[2] 姚瑞平、刘祖云：《财产申报制度：现实困境及其路径突破》，《南京社会科学》2013 年第 6 期。

[3] 廖晓明、邱安民：《我国官员财产申报问责体系制度设计》，《社会科学家》2013 年第 5 期。

[4] 徐行、杨鹏飞：《中国官员财产申报制度的实现障碍与突破路径》，《理论与现代化》2015 年第 1 期。

有的放矢地去了解国外对于财产申报制度的研究状况。值得一提的是，西方学界长期以来形成的对人性的怀疑、对权力的警惕、对腐败的担忧、对公职人员不信任的思想早已深入人心，这些也是财产申报制度在西方国家得以顺利确立的重要理论基础。柏拉图在《理想国》中认为统治者、军人、劳动者的正义就是"恪守本分，各司其职"，这对于今天公职人员职业道德的规范仍然具有重要意义。卢梭在《社会契约论》里有关公意和私意的区分对我们理解公意私意间的不可调和性以及公职人员身份的矛盾性启发很大。阿克顿勋爵的"权力使人腐败，绝对的权力绝对使人腐败"成为对抗腐败的至理名言。孟德斯鸠、洛克的三权分立、权力制衡理论的提出更是对权力的约束给出了具有现实意义的答案，以权力制约权力的思想影响了西方国家尤其是美国的政府机构设置，而围绕着如何制约权力，随后发展出了"以社会制约权力""以权利制约权力"的思想，为公众和新闻舆论监督政府权力和公职人员行为提供了充分而有效的理论和制度准备。具体来看，国外学者对财产申报制度的研究主要集中于财产申报法法律制度建设、利益冲突原则、公职人员的隐私权保护、政府公职人员道德等方面。

（一）财产申报制度意义和影响的实证研究

由于国外的财产申报制度建立较早，学者们大多已将研究视线转移到这项制度的影响和意义方面。美国学者贝斯·A. 罗塞逊（Beth A. Rosenson）在《道德法对立法招聘和州议会职业结构的影响》（2006）一文中提到，尽管很多学者认为1978年的《政府道德法》和1989年的《道德改革法》在弥补贪贿法的不足、修复受损的联邦和州政府形象、回应政治丑闻、提高议会代表的素质、增强公众对政府的信任、影响人们谋求公共职务的决策等方面都有重要影响，并且导致过去的半个世纪里道德法律的数量在联邦和州议会中激增，但这项法律是否带来了上述影响以及影响的程度却让人并不十分清楚。而且，对道德法持批评意见的人认为，要求披露财务状况和限制职业外收入的做法阻止了人们对公共服务的追求，这种说法一直缺乏实证检验。作者通过对1976年至1995年道德限制和信息披露法对国家立法招聘和州议会职业结构变动的潜在影响研究得出结论，道德法对决定参加竞选的人和一些法律职业代表确实有一定影响。但作者认为这些影响并不全是负面的。同时，贝斯·A. 罗塞逊又在《反对他们明显的利益：独立的州立法机构伦理委员会的授权研究1973—1996》一书中通过对 1973 年至 1996 年道德立法的研究，指出道德政策的决定因素与其他政策并不完全相同，相对于其他政策来说，道德政策的议程设置更为重要和有效。政治丑闻和其他州的行动也对道德委员会的行动有非常重要的影响。议程设定的过程能够将立法者对自己个人利益的关注迅速转换到对经济福祉和再次选举的关注上面。总体来看，学者们比较关注道德法即财产申报制度建立之后有何影响、意义以及价值何在。

（二）财产申报制度原则的探讨

财产申报制度的建构包含很多原则，其中最重要的就是道德原则、利益冲突原则、隐私权限制原则、隐私权保护原则等。

1. 利益冲突原则。

F. 尼尔·布雷迪（F. Neil Brady）和大卫·W. 哈特（David W. Hart）在《行政道德冲突的美学理论》（2006）中对行政道德冲突做了富有意义的解读，他们认为，通常的政治理论都把行政道德冲突当作必须要避免或需要解决的问题，但实际上行政道德冲突是必需的甚至具有旺盛的生命力。伟大的艺术都是基于紧张感而不是排斥它，行政道德冲突也不例外。作者采用美学视角考察了行政道德冲突的张力和平衡，并揭示出了多种类型的伦理冲突的区别，如"利益冲突"和"责任冲突"之间的联系和不同。作者通过阐释十五种冲突类型指出冲突的存在是正确进行行政管理和制定各种政策的基础。莫滕·艾格伯格（Morten Egeberg）在《作为公共政策制定者的官僚和他们的自身利益》（1995）一文中认为，作为公共政策制定者的官员肯定有其自身利益诉求，比如作为一个投票者或联邦公民的利益要求等。而且确定无疑的是他们一旦当上公共政策制定者，这种自身的利益要求也会体现在公共政策制定的过程中。作者以此作为切入点对影响公职人员私人利益的常量和变量进行了深入的理论分析。与此相关的文章还有 F. F. 里德利（F. F. Ridley）的《规范公职人员的私人利益》，该文章将关注的焦点放在政治生活中私人利益与公共利益冲突方面，从公众的评价是政府信誉来源入手分析了公职人员在现实中都存在哪些利益冲突，对包括兼职、收受礼物等具体行为都进行了精彩的分析和论述，并在比较各国约束利益冲突做法的基础上得出结论，认为应该设立道德性的法律来规范公职人员的行为，减少利益冲突的发生。

2. 对隐私权保护与限制的研究。

对隐私权进行研究的文献很多，比如：达德利·J. 摩尔（Dudley J. Moore）的《论隐私》，阿兰·F. 威斯汀的（Alan F. Westin）的《隐私与自由》，约翰·H. F. 夏塔克（John H. F. Shattuck）的《隐私权》，威廉姆·C. 比尔（William C. Bier）编的《隐私：消失的价值》，路易斯·R. 米泽尔（louis R. Mizell）的《侵犯隐私》等，这些著作虽然都认为应该保护公民的隐私权，但均未否定作为公众人物的公职人员的隐私权是有限的。另一方面，帕特里克·多贝尔（Patrick Dobel）有关《公职人员私生活判断》（1998）一文，从由于法律限制的软弱性和美国政治及新闻舆论的强势性出发，指出公职人员的私人生活由于监督的无时无刻性而受到了一定伤害，这其实是损害了公职人员作为公民的基本权利，因此，应该重新界定私人生活和公共生活，为保障公职人员的私人生活和满足公众的监督权利之间设定一个标准。由此可见，国外公职人员的隐私权确实具有一定限度。

（三）财产申报法和道德机构的研究

G. 卡尔文·麦肯齐（G. Calvin MacKenzie）和迈克尔·哈夫肯（Michael Hafken）在《丑闻证明：道德法律是否让政府变得更有道德》一书中，通过对现代道德机制发展历史的回顾指出，虽然现代政治中的道德法律已经不需要再靠政治丑闻的推动来建立，但在"后水门时代"，政府反而面对着民众更多的指责和怀疑，政府只能靠出台越来越多的道德法律来弥补。这些道德法律都建立在道德监管和对人性进行最坏设定的基础之上。作者分析了涉及道德法律的一些问题诸如财产申报和披露、利益冲突约束、兼职和职业外收入报告、是否接受过礼品和退职后的从业情况等，为其他研究财产申报制度的学者提供了很多有价值的信息。罗伯特·W. 史密斯（Robert W. Smith）在《比较伦理官员和政府道德管理员：只是苹果与橙的区别还是要学习的经验》（2003）一文中认为，随着 21 世纪的到来，道德问题不仅没有减少反而更常成为新闻头条。

步行者民意调查机构表明，在过去两年里，57%的政府雇员承认有违反道德的行为。同时，也有民意调查机构表明在公司、企业中48%的雇员会无视或践踏道德规则。虽然政府制定了道德法律（《政府道德法》）和设置了道德办公室，企业也制定了道德条款和设置了相应的道德官员，但违反道德的行为仍然屡禁不止，这些道德机构到底干了什么？作者探讨了其中的原因，指出政府与企业之间相互交流经验和互相学习道德管理方法非常重要。财产申报作为一项道德法律自身有没有什么问题，财产申报机构和道德行政官还需要哪些改进，学者们对此也进行了深入的研究。

（四）财产申报制度作用的研究

之所以建立官员财产申报制度，是因为其作用巨大，能够遏制官员腐败。因此，很多的外国学者对该制度建立后的实际效果和具体作用非常关注。P. H. Jos 认为依靠行政官员的职位责任来约束公务员的行为，要求他们履行财产申报制度并不是长久之计，夸大官员行政责任的作用并不利于真正落实申报制度。而通过道德力量来促使官员重视责任和追求公共利益，才能保证官员财产申报制度顺利实施[1]。Zimmerman Joseph 探讨了政府的各种道德政策，并在此基础上构建了一个道德程序模型。他认为通过利益冲突约束体系来处理腐败问题的作用不够，应该从其他方面入手，寻找新的控制机制来解决官员的不道德行为[2]。Donald J. Maletz 和 Jerry Herbel 认为学者 Dennis Thompson 关于政府机关在道德建设中存在悖论的说法为他们进一步研究和分析道德力量和影响提供了突破口。他们研究发现，虽然不能否认道德力量对政府政治的重要作用，但是也不能忽略为了加强道德建设而产生的高成本问题，而且在高成本道德建设的情况下，并未提高广大群众对官员和政府机关的道德水平的满意度。一味地强调道德建设，而不重视官员的个人利益，也会带来负面影响。因此，他们重点关注财产申报制度的作用，既不需要过度地约束官员私

---

[1] P. H. Jos, "Administrative Responsibility Revisited: Moral Consensus and Moral Autonomy", *Administration & Society*, August 1990, 22 (2).

[2] Zimmerman Joseph, *Curbing Unethical Behavior in Government*, Westport, C. T. : Greenwood Press, 1994.

人利益，也能够在道德改革过程中发挥其效益①。Beth A. Rosenson 提出，由于官员政治丑闻的频繁发生，为了解决此类问题采取的行动已经严重地影响到了道德委员会②。

（五）惩罚机制和受理机构研究

国外官员财产申报制度发展早，在监督、责任追究方面已经相对完善，且国外的惩罚措施力度大，不仅可以对贪污官员处以相应法律行政处分，情况严重时，还可以对其实施刑罚制裁。Mark Davie 在探索美国的财产申报制度时发现，在美国，如果官员违反财产申报制度规定，弄虚作假，无论其职位级别高低，一视同仁，都必须接受处罚，甚至是被判刑，因此，美国官员承担的代价相当大③。Jackson Walter 也进行了相关的研究，并发现官员如果违反制度，出现贪污受贿现象，就会收到有关责任部门的通知，被要求说明具体的原因，对理由不充分或者继续隐瞒的官员直接移交司法部门，由司法机构裁决，给予相应惩罚④。

### 三 国内外研究述评

（一）国外的财产申报制度研究较早也相对成熟，但不能完全照搬

综上所述，国外的财产申报制度研究较早，已相对成熟，积累了较多经验，对于我国财产申报制度的构建有很好的借鉴意义。但是，国外研究存在的问题是：第一，国外多重视对财产申报制度的意义和作用的研究，对财产申报制度建立的具体过程的研究比较少。由于西方国家尤其是美国早在 20 世纪就已纷纷确立了财产申报制度（《道德法》），所以

---

① Donald J. Maletz & Jerry Herbel, "Beyond Idealism: Democracy and Ethics Reform", *American Review of Public Administration*. 2000, 30 (1).

② Beth A. Rosenson, "Against Their Apparent Self-interest: The Authorization of Independent State Legislative Ethics Commissions 1973—1996", *State Politics and Policy Quarterly* (Spring) 3, no. I, 2003.

③ Mark Davie, *1987 Ethics in Government Act: Financial Disclosure Provisions for Municipal Officials and Proposals for Reform Processes.*, New York: Aspen Law Business Publishers., 2003.

④ Jackson Walter, *The Ethics in Government Act-Conflict of Interest Laws and Presidential Recruiting*, New York: American Society for Public Administration, 1981.

现在国外学者所处的研究阶段都着重于财产申报是否起到了应有的作用，还有哪些不足可以完善，道德改革才是学者们关注的重点。而我国现在面临的是如何建立财产申报制度，对应这一问题的资料也比较少。第二，国外学者在研究过程中过于将财产申报制度和道德问题挂钩，容易让人产生误解，似乎财产申报制度只是一项道德规则。比如，美国的财产申报制度的主要内容就写在《政府道德法》中，学者们在研究时也多谈道德问题，只是偶尔兼及财产申报和公示等具体的制度问题。我国对道德的理解和解释与国外不尽相同，借鉴起来有点困难。第三，国外财产申报制度研究多是针对本国问题的对策性研究，我国的国情与西方国家有很多不同，不可能完全照搬。

（二）国内研究欠缺对试点地区新问题的研究

国内研究主要集中在我国财产申报制度的现状、中外财产申报制度的比较分析、国外财产申报制度的经验借鉴以及建言财产申报立法等几个方面。其次是对我国财产申报制度缺陷的研究，探讨财产申报范围、申报方式、申报种类、申报时间、对违规申报惩治等方面的不足，以及完善方法和路径的探讨，几乎所有研究的书籍、论文都会把构建我国财产申报制度的路径、方法和措施作为论述的终点。

上述研究不乏真知灼见，但是也存在对试点单位出现的新问题欠缺研究。比如网曝佛山市顺德区公安局副局长周锡开拥有亿元物业，两处房产中有一套价值837万元，且周妻移民菲律宾的腐败问题。但是，周锡开财产申报却隐瞒上述实情。以至于区纪委调查结果称，未发现有违纪行为以及任何经济问题[1]。出现上述问题的主要原因在于"只申报不核查"。被社会各界赋予更高期望的广东省试点也是如此，"靠自觉申报，领导签字确认"[2]，同样存在财产审查监督缺失性问题。此外，国内学者虽然强调全面财产申报和完善配套制度，但多属于定性分析，对如何具

---

[1] 2012年12月13日，佛山市顺德区纪委公布的调查结果称，未发现周锡开有违纪行为以及有资金来源不明和任何经济问题。

[2] 2011年11月11日，时任广东省政协主席朱明国在谈及广东财产申报问题时这样说："一般都不再审查，在申报环节，主要靠党员干部的自觉性，由申报者自己签字并报单位主要领导确认签字。一旦有人举报了，才会进行调查和处理。"

体实施全面财产申报材料真实性审核的研究不多。更是少有学者针对全面财产申报，从信息管理角度出发，寻找系统技术上的新途径，对如何完善财产申报、审核、公示、责任追究进行研究。尤其是较少关注全国财产申报试点地区执行情况的总体分析与经验提炼（戴昌桥，2013），缺乏"中国特色财产申报制度"研究。从新疆阿勒泰开始试点以来，时间跨度已有9个年头，试点地区范围覆盖近40个，从试点的时间跨度与试点覆盖面来看，都到了对该制度进行系统总结与反思的时候，中国官员财产申报审计制度如何设计、又如何改进成了值得研究的问题。

（三）中国特色财产申报必须引入材料真实性审计制度

正如中纪委新闻发言人吴玉良副书记所言，官员财产申报制度难以建立的主要原因是目前我国社会诚信体系和信息统计体系条件欠缺[①]。因为社会诚信低下成为延缓改革的借口值得商榷，本专著研究并不纠结于此，但也不回避"信息统计体系条件欠缺"的"技术难题"。我们认为即便是建立了完整的信息统计体系仍然存在财产申报数据掺假问题。关键问题是申报内容是否真实，如何对财产申报数据审查核实。因此，官员财产公示制度需要顶层设计。比如针对财产申报信息失真问题，研究引入第三方审计，建立财产申报审计调查核实机制，对隐匿财产的官员实施廉政审计责任追究机制。

我们认为"犹抱琵琶半遮面"的官员财产公示有"技术难题"，但更是"决心问题""政治难题"。推行的最大阻力来自执政党顾虑官员财产公布后会影响社会稳定从而危及执政的合法性。执政党的顾虑并非无的放矢。当前腐败问题严重，一旦数额巨大、无法说明来源的财产公布后社会会产生何种反应和震荡，高层对此心里没底。要使财产公示制度得以建立并推行，一方面需要执政党革新观念；另一方面必须正视这一制度可能带来的负面影响，本专著将充分考虑财产公示引发的社会不稳定及其政治影响，从推进时间、官员对象选择以及策略上提出一系列建议

---

① 2011年6月22日上午，中央外宣办举行新闻发布会，通报中国共产党90年来反腐倡廉建设等方面情况。中央纪委副书记、中央纪委新闻发言人吴玉良在会上表示，官员财产申报制度难以建立，主要原因是目前我国社会诚信体系和信息统计体系条件欠缺。

和措施，以降低改革成本、摩擦成本，协助改革者克服心理障碍，为中纪委推动领导干部财产公示制度提供参考，也为地方实践提供策略和路径选择，助推官员财产公示在中国早日成为现实。

## 第四节　当代中国财产申报制度案例

### 一　新疆阿勒泰财产申报制度

2008年5月，新疆阿勒泰地区纪委、监察局和预防腐败办公室联合出台了《关于县（处）级领导干部财产申报规定（试行）》的文件，要求从2009年1月1日开始，阿勒泰地区当地官员须将自己全部财产收入申报，通过网络和报纸等媒介公开接受社会监督并引入问责机制。2009年年初，阿勒泰按其文件的要求如期在官方网站上公示了新任命的55名副县级官员的申报情况。接着2月17日又公示了千余名县处级和科级官员的财产申报。其中县处级官员申报率为98.97%，科级干部申报率为100%。由于公开公示，而不是像以前"内部监督"般"流于形式"，因而被誉为"破冰之举"。但也有不少人称其为"有限公示""政治做秀"。因此，通过对新疆阿勒泰财产申报制度样本反思，对建设有中国特色财产申报制度将有所裨益。

（一）中国特色财产申报制度的"良好范本"

与1995年中共中央办公厅、国务院办公厅联合发布的《关于党政机关县（处）级以上领导干部收入申报的规定》（以下简称为中央的《规定》），新疆阿勒泰地区的《县（处）级领导干部财产申报的规定（试行）》（以下简称为阿勒泰地区的《规定》）无论是在申报主体、申报内容还是申报结果的公开方面都有了创新之处。

1. 申报主体范围超越中央规定。

中央的《规定》第2条确定了申报主体的范围为各级党政机关、社会团体、事业单位中的"县（处）以上（含县处级）领导干部""县（处）级以上领导干部，以及国有大中型企业的负责人"。而根据阿勒泰地区《规定》的第4条至第7条的内容，公务员财产申报的主体不再限定于"县（处）级以上领导干部"，还包括了具有"实权"的科级干部。

众所周知，权钱交易的前提是有权。因此，将申报主体界定为有权，而不再是行政级别做法，考虑到了中国权力腐败特征。另外值得关注的是，阿勒泰《规定》第3条："本规定适用阿勒泰地委管辖的县（处）级领导干部。县（处）级领导干部由领导职务改任为非领导职务以及正式办理退休手续三年内的适用本规定。"这样，使得申报主体的范围得到进一步的扩展。

2. 完成了由"收入申报"向"财产申报"的本质飞跃。

中央《规定》界定的只是"收入申报"而不能称之为"财产申报"，只是申报主体个人的部分收入，而非全部收入，更非财产状况。而根据阿勒泰地区《规定》的第8条和第9条，除上述中央《规定》第三条中所列举的申报范围外，公务员及其家庭成员的股票、期货等交易收入及资金来源由继承、赠与、偶然所得（如中彩）等形式获得的财产也必须申报，官员包括家庭成员的"大额交易和可疑交易"也要申报。可见，阿勒泰地区的《规定》对官员需要申报的财产不再只限定个人收入和劳务收入，完成了对以往的"收入申报"向"财产申报"的本质飞跃。正如起草该《规定》的阿勒泰地区纪委书记吴伟平所说："目前我国普遍实行的是收入申报，而非财产申报。收入只是公务员财产的一部分，而更多隐形收入才是公务员滋生腐败的阴暗角落，才是应该申报、公示的关键。"

3. 首开网络媒体公开公示制度。

从中央《规定》的9条内容来看，公务员的收入只需依照规定进行申报，无须公开，属于内部监督的范畴。阿勒泰地区《规定》的第7章专章规定了申报材料的公开，确立了公开公示制度。根据阿勒泰地区《规定》的第7章，申报内容通过当地媒体、网站的形式向社会公开，并接受各界举报。电视台、电台、平面媒体、互联网等新闻机构在申报对象受到严重党政纪处分或刑事处罚后可申请查阅、使用其秘密申报材料。从实际上，阿勒泰地区55名初任副县级干部的财产申报表都放在了当地廉政网上，谁都可以查看。阿勒泰地区的《规定》创新之处在于确立了财产申报要公开公示制度，而不是像以前"内部监督"般"流于形式"。

（二）建立中国特色财产申报需要吴伟平式的"铁腕人物"

在政治舞台上，新疆阿勒泰地区原纪委书记吴伟平只能算小人物。而就中国的官员财产申报制度改革进程而言，吴伟平当之无愧是一个可以载入史册的大人物。2009年新年第一天，阿勒泰地区酝酿两年之久的官员财产申报制度正式实行，阿勒泰55名官员作为首批干部如约公示了他们的财产。这被誉为照进现实的"第一缕阳光"。它的意义不仅在于制度破冰，更在于它所确立的申报与公示并重的制度框架，至今还未被超越。

作为这一制度的主推者、相关文件的起草者，吴伟平被网友尊称为"中国推行官员财产申报制度第一人"。这样一个民间的称谓，放在官员财产申报制度理想与现实割裂的语境下，本身就是一种至高的荣誉。然而天妒英才，年仅51岁的吴伟平壮志未酬，便因病医治无效于2009年8月去世。颇具意味的是，不到一年，他所力推的财产申报制度先遭热捧后归于平寂。据一位不愿意透露姓名的干部对记者说，一来他确实生病了，二来官员财产申报制度推动后，各方压力很大。吴伟平到北京求医时病情突然加重，逝在异乡①。从这样的含蓄表达中，我们很难断言，"各方压力很大"是不是导致吴伟平病情突然加重乃至最终离世的一个重要因素，但可以肯定，官员财产申报制度所遭遇的阻力和压力，一直纠结于吴伟平生命的最后一刻。而吴伟平曾经的豪言"不会流产"的官员财产申报制度，如今变成了语义暧昧的"有些条件还不匹配，法制环境也需改善"。

制度创新也难逃人走政息的宿命！吴伟平2009年被民间评选为新疆年度人物之一，当年的颁奖词这样写道：也许从官位和知名度角度来看，年度人物吴伟平略显平凡，但他起草的"阳光法案"具有里程碑意义，无论推行是不是成功，都将注定载入史册。我们可以遗忘他的这些荣耀和赞誉，但不该遗忘他为中国官员财产申报制度所做出的努力，不该遗忘他曾经像一个政治"堂·吉诃德"一样挑战过庞大的权力"风车"。建设有中国特色财产申报制度需要吴伟平式的"铁腕人物"的推动。

---

① 吴龙贵：《财产申报"人走政息"的悲怆》，《扬子晚报》2010年7月24日。

（三）阿勒泰财产申报何以短命

1. 存在制度设计短板。

阿勒泰财产申报分秘密申报和公开申报，但是两者公开的比例失衡。网民在廉政网上能查到的是公开申报的部分，普遍存在着项目单调笼统的问题，除了工资和奖金之外，其他信息量几乎没有。而秘密申报的部分信息量大，如汽车、住房等动产、不动产，股票、证券等理财产品均进行了申报。可是，这些内容被严格地限制在一定范围内掌握，公众无从得知。其间存在着"绥靖"成分，至少在这一部分仍在逃避"阳光"照耀。严格说来，这种关起门来申报的做法有违"阳光法案"的本意。还有廉政网上公开的近千名官员财产申报，在"收礼"一栏中仍然出现申报为"无"。既然是"零申报"，这条规定还有存在的意义和价值吗？

2. 无法检验申报材料的真实性。

王仕斌这个名字我们也许感到陌生，但阿勒泰第一个财产收入被全国人民都知道的官员，正是王仕斌。当年阿勒泰地区推行的是《县（处）级领导干部财产申报的规定（试行）》，王仕斌当时是阿勒泰市委书记，所以他的公开财产申报表最显眼，被媒体广泛报道，现在还能从网上搜到这个表格：工资：21036元/年；各类奖金、津贴、补贴及福利费：24835元/年。除此外，再无任何额外收入。尤其在"利用职权收礼"那一栏里，那个大大的"无"字，很多人至今可能还有印象，现在这个字无疑成了最大的讽刺。当年王仕斌试水财产公开，如今"全科"违纪落马。2016年11月，经新疆维吾尔自治区党委批准，自治区纪委对阿勒泰地委原委员、阿勒泰市委原书记王仕斌严重违纪问题进行了立案审查[①]。王仕斌从政治纪律、组织纪律、廉洁纪律，再到群众纪律、工作纪律、生活纪律，不该违反的纪律，他都违反了，是个罕见的"全科"违纪官员。其中"不按规定如实报告个人有关事项"，说明阿勒泰财产申报核查是个制度漏洞。如果没有申报材料真实性审查机制，财产申报很可能成

---

① 新疆维吾尔自治区纪委：《新疆区阿勒泰地委原委员、阿勒泰市委原书记王仕斌严重违纪被开除党籍和公职》，2016年11月9日，中央政府门户网站（http://www.gov.cn/xinwen/2016-09/19/content_ 5109489.htm）。

为官员表演清廉的"廉洁公示"。

3. 以钱赎罪违反刑规。

阿勒泰官员首次申报前,官员如有违法违纪所得,均可以上缴地区纪委"139"廉政账户。按照阿勒泰《规定》,对那些虽有问题但在首次申报前能主动上缴赃款的,给予豁免;对在首次申报前拒不主动上缴赃款的,从重或加重处分直至开除党籍、开除公职,并建议司法机关按照最高刑罚量刑。阿勒泰纪委办公室资料显示,截至9月13日,"139"廉政账户共收到上缴资金33万多元。廉政账户制度容易被一些腐败分子钻了空子,比如有人把"敢收、能收"的贿金留下,"不敢收的"上缴;有人感觉"风声紧",抢在申报前集中主动缴纳贿金,妄图蒙混过关;有人"拿大头缴小头",把缴款当作"护身符"。这样的行为无疑是利用政策的空隙,行偷梁换柱之实。事实上,一些上缴廉政账户的官员有涉嫌受贿罪嫌疑。依据《最高人民法院、最高人民检察院关于办理受贿刑事案件适用法律若干问题的意见》第九条第二款规定:"国家工作人员受贿后,因自身或者与其受贿有关联的人、事被查处,为掩饰犯罪而退还或者上交的,不影响认定受贿罪。"如果查出官员实际财产与所申报财产差额巨大,适用"巨额财产来源不明"罪名。使用廉政账户则将官员"不明巨款"变得模糊,易产生由于无法认定资金性质而"从轻发落"的缺憾。

4. 缺少法律支撑。

阿勒泰财产申报"人走政息"的重要原因是"缺少法律支撑"。阿勒泰的《规定》只是党政机关的内部规范,而不是正式立法。没有法律规定,只有政策文件。对于地方政府来说,官员财产公示可以搞,也可以不搞。一届政府有所作为,换一届政府也可以不为。甚至会想,为什么要我们去搞,别的地方又可以不搞呢?各地的探索仅仅是局部试点,要打破僵局,需要有进一步改革的决心和智慧,要把实践经验通过制度的顶层设计上升为制度规范和法律。只有通过人大立法建立规范的公务员财产申报制度,才能解决现行相关规定地位不明、效力不高的问题。

2009年3月7日,国家监察部部长、预防腐败局局长马馼列席全国政协联组讨论会表示，新疆阿勒泰的官员财产申报制度值得肯定，要给予支持，推广还需要配套的措施。高层肯定说明阿勒泰财产申报迈出中国财产申报第一步，而且就财产申报的内容和公布范围建立了最初范式，相对于官员财产申报的坚冰长期无法打破的过去，这无论如何都是个进步。

**二　江苏淮安财产申报制度**

1994年《财产申报法》进入全国人大立法规划，此后，每年的"两会"上均有代表委员提出相关议案。地方也在展开相关探索，从新疆阿勒泰、浙江慈溪、湖南浏阳到江苏淮安，官员财产申报公示制度一点一点地向前推进，每一步的探索都值得研究与期待。

2012年7月，中共淮安市纪委、市委组织部发布《关于同步公示拟提拔干部财产的暂行办法》（以下简称《暂行办法》），引发各界广泛关注。这是目前国内首个地市在公示提拔任用干部时同步公示财产的举措，势必对未来各地干部选任提拔和廉洁廉政起到巨大引领作用，其后续影响不可小觑。

（一）淮安财产申报主要内容

1. 财产申报对象。

根据《暂行办法》规定，财产申报公示的对象主要是市委拟提拔担任正、副县（处）级领导职务和非领导职务的干部；市直单位党组（党委）拟提拔担任正、副科级领导职务和非领导职务的干部；各县（区）委、经济开发区党工委、工业园区党工委拟提拔担任正、副乡（科）级领导职务和非领导职务的干部。

2. 财产申报事项。

《暂行办法》规定的财产申报公示事项主要有五个方面：（1）拟提拔干部及其配偶、共同生活的子女房产情况，包括拥有住宅和非住宅的所在位置、建筑面积和房产性质等；（2）车辆情况，包括购置时间和价格等；（3）投资情况，包括投资或持有有价证券、股票、基金等金融理财产品本金或市值、账户余额，和配偶、共同生活的子女投资或注册公司、企业、个体工商户的时间、名称和投资总额等；（4）存款情况，包括在各类金融机构的存款总额（含外币）；（5）债务情况，包括在各类金融机构贷款总额，向其他组织和个人借款总额等。

3. 财产申报公示。

《暂行办法》规定财产申报公示的程序和方法：在党委（党组）研究决定拟提拔人选后，由组织人事部门通知其填写《拟提拔干部财产申报公示表》，分别报纪委（纪检组）和组织人事部门。公示《拟提拔干部财产申报公示表》与干部任前公示同步进行。市委拟提拔的人选，在其任职单位和淮安市电子政务平台同时予以公示；市直单位拟提拔的人选，在单位党务政务公开栏予以公示；县（区）委拟提拔的人选，在其任职单位和本地电子政务平台同时予以公示。

4. 财产申报责任追究。

《暂行办法》明确规定：对拒绝申报的拟提拔人选，建议党委（党组）不予提拔。拟提拔人选在公示期间或提拔后，对隐瞒重大财产且在公示期间的，建议党委（党组）不予提拔；已提拔的，建议党委（党组）取消其任职资格；涉嫌违法违纪的，按照有关规定处理。

（二）淮安财产申报经验：走出了一条渐进、增量改革路子

1. 配套制度先行。

淮安在出台《暂行规定》之前，已经做了很多基础的工作。其中之一是"领导干部信用管理体系的建设"。考虑到诚信问题不仅是整个社会，领导干部也需要加强。因此从2011年上半年开始，淮安就开始建设领导干部信用体系评价平台，加强领导干部信用建设。这项工作为今天的财产公示改革作了铺垫。历经两年调研，到2012年年初，《淮安市领导干部信用管理体系建设工作意见》和《淮安市领导干部信用管理实施办法》（试行）发布，并开发相关软件系统。中共淮安市纪委党风廉政室刘飞告诉《中国新闻周刊》记者，"这个体系建立后，打开软件，连交水电费的情况都一目了然"。同时，为加强对领导干部的监督，向纵深推进干部财产申报公示工作，淮安市先后出台了《关于同步公示拟提拔干部财产的暂行办法》《淮安市新提拔干部申报公示财产核查暂行规定》《淮安市新提拔干部申报公示财产核查联席会议制度》等制度文件。

2. 制度设计充分酝酿。

在领导干部信用管理体系建设过程中，淮安开了很多座谈会，大家的共识是领导干部上报信息的准确性很难得到确认。为了解决这个问题，淮安市纪委开始将视野投向财产公开。正如淮安市纪委副书记范青所说，"一方面中央也大力提倡实行财产公开制度；另一方面，这也是社会群众的呼声"。重要的是，通过财产公开正好能解决领导干部自行"申报"信息准确性的难题。之后，中共淮安市纪委对财产公示制度的设计开始密集调研，召开座谈会听取意见。参加座谈的人员来源非常广，包括机关干部、部门主要领导、部门分管领导；人大代表、政协委员；财产公开相关职能部门比如银行、住建局、财政局，组织部门和县区；还有特邀的纪检监察员。调研结果显示，对于官员是否需要进行财产公示这个问题上，淮安上下达成共识。

此外，淮安市委常委会还对某些议题进行了专题研究。比如，哪些人的财产应该纳入公示之中来？有人提出能不能在某个部门先搞试点。中国渐进式改革的好处在于，先在局部范围内进行试验，以此降低风险。讨论的结果是，风险需要防范，但改革也要推进。最后淮安市委决定将全部拟提拔干部都纳入进来。这样一来，市委拟提拔担任正、副县（处）级领导职务和非领导职务的干部，市直单位党组（党委）拟提拔担任正、副科级领导职务和非领导职务的干部，各县（区）委等拟提拔担任正、副乡（科）级领导职务和非领导职务的干部都必须进行财产公示。

从2012年5月起，市纪委会同市委组织部开始着手起草制定《暂行办法》。在起草过程中，既借鉴吸收了外地的一些经验做法，又广泛征求社会各界意见，先后召开了市人大代表、市政协委员、市直单位主要领导和县（区）纪委、组织部负责人等座谈会，反复研究，多次修改。文稿（讨论稿）形成后，市纪委常委会进行了专题审议，经市委常委会研究同意后，最终于2012年7月印发全市。

3. 公示范围逐步扩大。

《暂行办法》规定，淮安市委拟提拔的人选，将在其任职单位和淮安市电子政务平台同时予以公示；市直单位拟提拔的人选在单位党务政务公开栏予以公示；县（区）委拟提拔的人选，在其任职单位和本地电子政务平台同时予以公示。这意味着，被提拔人选的财产情况只是在内网公开，暂时还不能完全与老百姓"碰面"。有声音认为，只在内网上公示，意味着公开的程度还不够透明。但淮安市纪委相关负责人认为，像这样"敏感"的改革，推进仍需十分谨慎。"无论是在任职单位还是电子政务平台公示，财产公开的目的并没有改变，因为实际上最了解情况的还是单位内部，提拔期间竞争也是在内部。"目前之所以还叫《暂行办法》，就是希望通过不断的实践和总结经验，在合适的时候能够进一步完善推广这个制度。

淮安财产公示范围其实并不小。如淮安市清河区纪委于 2012 年 7 月 24 日至 31 日，在该区电子政务平台和各公示点对拟提拔的 6 名科级干部进行任前财产申报公示。或许有人认为公示仅在"内网"进行，质疑其"犹抱琵琶半遮面""雷声大雨点小"。但根据报道[①]，清河区此次的公示，用实实在在的突破性举措，回应了社会各界的热议。首先，采用短信"告知"方式通知 6 位申报人所在学校全体教师；其次，不仅在清河区内网进行了公示，还在政府大楼的一楼大厅显要位置、所在学校的两个校区都张贴了公示。实际上，单从公示范围看，已经超越了《暂行办法》规定的范围，一定意义上属于完全向社会进行了公示，可以说是直接回应了此前对"仅在内网公示"的种种质疑。淮安在公示渠道上实行"内外有别"，选择在内网和党务政务栏与干部任前公示同步进行，便于熟悉情况的干部群众参与监督，既体现了公开的方向性和工作的稳妥性，又充分考虑了当前社会承受度和群众接受度。

4. "拒绝申报，不予提拔"的制度特色。

淮安财产申报比早先进行试点的地方更具特色。一是把财产申报与干部提拔直接挂钩，"凡提必须申报"成为干部任职前的常态工作，淮安"拒绝申报，不予提拔"是其主要特色。二是淮安的一大进步在于拓宽了公示对象的范围，不仅将事业单位纳入进来，而且在公务员系统中从科级上升到了处级。三是公示财产的范围更宽，规定更详细，不仅包括房产、车辆、投资、存款、债务等五类财产情况，而且还设定了"其他需

---

[①] 丁国锋：《江苏淮安公示官员财产并非"内部公开"》，《法制日报》2012 年 8 月 3 日。

要说明的财产情况"作为"兜底条款"。此外，除了本人的财产情况，拟任干部配偶、子女投资或注册企业、公司的情况也在必须公示之列。这就基本上囊括了公示者所有能涉及的财产状况，杜绝了可能的遗漏之处。这样宽泛规定的好处在于，谁如果有不当收入和财产，可以很清楚地得到反映；谁想隐瞒收入和财产，也很困难。四是开展了财产申报公示专项抽查核实工作。经核查被核查人及其家庭成员存款、房产、车辆、证券、投资入股等情况，发现申报公示情况不实等瞒报、漏报行为的，一律追究相应责任，情节严重的直接取消任职资格。与此同时，充分发挥信访监督举报作用，坚持"有访必查，查必有果"，对公示期间的信访举报实行专人调查，直查快办，严肃处理。

（三）淮安财产申报实施效果

2016年3月，淮安市纪委抽查核实了市委新提拔的30名县处级干部的财产申报公示情况，5名县处级干部因瞒报财产被查。针对这5人存在申报不实的问题，淮安市纪委根据情节轻重和相关规定，给予党内严重警告处分1人，诫勉谈话4人。自从2012年以来，淮安在全国率先开展领导干部财产等个人有关事项申报公示试点，将干部财产申报公示工作持续向纵深推进。截至2016年，全市已顺利实现干部财产申报公示3037人次，其中县处级干部457人次。并且淮安市纪委已经连续两年开展县处级干部申报公示财产抽查核实工作，先后抽查核实了60余人，取消任职资格1人，给予党内严重警告处分1人，诫勉谈话6人，提醒谈话19人①。

值得关注的是，如果财产被公示的官员因为提拔其财产再次被公示，前后两次财产的对比如何界定"收入与官职不对称"、如何定义任期期间的"增量"等目前仍无条文规定。

## 三　江苏徐州财产申报制度

（一）徐州贾汪区财产申报特色：彻底公开

2012年初，"徐州贾汪区勤廉评价系统"官方网站将该区600名科级

---

① 周广：《淮安：把纪律挺起来严起来》，《中国纪检监察报》2016年5月10日。

干部的财产全部公开在互联网上,全国网民都能查到。贾汪区的做法在全国是独此一家,一时引发舆论关注。在贾汪区廉政评价系统的网站上,打开"信息公开"栏目,点击各单位干部的名字,他们的申报材料就会显示出来。大部分干部都填写了房产、月收入和配偶子女的工作学习情况等,有的干部精确到每套房子多少平方米、每月收入多少元,最认真的干部连每处房产做什么用、租金多少、家里的轿车价值多少钱都一一写出。

尽管过去许多地方曾经做过一些财产公示的有益尝试,但其公示的方式和对象往往只局限于区域内网和新提拔干部。"要公示就一视同仁,要上网就上外网,要公开就彻底公开。或许还能为全国领导干部家庭财产公示制度探条路。"区委书记吴新福的此番表白,凸显了贾汪区要晒就晒个"大太阳"的决心与勇气。贾汪区的做法等于把信息向全社会公开,从渠道上来说是非常彻底的。贾汪区的创新已经突破了一个重大的心理障碍,即官员的个人财产信息能不能向全社会公开。在这个问题上,贾汪区为国内其他地方闯出了一条新路。

(二)徐州贾汪区财产申报公开平台:"贾汪区勤廉评价系统"

与其他地区财产申报不同的是,贾汪区财产申报建立了财产申报录入、信息公开平台——"贾汪区勤廉评价系统"(该系统建设荣获全市纪检监察系统创新奖一等奖,并受到《人民日报》《中国纪检监察报》《半月谈》等国内各大新闻媒体的高度关注)。

2012年,该区运用网络信息技术,通过搭建集绩效、教育、监督、预防、惩戒于一体的勤廉评价系统,采取量化考核与定性评价相结合的方法,将科级领导班子和领导干部的勤廉评价和绩效考核放到网上进行,实现了重大决策网上公开、行政活动网上可视、权力运行网上监控、干部勤廉网上测评,找到了预防腐败工作的有效途径和载体。勤廉评价系统通过"一个平台、两个中心、三大体系、四项机制",实现对全区科级领导班子及领导干部勤廉从政的全方位评价。"晒家产"只是其功能的一部分。在网上点开"贾汪区勤廉评价系统",就可以看到各个政府部门领导干部的财产情况,包括有几套房子、每个月工资多少,甚至配偶工作、子女情况,全都一目了然。"晒"了一年左右,截至2013年1月,系统被访问量已经突破200万人次。

(三)徐州贾汪区财产申报特点:一"晒"到底

在互联网上打开贾汪区勤廉评价系统,可以看到信息公开栏包含党务信息公开、政务信息公开和领导干部信息公开,公开的部门涵盖了从乡镇办事处到区直机关各个部门。公开的内容主要包括四项。(1)"晒"权责。主要涵盖党务信息、政务信息和领导信息三项公开内容。党务信息重点公开民主决策、组织建设、工作动态等7项内容;政务信息公开侧重业务流程、便民服务、行政许可等8项内容;领导信息平台涵盖岗位职责、决策执行、重大财产事项等内容。(2)"晒"家底。该系统将贾汪区600余名科级干部的家底一"晒"到底,他们的收入、住房、投资情况以及配偶、子女的工作就学、投资经营等信息,在网上都能看清楚。(3)"晒"行为。网站为科级干部设置了身份登录账户,要求定期更新其月计划、周安排、八小时内履职环节、八小时外日常生活和社交日志,实现对干部日常工作行为的全方位记录。同时,设置了群众"监督台"和"举报中心"栏目,让群众对干部的日常工作进行监督。(4)"晒"风险。主要是在网站内设"勤廉预警中心"板块,系统每天自动将24小时内群众对干部的勤廉评价、意见建议、动态监督结果传递到"风险特征库"。区纪委根据风险特征,将警情划分成高、中、低三种级别,通过信息反馈的"绿色通道",分别提醒"触警"单位及领导干部修订措施,督促并及时纠正勤廉方面存在的苗头性、倾向性问题。

(四)徐州贾汪区财产申报模式:自主申报,单位把关,公众监督

贾汪区财产申报的模式是"自主申报,单位把关,公众监督"。贾汪区纪委常委、监察局副局长刘尊华表示,"600多份材料,一个个审查,人力物力上都有难度。大家的眼睛都是雪亮的,你放到网上谁都能看到,你写的不真实自己肯定也有压力"。但是"自清式"申报是否走过场?贾汪区委常委、纪委书记张秋月认为可以用"立此存照""着眼长远"来概括。"现在瞒报是诚信问题,万一哪天被举报,就是违纪问题,轻重自知。再说,天天面对自己的虚假承诺,也是一种无形压力,多少能起到一些警示作用。"何况财产信息上网公开后,社会公众和网民实际上都成为信息的审核主体。不论出于何种动机,他们都可能对信息真伪进行质疑或举报。财产公开是最好的防腐剂,近年来群众对干部财产公开呼声

渐高。如实申报固然好，但是，要一个区纪委解决600份申报材料的审查是不现实的。贾汪区600名干部家庭财产自我公开，先公开、再规范，思路本身就是一种突破、进步和创新。不能坐而论道，等配套机制健全了再公开——这正是贾汪区做法的可贵之处。

贾汪区财产申报也暴露出申报不实、核查缺乏手段等问题。例如，在房产方面，公布3套房产的仅有区财政局副局长朱珺1人，公布2套房产的近70人，占总数的近15%；公布只有1套房产的324人，占总数的68.2%；公布没有房产的4人。此外，还有约80人没有公布住房情况。在收入方面，超过75%的官员没有公布，而公布了的官员，月收入显示在4000元至5500元之间。这些数字与贾汪区经济发展实力相去甚远。

"我们晒得确实还不够彻底"。徐州市纪委常委、宣教室主任马涛说，"比如房子，我们只有一个副局长填了有3套，所以我们下一步可能还会建立一个诚信系统"。目前来说贾汪区的公示可能还不解渴，但是毕竟迈出了第一步，把600名官员晒出来了，下面的配套措施，还需要逐步完善。贾汪区肯定不会止步于此。

推动官员财产公开制度不能操之过急，公众不能片面追求速度快，财产公开必须一步一个脚印，稳步推进。既要顺应民意的呼声，也要考虑到基层现有条件，以及官员的态度，要将官员财产公开制度给社会带来的冲击力降到最低，不能激化矛盾和冲突。

### 四 广东三地财产申报制度

广东省第十一次党代会明确提出"开展领导干部家庭财产申报试点工作"。广东省纪委借鉴港澳地区以及其他国家的经验，分别在珠海横琴、广州南沙和韶关始兴三地开展领导干部家庭财产申报并在一定范围公示的试点工作。根据广东《从严治党五年行动计划》的要求，2014年前完成试点，并逐步推开。以后将根据省委的统一部署，积极稳妥地推进这项工作。

（一）广东三地财产申报制度特色：港澳版

1. 申报主体按职位分层确定。

香港将应当申报财产的职位分为第Ⅰ层职位和第Ⅱ层职位。香港需财产申报的第Ⅰ层职位和第Ⅱ层职位人员都是首长级以上官员及其身边工作的政务助理和私人秘书，以及可能出现利益冲突的关键职位人员，其他公务人员一律不需要申报。澳门虽然实行了全体公务人员申报财产制度，但只有公共职位据位人（行政长官和主要官员）、廉政公署全体公务人员向终审法院申报，而其他公职人员只向廉政公署申报。从申报的内容上看，两地都特别强调申报投资交易以及职务外获得的经济利益。

按照财产申报要突出重点、申报对象突出有权官员和关键岗位官员要求，借鉴港澳地区财产申报经验，韶关始兴县从副科级以上领导干部均将参与其中，申报财产的不仅包括政府官员，也包括其他事业单位的一些公务员，比如县人大各专门委员会的负责人或常委会委员。这意味着，始兴从县委书记、副局长到公务员都在公示之列，公示范围之广远超过港澳地区。2012年2月，韶关始兴通过内网公示当地526名领导干部的家庭财产申报。

横琴新区领导干部重大事项申报工作始于2012年4月，在省纪委的统一部署下，横琴新区是省内最早启动试点的区域。在试点初期，横琴借鉴香港突出有权官员和涉权官员的经验，将纳入申报的官员暂定在处级干部范围，共涵盖29人。2013年，扩大到全区副科以上全部74名领导干部（不包含2位副厅级领导）。

2013年2月，广州市南沙区300名副处级以上领导干部进行了家庭财产的申报。这次申报涉及的人员比较多，副处级以上干部都要进行申报。

2. 申报内容扩充细化。

香港申报内容重点放在个人投资方面：（1）香港及香港以外地区的投资；（2）配偶的职业；（3）除每年申报投资外，其间进行的任何相等于或超过20万港元的单次交易或数额相当于三个月薪金（以较少者为准）的投资交易，均须在交易后七天内申报。香港《公务员事务规例》第463条对须申报和呈报的"投资"作了进一步细化。

珠海横琴原定申报内容七大类项目，主要突出领导干部现有财产：（1）本人工资及各类奖金、津贴、补贴等；（2）本人从事讲学、写作等劳务所得；(3) 家庭房地产情况；(4) 家庭投资、持有有价证券、金融理财产品等情况；(5) 配偶、共同生活的子女投资非上市公司、企业的情况；(6) 配偶、共同生活的子女注册个体工商户、个人独资企业或合伙企业的情况；(7) 家庭汽车情况。

新增申报内容：(8) 本人的婚姻变化情况；(9) 本人持有因私出国（境）证件的情况；(10) 本人因私出国（境）情况；(11) 子女与外国人、无国籍人通婚的情况；(12) 子女与港澳地区以及中国台湾居民通婚的情况；(13) 配偶、子女移居国（境）外的情况；(14) 配偶、子女从业情况包括配偶、子女在国（境）外从业的情况和职务情况；(15) 配偶、子女被司法机关追究刑事责任的情况等。

对比香港制度，香港官员的财产申报是不包括工资收入、薪酬的，因为这是政府部门按规定给你的。广东财产申报内容的范围远比香港官员更广，"工资收入、薪酬会包括在其中"。

3. 有限公开与隐私权保护。

港澳地区对财产申报资料管理的共同特点是：合理设定公开内容、严格控制查阅范围。香港只有第Ⅰ层职位人员需要公开财产申报的部分情况且公众可以随时不受限地查阅，但其财产公开的情况只占所申报资料的很小一部分，仅包括：(1) 地产及房产（只公开地产及房产在哪个城市，是自住还是出租）；(2) 投资公司（只公开公司股东、合伙人或董事的身份，持有的权益所占比例，业务性质）；(3) 持有股权（只公开持有的权益所占比例、业务性质及该公司位于哪个城市），其他信息都不公开。澳门现行法律规定申报资料一律不接受公众检视，但可以接受机构和个人查阅。任何机构（包括警察机关、廉政公署）和具有正当利益的个人查阅申报资料都必须提交申请并经终审法院院长或廉政公署专员批准。正在修订的《财产申报法》规定公开也只是申报资料的部分内容，涉及个人隐私和商业秘密的事项一律不公开。一般群众对香港财产公示的认识存在误区，以为香港所有公务员都要申报财产，其实，香港有16万名公务员，只有3100多名重要岗位的需要进行申报。

珠海横琴将最初设计的三级公示改为二级公示。第一层级公示内容涵盖了个人收入、劳务所得和家庭房产、股票、汽车等申报的全部信息

（只对房产具体地址作了简化），而配偶、共同生活子女非上市公司、企业和注册个体工商户、个人独资企业情况等两项的详细情况，因涉及商业秘密则放在第二层级公示。出于安全和保密需要，两个层级皆设置密码，第一层级密码由全体党员干部掌握，第二层级密码由管理员掌握，登记后即可查阅。这样的做法既兼顾了方式简便和隐私安全，又能最大程度达到公示监督的目的。

4. 注重财产申报制度设计。

从港澳地区财产申报的整个过程来看，相当注重财产申报制度立法。2012年，香港行政长官办公室制定了《政治委任官员守则》和《行政会议成员每年须登记的个人利益》，对财产申报人员、范围等内容提出了明确规定，并对官员防止利益冲突、具体申报利益内容进行了具体规范。香港财产申报制度不仅是一般意义上的官员财产申报公示，还包括为防范官员利益冲突的回避制度。澳门有《财产及利益申报法律制度》，立法历经26年于2013年最终颁布实施。

广东的财产申报也制定了相关配套制度。珠海横琴制定了《横琴新区试点探索领导干部家庭财产申报工作实施方案》《财产申报工作办法》《财产申报工作实施细则》《财产申报保护办法》等配套文件。对财产申报公示各个环节予以规范和明确，形成完整的工作机制。

广州南沙首创问责处理办法。出台了《广州市南沙领导干部重大事项申报不当处理办法》，该《处理办法》明确规定：无正当理由不按时申报，不按照组织答复意见申报，要进行批评教育，限期改正处理；拒不改正的，可以责令作出检查，诫勉谈话，通报批评处理，情节严重的，调整工作岗位，免职处理；一旦被人举报，虚假申报隐瞒不报的，经初核，一律先停职，再做进一步处理；经调查核实，确有虚假申报、隐瞒不报的行为，可以调整岗位，免职处理。以上四种形式申报不当的，按照有关规定进行纪律处分，构成违纪涉嫌犯罪的，移送司法机关。

5. 首设"廉政办"。

根据澳门《财产及利益申报法律制度》规定，公职人员的申报书由澳门终审法院办事处和廉政公署受理、管理；公共行政工作人员的申报书由廉政公署负责。终审法院办事处和廉政公署为每一申报人设立了个人卷宗，廉政专员或终审法院院长对卷宗进行核查，对于任何形式上的错误都要通知申报人在一定时间内补充或更正。为此，珠海横琴成立了全国首个集纪检、监察、反贪、审计为一体的"廉政办"，形成"一个平台办公，多双手抓落实"的"一体化"防治腐败格局，在财产申报制度设计、审核与不实查处中发挥重要作用。韶关始兴则由县纪委牵头，专门设立"财产申报办公室"。

(二) 广东三地财产申报制度的制度创新

1. 为与中央制度衔接改名。

目前，广东已将"领导干部家庭财产申报公示"的提法进行了修正，改为"领导干部重大事项申报公示"。广州市纪委认为，这种提法修正与省委、省纪委相关工作和要求保持一致。我们认为，新提法更加准确、更加科学，体现了申报公示的新思路。因为，此前中央也有领导干部有关事项的报告制度，而将实施的领导干部重大事项申报公示制度则相当于升级版。重大事项比财产公开更准确、更科学，更加符合实际情况。重大事项不仅限于财产的申报和公开，如领导干部的房产、汽车等财产信息，还包括其个人出入境情况、配偶及其子女的从业情况，这些都不属于财产范围。因此，广东的重大事项报告范围比香港制度更广，而且将在一定范围内公开。

比如韶关始兴公示对象范围大。副科级以上领导干部均在其中，申报财产的不仅包括政府官员，也包括其他事业单位的一些公务员，比如县人大各专门委员会的负责人或常委会委员。这意味着，始兴从县委书记、副局长到公务员都在公示之列，公示范围之广远超过港澳地区和国内其他试点区域。而始兴县的财产公示将涵盖工资、奖金、津补贴、投资、房产和汽车六大类。这样宽泛规定的最大好处在于，谁想隐瞒收入与财产，会变得十分艰难。

2. 申报人员扩大到普通公务员。

珠海横琴在目前的试点工作中，要求重大事项报告的对象是副科级以上干部，而接下来，对象范围将进一步扩大，计划将在公务员队伍中全面推行个人重大事项报告制度。报告的内容包括财产、婚姻、出国、子女及配偶从业情况等多个事项,要求每年报告一次,并在平台上公示,由廉政办进行抽查。公示为内部公示,平台暂不对大众开放,但区内所有公务员均可以查看其他公务员(包括领导干部)的公示信息。

3. 抽查核实比例扩大到50%。

为保证申报内容的真实性,2013年,珠海市纪委在20%比例的基础上,将核查比例扩大到50%以上。珠海横琴为顺利实施财产申报建立了核查工作机制,即由珠海市纪委组成抽查工作组,先后到市房产登记中心、市工商局、市公安局和市计生委等部门进行查实核对工作,并对抽查核实中发现的领导干部申报内容与实际不符的情况,通过约谈澄清有关事实,及时填报漏报事项。截至2015年6月底,全区共有86名机关和国有企业领导干部按规定进行了申报公示,已对59名领导干部报告事项进行了核查,核查比例达69%。对新提任领导干部拟任人选申报事项做到必查必核,不漏一人,不漏一事。2015年初,该区商务局一名科长拟被提拔任用,横琴廉政办对其进行了个人报告事项核查,发现有瞒报的个人重大事项,当事人随即被立案调查,追究纪律责任,并取消了提拔资格。

4. 建立财产申报信息管理系统。

广州市纪委还将广州市党风廉政建设信息管理系统纳入重大事项申报工作。该系统整合公安、国土、税务、房产、工商、银行、证券和出入境等信息系统,搭建信息共享平台,提高数据资源的利用效率,加强数据的智能比对和筛查功能,从中发现反腐工作线索。在财产申报中集学习教育、申报、统计分析、核查功能于一体。让不实财产无所遁形,让想瞒报者不敢瞒。例如,被称为"房叔"的广州市城市管理综合执法局番禺分局原政委蔡彬,个人房产在网上曝光之后,纪检部门利用该系统只用了半天时间,就核实到了"拥有21套房产,却只申报两套"。

(三) 启示

1. 广东样本具有明确路线图与时间表。

广东的试点虽然仍为县区层面,但却是由省级党委政府统筹安排推进的。与国内其他试点地区相比,由县市级上升为省级政府行为,并且有明确的时间表和路线图。即按照《从严治党五年行动计划》，统一规划部署，广东省纪委牵头组织，有省市两级预防腐败局对相关制度进行改革与创新的措施跟进，是有指导、有组织、有部署、有总结的，并承诺2014年前完成试点，并逐步推开。目前，国内试点多为短期行为，缺乏持久性。据《新京报》报道，在不完全统计的情况下，已有16个地区终止试点，具体包括：新疆阿勒泰地区、重庆黔江区、湖南湘江市、四川江安县、河北石家庄市、安徽青阳县、浙江磐安县、浙江桐庐县、江苏泗洪县、江苏南京江宁区、宁夏盐池县、宁夏青铜峡市、辽宁锦州古塔区、江苏宿迁宿豫区、江苏宿迁泗阳县、江苏无锡北塘区。这种制度性安排，列出时间表统筹推进，具有重大意义。从制度培育层面上，在保证了制度的系统性、连贯性、可持续性的同时，给制度完善及规则的生成和作用提供必需的时间。

2. 预设从地方人大立法到国家立法通道。

广东是最早实行改革开放的省份之一，也是我国省级立法试验田，不少先行性法规在广东立法而后走向全国。广东省制定了《广东省从严治党五年行动计划》推进领导干部财产申报公示制度，而其作为一个省有条件更进一步，可以运用其拥有的地方立法权制定地方性法规。按照我国法律规定，对不属于国家专属立法权的事项，在国家立法条件不够成熟时，地方立法可先行一步，发挥"立法试验田"的作用，为国家立法提供经验。

同以往一些地区进行的官员财产申报和公开试点相比，广东省本次试点具有三个鲜明特征：一是试点不再是一区一市凭借一己之力地展开，而是由省委有计划地部署推进；二是明确试点完成后，逐步推开；三是分别在粤北和珠三角地区各选择一个县、区，开展领导干部家庭财产申报具有典型意义。一县两区分别位于广东的北部、中部、南部，珠海横琴新区毗邻港澳地区，是探索"粤港澳"合作新模式的示范区，横琴试点的优势在于从头设计、建立新的架构和机制。广州南沙新区虽然地域较小，其政治、经济、文化的发展却比较成熟，在借鉴香港、澳门等地经验的基础上，广州市南沙区的试点有很多创新，比如将对申报内容开展抽查核实，同时正在研究对于申报不实的处理办法。可见试点具有市级典型性。而历史悠久的韶关市始兴县则为探索提供了另一种可能，始兴县行政区划久远，各项制度健全，在这里试点财产公开制度如同解剖麻雀，对广东乃至全国的老城区、县区都具有示范意义。

三地涉及的干部级别不同，创新点也有所不同，有利于积累在不同条件下制度运行的经验和教训，形成某些控制负面效应的经验，可以把试错的成本分散化。官员财产公示制度在三地实施过程中不断纠错与修订，待这种制度变迁取得较为显著的增长绩效，对其他地方产生辐射和借鉴意义，再全面推行改革，就可以最大限度避免因不确定性而招致的高风险，降低制度创新风险，为地方人大立法上升到国家立法减少改革摩擦成本。

3. 广东财产申报走向何处考验中央如何定调。

广东财产公示试点备受社会关注，也取得了一定效果。按照广东《从严治党五年行动计划》的要求，将在2014年前完成试点后逐步推开。但时至2017年，我们仍然没有看到广东全面推开财产申报制度。"下一步怎么搞，我们也希望全国人大、党中央和国务院有个说法，（要不要）统一来搞"。——全国人大代表、广州市市长陈建华说对于地方在探索中遇到的问题，"有些东西下改上不改，恐怕行不通"，"你市里面改了省里面不改也不行，类似这种事情，全国人大应该拿出来讨论"[①]。

全国大范围推广财产申报需要中央高层决定，一方面是广东试点、全国试点正在增加，官员财产公示似已为大势所趋。另一方面，试点地区增加的同时又多刻意低调，左顾右盼，谨小慎微。其中微妙的原因并不难解。何时实现更彻底的公开，何时在更大范围内推广，需要中央发话，只要自上而下改革，很快就全都起来了，所谓技术难题或者推行阻力都不是大问题。广东官员财产申报取得了一定效果，应尽快通过立法层面将广东财产申报制度固化下来，为地方立法提供法律依据和制度保障。对于第一个统筹推进的省级试点，我们期待其能提供立法和实践经验，作为催化剂有效推动中国特色财产申报制度的最终出台。

---

① 王姝：《广州市长：官员财产公示怎么搞 希望中央有说法》，《新京报》2014年3月11日。

## 第五节　当代中国财产申报制度分析

### 一　中国财产申报制度试点情况扫描

2009年新疆阿勒泰地区实现破冰以来，截至2014年底，官员财产申报制度的试点地区接近40个。

我国财产申报制度"破冰之举"起始于西部边陲小城阿勒泰，2008年5月新疆阿勒泰地区纪律检查、监察局及预防腐败办公室委员会联合出台了《县（处）级领导干部财产申报规定（试行）》，宣布从2009年1月1日起开始在全国范围内率先实行官员财产申报制度，此次主要是针对县处级领导干部财产申报进行的规定，据统计，首次公开的千余名官员财产申报中，县（处）级干部申报率为98.97%，科级干部全部申报，未发生无故拒不申报现象。

继新疆阿勒泰之后，浙江开启"慈溪模式"。在公开方式上，慈溪比阿勒泰地区相对保守，只是在各单位的公告栏上公布三天。跟阿勒泰地区相比，慈溪虽然在公示方面并没有大的突破，但其在公示内容上涉及面更广。

"浏阳模式"（2009）。湖南浏阳市在浏阳党风廉政网上公布了即将提任的75名领导干部的年收入、房产、投资、车辆等财产情况。因浏阳市官员财产申报制度公开的资料最齐全，公开方式最大众，因此被称为最彻底的财产公开模式。

"重庆模式"（2009）。该模式有两大亮点，其一，第一次将官员财产申报制度上升至直辖市级层面试点；其二，规定本市的部分司法机构重要职位的负责人也要纳入申报行列，成为第一个将司法机构纳入申报范围的地区。

进入2010年后各地试点节奏在加快。2010年4月，江西省抚州市黎川县对19名新提拔科级干部进行财产公示。2011年8月，安徽省庐江县对拟提拔的副科级干部进行财产公示，接受社会监督。从2012年8月起，江苏淮安市县两级对拟提拔乡（科）级以上干部全部实行财产申报公示。2013年，广东三地的珠海横琴、广州市南沙新区、韶关市始兴县将率先对官员财产公示进行试点，这是第一个省级试点。

2014年，陕西省作为第二个进行试点的省级城市出台了《关于对新提拔领导干部实行个人重大事项和家庭财产申报备案的意见》。其提出新提拔领导干部的财产及出国情况要进行申报，实行不申报不提拔原则，这是在尚未统一法制化的框架下官员财产申报制度进行的又一新的地方实践探索。与以前的试点相比，此次试点的创新在于试点的区域更广、职务级别更高、申报的内容更加细化。这表明中国的官员财产申报制度正在趋于完善。

本研究通过互联网公开报道，收集了从2008年初至2016年末全国各地官员财产申报的案例，选取标准为政府推动、新闻报道，并已进行了官员财产公开的试点。经过以上原则得到38个样本①，具体样本情况如表2—4所示。该表从申报主体、申报内容、申报程序、审查程序、公开程度、问责程度等方面进行统计，以期为建设有中国特色财产申报制度提供相关建议。

表2—4　全国38个试点地区财产申报行政级别、时间、地点

| 试点级别 | 序号 | 地点 | 时间 | 相关文件 |
| --- | --- | --- | --- | --- |
| 省级<br>（1个） | 1 | 陕西省 | 2014.6 | 《关于对新提拔领导干部实行个人重大事项和家庭财产申报备案的意见》 |
| 地级<br>（6个） | 2 | 黑龙江哈尔滨市 | 2014.8 | 《关于建立从严管理监督干部常态化机制的实施意见》 |
| | 3 | 广州南沙新区 | 2013.5 | 《从严治党五年行动计划》 |
| | 4 | 江苏淮安市 | 2012.8 | 《关于同步公示拟提拔干部财产的暂行办法》 |
| | 5 | 宁夏银川市 | 2009.12 | 《银川市关于新提拔处级领导干部财产申报的办法》 |
| | 6 | 重庆黔江区 | 2009.3 | 《黔江区新提任区管领导干部廉情公示暂行办法》 |
| | 7 | 新疆阿勒泰 | 2008.5 | 《关于县（处）级领导干部财产申报的规定（试行）》 |

---

① 我们搜寻到的样本与记者报道的数量近似，见《全国财产申报试点数量已接近40个省级只有陕西》，《法制日报》2014年9月11日。

续表

| 试点级别 | 序号 | 地点 | 时间 | 相关文件 |
|---|---|---|---|---|
| 县级<br>（31个） | 8 | 浙江嘉兴秀洲区 | 2013.7 | 《关于建立秀洲区区管领导干部财产申报公示制度（试行）的实施意见》 |
| | 9 | 浙江温州洞头县 | 2013.4 | 《关于拟任纪检监察干部廉洁从政信息任前公示暂行办法》 |
| | 10 | 浙江杭州桐庐县 | 2012.12 | 《桐庐县拟提拔县管领导干部财产申报表》 |
| | 11 | 湖北荆门掇刀区 | 2012.11 | 《掇刀区领导干部财产申报与公开办法（试行）》 |
| | 12 | 浙江金华磐安县 | 2012.9 | 《磐安县竞争性选拔领导干部任前公示》 |
| | 13 | 安徽池州青阳县 | 2012.9 | 《青阳县新提拔科级领导干部财产申报办法（试行）》 |
| | 14 | 广东韶关始兴县 | 2012.8 | 《从严治党五年行动计划》 |
| | 15 | 重庆巴南区 | 2012.8 | 《重庆市巴南区新提任处级领导干部任前廉洁情况公示办法（试行）》 |
| | 16 | 江苏宿迁泗阳县 | 2012.7 | 《拟提任科级干部廉政申报制度》 |
| | 17 | 江西抚州临川区 | 2012.5 | 《临川区新任科级领导干部财产申报办法（试行）》 |
| | 18 | 广东珠海横琴新区 | 2012.4 | 《财产申报工作实施方案》《财产申报工作办法》《财产申报工作实施细则》《财产申报保护办法》 |
| | 19 | 江苏宿迁宿豫区 | 2012.3 | 《乡镇科级干部廉政事项申报及公开制度》 |
| | 20 | 江苏无锡北塘区 | 2012.2 | 《关于领导干部报告个人有关事项的规定》 |
| | 21 | 江苏徐州贾汪区 | 2012.1 | 贾汪区勤廉评价系统 |
| | 22 | 江苏宿迁泗洪县 | 2011.12 | 《泗洪县公推公选乡镇副科级领导干部公告》 |
| | 23 | 辽宁锦州古塔区 | 2011.11 | 《古塔区提拔任副科级领导干部财产申报公示的有关规定（试行）》 |
| | 24 | 安徽合肥庐江县 | 2011.8 | 《庐江县拟任副科级干部财产公示实施办法（试行）》 |
| | 25 | 江苏南京江宁区 | 2011.6 | 《关于在具有行政审批权的单位中层干部中开展"双报告"工作的意见》 |
| | 26 | 重庆合川区 | 2011.4 | 《关于实行领导干部任前廉情公示制度的通知》 |
| | 27 | 湖南浏阳市 | 2011.3 | 《建立健全惩治和预防腐败体系的十项廉政制度》 |
| | 28 | 浙江台州临海县 | 2011.3 | 《临海市新提拔市管领导干部个人财产申报办法（试行）》 |
| | 29 | 宁夏盐池县 | 2010.10 | 《新提拔科级干部财产申报办法（试行）》 |

续表

| 试点级别 | 序号 | 地点 | 时间 | 相关文件 |
| --- | --- | --- | --- | --- |
| 县级<br>(31个) | 30 | 江西黎川县 | 2010.4 | 《黎川县新任科级领导干部财产申报办法（试行）》 |
| | 31 | 河北石家庄市邢台区 | 2010.2 | 《关于对拟提拔领导干部实行申报公示的规定》 |
| | 32 | 上海浦东区 | 2009.11 | 《关于推进权力公开透明运行的若干措施（征求意见稿）》 |
| | 33 | 浙江嘉兴平湖县 | 2009.10 | 《拟提任领导干部家庭财产申报制度》 |
| | 34 | 浙江宁波象山县 | 2009.8 | 《关于实施新任领导干部家庭财产申报工作的通知》 |
| | 35 | 重庆江北区 | 2009.8 | 《江北区干部选拔任用廉政申报试行办法》 |
| | 36 | 湖南湘乡市 | 2009.7 | 《关于领导干部住房情况报告和信息化管理的通知》 |
| | 37 | 四川宜宾高县 | 2009.6 | 《基层领导干部家庭财产收入登记表》 |
| | 38 | 浙江宁波慈溪市 | 2008.12 | 《慈溪市领导干部廉情公示暂行规定（试行）》 |

## 二 我国财产申报制度试点情况分析

（一）全国试点地区行政级别统计：从县级试点逐步推开上升至省级

2009 年，新疆阿勒泰地区最先实行财产申报制度，成为全国首个财产申报制度试点，引起了广泛的社会关注。此后，全国范围内越来越多县市开始开展财产申报制度试点工作。目前，全国范围内财产申报试点数为 38 个，其中省级试点只有陕西省 1 处，地级试点 6 处，其余均为县级试点（见图 2—1）。从统计结果看，我国试点地区从县级试点逐步推开，目前已经上升至省级单位。在 38 个试点中，陕西省[①]的试点工作是领导干部财产申报首次在省级地区层次取得的进展，从提拔干部个人事项申报做起的尝试，提出"要进步，先申报"，具有破冰意义和积极作用。地级试点仅有 6 个，分别是黑龙江哈尔滨市[②]、广州南沙新区[③]、江

---

[①] 《关于对新提拔领导干部实行个人重大事项和家庭财产申报备案的意见》（2014.6）。
[②] 《关于建立从严管理监督干部常态化机制的实施意见》（2014.8）。
[③] 《从严治党五年行动计划》（2013.5）。

苏淮安市①、宁夏银川市②、重庆市黔江区③、新疆阿勒泰④等。其余的31个试点都为县级试点，包括浙江嘉兴秀洲区⑤、浙江温州洞头县⑥、浙江杭州桐庐县⑦、湖北荆门掇刀区⑧、浙江金华磐安县⑨、安徽池州青阳县⑩、广东韶关始兴县⑪、重庆巴南区⑫、江苏宿迁泗阳县⑬、江西抚州临

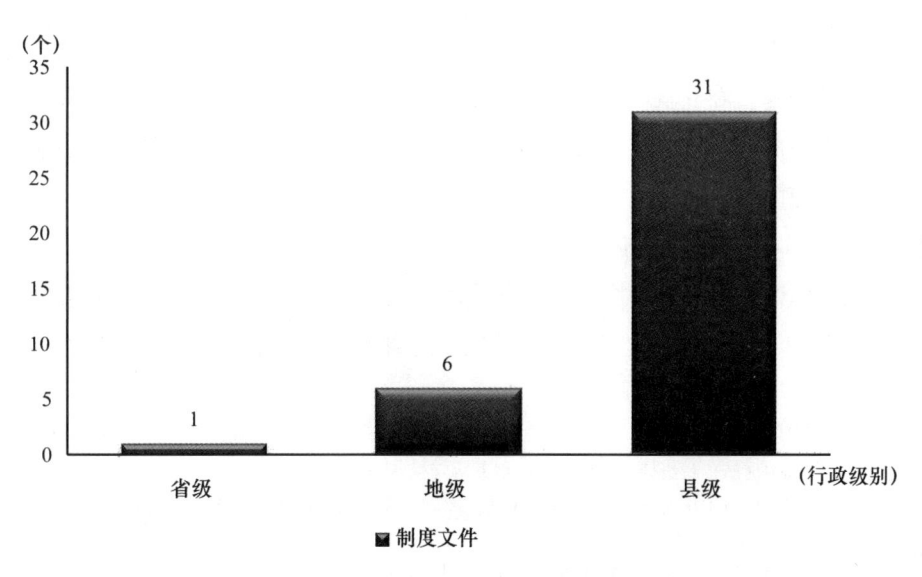

**图2—1 全国38个试点地区行政级别统计**

---

① 《关于同步公示拟提拔干部财产的暂行办法》（2012.8）。
② 《银川市关于新提拔处级领导干部财产申报的办法》（2009.12）。
③ 《黔江区新提任区管领导干部廉情公示暂行办法》（2009.3）。
④ 《关于县（处）级领导干部财产申报的规定（试行）》（2008.5）。
⑤ 《关于建立秀洲区区管领导干部财产申报公示制度（试行）的实施意见》（2013.7）。
⑥ 《关于拟任纪检监察干部廉洁从政信息任前公示暂行办法》（2013.4）。
⑦ 《桐庐县拟提任县管领导干部财产申报表》（2012.12）。
⑧ 《掇刀区领导干部财产申报与公开办法（试行）》（2012.11）。
⑨ 《磐安县竞争性选拔领导干部任前公示》（2012.9）。
⑩ 《青阳县新提拔科级领导干部财产申报办法（试行）》（2012.9）。
⑪ 《从严治党五年行动计划》（2012.8）。
⑫ 《重庆市巴南区新提任处级领导干部任前廉洁情况公示办法（试行）》（2012.8）。
⑬ 《拟提任科级干部廉政申报制度》（2012.7）。

川区①、广东珠海横琴新区②、江苏宿迁宿豫区③、江苏无锡北塘区④、江苏徐州贾汪区⑤、江苏宿迁泗洪县⑥、辽宁锦州古塔区⑦、安徽合肥庐江县⑧、江苏南京江宁区⑨、重庆合川区⑩、湖南浏阳市⑪、浙江台州临海县⑫、宁夏盐池县⑬、江西黎川县⑭、河北石家庄市邢台区⑮、上海浦东区⑯、浙江嘉兴平湖县⑰、浙江宁波象山县⑱、重庆江北区⑲、湖南湘乡市⑳、四川宜宾高县㉑、浙江宁波慈溪市㉒。其中试点地区影响较大的有新疆阿勒泰、湖北荆门掇刀区、江苏淮安、江苏徐州贾汪区、湖南浏阳市、安徽庐江县、浙江宁波慈溪市等地。目前为止，财产申报建设缺少中央层面的试点。

(二) 全国试点地区制度出台时间统计：2008—2014 年

全国试点地区财产申报制度出台时间区间为：2008—2014 年，主要集中在 2009 年和 2012 年。2015 年后试点全部停止（见图 2—2）。2014 年 8

---

① 《临川区新任科级领导干部财产申报办法（试行)》(2012.5)。
② 《财产申报工作实施方案》《财产申报工作办法》《财产申报工作实施细则》《财产申报保护办法》(2012.4)。
③ 《乡镇科级干部廉政事项申报及公开制度》(2012.3)。
④ "五廉一体"制度《关于领导干部报告个人有关事项的规定》(2012.2)。
⑤ 贾汪区勤廉评价系统 (2012.1)。
⑥ 《泗洪县公推公选乡镇副科级领导干部公告》(2011.12)。
⑦ 《古塔区提拔任副科级领导干部财产申报公示的有关规定（试行)》(2011.11)。
⑧ 《庐江县拟任副科级干部财产公示实施办法（试行)》(2011.8)。
⑨ 《关于在具有行政审批权的单位中层干部中开展"双报告"工作的意见》(2011.6)。
⑩ 《关于实行领导干部任前廉情公示制度的通知》(2011.4)。
⑪ 《建立健全惩治和预防腐败体系的十项廉政制度》(2011.3)。
⑫ 《临海市新提拔市管领导干部个人财产申报办法（试行)》(2011.3)。
⑬ 《新提拔科级干部财产申报办法（试行)》(2010.10)。
⑭ 《黎川县新任科级领导干部财产申报办法（试行)》(2010.4)。
⑮ 《关于对拟提拔领导干部实行申报公示的规定》(2010.2)。
⑯ 《关于推进权力公开透明运行的若干措施（征求意见稿)》(2009.11)。
⑰ 《拟提任领导干部家庭财产申报制度》(2009.10)。
⑱ 《关于实施新任领导干部家庭财产申报工作的通知》(2009.8)。
⑲ 《江北区干部选拔任用廉政申报试行办法》(2009.8)。
⑳ 《关于领导干部住房情况报告和信息化管理的通知》(2009.7)。
㉑ 《基层领导干部家庭财产收入登记表》(2009.6)。
㉒ 《慈溪市领导干部廉情公示暂行规定（试行)》(2008.12)。

月《新京报》记者回访发现①，30个试点地区中，"昙花一现"的地区多达13个。还有4个试点曾宣布启动干部财产公开，但之后无下文。记者调查发现，干部财产公开试点以来，昙花一现的试点地区占比超50%。

原因之一是人走政息。2009年，阿勒泰干部财产公示推行者、阿勒泰地区纪委书记吴伟平接受媒体采访时称，逐步实现"有限公开最终过渡到无限公开"。公开两次之后，吴伟平于当年9月因病去世。其后近两年，阿勒泰纪委书记岗位一直空缺。直到2011年2月，杨振海接任，被媒体问及何时恢复干部财产公开时，"不再按照原来的制度做了，现在我们按照自治区统一要求进行干部财产申报。只有申报，没有公示"。因"人走政息"停止试点的还有湖南湘乡。湖南湘乡市纪委工作人员称，2009年进行过财产公示，但现在没有进行，因为当时的领导调走了。

原因之二是遇到阻力。一些地区终止试点，源于公众压力和个别领导干部的阻力。以湖南湘乡为例，当年，湘乡市公开的力度很大，包括市委书记、市人大常委会主任、市长、市政协主席在内的9名市委常委，以及法院院长、检察院检察长、公安局政委局长等所有正县级和副县级干部，共计69人，全部在湘潭廉政网上公开，重点是干部住房。这次公示显示，69人中只有1人没有房产，51人有一套房，16人有两套房，还有1人有三套房。公示后，引发轩然大波，不少人质疑，"一名乡镇干部的住房面积怎能接近1000平方米"。当时进行房产公示时引起了一些矛盾、纠纷，有个别新提拔干部不是很配合。后来，上级没有再提财产公示的要求，也没有再搞。

原因之三是难以核实。2014年宁夏青铜峡市被迫"暂停"。青铜峡市市委常委、组织部部长万玉忠对《新京报》记者说，"暂停"主要因为无法核实公示信息是否属实，"这项工作涉及官员个人不动产、持有股票、配偶财产等信息，涉及领域和相关部门工作不一致，在查询与核实工作中会出现信息不对称，导致信息掌握不全面、不准确"，"缺乏第三方机

---

① 《5年来近40地区试点官员财产公开 超半数已终止》，2014年8月18日，新京报网站（http：//www.bjnews.com.cn/）。

构和行政监督"。

原因之四是上级叫停。重庆市黔江区纪委工作人员对《新京报》记者表示，干部财产申报公示现在已停止，停止的原因在于上级部门要求"中央没有新的指示前，不要再进行财产公示"。

值得注意的是，除了上述 13 个昙花一现的试点，江苏镇江丹徒区、广东佛山顺德区、黑龙江明水县、四川高县等 4 地，在宣布干部财产公示后就偃旗息鼓，既查询不到公开报道，也不见官方发布的消息。

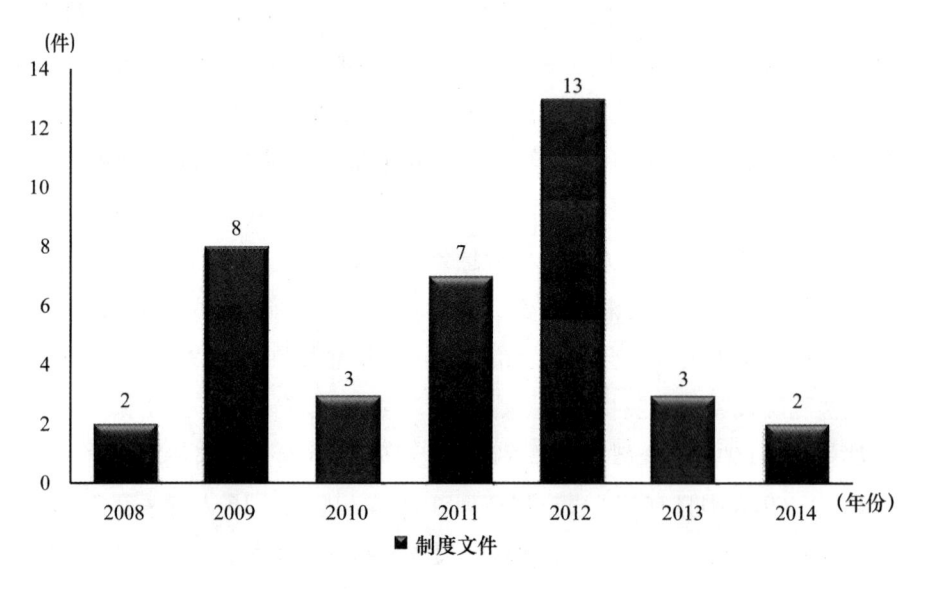

图 2—2　全国试点地区财产申报制度出台时间统计

（三）全国试点财产申报主体统计：以科级为主，兼顾处级，试点厅级

根据统计的数据可知，申报对象为厅级领导干部 3%（3 处地区）、处级及副处级领导干部 21%（21 处地区）、科级及副科级领导干部 44%（45 处地区）、拟提任及新提拔处级领导干部 4%（4 处地区）、拟提拔科级及副科级干部为 28%（28 处地区）（见图 2—3）。说明全国试点财产申报主体对象主要是以科级为主，兼顾处级，试点厅级。改革出发点是从低级职务向高级职务延展，采取先易后难、先下后上、逐步推开的做法。

申报主体统计

- 厅级 3%
- 处级 10%
- 副处级 11%
- 科级 21%
- 副科级 23%
- 拟提任处级 3%
- 新提拔处级 1%
- 拟提拔科级 13%
- 拟提拔副科级 15%

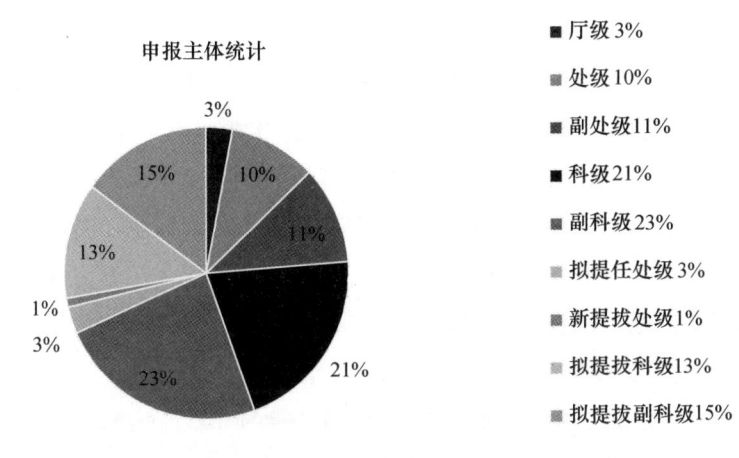

**图 2—3　全国试点财产申报主体统计**

其中，处级以上领导干部 3 处（陕西省、宁夏银川市、上海浦东区）占比 3%；处级领导干部有 10 处（陕西省 2 处、宁夏银川市、上海浦东区、新疆阿勒泰、重庆黔江区、江苏淮安市、广东珠海横琴新区、湖南湘乡市、湖北荆门掇刀区）占比 10%；副处级领导干部 11 处（陕西省、宁夏银川市、上海浦东区、新疆阿勒泰、陕西省、重庆黔江区、江苏淮安市、广东珠海横琴新区、湖南湘乡市、湖北荆门掇刀区、黑龙江哈尔滨市）占比 11%；科级领导干部 21 处（陕西省 2 处、宁夏银川市、上海浦东区、新疆阿勒泰、重庆黔江区、江苏淮安市、广东珠海横琴新区、湖南湘乡市、湖北荆门掇刀区、黑龙江哈尔滨市、江西抚州临川区、江苏徐州贾汪区、江苏南京江宁区、重庆合川区、宁夏盐池县、江西黎川县、河北石家庄市、浙江宁波象山县、四川宜宾高县、浙江宁波慈溪市）占比 21%；副科级领导干部 24 处（陕西省 2 处、宁夏银川市、上海浦东区、新疆阿勒泰、重庆黔江区、江苏淮安市、广东珠海横琴新区、湖南湘乡市、湖北荆门掇刀区、黑龙江哈尔滨市、江西抚州临川区、江苏徐州贾汪区、江苏南京江宁区、重庆合川区、宁夏盐池县、江西黎川县、河北石家庄市、浙江宁波象山县、四川宜宾高县、浙江宁波慈溪市、广东韶关始兴县、江苏无锡北塘区、湖南浏阳市）占比 23%。

拟提任处级领导干部 3 处（江苏淮安市、重庆巴南区、河北石家庄市）占比3%；新提拔处级领导干部1处（广东广州南沙新区）占比1%；拟提拔科级干部13处（江苏淮安市、重庆巴南区、河北石家庄市、浙江嘉兴秀洲区、浙江温州洞头县、浙江杭州桐庐县、安徽池州青阳县、江苏宿迁泗阳县、江苏宿迁宿豫区、江苏宿迁泗洪县、浙江嘉兴平湖、重庆江北区、江苏淮安市）占比13%；拟提拔副科级干部15处（江苏淮安市、重庆巴南区、河北石家庄市、浙江嘉兴秀洲区、浙江温州洞头县、浙江杭州桐庐县、安徽池州青阳县、江苏宿迁泗阳县、江苏宿迁宿豫区、江苏宿迁泗洪县、浙江嘉兴平湖、重庆江北区、江苏淮安市、辽宁锦州古塔区、安徽合肥庐江县）占比15%。

（四）全国试点财产申报范围统计：5个主项14个全项

从统计数据看，试点申报的范围大致集中在申报本人、申报人的配偶及子女三个方面。申报范围排列前5个项目主要有：房产、投资、车产、家庭收入、配偶及子女从业出国。申报范围包括14个项目：申报人的婚姻状况；申报本人及配偶、子女的出国及就业情况，家庭收入（其中包括工资、其他劳务收入等）；申报本人及配偶、子女的动产和不动产情况（其中包括房产、车产、银行存款等）；申报本人及配偶、子女的投资情况（其中包括有价证券、股票、基金等金融理财产品等）；申报本人及配偶、子女的债务情况，配偶及子女投资的企业及非上市工资资产情况、廉洁从政情况、需要申报的其他财产（包括继承、赠与及偶然获得等）等项目。而且申报逐渐细化。例如，湖北荆门掇刀区就规定本人、配偶须申报单项1万元以上的年收入，宁夏银川市规定与申报人职务有直接或间接关系的人须申报单笔数额2万元以上的债权债务。浙江台州临海市和安徽庐江就规定要对车位进行申报。

（五）全国试点申报种类统计：以初始申报与任前申报为主

申报种类依据申报时间的不同可以分为初始申报、任前申报、年度申报和离任申报四类。从申报时间上来看，35%（约13个）的试点地区财产申报是要初始申报；35%（约13个）的试点地区财产申报是要任前申报；约27%（约10个）的试点地区是要年度申报的；只有3%为离任申报。只有新疆阿勒泰地区实行初始申报、年度申报、离任申报三种申报种类制度，而浙江慈溪、象山包括了四种申报种类制度。

详细申报种类统计分别为：任前申报 13 个（宁夏盐池县、江苏南京江宁区、江苏宿迁宿豫区、重庆巴南区、辽宁锦州古塔区、安徽池州青阳县、浙江金华磐安县、湖北荆门掇刀区、浙江温州洞头县、浙江嘉兴秀洲区、江苏宿迁泗阳县、河北石家庄市、重庆江北区），占比 34%，初始申报 13 个（江西抚州临川区、浙江杭州桐庐县、广东珠海横琴新区、黑龙江哈尔滨市、重庆黔江区、广东广州南沙新区、江西黎川县、陕西省、广东韶关始兴县、江苏无锡北塘区、安徽合肥庐江县、浙江台州临海、浙江嘉兴平湖），占比 34%，年度申报 10 个（上海浦东区、宁夏银川市、江苏宿迁宿豫区、湖北荆门掇刀区、江苏徐州贾汪区、重庆合川区、湖南浏阳市、湖南湘乡市、四川宜宾高县、浙江宁波慈溪市），占比 26%。

（六）全国试点申报受理机关和申报程序统计：以纪委、人事组织部门为主

申报受理机关基本都是当地纪检委（纪检组）、组织（人事）部门及监察局。只有新疆阿勒泰和江西抚州试点将申报受理机关细化为纪检委的纪委廉政室。

各个试点地区申报程序大体如下：（1）申报对象填写《财产收入情况申报表》，并交本单位党组织；（2）单位党组织对表格内容进行审查后，由单位党组织负责人签字确认并加盖公章，报市纪委（监察局）、市委组织部；（3）申报对象对《财产收入情况申报表》内容的真实性进行郑重承诺；（4）根据有限公示的原则，由市纪委和市委组织部对申报对象财产申报内容酌情进行选择性公示，将《财产收入情况公示表》与干部任前公示、干部财产申报公示承诺书在公示平台予以公示，接受监督；（5）纪委（监察局）和组织部共同对关于拟提拔对象财产申报不实、财产收入来源不明、合法财产收入与消费水平严重不符等方面的检举进行调查处理，涉嫌构成犯罪的，移送司法机关查处；（6）干部财产申报和审查材料归入干部廉政档案和干部个人档案。

（七）全国试点地区财产申报公开程度统计：近一半有限公开

我国试点地区干部财产公示方式有：有限公开、不公开和全公开三种。据统计，有 47%（即 18 个）是有限公开；有 29%（即 11 个）是全

公开的，未明确公开和不公开的占24%。说明全国试点地区财产申报近一半是有限公开，但是全公开也不在少数，占比29%。

其中，有限公开共有18个，分别是黑龙江哈尔滨市、广东广州南沙新区、广东韶关始兴县、广东珠海横琴新区、江苏淮安市、重庆黔江区、浙江嘉兴秀洲区、浙江金华磐安县、安徽池州青阳县、江西抚州临川区、重庆合川区、浙江宁波慈溪市、浙江杭州桐庐县、江苏徐州贾汪区、浙江宁波象山县、宁夏盐池县、宁夏银川市、江西黎川县。有限公开主要是在本单位公告栏或内网上的公开。以新疆阿勒泰为首的11个试点城市选择了全公开，分别是新疆阿勒泰、湖北荆门掇刀区、安徽合肥庐江县、浙江温州洞头县、重庆巴南区、江苏宿迁泗阳县、江苏无锡北塘区、河北石家庄市、湖南浏阳市、上海浦东区、湖南湘乡市，主要是通过廉政网及政府网站相关渠道向社会进行干部的财产申报的公示。选择不公开的试点只有浙江台州，主要是为了保护财产申报主体的隐私，怕为其带来不必要的烦恼。其余试点未明确指出公开程度。

(八) 全国试点地区财产申报问责程度统计：宽严不一

根据统计选取的38个试点地区财产申报制度文件，所有文件对于无正当理由不按时交报告、不如实申报、隐瞒不报等情况，根据情节严重程度让其限期改正并且给予批评教育，然后责令做出检查、谈话告诫，严重的要进行通报批评或调整工作岗位或者革职等处理，若情节十分严重甚至构成犯罪的，要依据有关法律法规给予纪律处分。如广东广州南沙新区财产申报制度规定，发现申报不实，一律停职，等候处理。

### 三　我国财产申报制度存在的问题：从立法到申报要素

(一) 制度的法律约束性低

从世界各国实施申报制度的国家来看，一般财产申报制度实施成果较为显著的国家都把财产申报制度的规定提升到法律的层面，例如英国的《净化选举防止腐败法》、美国的《政府行为道德法》、韩国的《公职人员道德法》、俄罗斯的《反腐败法》以及新加坡的《财产申报法》。在我们国家，关于申报制度的制度规定最高规格也就是中央级别的政策性法规，根据我国对法律法规的法律效力规定，法律效力由高到低依次是宪法、法律、法规和政策指导原则等。我国虽然在 1995 年就出台了《规定》，但是因为法律效力低，各方都不重视，《规定》如同虚设，到目前为止，几乎没有公职人员腐败案件是因为申报财产而被发现的。韩国在 1981 年由全斗焕政府制定颁布了财产申报制度，1997 年，全斗焕总统被法院以贪污罪、内乱罪判处死刑，在 20 世纪末，数百名部长、将军、议员、银行行长因为违反财产申报制度而被迫辞职。美国众议院议长詹姆斯赖特因多次违反国会关于议员财产申报的规定，其妻子被发现超额收取礼品，被曝光以后不得不被迫辞职。这个在国外起着重要反腐作用的制度在我国却没有发挥一点作用。在地方的实践方面，虽然也都出台了一系列相关政策，但只是适应地方执行，而且对于地方人员的约束力也不够。在 21 世纪国际反腐浪潮不断高涨、反腐工作十分严峻的情况下，我国亟须提高申报制度的法律效力，加强其约束性，使其能在根本上起到约束震撼作用，真正发挥申报制度的"终端反腐"作用。

（二）财产申报要素规定不科学

财产申报制度包括主体、内容、方式三个基本要素。对于申报要素存在的问题主要有以下几个方面。笔者认为理论上应该将所有的国家工作人员都纳入申报主体的范围，但是我国的公职人员数目庞大，想一次性将其全部纳入申报的范围，明显不符合我国的国情，现阶段可以采取先将当前制定级别以上的人员纳入申报范围，以后视条件再不断完善。当前制度申报主体的规定明显过于狭隘，不能很好地起到预防腐败的作用。考虑有些人为了防止在任职期间被查出贪污，会在离职退休以后才收取贿款，所以对于一部分退休（离职）人员也应该规定相应的申报要求。其次从现行的两部《规定》和试点地方情况分析，申报范围规定不够科学。2010 年的《规定（试行）》把申报内容扩大到干部财产及其亲属财产范围，相对来说已经有很大的进步。在几个地方试点中，申报人员主要申报四个方面内容：一是申报人员在任职期间的财产和收入收取情况；二是与申报人行使职权有关系的包括其父母、配偶、子女以及重要亲属所收取的礼品、礼金、补偿和意外收入等情况；三是申报人包括其父母、配偶、子女以及重要亲属在社会经营活动和投资活动中所获得的收入；四是申报人父母、配偶、子女以及重要亲属的基本情况。从上面我们可以看出，现在的申报内容规定越来越具体详尽，能很好地起到监督作用，但是笔者认为，上述关于申报内容的规定，在实际操作中是很难被查清和统计的，而对于比较容易统计的官员总财产却没有规定。它只要求进行申报，并没有规定具体的申报数量标准，这样会使得申报量大、效率不高，成果不大。《规定》中规定申报材料的受理机关为各部门的组织、人事部门，组织部门是党内部的干部管理机构，人事部门是政府的干部管理机构，在我国，这两个部门都是隶属于行政系统，由于受制于申报的官员之下，不能保证独立性和公正性，所以很难真正发挥监督作用。对申报材料负有审查职能的是党的纪律检察机关和政府的监察机关，受理机构与审查机构分离，审查机构又很难了解政府内部情况，降低了申报制度的功效，而且失去了对申报主体进行监督的意义。

（三）处罚偏轻不上刑责

实施财产申报制度的大多数国家都规定了强有力的监督和处罚手段。例如，美国对于不申报、漏报、谎报、无故拖延申报者，法院可以提起民事诉讼，对于故意提供虚假信息者更是可以提起刑事诉讼。从我国地方上的试点实际情况来看，虽然申报范围和申报内容都在不断完善，但是最关键的后续监督程序没有到位，所有的试点都只是要求进行申报，但是对于这些上交的申报材料的真实性却没有进行监督审查，导致政策没有威慑力，申报人也没有什么压力。对于没有如实申报或者拒绝申报者，只是进行责令申报、改正，再通报批评及党纪处分，这些对于申报人来说，比起被发现贪污行为，其处罚显然要轻得多，试问又有谁会认真对待申报行为？

（四）地方财产申报立法进展缓慢

我国在20世纪80年代就已经认识到了申报制度在反腐斗争中的重要作用，从1987年全国人大二十三次会议出台了《关于惩治贪污罪贿赂罪的补充规定》，其中明确提出公务员要进行财产申报，直到今天关于财产申报的法律迟迟没有建立起来，财产申报实践只是在地方零零星星实验，并没有在全国范围内得到真正意义上的实践。既得利益主体以担忧政治风险、侵犯个人隐私、最佳时期论等借口百般阻挠，让申报制度法律只是停留在规划阶段，申报报表只是锁在保险柜中，让申报制度完全束之高阁。目前我国官员腐败事件频发，人们对贪污腐败行为深恶痛绝，政府正面临公众的不信任危机，想要改变目前的被动现状，就要下定决心，尽快研究出台公职人员财产申报的法律，鼓励地方创新实践，扫清障碍，尽快在全国范围内建立公务员财产申报制度，做好终端反腐工作。

### （五）缺少财产申报核查机制

试点地区财产申报暴露出的核心问题是审核不严，使得申报往往流于形式，走过场。我国财产申报制度的地方试点都只是要求相关人员进行申报，但是对于这些上交的申报材料的真实性却没有进行监督审查，这些显然有悖申报本意。在财产申报试点的几个地方，至今没有干部因为申报而被查出问题，这明显不符合社会客观现实，让人难以信服。阿勒泰地区、浏阳市、慈溪市、青铜峡市等地在干部财产公开后都是"零投诉零异议"，有些地方甚至存在单位领导公开的工资低于下属的现象，这引起民众对干部财产公开真实性、有效性的质疑，而质疑的背后反映出财产公开审查机制的缺失。

当前，财产申报民意基础有了，中央表态有了，改革的基础应该说已经非常充分了，为什么只听楼梯响不见下楼人。关键在于中国特色财产申报要进行顶层设计。既然是必然触及官员利益的核心问题，既然很多"牵一发动全身"的改革不是一处一地所能突破的，那么就应该开始着眼于"顶层设计、上层推动"了：财产申报缺乏信息核实的调查，研究体制内力量解决之道；社会信用缺失能否从领导干部自身开始修复；财产公开的步子迈不大，公开的项目、内容、范围是不是要有制度层面的硬性规定来"助推"？中国特色财产申报制度究竟应该具有怎样的制度特色即是我们下一步需要研究的内容。

# 第三章

# 如何建构中国特色财产申报制度：基于问卷调查的实证研究

## 第一节 对建构中国特色财产申报制度的问卷调查

在中国社会科学院发布的反腐倡廉蓝皮书《中国反腐倡廉建设报告No.4》中，建议打造"中国版财产申报制度"。放眼全世界财产申报制度这项"阳光法案"至今已有百年历史，审视欧美版制度也极尽完善，有必要建设有中国特色财产申报制度吗？如果是，又该如何建设，怎样加强完善？为此，我们就中国特色财产申报制度建设问题进行了问卷调查，以期为中纪委即将出台的财产申报法建议稿提供参考[1]。

### 一 调查方法与调查网站

本次调查时间为 2014 年 8 月 25 日至 2014 年 9 月 8 日，是通过问卷星调查网站[2]进行调查。问卷星网站为了确保回收的答卷数据真实有效，对调查进行了严格的质量控制，其质量控制机制包括样本质量控制、填写者控制、填写过程控制等。在样本质量控制方面，所有样本成员在进

---

[1] 郑赫南：《中纪委已着手起草公职人员财产申报法建议稿》，《检察日报》2012 年 12 月 24 日。

[2] 问卷星调查网站是国内最专业的调查网站，自 2007 年建立以来已成功运营了 8 年，向用户发放问卷超过 350 万份，填写人次超过 1 亿，在国内的问卷调查网站中功能最强、用户体验最好。考虑到被访者大部分为公职人员，对自身隐秘性要求高，因此，我们采取了网络匿名问卷调查，并付问卷费 3946 元（含税）。

入样本库之前需要提供真实样本属性，例如年龄、性别、职业、收入等，系统还将定期提示成员更新样本属性查看样本构成，每份答卷提交后都会经过自动筛选规则的筛选和客户人工排查，标记为无效答卷的问卷将不再计入样本。如果某一成员填写的答卷被标记为无效答卷的次数超出一定比率，系统将自动移除该成员，不再允许其做答。在填写者控制方面，通过设置甄别页进一步过滤掉不符合条件的填写者。同一 IP 地址、同一电脑、同一用户名都只能填写一次，包括被筛选为无效答卷的填写者也不能再次填写。在填写过程控制上使用填写所用时间限定、陷阱题规则来筛选掉随意填写的答卷。

问卷采用单选、多选和问答题，共设计 26 道题目。分别为：（1）调查样本题。共 7 题，包括年龄、学历、职务级别、单位以及工作地域。（2）对中国特色财产申报认知题。共 5 题，包括财产申报制度与隐私冲突的认知、制度制约腐败的认知等。（3）对中国特色财产申报制度设计调查题。共 14 题，包括是否有建设中国特色财产申报制度必要性、如何建设以及实施路径等。问题的类型有单选题和多选题。

问卷初稿设计完成，随后利用此问卷进行预调查，调查个案为 20。通过与被调查者的交流，修改了部分不合理的问题并增加了部分更具有中国特色的财产申报制度相关问题，在此基础上形成了最终问卷。本次调查问卷共发放 500 份，其中有效问卷 423 份，回收率 84.6%。

### 二 调查样本

（一）样本地域分布

通过地域统计发现参与人员分布于全国各地（不包含港澳台地区），其中华东地区参与调查人数最多，占 40.66%；其次为华北地区，占 23.40%（见图 3—1）。

（二）样本所在单位

被调查者中企业事业单位人数占 47.28%，属于公务员的占比为 52.72%（党群＋纪检＋行政执法），样本分布较为理想（见图 3—2）。

1. 样本地域分布

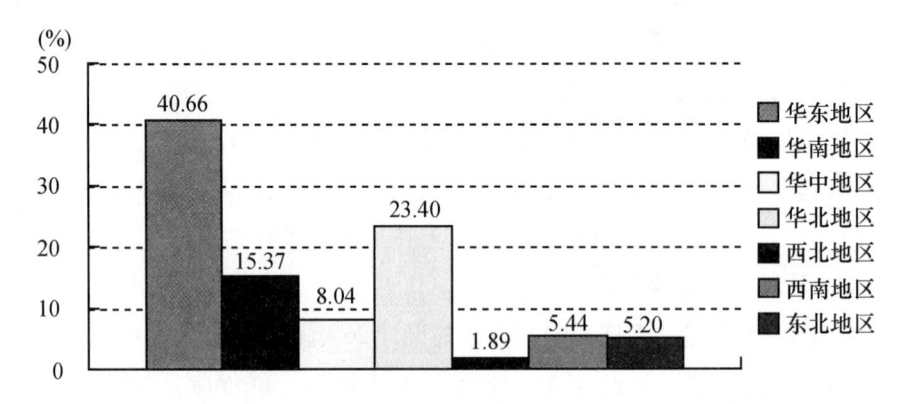

图 3—1 样本地域分布

2. 样本所在单位

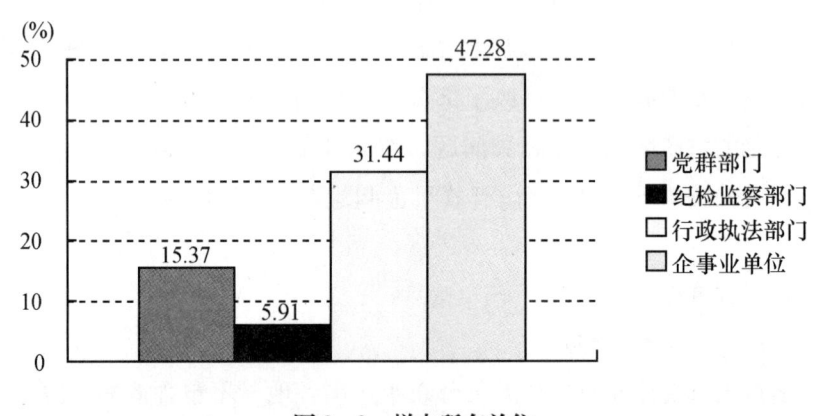

图 3—2 样本所在单位

(三) 样本年龄、职务与学历状况

从以下三图（图 3—3、图 3—4、图 3—5）对调查者年龄、职务、学历统计发现，调查对象多为拥有本科学历、职务在科级以下的 20—40 岁之间的中青年企事业、公职人员。

## 3. 样本年龄、职务与学历状况

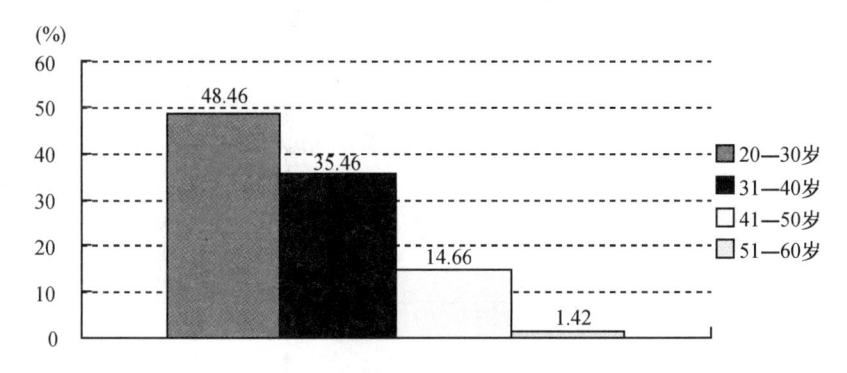

图3—3 样本年龄分布

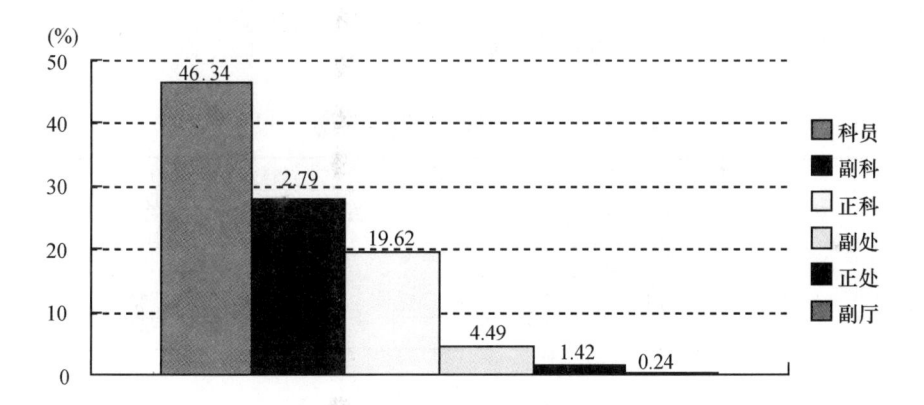

图3—4 样本职务级别分布

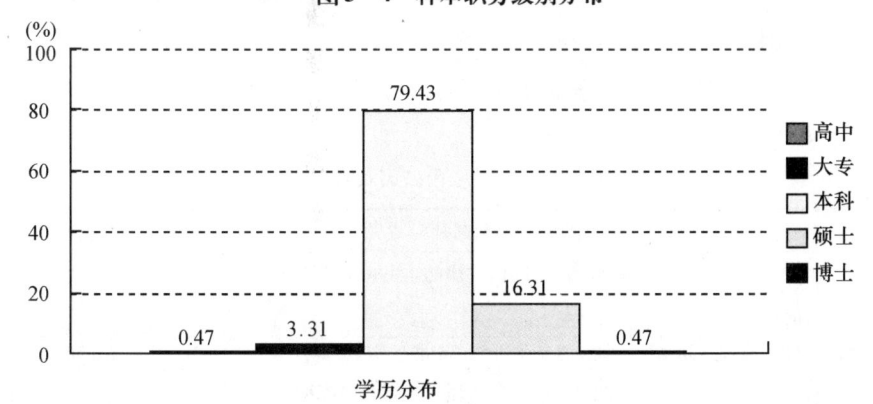

图3—5 样本学历分布

## 三 调查结果分析

### (一) 对中国特色财产申报制度的认知调查

**1. 领导干部掌握公权有义务接受财产申报,不会侵犯隐私**

表3—1　　　　　　财产申报制度是否侵犯公职人员隐私

| | 财产申报制度是否侵犯公职人员隐私? | 频数 | 百分比(%) |
|---|---|---|---|
| 有效 | (1) 不是,领导干部掌握公共权力,有义务接受监督 | 335 | 79.20 |
| | (2) 是,财产申报涉及家属,领导干部及其家属也有隐私权 | 88 | 20.80 |
| | 总计 | 423 | 100.00 |

由表3—1统计数据看,79.20%的参与者能够正确对待财产申报制度,自觉接受监督。

**2. 财产申报制度能有效预防腐败**

表3—2　　　　　　财产申报制度对预防腐败是否有效

| | 财产申报制度对预防腐败是否有效? | 频数 | 百分比(%) |
|---|---|---|---|
| 有效 | (1) 将起很大作用 | 174 | 41.13 |
| | (2) 比较有作用 | 53 | 12.53 |
| | (3) 有一些作用 | 187 | 44.21 |
| | (4) 难说 | 9 | 2.13 |
| | 总计 | 423 | 100.00 |

由表3—2统计数据看,97.87%的被调查者认为财产申报制度对预防腐败有作用。

**3. 目前是实施财产申报的有利时机**

表3—3　　　　　　施行财产申报制度是否会引起社会动荡

| | 施行财产申报制度是否会引起社会动荡? | 频数 | 百分比(%) |
|---|---|---|---|
| 有效 | (1) 应该相信绝大多数干部是廉洁自律的,不可能引起大的社会动荡 | 102 | 24.11 |
| | (2) 目前反腐高压态势,正是推进财产申报的有利时机 | 217 | 51.30 |
| | (3) 施行财产申报可能会引起社会摩擦。承载一时政治负荷换取政治清明与赢得民心是值得的 | 104 | 24.59 |
| | 总计 | 423 | 100.00 |

由表3—3统计数据看,只有24.59%的被调查者认为,"施行财产申报可能会引起社会摩擦。承载一时政治负荷换取政治清明与赢得民心是值得的"。

4. 希望财产申报从国家领导人做起

表3—4　　　　　对国家领导人进行财产申报的态度

| | 对国家领导人进行财产申报的态度 | 频数 | 百分比(%) |
|---|---|---|---|
| 有效 | 普京、奥巴马、朴槿惠、梁振英、崔世安等国家元首和特首都进行了财产申报,你是否希望中国国家领导人也如此? | | |
| | (1) 是 | 371 | 87.71 |
| | (2) 否 | 13 | 3.07 |
| | (3) 不好说 | 39 | 9.22 |
| | 总计 | 423 | 100.00 |

由表3—4统计数据看,87.71%的被调查者希望国家领导人进行财产申报。

5. 财产申报应自上而下,中央带头推进地方更有效

表3—5　　　　　财产申报制度实现途径

| | 财产申报制度实现途径 | 频数 | 百分比(%) |
|---|---|---|---|
| 有效 | (1) 自上而下型,由中央政治局高层带头,逐步向下省市级推进更有实效 | 372 | 87.94 |
| | (2) 自下而上型,先从科级干部申报,逐步上推到中央更稳妥 | 51 | 12.06 |
| | 总计 | 423 | 100.00 |

由表3—5统计数据看,87.94%的被调查者赞成由中央高层带头逐步向下推进的路径。

### （二）对中国特色财产申报制度设计调查

1. 认为有必要建设中国特色财产申报制度，不赞同欧美版本制度。

**表3—6　　中国是否需要建设有中国特色财产申报制度**

| | | 统计 | |
|---|---|---|---|
| | 俄罗斯、越南、印度尼西亚等国家财产申报制度显得很完备，但腐败问题却很严重。相比之下，英美等发达国家在这一制度上并不是特别详细周全，腐败问题却轻得多，请问中国是否需要建设有中国特色财产申报制度 | 频数 | 百分比（%） |
| 有效 | （1）需要，因为国情不同 | 347 | 82.03 |
| | （2）不需要，因为有欧美现成版本 | 36 | 8.51 |
| | （3）不好说 | 40 | 9.46 |
| 总计 | （有效填写人次：423） | （总选择数）1081 | 100.00 |

由表3—6可知，认为需要建设中国特色财产申报制度的占82.03%，照搬欧美版的财产申报制度不被看好。

2. 主张建立中国特色财产申报制度，同时吸取港澳台制度建设经验。

**表3—7　　建立财产申报制度的途径**

| | | 统计 | |
|---|---|---|---|
| | 世界上有100多个国家实行了财产申报，但是都没有统一范本，中国财产申报是走欧美之路，还是建立中国特色财产申报制度 | 频数 | 百分比（%） |
| 有效 | （1）照搬欧美申报法 | 57 | 9.5 |
| | （2）借鉴中国香港、澳门、台湾做法 | 229 | 38.17 |
| | （3）建立中国特色申报制度 | 314 | 52.33 |
| 总计 | （有效填写人次：423） | （总选择数）1081 | 100.00 |

由表3—7可知，认为需建立中国特色财产申报制度的占52.33%，同时认为应当吸取港澳台制度建设经验。

# 第三章 如何建构中国特色财产申报制度：基于问卷调查的实证研究

3. 中国特色财产申报制度必须建立受理机构，开展财产申报真实性审计。

表3—8 我国财产申报制度建设的特色

| | 您认为我国财产申报制度建设的特色在于 | 统计 | |
|---|---|---|---|
| | | 频数 | 百分比（%） |
| 有效 | （1）建立申报材料真实性审计 | 264 | 26.37 |
| | （2）有纪检监察审计和组织部门联合受理核查机构 | 231 | 23.08 |
| | （3）有效问责制 | 295 | 29.47 |
| | （4）公示制 | 211 | 21.08 |
| 总计 | （有效填写人次：423） | （总选择数）1001 | 100.00 |

由表3—8可知，有30.06%的人认为中国特色财产申报制度的特色在于有纪检监察审计和组织部门联合受理核查机构，以及认为建立申报材料真实性审计是中国特色的占23.98%。

4. 财产申报缺乏顶层设计和缺失监督核查机制。

表3—9 财产申报零投诉、零异议的原因

| | 财产申报零投诉、零异议的原因 | 统计 | |
|---|---|---|---|
| | | 频数 | 百分比（%） |
| 有效 | （1）申报官员廉洁没问题 | 86 | 7.95 |
| | （2）制度设计有问题 | 254 | 23.50 |
| | （3）公众关注度不够 | 214 | 19.80 |
| | （4）缺乏监督核查机制 | 318 | 29.42 |
| | （5）公示环节有问题 | 209 | 19.33 |
| 总计 | （有效填写人次：423） | （总选择数）1081 | 100.00 |

从表3—9的统计数据结果看，财产申报"零投诉、零异议"现象主要是制度设计问题（23.50%）和缺乏监督核查机制（29.42%）。

5. 财产申报制度要加强申报公示，建立财产申报审计制度和责任追究机制。

表3—10　　　　　　　财产申报取得成功的关键因素

| | 财产申报取得成功的关键因素 | 统计 | |
|---|---|---|---|
| | | 频数 | 百分比（%） |
| 有效 | （1）加强相关立法和制度规定 | 272 | 16.67 |
| | （2）建立财产申报核查审计制度 | 296 | 18.14 |
| | （3）完善申报公示体系，接受社会监督 | 333 | 20.40 |
| | （4）建立责任追究机制，对虚漏错报进行惩处 | 298 | 18.26 |
| | （5）建立金融实名制与社会信用制度等配套制度 | 226 | 13.85 |
| | （6）中央高层的反腐决心以及自上而下的强势推动 | 207 | 12.68 |
| 总计 | （有效填写人次：423） | （总选择数）1632 | 100.00 |

在财产申报取得成功的关键因素调查中，完善申报公示体系、接受社会监督占比20.40%，其次是建立责任追究机制和财产申报核查审计制度，分别占18.26%和18.14%（见表3—10）。

6. 财产申报要加强核查与公示环节的制度创新。

表3—11　　　　　　　财产申报需要加强的制度环节

| | 财产申报需要加强的制度环节 | 频数 | 百分比（%） |
|---|---|---|---|
| 有效 | （1）申报 | 46 | 10.87 |
| | （2）核查 | 250 | 59.10 |
| | （3）公示 | 74 | 17.49 |
| | （4）责任追究 | 53 | 12.54 |
| | 合计 | 423 | 100.00 |

认为财产申报制度创新最需要加强核查环节的占59.10%，其次是公示环节，占17.49%（见表3—11）。

7. 国家审计应当承担申报资料核实工作。

表3—12　　　　　　　　财产申报关键因素

| 有效 | 有专家认为财产申报关键在于核查，你认为应该 | 频率 | 百分比（%） |
|---|---|---|---|
| | （1）国家审计部门负责核实执行 | 172 | 40.66 |
| | （2）会计事务所负责核查 | 93 | 21.99 |
| | （3）纪委负责核查 | 129 | 30.50 |
| | （4）组织人事负责核查 | 29 | 6.86 |
| | 合计 | 423 | 100.00 |

希望由国家审计部门负责核查工作的呼声最高，占40.66%。其次是纪委核查，占30.50%（见表3—12）。

8. 财产申报材料可先抽查再推广，有条件应当全部核实。

表3—13　　　　　　　　财产申报核查材料方法

| 有效 | 财产申报核查材料是目前采取的部分抽查还是全部审计核实 | 频数 | 百分比（%） |
|---|---|---|---|
| | （1）先部分抽查再推广至全部审计 | 229 | 54.14 |
| | （2）全部审计核实 | 160 | 37.82 |
| | （3）只申报，个人信用保证、组织追责 | 34 | 8.04 |
| | 合计 | 423 | 100.00 |

54.14%的被调查者认为先部分抽查再推广至全部审计的方法比较可行，有37.82%的被调查者认为需要直接采取全部审计核实（见表3—13）。

9. 财产公示可在一定范围进行，并支持网上公示。

表3—14　　　　　　　领导干部财产申报公示范围

| 有效 | 领导干部财产申报公示范围 | 频数 | 百分比（%） |
|---|---|---|---|
| | （1）单位内部公示 | 35 | 8.27 |
| | （2）只申报不公示 | 19 | 4.49 |
| | （3）选择一定范围公示 | 219 | 51.77 |
| | （4）网上公示 | 150 | 35.46 |
| | 合计 | 423 | 100.00 |

选择在一定范围内公示的占 51.77%；其次是呼吁网上公示的占 35.46%（见表 3—14）。

10. 财产申报不实须从重处罚。

表 3—15　　　　　　对于财产申报责任追究的态度

| | 对于财产申报相应的责任追究应采取哪种态度 | 频数 | 百分比（%） |
|---|---|---|---|
| 有效 | （1）轻微处罚，责令重新填报 | 15 | 3.54 |
| | （2）严厉处罚，零容忍，触犯刑法移交司法部门 | 313 | 74.00 |
| | （3）中度处罚，通报批评、记过等 | 95 | 22.46 |
| | 合计 | 423 | 100.00 |

96.46% 的被调查者选择中度以上的处罚，其中 74% 的被调查者认为应当进行严厉处罚（见表 3—15）。

11. 成立专门财产申报受理核查监督机构。

表 3—16　　　　　　财产申报监督主体

| | 财产申报监督主体由谁来担任比较合适？ | 频数 | 百分比（%） |
|---|---|---|---|
| 有效 | （1）成立专门的财产申报受理核查监督机构，由纪检、监察、组织、人事、审计及社会监督力量共同承担 | 302 | 71.39 |
| | （2）纪检监察部门 | 75 | 17.73 |
| | （3）社会监督力量 | 45 | 10.64 |
| | （4）组织人事部门 | 1 | 0.24 |
| | 合计 | 423 | 100.00 |

71.39% 的被调查者选择了成立专门的财产受理核查监督机构，由纪检、监察、组织、人事、审计及社会监督力量共同承担，从而保证财产监督的独立有效性（见表 3—16）。

12. 财产申报范围包括配偶、子女以及亲戚。

表 3—17　　　　　财产申报需要涉及的申报主体范围

| | 财产申报需要涉及的申报主体范围 | 统计 频数 | 百分比（%） |
|---|---|---|---|
| 申报主体范围 | （1）配偶 | 364 | 42.37 |
| | （2）家庭子女 | 338 | 39.35 |
| | （3）亲戚 | 115 | 13.39 |
| | （4）仅限个人 | 42 | 4.89 |
| 总计 | （有效填写人次：423） | （总选择数）859 | 100.00 |

由表3—17可知，被调查者认为申报主体范围应包括配偶、家庭子女和亲戚，而非仅限个人申报。

13. 灰色收入如何填写是财产申报填表人的纠结心病。

表 3—18　　　　　财产申报填表人纠结因素

| | 财产申报填表人纠结因素 | 统计 频数 | 百分比（%） |
|---|---|---|---|
| 有效 | （1）隐私得不到保护 | 184 | 14.40 |
| | （2）涉及家人 | 205 | 16.04 |
| | （3）灰色收入不好界定 | 333 | 26.05 |
| | （4）露富引来仇富乃至没必要的麻烦 | 173 | 13.54 |
| | （5）我们怎么受到保护 | 99 | 7.75 |
| | （6）财产申报数量、金额没有标准 | 284 | 22.22 |
| 总计 | （有效填写人次：423） | （总选择数）1278 | 100.00 |

财产申报填表人纠结的是灰色收入不好界定的占26.05%。其次，认为财产申报标准不明确不好填表的占22.22%。还有对涉及家人的担忧（见表3—18）。

14. 应当加快出台《财产申报法》而不是继续试点。

表3—19　　　　　　　财产申报下一步计划

| | | 频数 | 百分比（%） |
|---|---|---|---|
| 有效 | 财产申报试点地区已接近40个，但是，"昙花一现"的试点地区占比超50%。你认为应该 | | |
| | （1）加快出台《财产申报法》步伐 | 332 | 78.48 |
| | （2）继续试点 | 48 | 11.35 |
| | （3）成熟再推出 | 43 | 10.17 |
| | 合计 | 423 | 100.00 |

78.48%的被调查者认为我国目前应该加快出台《财产申报法》的步伐，而不是继续试点（见表3—19）。

（三）调查问卷的相关性分析

为了探索公众对中国特色财产申报制度的状况观点与调查者的个人因素的影响，对问卷进行相关性分析。选取被调查者的年龄、受教育程度、职务级别、工作地点、干部财产申报的预防腐败效果、是否侵犯隐私、实现途径、是否引起社会动荡及公示范围等10个可能具有高相关的变量，利用SPSS 18.0软件进行了相关性分析，结果（见表3—20）如下。

从分析的结果看：

（1）被调查者的年龄与官员财产申报制度、是否引起社会动荡有显著相关性。被调查者年龄在20—30岁之间的占总数的48.46%，说明年轻人更关注官员财产申报制度，他们更推崇在当前反腐高压态势下加快推进财产申报制度的实施。

（2）被调查者的年龄因素与被调查者对官员财产申报是否侵犯隐私及官员财产申报实现途径的观点无明显相关性。说明年轻人不认同官员财产申报侵犯隐私说，他们认为财产申报制度实施路径无关乎自上而下型或者自下而上型，中央带头推进最为有效。

（3）被调查者的受教育程度与官员财产申报实现途径的选择有显著相关性。说明受教育程度越高对财产申报制度实施路径的选择考量越是认真细致和慎重。

（4）职务级别与官员申报公示范围、财产申报是否侵犯隐私与官员财产申报制度是否引起社会动荡的相关性不明显。说明并非官员职务级

表 3—20　调查问卷的相关性分析

<table>
<tr><th colspan="2"></th><th>年龄</th><th>教育程度</th><th>工作单位</th><th>职务级别</th><th>工作地点</th><th>预防腐败效果</th><th>是否侵犯隐私</th><th>实现途径</th><th>是否引起动荡</th><th>公示范围</th></tr>
<tr><td rowspan="3">年龄</td><td>Pearson 相关性</td><td>1</td><td>-0.059</td><td>-0.116*</td><td>0.465**</td><td>0.123*</td><td>-0.154**</td><td>0.009</td><td>0.036</td><td>-0.147**</td><td>-0.103*</td></tr>
<tr><td>显著性（双侧）</td><td></td><td>0.225</td><td>0.017</td><td>0.000</td><td>0.011</td><td>0.001</td><td>0.846</td><td>0.463</td><td>0.002</td><td>0.035</td></tr>
<tr><td>N</td><td>423</td><td>423</td><td>423</td><td>423</td><td>423</td><td>423</td><td>423</td><td>423</td><td>423</td><td>423</td></tr>
<tr><td rowspan="3">受教育程度</td><td>Pearson 相关性</td><td>-0.059</td><td>1</td><td>-0.090</td><td>0.076</td><td>-0.031</td><td>-0.037</td><td>0.094</td><td>-0.103*</td><td>-0.002</td><td>-0.012</td></tr>
<tr><td>显著性（双侧）</td><td>0.225</td><td></td><td>0.065</td><td>0.119</td><td>0.524</td><td>0.449</td><td>0.052</td><td>0.034</td><td>0.969</td><td>0.811</td></tr>
<tr><td>N</td><td>423</td><td>423</td><td>423</td><td>423</td><td>423</td><td>423</td><td>423</td><td>423</td><td>423</td><td>423</td></tr>
<tr><td rowspan="3">工作单位</td><td>Pearson 相关性</td><td>-0.116*</td><td>-0.090</td><td>1</td><td>-0.188**</td><td>-0.013</td><td>0.080</td><td>-0.068</td><td>0.045</td><td>0.022</td><td>0.065</td></tr>
<tr><td>显著性（双侧）</td><td>0.017</td><td>0.065</td><td></td><td>0.000</td><td>0.785</td><td>0.102</td><td>0.165</td><td>0.358</td><td>0.658</td><td>0.185</td></tr>
<tr><td>N</td><td>423</td><td>423</td><td>423</td><td>423</td><td>423</td><td>423</td><td>423</td><td>423</td><td>423</td><td>423</td></tr>
<tr><td rowspan="3">职务级别</td><td>Pearson 相关性</td><td>0.465**</td><td>0.076</td><td>-0.188**</td><td>1</td><td>0.048</td><td>-0.074</td><td>0.076</td><td>0.069</td><td>-0.064</td><td>0.033</td></tr>
<tr><td>显著性（双侧）</td><td>0.000</td><td>0.119</td><td>0.000</td><td></td><td>0.785</td><td>0.128</td><td>0.117</td><td>0.159</td><td>0.190</td><td>0.500</td></tr>
<tr><td>N</td><td>423</td><td>423</td><td>423</td><td>423</td><td>423</td><td>423</td><td>423</td><td>423</td><td>423</td><td>423</td></tr>
<tr><td rowspan="3">Pearson 相关性</td><td></td><td>-0.031</td><td>-0.013</td><td>0.048</td><td>1</td><td>-0.081</td><td>-0.014</td><td>0.016</td><td>-0.120*</td><td>0.042</td><td>0.394</td></tr>
<tr><td>0.123*</td><td>0.011</td><td>0.524</td><td>0.785</td><td>0.322</td><td></td><td>0.095</td><td>0.771</td><td>0.749</td><td>0.014</td><td>423</td></tr>
<tr><td></td><td>423</td><td>423</td><td>423</td><td>423</td><td>423</td><td>423</td><td>423</td><td>423</td><td>423</td><td></td></tr>
</table>

续表

相关性

| | | 年龄 | 教育程度 | 工作单位 | 职务级别 | 工作地点 | 预防腐败效果 | 是否侵犯隐私 | 实现途径 | 是否引起动荡 | 公示范围 |
|---|---|---|---|---|---|---|---|---|---|---|---|
| 预防腐败效果 | Pearson 相关性 | -0.154** | -0.037 | 0.080 | -0.074 | -0.081 | 1 | 0.058 | 0.002 | 0.143** | 0.004 |
| | 显著性(双侧) | 0.001 | 0.449 | 0.102 | 0.128 | 0.095 | | 0.237 | 0.968 | 0.003 | 0.927 |
| | N | 423 | 423 | 423 | 423 | 423 | 423 | 423 | 423 | 423 | 423 |
| 是否侵犯隐私 | Pearson 相关性 | 0.009 | 0.094 | -0.068 | 0.076 | -0.014 | 0.058 | 1 | 0.132** | 0.013 | -0.122* |
| | 显著性(双侧) | 0.846 | 0.052 | 0.165 | 0.117 | 0.771 | 0.237 | | 0.006 | 0.786 | 0.012 |
| | N | 423 | 423 | 423 | 423 | 423 | 423 | 423 | 423 | 423 | 423 |
| 实现途径 | Pearson 相关性 | 0.036 | -0.103* | 0.045 | 0.069 | 0.016 | 0.002 | 0.132** | 1 | -0.055 | -0.124* |
| | 显著性(双侧) | 0.463 | 0.034 | 0.358 | 0.159 | 0.749 | 0.968 | 0.006 | | 0.263 | 0.011 |
| | N | 423 | 423 | 423 | 423 | 423 | 423 | 423 | 423 | 423 | 423 |
| 是否引起动荡 | Pearson 相关性 | -0.147** | -0.002 | 0.022 | -0.064 | -0.120* | 0.143** | 0.013 | -0.055 | 1 | 0.172** |
| | 显著性(双侧) | 0.002 | 0.969 | 0.658 | 0.190 | 0.014 | 0.003 | 0.786 | 0.263 | | 0.000 |
| | N | 423 | 423 | 423 | 423 | 423 | 423 | 423 | 423 | 423 | 423 |
| 公示范围 | Pearson 相关性 | -0.103* | -0.012 | 0.065 | 0.033 | 0.042 | 0.004 | -0.122* | -0.124* | 0.172** | 1 |
| | 显著性(双侧) | 0.035 | 0.811 | 0.185 | 0.500 | 0.394 | 0.927 | 0.012 | 0.011 | 0.000 | |
| | N | 423 | 423 | 423 | 423 | 423 | 423 | 423 | 423 | 423 | 423 |

* 在0.05水平(双侧)上显著相关;** 在0.01水平(双侧)上显著相关。

别越高越怕公示，所谓高官也不认为财产申报侵犯了隐私并引起社会动荡。

（5）被调查者的工作地点与被调查者对官员财产申报是否引起社会动荡的观点之间存在明显相关关系。说明不同地区者对官员财产申报制度的看法是有区域性和差异性的。

（6）官员财产申报的实现途径、公示范围及官员财产申报制度是否引起社会动荡等问题的答案之间存在相关性。说明财产申报制度内容设计欠妥当与引起社会动荡存在密切相关性，如何设计一个中国特色的财产申报制度是我们理论工作者与实践者的共同任务。

## 四 结论

（一）是时候推行财产申报了

在目前反腐高压态势下，正是推进财产申报的有利时机（51.30%），如果财产申报制度运用得当，能增加反腐威力。调查表明，领导干部掌握公权有义务接受财产申报，应该相信绝大多数干部是廉洁自律的，实行财产申报可能会引起社会摩擦，但是不可能引起大的社会动荡，用承载一时政治负荷换取政治清明与赢得民心是值得的。

（二）从国家领导人做起，从中央到地方，自上而下推进更有效

希望国家领导人进行财产申报的占87.71%，赞成由中央高层带头逐步向下推进的占87.94%。然而，目前试点地区申报对象主要是新提拔、拟提拔的副科、科级干部，推进方式是以扩大试点单位，由县级试点上升到省级，继而全面推开。当前做法似乎更为稳妥，更被高层管理接受。而调查结果也许为日后快速推进财产申报制度提供了一条"高速通道"。

（三）不照搬欧美制度模式，建设中国特色财产申报制度

认为需要建设中国特色财产申报制度的占82.03%，照搬欧美版的财产申报制度的只获得9.46%的认可。说明将西方财产申报制度作为构建我国财产申报制度的基本参数，动辄用西方制度内容、立法模式的尺度衡量我国财产申报的思维方式是当前理论研究的"偏好"和问题。30年来财产申报立法无结果的事实说明照搬西方是行不通的，我国财产申报法律制度建设必须坚持"中国特色"。同时，调查表明应当吸取港澳台制度的建设经验。

#### (四) 成立财产申报专门受理核查监督机构，建立中国特色财产申报审计制度

2014年有记者回访了浙江慈溪市、宁夏银川市、宁夏青铜峡市的财产申报实施效果，三地皆回复"零投诉、零异议"。"零投诉、零异议"并不是"零问题"，它折射了财产申报制度实施过程中的瓶颈问题。当问及财产申报制度漏洞时，有23.50%的受访者认为制度设计有问题，尤其是缺乏监督核查机制（29.42%）。认为财产申报制度创新最需要加强核查环节的占59.10%，其次是公示环节的占17.49%。因此，必须成立专门的财产受理核查监督机构，由纪检、监察、组织、人事、审计及社会监督力量共同承担，从而保证财产监督的独立、有效性，并建立申报材料真实性审计，由国家审计部门负责核查工作，可以采用先部分抽查再推广至全部审计的方法。

#### (五) 加强财产申报问责机制建设，对不实申报者必须先停职或免职再查处

目前财产申报制度对不实申报处罚过轻，"对于初次申报不规范、漏报或瞒报的申报人，由领导小组办公室负责人或主管部门负责人对其教育谈话后进行再次申报，如仍不按规定申报的，给予批评教育、限期改正、责令做出检查、通报批评等处理"[①]。但是，在财产申报取得成功的关键因素调查中，除了要求建立财产申报核查机制外，建立责任追究机制的呼声较高（18.26%）。有74%的被调查者认为，对不实申报的应当零容忍，严厉处罚，触犯刑法要移交司法部门。认为通报批评记过的只占22.46%。轻微处罚、责令重新填报仅占3.54%。因此，必须建立申报问责机制，对于虚假申报和隐瞒申报的一律先停职经调查核实确有虚假和隐瞒的，对其调整工作岗位或免职，构成违纪的按有关规定给予纪律处分，构成犯罪的移交司法机关处理。

#### (六) 由局部公示推进到网上公示，减少内部公示

中国特色财产申报制度要加强核查（59.1%）与公示环节（17.49%）得到大家认同。如何公示？选择在一定范围内公示的占

---

[①]《掇刀区领导干部财产申报与公开办法（试行）》（2012）第八条规定。

51.77%，说明大多数人基于中国实际考量，赋予申报单位一定自由行政裁量权，并不是一味要求全部申报材料网上公示。但是，呼吁网上公示的比例也不可低估，占35.46%。赞同内部公示的只占8.27%。因此，当下一些试点地区财产申报内部公示的做法过于保守，备受诟病，"能向纪委公示，为什么不能向老百姓公示"的疑问也就不足为奇了。

（七）界定灰色收入，解压财产申报人"心病"

财产申报人纠结的是灰色收入不好界定的占26.05%。如实填，灰色收入属于申报表格中的哪一类？不如实填，则有可能属于"不实申报"受处罚。一般认为"黑色收入"是不法收入，"白色收入"是公开透明的合法收入，"灰色收入"是介于这两者之间的收入。"灰色收入"的内涵很复杂，学界对"灰色收入"的定义也不统一，有的专家定义其为来路不明、没有记录在案、没有纳税、游离在申报之外的个人隐秘收入；也有认为是制度中没有明确规定，虽然渠道正当，但缺乏税务监管的收入。因此，财产申报事项需要对形成灰色收入的感谢费、劳务费、补贴之类的收入进行定性规范，同时对申报人隐秘不合法的、属于深灰偏黑色的收入，可以采取公布廉政专户，申报人如果主动上交，可减轻或免于处罚的办法，以此解压申报人"心病"。

（八）抓紧制定《国家公职人员财产申报法》，避免过多同质化试点

78.48%的被调查者认为我国目前应该加快出台《财产申报法》的步伐，而不是继续试点，认为继续试点的只有11.35%。1883年英国议会通过了世界上第一部财产申报法，至今这一被称为"阳光法案"的制度已经有百年历史，有近100个国家和地区将"官员财产申报制"立法。而我国30余年财产申报立法无结果[1]。2008年，俄罗斯总统梅德韦杰夫访华时曾对中国网民说："官员财产申报全世界都这么做，没什么特别的。"经济远落后于我国的柬埔寨也在官员财产申报制度建设上走在了我们前面，柬埔寨政府要求10万多名政府官员公布个人全部财产（2011年1月）。越南国会通过了《反腐败法》（2012年12月），要求公开越南高级官员个人财产

---

[1] 我国首提财产申报制度立法的是曾任全国人大常委会秘书长王汉斌（1987），距今已有30余年。

申报表。越南，一个与中国有着相同意识形态的国家，学习中国亦步亦趋。但是近年来，越南改革胆子大、步伐快。越南的成功经验告诉中国"师傅"，财产申报"条件不成熟论"或许是我们"心理不成熟"，决心不够大。

## 第二节　对财产申报灰色收入、多套房产的认知与容忍度问卷调查

"终日送往迎来，听戏宴会；大会每月都有，小应酬则日日不断；每次宴会，连戏价、备赏、酒支杂支，总在二百余金。"[①] 财产申报人灰色收入自古以来广泛存在于官场，时常成为公众热议话题。房地产领域是财产申报人腐败重灾区，财产申报人公示一套房产被公众认为不真实，四五套房产被认为是腐败。那么，在财产申报中，公众是如何看待财产申报人的灰色收入，灰色收入是否需要填表申报？财产申报人到底拥有多少房产是合适的，而不被认为是腐败？本节就财产申报人灰色收入、多套房产等问题，调查公众的主观认知以及容忍度，为完善我国财产申报制度提供决策依据。

### 一　问卷设计与数据采集

本次的问卷我们委托了 51 调查网进行付费调查[②]。问卷分为三大块，第一部分是基本信息部分，包括年龄、学历、工作性质、职位级别和所在地区，以了解调查对象。第二部分包括两个多选客观题和一个主观题，主要调查公众个人对财产申报人房产和存款情况的主观认知。第三部分是问卷的主体部分，以矩阵表格的形式具体量化容忍度。每一题都设置"1－10"的选项，以"1－10"为跨度标准，请被调查者结合自身情况对所列行为的容忍程度依次打分，"1"代表完全不容忍，"10"代表完全容忍。

---

[①] 张集馨：《道咸宦海见闻录》，中华书局 1981 年版。
[②] 51 调查网：也称我要调查网，是盖洛特市场研究有限公司旗下的网站，通过 Surveypark 在线调查系统平台独立运营的中国一家专业的自助网络调查互动门户网站。盖洛特是目前国内最具实力、最具规模的专业市场研究咨询公司之一。公司运营 Surveypark 在线调查系统、我要调查网（51 调查网）两个独立的网络平台，致力于打造中国最专业的在线问卷调查平台。

此次调查共有来自全国各地的835位网民参与填写,其中有效问卷为520份,问卷有效率为62%,其中89%的被调查人员的年龄分布在20—39岁;大部分被调查者的学历在中专以上,且本科和研究生人数过半;样本中被调查者工作单位是企业、事业单位、国家行政机关和政府部门和其他的所占比例分别为62.92%、15.99%、13.08%、4.83%和3.18%;公务员与事业单位人数占总的比例为37.08%,大部分职级为科员、副处、处级。统计样本分布合理,具有代表性。

## 二 公众对于财产申报人灰色收入、多套房产的主观认知

### (一) 公众对财产申报人灰色收入的认知

由于财产申报人所涉及的灰色收入名目繁多且难以辨认,法律也未对灰色收入的界定进行明文规定,部分公众对财产申报人灰色收入存在误解。因此调查设计问卷题目为"学者认为灰色收入是介于'合法收入'与'非法收入'之间的隐形经济收入,您认为以下哪几项属于财产申报人灰色收入",给出财产申报人除工资收入以外的7个收入形式,让被调查者进行多项选择,以期得出具体财产申报人灰色收入的性质及特征。统计得出问卷数据(如图3—6)。

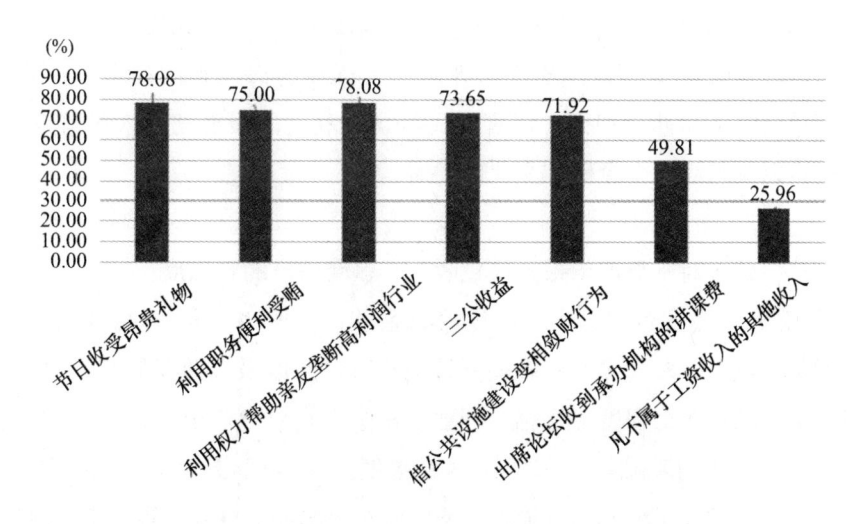

图3—6 公众对财产申报人灰色收入界定的认知

由图 3—6 可以看出，公众对于这一问题的作答给出了较多选择，其中公众对于财产申报人"节日收受昂贵礼物""利用职务便利受贿""利用权力帮助亲友垄断高利润行业""三公收益""借公共设施建设变相敛财行为"的选项占总体的比例都是 70% 以上。而对于财产申报人"出席论坛收到承办机构的讲课费"和"凡不属于工资收入的其他收入"这两个选项公众选择数目占总体较低，分别为 49.81% 和 25.96%，表明公众对于类似财产申报人兼职性质，用劳动换得的收入相对来说不认为是灰色收入，在一定程度上这种收入是可以接受的、合理的。因此，财产申报人灰色收入可分为两类，一类是以权谋私或为他人牟利的、侵害他人权利的非法所得；另一类财产申报人灰色收入是财产申报人按劳所得的合法收入。

（二）公众对财产申报人多套房产的认知

从问卷结果来看，公众认为财产申报人拥有不合理的存款及多处房产的原因是：社会监督体系不够完善、财产申报体系以及其他相关法律制度不够完善、社会风气的影响、法律法规存在漏洞、个别财产申报人的个人素质低、个别财产申报人思想认识不足、权力寻租、公务员工资偏低以及传统文化的影响。

（三）公众认为财产申报人有灰色收入、多套房产的危害

从调查结果中可知，公众认为的危害按其所占比重的高低依次为：破坏社会公平和社会和谐、侵害人民群众的利益、损害党在人民群众中的威信以及阻碍社会经济和文化的发展。

### 三 公众对于财产申报人灰色收入、多套房产的容忍度

"容忍"是宽容和忍耐、不计较的意思。"度"表示一种具体程度。所谓灰色收入、多套房产容忍度就是公众对财产申报人拥有的灰色收入、多套房产能在多大程度上宽容、理解，是个人在对财产申报人灰色收入、多套房产认知的基础上形成的可容忍限度。容忍度均值的计算方法是：将问卷题目做成了 1—10 级量表，请网民对每题评估打分，容忍度均值计算借助 EXCEL，公式为：$\bar{m} = \sum_{i=1}^{n} m_i / n$。

表 3—21　　　　　　　　容忍程度量表设计

| 分值 | 1 | 2 | 3 | 4 | 5 | 6 | 7 | 8 | 9 | 10 |
|---|---|---|---|---|---|---|---|---|---|---|
| 代表意义 | 绝对不能容忍 | 不能容忍 | 基本上不能容忍 | 几乎不能容忍 | 介于两者之间 | 勉强可以容忍 | 几乎可以容忍 | 基本上都能容忍 | 可以容忍 | 完全可以容忍 |

（一）公众接受的灰色收入不超过工资收入的50%

将不同灰色收入占财产申报人工资比例大小划分为三个区间，分别是20%—50%、50%—100%和100%以上，统计公众可接受的容忍度，并将打分数据进行描述性统计，结果见表3—22。

表 3—22　　　　公众可接受的财产申报人灰色收入容忍度

| 项目 | 中位数 | 极小值 | 极大值 | 均值 | 标准差 |
|---|---|---|---|---|---|
| 在财产申报中，财产申报人灰色收入超过工资收入的20%—50%的容忍度 | 2 | 1 | 10 | 2.91 | 1.99 |
| 在财产申报中，财产申报人灰色收入超过工资收入的50%—100%的容忍度 | 2 | 1 | 10 | 2.43 | 2.00 |
| 在财产申报中，财产申报人灰色收入超过工资收入的100%以上的容忍度 | 1 | 1 | 10 | 2.02 | 1.99 |
| 平均值 | 1.67 | 1 | 10 | 2.45 | 1.84 |

由表3—22可以看出，财产申报人灰色收入超过工资收入的20%—50%的容忍度值为2.91，表示基本上不能容忍；财产申报人灰色收入超过工资收入的50%—100%的容忍度值为2.43，表示不能容忍；财产申报人灰色收入超过工资收入的100%以上的容忍度值为2.02，也表示不能容忍。因此，公众对不同金额大小的灰色收入普遍持低容忍水平，且财产申报人灰色收入金额的大小与公众容忍度水平呈反比，即金额越大，公

众的容忍度越低。公众较能够接受的财产申报人灰色收入金额是不超过工资收入比例50%以内。

（二）公众不能容忍的财产申报人的七种灰色收入

将7种涉嫌灰色收入行为在量表中排列并请网民评分，对数据进行描述性统计得到表3—23。

表3—23　　公众对灰色收入认定的描述性统计结果（N=520）

| 项目 | 均值 | 标准差 | 中位数 | 极小值 | 极大值 |
| --- | --- | --- | --- | --- | --- |
| （1）财产申报人在单位巧立名目、自发各种福利补助的容忍度 | 2.70 | 2.02 | 2 | 1 | 10 |
| （2）财产申报人为融入集体氛围而参与收取灰色收入的容忍度 | 2.60 | 1.95 | 2 | 1 | 10 |
| （3）执法者利用权力谋取个人收入做权力寻租行为 | 2.11 | 1.89 | 1 | 1 | 10 |
| （4）财产申报人为提拔下属明示或暗示收取礼金行为的容忍度 | 2.11 | 1.83 | 1 | 1 | 10 |
| （5）财产申报人用虚假票据报作灰色销收入的容忍度 | 2.23 | 1.84 | 1 | 1 | 10 |
| （6）党政财产申报人入股煤矿收益的容忍度 | 2.30 | 1.93 | 2 | 1 | 10 |
| （7）财产申报人为解决他人民生问题收取礼金作为灰色收入的容忍度 | 2.36 | 2.05 | 1 | 1 | 10 |
| 平均值 | 2.34 | 1.71 | 1.71 | 1 | 10 |

调查结果显示，7种财产申报人灰色收入行为公众的容忍度均值普遍在2.1—2.7之间，说明：（1）公众不能容忍单位巧立名目、自发各种福利补助作为灰色收入（容忍度值为2.70均值）；（2）公众基本上不能容忍财产申报人为融入集体氛围而参与收取灰色收入行为（容忍度值为2.60均值）；（3）公众不能容忍执法者利用权力谋取个人收入做权力寻

租行为（容忍度值为2.11均值）；（4）公众不能容忍财产申报人为提拔下属明示或暗示收取礼金行为（容忍度值为2.11均值）；（5）公众不能容忍财产申报人用虚假票据报销作灰色收入（容忍度值为2.23均值）；（6）公众不能容忍党政财产申报人入股煤矿收益的行为（容忍度值为2.30均值）；（7）公众不能容忍财产申报人为解决他人民生问题收取礼金作为灰色收入（容忍度值为2.36均值）。

（三）公众对财产申报人多套房产和存款的容忍度

根据公众打分情况，数据统计结果见表3—24。

表3—24　　　公众对财产申报人多套房产和存款的容忍度

| 评价指标 | 容忍度均值 |
| --- | --- |
| 1. 对财产申报人多套房的"房姐""房叔"现象的容忍度 | 2.19 |
| 2. 在财产申报中，对不公开房产、存款和收入的容忍度 | 2.53 |
| 3. 在财产申报中，对财产申报人拥有3—4处房产的容忍度 | 2.73 |
| 4. 在财产申报中，对财产申报人拥有5—6处房产的容忍度 | 2.21 |
| 5. 在财产申报中，对财产申报人拥有7处以上房产的容忍度 | 1.93 |
| 6. 对出售房产不申报的容忍度 | 2.73 |
| 7. 在财产申报中，对财产申报人有境外存款的容忍度 | 2.35 |
| 8. 对财产申报人的余额宝等个人电子银行存款不申报的容忍度 | 3.00 |
| 9. 在财产申报中，对财产申报人存款超过年收入的20%—40%的容忍度 | 3.35 |
| 10. 在财产申报中，对财产申报人存款超过年收入的40%—60%的容忍度 | 2.70 |
| 11. 在财产申报中，对财产申报人存款超过年收入的100%以上的容忍度 | 2.09 |
| 12. 在财产申报中，将自己的存款和房产转移到亲戚名下的容忍度 | 2.13 |
| 13. 财产申报人等级越高，越不能容忍财产申报错误，财产申报人等级越低，对财产申报错误容忍度较高 | 2.69 |
| 14. 只要不影响我的利益，财产申报人房产、存款多寡与我无关 | 2.60 |
| 15. 财产申报表格的设置存在漏洞的容忍度（例如表格太短财产申报人大多不够填房产数） | 2.57 |

1. 公众对财产申报人多套房产和存款不能容忍态度

从表3—24中可以看出，每一题的平均容忍度数值都在"2"分上下略有波动，这说明公众都不能容忍以下行为：（1）公众不能容忍拥有多套房的"房叔""房姐"；（2）不能容忍在财产申报中，财产申报人不公开自己的房产、存款和收入，不申报余额宝等个人电子银行存款；（3）不能容忍财产申报人出售房产而不申报；（4）不能容忍财产申报人拥有境外的房产和存款；（5）不能容忍财产申报人将自己的财产转移至亲戚名下不申报；（6）财产申报人职务的级别越高，越不能容忍其财产申报错误；（7）财产申报人房产、存款申报多寡并非与公众无关。

2. 公众对财产申报人3—4套以上房产不能容忍

在财产申报中，对于财产申报人拥有3—4处以上房产的情况，公众都是不能容忍的。而且随着财产申报人拥有房产数量增加，公众的容忍度在下降，尤其是当财产申报人拥有7处以上房产的时候，公众的容忍度降至1.93，表现出极度不能容忍。因此，公众对财产申报人拥有房产数认可在1—2套。

3. 公众对于财产申报人存款超过其年收入的40%—60%以上的情况不能容忍

在财产申报中，对于财产申报人存款超过其年收入的40%—60%以上的情况，公众态度是不能容忍（2.7）；随着超过年收入的比例增加，公众的容忍度在降低，财产申报人存款超过年收入的100%以上，公众的容忍度下降为2.09；公众只接受其存款不超过年收入的20%—40%的情况（3.35）。

### 四 结论

从调查结果看，公众对财产申报人的灰色收入、持有多套房产是低容忍的。由于公众只接受财产申报人存款不超过年收入的20%—40%的情况，以及容忍拥有房产数在1—2套。那么，在财产申报人财产申报中，对于超过年收入20%—40%、拥有3—4套以上房产的财产申报人，将被公众"认定"有腐败嫌疑。因此，需要重视财产申报制度的顶层设计。对于持有年收入过高、多套房产的申报人员，在申报表格设计中需要留栏自证说明，并加强申报材料的真实性审计。一方面，消除公众怀疑和误解，另一方面，也可还那些有正当收益而又有担心的财产申报人清白。容忍具有潜藏性和渗透性、默许等心理因素，一般较少直接表现，但是很可能在社会日常生活中通过网络形式发酵传播，我们不可等闲视之。

# 第四章

# 中外财产申报制度比较：基于制度文本的实证研究

## 第一节 国外财产申报制度研究：基于 14 份制度文本词频统计分析

运用词频统计方法，以国外具有代表性意义的 11 个国家共 14 份制度文本为样本数据，利用词频统计 ROSTCM 6 软件分词和统计功能进行分析，并在此基础上将国外制度与国内制度文本按照财产申报制度四个环节进行共性和差异分析，以便对中国特色财产申报审计制度设计有所裨益。

### 一 词频统计方法

词频统计（Word Frequency Count）是通过统计一定范围的语言材料中每个词出现的频数，对数据统计结果进行分析，描述词汇规律，进而分析所研究对象的一种词汇分析方法。词频统计系统主要包括预处理、词频统计、切分和词典生成三大模块，首先预处理阶段，利用显示（空格、分段符等）和隐示（标点符号、数字、ASCII 字符以及出现频率高、构词能力差的单字词）的切分标记将待分析的文本切分成短的汉字串。然后通过词频统计模块统计复音节词出现的频率，并计算出相应的统计信息。最后根据词频统计模块得到的统计信息，用切分模块对文档进行分割，并将切分出的词语存入文档中，而且将词语出现的频数一同存入文档中，进行相应目标分析。

词频统计作为一种基本的选词方法，用于发现词汇规律，起初被应用于语言学领域，随后逐渐运用于统计学科、情报学科、计算著作家的风格科学及其他的一些领域。马玉慧、周越等（2009）认为单纯依靠统计关键词出现的频率及其变化并不能够揭示学科各个研究方向详细的演变发展历程，但通过词频统计分析过程至少可以看到一个学科研究发展过程的概貌，不失为一种有效的方法。张一兵提出词频统计是对深度文本学研究进行辅助说明的一个实证科学工具性手段，他在马克思思想史研究中引入了这种文献计量学方法，分析出 1845 年马克思思想发生第二次转变中，人本主义哲学话语与历史唯物主义的科学理论交接在主导性概念词频发生的多重"断裂性"峰值，为提出"马克思第二次思想转变说"提供了一个全新的思考维度①。经 CNKI 检索，目前尚无对财产申报制度文本进行词频统计分析的文献。

**二 研究设计**

1. 文本选择。

根据网上检索以及图书馆资源的查找，搜寻到 14 份完整的国外财产申报法律文本，包括发展中国家 5 份，发达国家 9 份，对财产申报的对象、内容、流程等方面进行统计分析，具体文本见表 4—1。

2. 分词标准。

本研究选择 ROSTCM 6 软件来对财产申报的制度文本进行分词。利用软件进行分词后会形成单音节词和复音节词。经比对制度文本，发现单音节词多为"的、或、该、可、在、于、内、按、并、等"这些词，对于制度文本的分析没有实质意义，在词频统计后进行剔除，只选用复音节词进行分析。

---

① 张一兵：《学术文本词频统计：马克思哲学思想史研究中的一个新视角》，《马克思主义研究》2012 年第 9 期。

表 4—1　　　　　　　　14 份国外财产申报法律样本

| 国家分类 | 时间 | 文件名称或事件 | 国家 | 备注 |
|---|---|---|---|---|
| 发达国家 | 1993 年 3 月 | 《新加坡防治腐败法》 | 新加坡 | / |
| | 1988 年 3 月 | 《法国关于政治生活财产透明度的法律》 | 法国 | / |
| | 1994—2008 年 | 《澳大利亚参议员个人利益登记与申报规定》 | 澳大利亚 | / |
| | 1978 年 | 《美国 1978 年政府道德法》 | 美国 | 1979 年 1 月 3 日施行 |
| | 1999 年 | 《美国〈地方政府法典〉县政府官员与职员的财务公开》 | | 1999 年 9 月 1 日施行，12 月 30 日修订 |
| | 1999 年 8 月 | 《日本国家公务员伦理法》 | 日本 | 1999 年 10 月修订 |
| | 1994 年 10 月 | 《日本公开东京都知事的资产等确定政治伦理条例》 | | 1995 年 1 月 1 日实施 |
| | 1994 年 7 月 | 《日本公开东京都议员的资产等确定政治伦理条例》 | | 1995 年 1 月 1 日实施 |
| | 1981 年 12 月 | 《韩国公职人员伦理法》 | 韩国 | 1994 年 12 月 31 日施行 |
| 发展中国家 | 1993 年 10 月 | 《巴西立法、行政、司法部门高级官员财产申报法》 | 巴西 | / |
| | 1995 年 | 《坦桑尼亚联邦共和国公共领导职位道德规范》 | 坦桑尼亚 | / |
| | 2008 年 12 月 | 《俄罗斯财产申报相关法律》 | 俄罗斯 | 各相关法律整合 |
| | 1995 年 6 月 | 《土耳其财产申报与反贿赂腐败法》 | 土耳其 | 1995 年 6 月 27 日生效 |
| | 2005 年 11 月 | 《越南社会主义共和国反贪污腐败法》 | 越南 | 2012 年 11 月 23 日修订 2013 年 2 月 1 日实施 |

3. 数据处理。

选择具有代表性意义的 11 个国家共 14 份制度文本为样本来源，从发达国家和发展中国家进行样本分类，运用 ROSTCM 6、Microsoft Office 2007 版等软件进行数据处理工作，统计这些文本每个词语出现的频数、频率，进而统计高频词汇，并在此基础上按照财产申报制度的四个环节进行分类，进行共性和差异分析。

（1）由于发展中国家和发达国家在财产申报制度建设方面完善程度与时间先后不同，本研究将 14 份财产申报制度文本分为发达国家 9 份、发展中国家 5 份进行分析。（2）利用 ROSTCM6 软件对分类后的制度文本进行分词。（3）删除文本分词中没有意义的词语，并将一些词语进行合并。（4）将分词后的结果进行词频统计。（5）将统计结果汇总，利用 EXCEL、ACCESS 等软件进行后续分析，例如利用 ACCESS 关联表进行共性和差异分析。

### 三 国外财产申报制度词频统计

针对发展中国家和发达国家 14 份制度文本进行词频统计（因篇幅量大，此处省略）。所统计出的高频词区（频数为 3 以上的词语）可以发现，发展中国家和发达国家财产申报制度的建设重点，进而从共有词与差异词分析得出相关国外财产申报制度的共同点与不同特色。

（一）发展中国家高频词分析

经统计列出发展中国家制度文本的高频词分布，见表 4—2。

表 4—2　　　　　　　　发展中国家制度文本高频词分布

| 环节 | 分类 | 词条 | 词频 | 环节 | 分类 | 词条 | 词频 |
|---|---|---|---|---|---|---|---|
| 申报环节 | 申报主体 | 联邦 | 270 | 申报环节 | 申报内容 | 不动产 | 3 |
| | | 职务 | 128 | | | 动产 | 3 |
| | | 公共 | 92 | | | 补助 | 3 |
| | | 领导人 | 66 | | | 馈赠 | 3 |
| | | 总统 | 62 | | | 房屋 | 3 |
| | | 国家机关 | 29 | | | 车辆 | 3 |
| | | 主席 | 25 | 监督环节 | 申报机构 | 审计 | 56 |
| | | 内务部 | 21 | | | 检察院 | 30 |
| | | 共和国 | 19 | | | 检察长 | 32 |
| | | 国有 | 17 | | | 检举 | 23 |
| | | 助理 | 14 | | | 侦察 | 3 |
| | | 副总统 | 11 | | | 审计长 | 3 |
| | | 海关 | 9 | | | 大法官 | 3 |
| | | 局长 | 5 | | | 人事部门 | 3 |
| | | 总经理 | 5 | | | 司法部门 | 3 |
| | | 校长 | 4 | | 申报程序 | 提交 | 52 |

续表

| 环节 | 分类 | 词条 | 词频 | 环节 | 分类 | 词条 | 词频 |
|---|---|---|---|---|---|---|---|
| 申报环节 | 申报主体 | 审计长 | 4 | 监督环节 | 申报程序 | 调查 | 12 |
| | | 建设局 | 3 | | | 审查 | 7 |
| | | 村长 | 3 | | | 监督 | 7 |
| | | 村委会 | 3 | | | 检查 | 6 |
| | | 县长 | 3 | | | 调查员 | 5 |
| | 申报主体范围 | 配偶 | 29 | | | 预审 | 5 |
| | | 未成年子女 | 21 | | | 申报表 | 4 |
| | | 女婿 | 4 | 公示环节 | 申报公示 | 公布 | 9 |
| | | 直系亲属 | 3 | | | 秘密 | 6 |
| | | 近亲属 | 3 | | | 公示 | 5 |
| | 申报事项 | 联姻 | 4 | 问责环节 | 申报责任追究机制 | 刑事 | 13 |
| | | 婚姻 | 1 | | | 有期徒刑 | 5 |
| | 申报时间 | 年度 | 7 | | | 监禁 | 5 |
| | | 每年 | 5 | | | 逮捕 | 5 |
| | | 变化 | 4 | | | 没收 | 4 |
| | 申报内容 | 收入 | 68 | | | 解职 | 4 |
| | | 债券 | 63 | | | 警告 | 4 |
| | | 债务 | 12 | | | 拘留 | 3 |
| | | 有价证券 | 12 | | | 开除 | 3 |
| | | 礼物 | 6 | | | 扣押 | 3 |
| | | 股票 | 5 | | | 终身 | 3 |
| | | 礼品 | 5 | | | 服刑 | 3 |
| | | 非法所得 | 4 | | | 罚款 | 3 |
| | | 退休金 | 4 | | | | |

由表 4—2 可以看出：

1. 申报主体主要是指具有一定职务的人员，但职务级别各国差距较大。

"联邦""职务""公共""领导人""总统""国家机关""主席""内务部""共和国""国有""助理""副总统""海关""局长""总经理""校长""审计长""建设局""村长""村委会""县长"词频分别出现了 270 次、128 次、92 次、66 次、62 次、29 次、25 次、21 次、19 次、17 次、14 次、11 次、9 次、5 次、5 次、4 次、4 次、3 次、3 次、3 次、3 次。申报主体主要是指具有一定职务的人员，但职务级别各国差距较大。包括联邦共和国总统、副总统；越南国有企业领导干部；俄罗斯海关局局长、副局长助理；各主体检察院检察长、与其享有同等地位的军事检察长及其他专业性质检察长的助理;检察院下属的侦查委员会主席助理以及侦查委员会下设的局和科;坦桑尼亚政府控股的法人机构的主席、总经理。其中也不乏有低级别申报,例如,土耳其规定财产申报对象包括"通过各种选举进入工作领导岗位的国家公职人员,委任的部长委员会成员(包括村长和村委会成员)"①。坦桑尼亚规定"公共领导人"包括管理员和审计长②。

2. 各国申报主体范围较广,甚至包括近亲属。

"配偶""未成年子女""女婿""直系亲属""近亲属"词频分别出现了29次、21次、4次、3次、3次。财产申报主体涉及范围包括直系亲属及近亲属。例如,土耳其规定"共和国检察官在展开调查时,若发现可证明检举属实的证据,并得到嫌疑人转移非法所得的证据,可以对与嫌疑人有两级血缘或联姻关系的人员财产申报情况进行调查,如配偶或女婿"③。

3. 申报内容从"收入"、"债务"到"非法所得"。

"收入""债券""债务""有价证券""礼物""股票""礼品""非法所得""退休金""不动产""动产""补助""馈赠""房屋""车辆"词频分别为68次、63次、12次、12次、6次、5次、5次、4次、4次、3次、3次、3次、3次、3次、3次。

4. 申报时间以"年度"为主。

"年度""每年""变化"词频分别出现7次、5次、4次。财产申报按年度进行;申报人财产状况发生重大变化的一定时期内。例如,土耳其规定"财产申报材料需注意以下事项以及申报期限:财产状况出现重大变化的1个月内需提交财产申报,否则将被解职"④。越南规定"申报人员向工作所在的机关、组织或单位按年度申报,最迟每年的12月31日以前完成"⑤。

---

① 《土耳其财产申报与反贿赂腐败法》(1995.6) 第7条之(a)。
② 《坦桑尼亚联邦共和国公共领导职位道德规范》(1995.12) 第一章第4条之(14)。
③ 《土耳其财产申报与反贿赂腐败法》(1995.6) 第19条。
④ 《土耳其财产申报与反贿赂腐败法》(199506) 第6条之(d)。
⑤ 《越南社会主义共和国反贪污腐败法》(2005.11) 第46条第1款。

5. 监督环节强调审计与检查部门监控，但未必进行材料真实性审核。

"审计""检察院""检察长""检举""侦查""审计长""大法官""人事部门""司法部门"词频分别出现56次、30次、32次、23次、3次、3次、3次、3次、3次，强调"审计""检察""监督"。例如，巴西规定"申报人应立即将申报表的副本寄送给联邦审计法院，以便联邦审计法院可以在每一权力机构内部监督系统的支持下，对这些财产和收入的合法性和是否符合法律规定进行监督"①。

6. 各国公开程度不一，从全面公示到有限公示。

"公布""秘密""公示"分别出现9次、6次、5次。例如，俄罗斯规定"正担任俄罗斯联邦国家职务的人员，其配偶和未成年子女的个人收入、财产和财产性的债券信息，根据俄罗斯联邦总统2009年5月18日通过的第N561号命令批准的程序，在相应的联邦国家机关和俄罗斯联邦各主体国家机关的官方网站上公布，如果相应的国家机关官方网站上没有上述信息时，应在全俄罗斯大众传播媒体的要求下向其提交，之后由其公布"②。土耳其规定"根据特殊法的规定，财产申报材料秘密登记，并存储于特别文档中。有关申报材料内容，除相关自然人、法人或公众机构组织必须向该法律进行调查诉讼的相关人员、财政部首席法律顾问处和诉讼管理总局、有关代表，以及本法律规定的其他部门提交的申报材料外不得以任何方式公开，此外含有财产申报相关信息和记录的内容不得公开"③。

7. 问责环节从追究行政责任到刑事责任。

"刑事""有期徒刑""监禁""逮捕""没收""解职""警告""拘留""开除""扣押""终身""服刑""罚款"词频分别出现13次、5次、5次、5次、4次、4次、4次、3次、3次、3次、3次、3次、3次，包括刑事、有期徒刑、监禁、逮捕、没收、解职、警告、罚款等。例如，土耳其财产申报法指出"根据法律规定者不需更重处罚时，进行虚假申报的人员可被处以6个月至3年的有期徒刑；非法获取、转移或者藏匿财产的人

---

① 《巴西立法、行政、司法部门高级官员财产申报法》（1993.10）第1条第7款之（2）。
② 《俄罗斯财产申报相关法律》（2008.12）第三章第12条。
③ 《土耳其财产申报与反贿赂腐败法》（1995.6）第二章第9条。

员可被处以 3 至 5 年有期徒刑，并处以 500 万至 1000 万里拉的罚款"①。

从高频词分析，一是各国申报主体不一，土耳其申报主体范围广泛，上至共和国总统下至村长都需要进行财产申报。二是巴西申报监督机构独特，申报材料送审计法院，但是否每份财产必审就不得而知了。三是各国申报公示范围各有规定，并非全部公示。俄罗斯采用互联网和媒体公示；而土耳其除个别规定外，其余采取秘密申报，不对外公开。四是问责环节惩治手段多样化，违规处罚严厉，包括经济处罚、刑事追究。问责环节呈现"警告""没收""罚款""逮捕""监禁""有期徒刑"等词语。例如越南财产申报法规定"有管辖权的机关、组织必须采取各种必要措施收回、没收贪污腐败财产"②。

（二）发达国家高频词分析

经统计列出发达国家制度文本的高频词分布，见表4—3。

表4—3　　发达国家制度文本高频词分布

| 环节 | 分类 | 词条 | 词频 | 环节 | 分类 | 词条 | 词频 |
| --- | --- | --- | --- | --- | --- | --- | --- |
| 申报环节 | 申报主体 | 委员会 | 178 | 申报环节 | 申报主体范围 | 舅父母 | 3 |
| | | 官员 | 92 | | 申报时间 | 年度 | 65 |
| | | 议员 | 79 | | | 每年 | 19 |
| | | 参议员 | 76 | | | 变化 | 10 |
| | | 公务员 | 69 | | | 次年 | 3 |
| | | 东京都 | 41 | | 申报内容 | 收入 | 58 |
| | | 总统 | 26 | | | 礼品 | 53 |
| | | 县政府 | 24 | | | 馈赠 | 35 |
| | | 知事 | 22 | | | 债务 | 35 |
| | | 总长 | 13 | | | 不动产 | 30 |
| | | 署长 | 7 | | | 股票 | 23 |
| | | 管理人 | 6 | | | 遗嘱 | 6 |
| | | 学长 | 5 | | | 汽车 | 4 |
| | | 参议长 | 5 | | | 债券 | 3 |
| | | 国家机关 | 5 | | | | |
| | | 国务委员 | 5 | | | | |
| | | 众议员 | 5 | | | | |

---

① 《土耳其财产申报与反贿赂腐败法》（1995.6）第三章第 12 条和第 13 条。
② 《越南社会主义共和国反贪污腐败法》（2005.11）第 70 条第 1 款。

续表

| 环节 | 分类 | 词条 | 词频 | 环节 | 分类 | 词条 | 词频 |
|---|---|---|---|---|---|---|---|
| 申报环节 | 申报主体 | 专科 | 3 | 申报环节 | 申报内容 | 分红 | 3 |
| | | 总经理 | 3 | | | 红利 | 3 |
| | | 理事会 | 3 | | | 旅行 | 3 |
| | | 县长 | 3 | | | 养老金 | 3 |
| | 申报主体及范围 | 配偶 | 89 | | | 房产 | 3 |
| | | 子女 | 52 | | | 工艺品 | 3 |
| | | 姐妹 | 12 | | | 非法所得 | 3 |
| | | 继父 | 9 | | 申报机构 | 监督 | 32 |
| | | 继母 | 9 | 监督环节 | | 检察官 | 31 |
| | | 姨丈 | 6 | | | 法官 | 27 |
| | | 祖母 | 6 | | | 审计 | 15 |
| | | 祖父 | 6 | | | 审计长 | 8 |
| | | 姑丈 | 6 | | | 审查会 | 7 |
| | | 抚养人 | 6 | | | 大法官 | 5 |
| | | 叔父 | 3 | | | 司法官 | 4 |
| | | 叔公 | 3 | | | 审议官 | 3 |
| | | 岳父 | 3 | | 申报程序 | 提交 | 245 |
| | | 岳母 | 3 | | | 申报 | 73 |
| | | 未婚夫 | 3 | | | 审查 | 14 |
| | | 未婚妻 | 3 | | | 申报单 | 13 |
| | | 兄弟 | 3 | | | 检举 | 8 |
| | | 堂兄弟 | 3 | | | 申请 | 7 |
| | | 表兄弟 | 3 | | | 裁决 | 5 |
| | | 姐夫 | 3 | | | 申诉 | 5 |
| | | 妹夫 | 3 | 公示环节 | 申报公示 | 公布 | 4 |
| | | 外甥 | 3 | 问责环节 | 申报责任追究机制 | 罚款 | 29 |
| | | 女婿 | 3 | | | 刑事 | 26 |
| | | 侄子 | 3 | | | 监禁 | 12 |
| | | 侄女 | 3 | | | 拘役 | 11 |
| | | 孙女 | 3 | | | 罚金 | 11 |
| | | 父亲 | 3 | | | 惩罚 | 10 |
| | | 母亲 | 3 | | | 惩戒 | 7 |
| | | 父兄 | 3 | | | 扣押 | 5 |
| | | 姑婆 | 3 | | | 逮捕 | 5 |
| | | 姑母 | 3 | | | 停职 | 5 |
| | | 婶婆 | 3 | | | 降职 | 5 |
| | | 婶母 | 3 | | | 逮捕令 | 4 |
| | | 姨婆 | 3 | | | 警告 | 4 |
| | | 姨母 | 3 | | | 索赔 | 4 |
| | | 伯母 | 3 | | | | |
| | | 伯父 | 3 | | | | |

从表4—3中可以看出：

1. 财产申报主体上至总统下至县官、部门经理。

"委员会""官员""议员""参议员""公务员""总统""县政府""知事""总长""署长""管理人""学长""参议长""国家机关""国务委员""众议员""专科""总经理""理事会""县长"词频分别出现了178次、92次、79次、76次、69次、26次、24次、22次、13次、7次、6次、5次、5次、5次、5次、5次、3次、3次、3次、3次。其中主要有总统、国务总理、国务委员、国会议员、国家安全企划部部长及副部长、司法部门、教育、消防等国家公务员；新加坡政府部门、科室或机构的主管人员，公众团体的总经理、主任、经理或行政主管；美国县法官、县长或者县检察长的候选人；日本东京都知事；新加坡大学院长、大学校的学长及专科大学长；美国的县审计长、县检察长。例如，美国规定"其他县政府官员和职员的财务公开"，本节中，"县政府官员"指县警察局长、县税收评估员/（征收员）、县书记员、区书记员、县财务长、县审计长或县采购员[①]。

2. 申报主体范围包括直系亲属及近亲属。

"配偶""子女""姐妹""父亲""母亲""祖父""祖母""孙女""伯父""伯母""叔父""叔公""姑母""舅父母""姨母""外甥""堂兄弟""表兄弟""妹夫""女婿"词频分别为89次、52次、12次、3次、3次、6次、6次、3次、3次、3次、3次、3次、3次、3次、3次、3次、3次、3次、3次、3次，即包括直系亲属及近亲属，直系亲属包括三代以内的父母、祖父母、子女、孙子女；亲属包括其他三代以内的旁系血亲，如兄弟姐妹、伯父母、叔父、叔公、姑丈、姑母、舅父母、姨母、侄子女、外甥、堂表兄弟。例如，韩国规定"申报义务者应登记的财产为下列各项中规定的人员所具有的财产（不论所有者名义，包括事实上所具有的财产和向非营利性法人捐赠的财产和境外财产）包括本人、配偶、直系亲属，除出嫁女儿、外祖父母、外孙子女外，若登记义务者由于婚姻而入籍到妻子或丈夫家，还应包含配偶的直系亲属"[②]。

---

① 《美国〈地方政府法典〉县政府官员与职员的财务公开》（1999.9）第（二）节第（一）条。
② 《韩国公职人员伦理法》（1981.12）第4条第1款。

3. 申报时间从年度到次年。

"年度""每年""变化""次年"词频分别为65次、19次、10次、3次。其中主要为年度申报，财产状况发生重大变化的一定时期内。例如澳大利亚规定"完全或主要依靠参议员抚养的子女的应登记利益；该登记表的提交应遵循本决议，提交格式不定，由参议员利益委员会具体制定。如应登记利益出现变化，应在出现变化之后的35天内通知参议员个人利益登记员"①。

4. 申报内容细化到"旅行"和"工艺品"。

"收入""礼品""馈赠""债务""不动产""股票""遗嘱""汽车""债券""分红""红利""旅行""养老金""房产""工艺品""非法所得"词频分别为58次、53次、35次、35次、30次、23次、6次、4次、3次、3次、3次、3次、3次、3次、3次。主要有收入、礼品、馈赠、债务、不动产、有价证券、遗嘱等的申报。

5. 强调监督但未必有真实性审核。

"监督""检察官""法官""审计""审计长""审查会""大法官""司法官""审议官""提交""申报""审查""申报单""检举""申请""裁决""申诉"词频分别为32次、31次、27次、15次、8次、7次、5次、4次、3次、245次、73次、14次、13次、8次、7次、5次、5次。查阅相关文本，此处"监督""审核"并不是说这些国家建立了审计监督环节，特此说明。

6. 公示频次不高。

"公布"出现4次，频度不高，说明各国财产申报并未全面要求公开，既有全部公开，也有有限公开。

7. 问责形式多样，既有追究刑责严厉，也有罚款了事的。

"罚款""刑事""监禁""拘役""罚金""惩罚""惩戒""扣押""逮捕""停职""降职""逮捕令""警告""索赔"词频分别为29次、26次、12次、11次、11次、10次、7次、5次、5次、5次、5次、4次、4次、4次。例如，新加坡规定"为自己或他人利益，从他人处非法

---

① 《澳大利亚参议员个人利益登记与申报规定》（1994.12）第1条第（1）款之（ii）。

收受、取得、同意接受并企图获得任何贿赂,并以此作为诱因或酬金,而在其委托人的事务或业务范围内,为或不为一定现实的或预计的行为,或在其委托人的事务或业务范围内,表现出或不表现出对某人赞赏与厌恶的任何代理人,将构成犯罪,处以10万加元以下的罚款,或5年以下监禁,或二者并罚"[1]。

（三）共有词分析

通过词频统计获得词表一共有1418个词语,其中327个不重复词语,词表二有2691个词语,其中有698个不重复词语。使用ACCESS表得到两个词表的关联表,发现两个词表中有103个共有词,详见表4—4。

表4—4　　发展中国家和发达国家制度文本共有词词频统计结果[2]

| 环节 | 分类 | 词条 | 词表一词频 | 词表二词频 | 环节 | 分类 | 词条 | 词表一词频 | 词表二词频 |
| --- | --- | --- | --- | --- | --- | --- | --- | --- | --- |
| 申报环节 | 申报主体 | 联邦 | 270 | 23 | 申报环节 | 申报主体 | 不动产 | 3 | 30 |
| | | 职务 | 128 | 55 | | | 动产 | 3 | 8 |
| | | 总统 | 62 | 26 | | | 馈赠 | 3 | 35 |
| | | 机构 | 56 | 80 | | | 非法所得 | 4 | 3 |
| | | 政府 | 51 | 73 | | | 存款 | 2 | 25 |
| | | 委员会 | 51 | 178 | | | 报酬 | 1 | 25 |
| | | 机关 | 36 | 73 | | | 证券 | 1 | 11 |
| | | 委员 | 30 | 70 | | | 现金 | 1 | 12 |
| | | 主席 | 25 | 7 | | | 养老金 | 1 | 3 |
| | | 共和国 | 19 | 9 | | | 黄金 | 1 | 4 |
| | | 助理 | 14 | 7 | | | 赠送 | 1 | 4 |
| | | 公务员 | 13 | 69 | | | 汽车 | 1 | 4 |
| | | 行政 | 13 | 14 | | | 总收入 | 1 | 3 |
| | | 官员 | 12 | 92 | 监督环节 | 申报机构 | 法官 | 5 | 27 |
| | | 公职 | 11 | 141 | | | 法庭 | 36 | 4 |
| | | 法人 | 9 | 14 | | | 审计 | 56 | 15 |
| | | 政党 | 7 | 14 | | | 检察长 | 32 | 1 |
| | | 局长 | 5 | 35 | | | 检察官 | 5 | 31 |
| | | 国家机关 | 29 | 5 | | | 审理 | 3 | 6 |
| | | 领导 | 28 | 5 | | | 审计长 | 3 | 8 |
| | | 部长 | 13 | 5 | | | 大法官 | 3 | 5 |
| | | 主管 | 10 | 2 | | | 检察员 | 3 | 2 |

---

[1] 《新加坡防止腐败法》(1993.03) 第6条之 (a)。
[2] 词表一属于发展中国家,词表二属于发达国家。

续表

| 环节 | 分类 | 词条 | 词表一词频 | 词表二词频 | 环节 | 分类 | 词条 | 词表一词频 | 词表二词频 |
|---|---|---|---|---|---|---|---|---|---|
| 申报环节 | 申报主体 | 议员 | 3 | 79 | 监督环节 | 申报机构 | 司法部门 | 3 | 2 |
| | | 总理 | 5 | 5 | | | 申报 | 67 | 73 |
| | | 总经理 | 5 | 3 | | | 提交 | 52 | 245 |
| | | 校长 | 4 | 3 | | | 检举 | 23 | 8 |
| | | 院长 | 3 | 6 | | | 调查 | 12 | 18 |
| | | 审计长 | 4 | 3 | | | 监察 | 11 | 8 |
| | | 县长 | 3 | 3 | | | 公诉 | 1 | 2 |
| | | 市长 | 2 | 1 | | | 检察 | 11 | 9 |
| | 申报主体及范围 | 配偶 | 29 | 89 | | | 审查 | 7 | 14 |
| | | 子女 | 26 | 52 | | | 监督 | 7 | 32 |
| | | 女婿 | 4 | 3 | | | 递交 | 7 | 2 |
| | | 直系亲属 | 3 | 4 | | | 调查员 | 5 | 12 |
| | | 未婚 | 2 | 8 | 公示环节 | 申报程序 | 秘密 | 6 | 8 |
| | | 妻子 | 1 | 4 | | | 公布 | 9 | 4 |
| | | 家属 | 2 | 1 | | | 公开 | 9 | 85 |
| | 申报事项 | 婚姻 | 1 | 9 | | | 公示 | 5 | 3 |
| | 申报时间 | 任职 | 11 | 21 | 问责环节 | | 处罚 | 6 | 14 |
| | | 年度 | 7 | 65 | | | 监禁 | 5 | 12 |
| | 申报内容 | 财产 | 225 | 260 | | | 罚款 | 3 | 29 |
| | | 收入 | 68 | 58 | | | 逮捕 | 5 | 5 |
| | | 债务 | 12 | 35 | | | 警告 | 4 | 4 |
| | | 清单 | 9 | 21 | | | 扣押 | 3 | 5 |
| | | 礼物 | 6 | 51 | | | 没收 | 4 | 2 |
| | | 物品 | 5 | 27 | | | 解除 | 5 | 1 |
| | | 股份 | 5 | 7 | | | 刑事 | 13 | 26 |
| | | 股票 | 5 | 23 | | | 违法 | 1 | 8 |
| | | 副本 | 7 | 4 | | | 处分 | 1 | 5 |
| | | 债券 | 63 | 2 | | | 终身 | 3 | 3 |
| | | 礼品 | 5 | 53 | | | | | |
| | | 非法 | 5 | 9 | | | | | |

由表4—4可知，发展中国家和发达国家制度文本精神一致的方面表现在：

（1）申报主体为共和国总统、副总统，以及各级机构具有一定职务的人员；

（2）申报时间都要求任职以及年度申报；

（3）申报内容方面有收入、动产、不动产、有价证券、礼品、非法所得、馈赠、负债等；

（4）公示环节有不公开、有限公示和全部公示；

（5）问责环节都强调罚款、监禁、逮捕、警告、扣押、没收、解除、刑事处罚。

## 第二节 国内财产申报制度研究：基于中央与地方制度词频统计分析[①]

目前，国内研究主要集中在财产申报制度的重要性、我国财产申报制度的现状、中外财产申报制度的比较分析、国外财产申报制度的经验借鉴，以及我国建立财产申报制度的障碍等几个方面。尤其是关注财产申报范围、申报方式、申报种类、申报时间、违规申报惩治等方面研究，以及完善方法和路径探讨，几乎所有研究文献都会把构建我国财产申报制度的路径、方法和措施作为论述的终点。

上述研究不乏真知灼见，但也存在对试点单位出现的新问题欠缺研究。比如江苏淮安等地出现的"零举报、零异议"现象折射出的公示范围有限问题；广东官员财产公示"靠自觉申报，领导签字确认"的财产申报监督缺失性问题，都说明官员财产申报需要顶层设计。此外，对官员财产申报制度的研究多集中于定性研究，缺乏定量研究。尤其是较少关注全国财产申报试点地区执行情况的总体分析与经验提炼（戴昌桥，2013），缺乏"中国特色财产申报制度"研究。从 2009 年新疆阿勒泰第一个试点地区算起至今，时间跨度已有 8 个年头，试点地区范围覆盖近 40 个，从试点的时间跨度与试点覆盖面来看，都到了对该制度进行系统总结与反思的时候，中国特色财产申报制度的普遍范式如何？制度特色何在？又该如何改进？

虽然财产申报立法难产 30 年，但不等于我们无所作为。全国近 40 个试点地区，申报层次上升到省级，都说明中国特色财产申报制度走在大

---

① 目前，全国近 40 个地区试点财产申报制度，我们对网上公开披露的 36 份制度文本进行了词频统计分析。

路上。但也不可否认中国特色财产申报制度尚在襁褓中,甚至还很"青涩"。本研究采用词频统计方法,以中央和试点地区 36 份财产申报制度文件为样本,运用词频统计软件,统计中央与试点地区制度文本关键词、高频词变化、按照时间维度、财产申报四大环节进行比较分析,以期勾勒中国特色财产申报的制度范式,并研究其特色所在,以及需要改进之处。

## 一 研究设计

（一）文本的选择

经统计,全国财产申报制度文本共 36 份,其中包括中央出台的 6 份制度文本和地方性文件 30 份[①],见表 4—5 和表 4—6。

表 4—5　　　从 1995 年至 2013 年中央出台 6 份制度文本

| 时间 | 文件名称或事件 | 备注 |
| --- | --- | --- |
| 1995 | 《关于党政机关县（处）级以上领导干部收入申报的规定》 | 已经废止 |
| 1997 | 《关于领导干部报告重大事项的规定》 | |
| 2001 | 《关于省部级现职领导干部报告家庭财产的规定（试行）》 | 要求省部级现职领导干部每两年向中央组织部报告家庭财产 |
| 2006 | 《关于党员领导干部报告个人有关事项的规定》 | 对党员干部财产申报进行了明确的规范。已经废止 |
| 2010 | 《关于领导干部报告个人有关事项的规定》 | 去除了"组织认为应当予以公开或本人要求予以公开的,可采取适当的方式在一定范围内公开"这一条款 |
| 2013 | 《关于进一步做好领导干部报告个人有关事项工作的通知》 | 规定凡不如实填报或隐瞒不报的,一律不得提拔任用、不列入后备干部名单;同时将开展抽查核实工作 |

---

① 虽然媒体报道有近 40 个试点地区实行了财产申报制度,但经网络公开披露的制度文本能检索到的只有 30 份。例如,珠海横琴出台 2 份制度文本《财产申报工作实施方案》《财产申报工作实施细则》,但并未在网络披露,因此不在统计之列。

表4—6　2008—2015年全国试点地区公开披露出台的30份制度文件

| 试点级别 | 地点 | 时间 | 相关文件 |
| --- | --- | --- | --- |
| 省级 | 陕西省 | 2014.6 | 《关于对新提拔领导干部实行个人重大事项和家庭财产申报备案的意见》 |
| 地级行政区 | 新疆阿勒泰 | 2008.5 | 《关于县（处）级领导干部财产申报的规定（试行）》 |
| | 重庆江北区 | 2009.8 | 《江北区干部选拔任用廉政申报试行办法》 |
| | 宁夏银川市 | 2009.12 | 《银川市关于新提拔处级领导干部财产申报的办法》 |
| | 河北石家庄市邢台区 | 2010.2 | 《关于对拟提拔领导干部实行申报公示的规定》 |
| | 江苏淮安 | 2012.7 | 《关于同步公示拟提拔干部财产的暂行办法》 |
| 县级试点 | 江苏镇江丹徒区 | 2008.8 | 《关于进一步深化后备干部和拟提拔干部个人及家庭财产申报工作的意见》 |
| | 浙江象山县 | 2009.8 | 《关于实施新任领导干部家庭财产申报工作的通知》 |
| | 浙江嘉兴平湖 | 2009.10 | 《拟提任领导干部家庭财产申报制度》 |
| | 江西黎川县 | 2010.4 | 《黎川县新任科级领导干部财产申报办法（试行）》 |
| | 宁夏盐池县 | 2010.6 | 《新提拔科级干部财产申报办法（试行）》 |
| | 浙江台州临海市 | 2011.3 | 《临海市新提拔市管领导干部个人财产申报办法（试行）》 |
| | 江苏南京江宁区 | 2011.6 | 《关于在具有行政审批权的单位中层干部中开展"双报告"工作的意见》 |
| | | 2012.6 | 《关于开展家庭财产和有关事项申报及公示的实施意见》 |
| | 安徽庐江县 | 2011.8 | 《庐江县拟任副科级干部财产公示实施办法（试行）》 |
| | 江苏宿豫区 | 2011.10 | 《乡镇科级干部廉政事项申报及公开制度》 |
| | 辽宁古塔区 | 2011.11 | 《古塔区提拔任副科级领导干部财产申报公示的有关规定（试行）》 |
| | 江西抚州临川区 | 2012.5 | 《临川区新任科级领导干部财产申报办法（试行）》 |
| | 重庆巴南区 | 2012.8 | 《重庆市巴南区新提任处级领导干部任前廉洁情况公示办法（试行）》 |
| | 安徽池州青阳县 | 2012.9 | 《青阳县新提拔科级领导干部财产申报办法（试行）》 |
| | 浙江磐安县 | 2012.9 | 《磐安县竞争性选拔领导干部任前公示》 |
| | 湖北荆门掇刀区 | 2012.11 | 《掇刀区领导干部财产申报与公开办法（试行）》 |

续表

| 试点级别 | 地点 | 时间 | 相关文件 |
| --- | --- | --- | --- |
| 县级试点 | 浙江温州洞头县 | 2013.4 | 《关于拟任纪检监察干部廉洁从政信息任前公示暂行办法》 |
| | 浙江嘉兴秀洲区 | 2013.7 | 《关于建立秀洲区区管领导干部财产申报公示制度（试行）的实施意见》 |
| | 内蒙古杭锦旗 | 2013.12 | 《拟提任副科级领导干部任前财产公示暂行办法》 |
| | 陕西宝鸡金台区 | 2014.6 | 《金台区新提任科级领导干部财产申报公示实施办法（试行）》 |
| | 陕西太白县 | 2014.9 | 《新提拔科级领导干部任前财产申报公示制度》 |
| | 陕西韩城市 | 2014.1 | 《韩城市关于新提拔领导干部试行个人重大事项和家庭财产申报备案的办法》 |
| | 广安邻水县 | 2014.1 | 《广安邻水县关于新提拔干部财产申报的实施办法》 |
| | 陕西凤翔县 | 2015.1 | 《凤翔县新任科级领导干部财产申报公示实施办法（试行）》 |

（二）数据处理

本研究选用 ROSTCM 6 软件对财产申报的制度文本进行分词。利用软件进行分词后会形成单音节词和复音节词。经笔者校对制度文本，发现制度文本中的单音节词多为"的、本、由、向、该、对、可、在、内、按、于、并、等"这些词，对于制度文本的分析没有实际意义，在词频统计后进行剔除。因此，本研究进行分词后只选择复音节词来进行分析。

（三）数据处理程序

（1）由于中央制度文件出台时间为 1995—2013 年，时间跨度大且比较分散，为了更加科学地分析财产申报制度中的建设重点和改进内容，本研究将 6 份中央财产申报制度文本以 2010 年为分界点，分为 1995—2006 年和 2010—2013 年，合并为两套文本[①]。针对 30 份试点地区财产申报制度文本，我们以 2011 年为划分点，分为 2008—2010 年和

---

① 目前，中央出台的文件中，地方参照使用的最多的是《关于领导干部报告个人重大事项的规定》(2010)，因此选择 2010 年为分界点。

2011—2015 年 2 套文本①。为了将中央和地方的制度文本进行横向比较，以发现地方在试点的过程中的新探索，本研究将 2010 年之后中央汇总制度文本和地方汇总制度文本进行比较分析。(2) 利用 ROSTCM6 软件对分类后的制度文本进行分词。(3) 对各文本分词的结果进行人工干预，删减没有意义的词语，并将一些词语进行合并②。(4) 将分词后的结果进行词频统计。(5) 将统计结果汇总，利用 Excel、ACCESS 等软件对统计结果进行后续的分析，例如利用 ACCESS 关联表进行共性和差异分析。

## 二 词频统计分析

（一）中央财产申报制度词频统计分析

针对中央两套文件文本进行词频统计，结果形成两个不同时间段的文本词汇，即词表三和词表四③，对比两个词表得出共有词与差异词，分析中央财产申报制度建设的演进轨迹。

1. 共有词分析：中央《规定》缺失公示内容、监督强调不够与问责力度疲软。

通过词频统计获得词表三有 1195 个词语，其中 307 个不重复词语，词表四有 858 个词语，其中 284 个不重复词语。使用 ACCESS 得到两个词表的关联表，发现两个词表中有 161 个共有词，见表 4—7。

---

① 2010 年《关于领导干部报告个人重大事项的规定》出台以后，试点地区从 2011 年开始以上述规定为母本出台了一系列制度文件，因此选择 2011 年为分界点。
② 主要是删减没有实际意义的词语，例如规定、事项、说明、管理、第一条、第二条、以上、按照、根据、地区、进一步、有否、加强、予以、下列、出台、中国、做好、构成等。将拟提拔、新提拔、拟任任、新任合并为新提拔；公示和公开合并为公示等。
③ 词表三是对 1995、1997、2001、2006 年出台的四份文件汇总的文本进行词频统计形成的词表，词表四是对 2010 年和 2013 年出台的文件形成的汇总文本进行词频统计形成的词表，由于篇幅原因，在此省略两套文本统计出的基本词汇。

表4—7　　　　1995—2013年中央文件中关于财产申报
各环节共有词词频统计①

| 环节 | 分类 | 词条 | 词表三词频 | 词表四词频 | 环节 | 分类 | 词条 | 词表三词频 | 词表四词频 |
|---|---|---|---|---|---|---|---|---|---|
| 申报环节 | 申报主体单位/职务级别 | 行政 | 6 | 1 | 申报环节 | 申报内容 | 收入 | 9 | 2 |
| | | 检察 | 4 | 1 | | | 工资 | 1 | 1 |
| | | 审判 | 4 | 1 | | | 奖金 | 1 | 1 |
| | | 政协 | 5 | 1 | | | 津贴 | 1 | 1 |
| | | 人大 | 5 | 1 | | | 补贴 | 1 | 1 |
| | | 机关 | 34 | 18 | | | 房产 | 1 | 3 |
| | | 人民团体 | 2 | 1 | | | 审稿 | 1 | 1 |
| | | 事业 | 7 | 1 | | | 书画 | 1 | 1 |
| | | 单位 | 24 | 8 | | | 讲学 | 1 | 1 |
| | | 国有 | 10 | 9 | | | 劳务 | 1 | 1 |
| | 申报主体涉及范围 | 大型 | 2 | 1 | | | 所得 | 2 | 1 |
| | | 特大型 | 2 | 1 | | | 股权 | 1 | 1 |
| | | 中型 | 3 | 1 | | | 持有 | 1 | 2 |
| | | 企业 | 18 | 13 | | | 有价证券 | 1 | 1 |
| | | 县处级 | 3 | 3 | | 申报时间 | 核实 | 1 | 2 |
| | | 副职 | 3 | 3 | | | 调查 | 1 | 1 |
| | | 调研员 | 1 | 1 | | | 监督 | 6 | 9 |
| | 申报事项 | 配偶 | 10 | 11 | 公示环节 | | — | — | — |
| | | 子女 | 16 | 16 | 问责环节 | | 及时 | 5 | 3 |
| | | 抚养 | 4 | 1 | | | 隐瞒 | 1 | 3 |
| | | 未成年 | 1 | 1 | | | 不报 | 1 | 2 |
| | | 成年 | 1 | 1 | | | 批评 | 6 | 4 |
| | | 婚姻 | 1 | 2 | | | 教育 | 4 | 2 |
| | | 变化 | 4 | 4 | | | 处理 | 3 | 3 |
| | | 外国人 | 2 | 1 | | | 责令 | 4 | 2 |
| | 申报时间 | 通婚 | 2 | 2 | | | 处分 | 2 | 2 |
| | | 因私 | 3 | 2 | | | 作出 | 2 | 2 |
| | | 出国 | 5 | 2 | | | 改正 | 3 | 2 |
| | | 个体 | 1 | 1 | | | 诫勉 | 1 | 2 |
| | | 追究 | 1 | 1 | | | 限期 | 4 | 2 |
| | | 刑事 | 1 | 1 | | | 情节 | 4 | 2 |
| | | 每年 | 5 | 4 | | | 轻重 | 3 | 2 |
| | | 年度 | 4 | 1 | | | | | |

① 严格按照财产申报制度的四个环节,即申报主体与内容、申报监督、申报公示与申报环节统计词频。

由表4—7可知，从1995年至2013年间，中央文件精神一致的方面表现在：(1) 财产申报主体为各级党的机关、人大机关、行政机关、审判机关、检察机关，以及国有大型、中型企业中层以上县处级副职以上的党员干部；(2) 财产申报主体涉及范围是配偶和子女；(3) 申报事项包括：本人的婚姻变化情况，持有因私出国（境）证件的情况，子女与外国人、港澳台居民通婚的情况，配偶、子女出国（境）定居及有关情况；(4) 申报内容有：收入、工资、奖金、津贴、补贴、房产、稿费、书画、讲学、劳务所得、有价证券和持有股权；(5) 监督环节强调"监督""调查"和"核实"；(6) 问责环节有"批评""教育"与"处罚"等。

从共有词分析，问题突出表现了中央财产申报制度存在制度设计漏洞：一是缺失公示环节制度设计，在公示环节无相关词语，说明财产申报制度对如何公示、怎样公示，没有具体规范要求；二是缺失监督环节制度设计，监督环节词频较弱[①]，说明制度设计意识到了财产申报材料核实的重要性，但是监督办法不多；三是缺失问责环节制度设计，问责环节出现"批评""教育"词语，说明制度设计疲软，问责力度欠缺。

2. 差异分析：2010年后中央财产申报制度创新步伐在加快。

运用ACCESS关联表，统计出两个词表之间存在的差异，得出2010年之后的制度文本对应的词表即词表四新增的词语，见表4—8。

表4—8　　　　　2010年后中央文件较前制度文本新增词语

| 性质 | | 新增词语 |
| --- | --- | --- |
| 申报环节 | 单位 | 金融（国有独资金融企业、国有控股金融企业）、民主党派 |
| | 对象 | 拟提拔、新任职、非领导、退出现职（未办理离退休手续） |
| | 申报财产 | 金融（理财产品）、保险、期货、基金、投资非上市公司或企业 |
| | 申报事项 | 境外从业、注册（个体工商户或企业等） |
| | 申报时间 | |
| 监督环节 | | 抽查、巡视、举报、反映突出 |
| 公示环节 | | — |
| 问责环节 | | 调离岗位、免职、任用（不得提拔任用）、后备干部 |

---

① "核实"词频为1—2次；"调查"词频涉及1次。

从表4—8可以看出，2010年之后的财产申报制度创新步伐在加快。最为显著的变化特点是中央以拟提拔对象、新任职领导干部为突破口开展申报工作。(1) 申报主体单位增加了国有独资、国有控股金融企业和民主党派，以及副调研员以上非领导职务的干部和已退出现职、但尚未办理退（离）休手续的干部；(2) 在申报内容和事项上扩大了财产申报范围，对收入、房产、投资及子女的相关情况如出国、移居、从业、投资非上市公司或企业等方面都进行了申报的细化要求；(3) 监督环节提出将开展申报的抽查核实工作，主要是对报告材料的真实性和完整性进行核实，每年按一定比例开展随机抽查，而且接到群众举报反映突出的要进行调查核实；(4) 问责环节提出隐瞒不报或谎报，一律免职、不得提拔任用或列入后备干部，完善了财产申报制度执行中在监督核查和追究方面的不足。

(二) 试点地区财产申报制度词频统计分析

试点地区财产申报制度文件较多，时间集中在2008—2015年。自从2010年中央出台了《关于领导干部报告个人重大事项的规定》之后，2011年起试点地区出台的制度文本都是以此为母本，增补并创新了一系列制度文件，因此，我们将30份地方制度以2011年为分界点，分为2008—2010年和2011—2015年两个时间段的两套制度文本进行词频统计，形成词表五和词表六①。一方面，统计出高频词区（频数为5以上的词语），可以看出试点地区财产申报制度的建设重点和研究热点；另一方面，以表4—9与表4—10的数据为基数，计算高频词在两个词表中的差额和变动百分比，了解试点地区制度建设内容的发展动向和变化趋势。

1. 2008—2010年高频词分析：试点制度遵从了中央《规定》并开展新探索。

高频词出现的频次有助于掌握研究领域的重点，统计关键词的高频次数在一定时间范围内的变化有助于探索该领域研究热点的变化②。经统

---

① 词表五是对2008—2010年试点地区的9个制度文本汇总进行词频统计形成的词表，词表六是对2011—2015年试点地区的21个制度文本进行词频统计形成的词表。由于篇幅原因，在此省略两套重要文本形成的基本词汇。

② 马玉慧、周越等：《2002—2008年我国教育技术研究的重点及其演进：基于词频统计的分析和讨论》，《中国电化教育》2009年第6期。

第四章 中外财产申报制度比较:基于制度文本的实证研究 / 185

计列出两套制度文本的高频词分布,见表4—9和表4—10。

表4—9　　2008—2010年试点地区财产申报制度高频词分布

| 环节 | 分类 | 词条 | 词频 | 环节 | 分类 | 词条 | 词频 |
|---|---|---|---|---|---|---|---|
| 申报环节 | 申报主体单位/职务级别 | 检察 | 5 | 申报环节 | 申报时间 | 年度 | 12 |
| | | 机关 | 38 | | | 每年 | 5 |
| | | 后备 | 23 | | | 纪委 | 19 |
| | | 区委 | 10 | 监督环节 | | 监督 | 13 |
| | | 国有 | 5 | | | 审查 | 11 |
| | | 事业 | 5 | | | 审核 | 9 |
| | | 企业 | 13 | | | 考察 | 7 |
| | | 单位 | 18 | | | 群众 | 7 |
| | | 新提拔/拟提拔 | 48 | | | 举报 | 7 |
| | | 县(处)级 | 13 | | | 调查 | 6 |
| | | 科级 | 12 | | | 核实 | 6 |
| | | 处级 | 6 | | | 考查 | 5 |
| | 申报主体涉及范围 | 子女 | 15 | 公示环节 | | 公示 | 36 |
| | | 配偶 | 14 | | | 任职 | 10 |
| | 申报事项 | 投资 | 11 | 问责环节 | | 处分 | 11 |
| | | 经营 | 6 | | | 资格 | 11 |
| | | 重大 | 5 | | | 提拔 | 11 |
| | | 事项 | 5 | | | 谈话 | 11 |
| | | 变化 | 9 | | | 情节 | 8 |
| | 申报内容 | 收入 | 32 | | | 选拔 | 7 |
| | | 所得 | 13 | | | 取消 | 7 |
| | | 房产 | 13 | | | 开除 | 6 |
| | | 债权 | 5 | | | 瞒报 | 6 |
| | | 债务 | 5 | | | 批评 | 5 |
| | | 存款 | 5 | | | 教育 | 6 |
| | | | | | | 无正当 | 5 |

从表4—9结果分析，2008—2010年试点地区的财产申报制度基本上与中央出台的《关于领导干部报告个人重大事项的规定》（2010）类似，说明最初全国试点地区的财产申报制度遵从了中央规定。比如申报对象为"新提拔、拟提拔"干部；申报主体涉及范围是配偶与子女等。但是，地方试点出现的变化在于：（1）申报内容细化。除了"收入""所得"与"房产"以外，还强调了"债权""债务"与"存款"；（2）规定了具体申报时间；（3）监督环节强调调查核实与群众举报并用；（4）公示要求得到强化。

2. 2011—2015年高频词分析：试点地区申报对象职务级别在提升，内容细化。

表4—10　　2011—2015年试点地区财产申报制度高频词分布

| 环节 | 分类 | 词条 | 词频 | 环节 | 分类 | 词条 | 词频 | 环节 | 词条 | 词频 |
|---|---|---|---|---|---|---|---|---|---|---|
| 申报环节 | 申报主体单位/职务级别 | 区管 | 27 | 申报环节 | 申报内容 | 财产 | 179 | 监督环节 | 纪委 | 43 |
| | | 县委 | 22 | | | 收入 | 26 | | 监督 | 43 |
| | | 区委 | 21 | | | 房产 | 22 | | 考察 | 46 |
| | | 市委 | 17 | | | 金融 | 14 | | 举报 | 24 |
| | | 市管 | 8 | | | 股票 | 13 | | 监察局 | 21 |
| | | 行政 | 7 | | | 有价证券 | 13 | | 审计 | 18 |
| | | 机关 | 40 | | | 债务 | 12 | | 检查 | 14 |
| | | 企业 | 21 | | | 基金 | 12 | | 核实 | 13 |
| | | 非领导 | 8 | | | 车辆 | 11 | | 信访 | 6 |
| | | 新提拔/拟提拔 | 119 | | | 存款 | 11 | | 抽查 | 5 |
| | | 科级 | 57 | | | 持有 | 11 | | 群众 | 18 |
| | | 副科级 | 24 | | | 理财 | 10 | | 反映 | 10 |
| | | 中层 | 8 | | | 期货 | 10 | | 审核 | 12 |

续表

| 环节 | 分类 | 词条 | 词频 | 环节 | 分类 | 词条 | 词频 | 环节 | 词条 | 词频 |
|---|---|---|---|---|---|---|---|---|---|---|
| | | 处级 | 5 | | | 保险 | 9 | | 调查 | 12 |
| | | 乡镇 | 6 | | | 债权 | 9 | | 公示 | 173 |
| | 申报主体涉及范围 | | | | | 所得 | 8 | 公示环节 | 任前 | 23 |
| | | 配偶 | 41 | | | 投资型 | 7 | | 任职 | 13 |
| | | | | | | 债券 | 6 | | 公示表 | 11 |
| | | 子女 | 39 | | | 现金 | 5 | | 不予 | 9 |
| | | | | | | 不动产 | 5 | | 公示栏 | 5 |
| | | | | | | 动产 | 5 | | 处理 | 26 |
| | | 注册 | 8 | | | 津贴 | 5 | | 任用 | 15 |
| | | 个体工商户 | 9 | | | 补贴 | 5 | | 取消 | 9 |
| | | 独资 | 6 | | | 奖金 | 5 | | 资格 | 9 |
| | 申报事项 | 投资 | 26 | | | | | 问责环节 | 处分 | 9 |
| | | 非上市 | 6 | | | 外币 | 5 | | 选拔 | 9 |
| | | 出国（境） | 6 | | | | | | 瞒报 | 5 |
| | | 合伙 | 6 | | | | | | 拒不 | 10 |
| | | | | | | | | | 批评 | 8 |
| | | | | | 申报时间 | 每年 | 6 | | 教育 | 7 |
| | | 因私 | 5 | | | | | | 责令 | 5 |
| | | | | | | | | | 暂缓 | 5 |
| | | | | | | | | | 提拔 | 31 |

从表4—10结果分析：（1）申报对象从"新提拔""拟提拔"干部的副科、科级逐渐向处级干部延伸；（2）申报内容进一步细化，包括"股票""有价证券"与"车辆"等；（3）监督环节高频词在增多，并出现了"信访""审计"等高频词，说明制度建设对监督环节已经高度关注；（4）公示环节规定具体时间，表述为"任前"与"任后"公示，并安排公示具体表格；（5）问责内容更加具体。

上述结论在下文数据统计中得到相互印证。我们将2011—2015年试点地区制度文本与2008—2010年制度文本比较，频数增加的词语共有405个，部分词语增幅很大，其相对增量均达到100%以上，见表4—11。

表 4—11　　词频增加的词语部分

| 词条 | 2011 年之后 | 2011 年之前 | 绝对增量 | 相对增量 |
| --- | --- | --- | --- | --- |
| 申报环节： | | | | |
| 新提拔/拟提拔 | 119 | 48 | 71 | 1.479167 |
| 科级 | 57 | 12 | 45 | 3.75 |
| 单位 | 46 | 18 | 28 | 1.555556 |
| 县委 | 22 | 3 | 19 | 6.333333 |
| 市委 | 17 | 5 | 12 | 2.4 |
| 区委 | 21 | 10 | 11 | 1.1 |
| 非领导 | 8 | 2 | 6 | 3 |
| 配偶 | 41 | 14 | 27 | 1.928571 |
| 子女 | 39 | 15 | 24 | 1.6 |
| 投资 | 26 | 11 | 15 | 1.363636 |
| 金融 | 14 | 1 | 13 | 13 |
| 股票 | 13 | 4 | 9 | 2.25 |
| 基金 | 12 | 3 | 9 | 3 |
| 有价证券 | 13 | 4 | 9 | 2.25 |
| 期货 | 10 | 2 | 8 | 4 |
| 债务 | 12 | 5 | 7 | 1.4 |
| 车辆 | 11 | 4 | 7 | 1.75 |
| 债券 | 6 | 1 | 5 | 5 |
| 工资 | 7 | 3 | 4 | 1.333333 |
| 监督环节： | | | | |
| 考察 | 46 | 7 | 39 | 5.571429 |
| 纪委 | 43 | 19 | 24 | 1.263158 |
| 监察局 | 21 | 7 | 14 | 2 |
| 审计 | 18 | 0 | 18 | — |
| 检查 | 14 | 2 | 12 | 6 |
| 群众 | 18 | 7 | 11 | 1.571429 |
| 核实 | 13 | 6 | 7 | 1.166667 |
| 反映 | 10 | 3 | 7 | 2.333333 |
| 信访 | 6 | 0 | 6 | — |

续表

| 词条 | 2011年之后 | 2011年之前 | 绝对增量 | 相对增量 |
|---|---|---|---|---|
| 公示环节： | | | | |
| 公示 | 173 | 36 | 137 | 3.805556 |
| 任前 | 23 | 1 | 22 | 22 |
| 公示栏 | 11 | 0 | 11 | — |
| 问责环节： | | | | |
| 拒不 | 10 | 3 | 7 | 2.333333 |
| 追究 | 8 | 2 | 6 | 3 |

从表4—11结果分析：（1）目前试点地区申报对象仍然是新提拔、拟提拔干部；（2）申报内容涵盖了更广泛的内容，更多的试点地区要申报股票、基金、债券、有价证券、金融理财产品、车辆等内容[①]；（3）监督环节，"纪委"、"监察局"、"考察"、"审计"和"检查"高频词增幅较大，表明越来越多的试点地区更加注重这一环节，而且新引入了"审计"和"信访"，将财产申报制度与审计相结合，让群众可以通过信访参与到对公职人员财产申报的监督环节中，让制度更好地发挥反腐作用；（4）公示环节，"公示"一词的词频发生了较大幅度的增加[②]，可以看出越来越多的试点地区对财产申报的公示环节都进行了明确规定，有的是有限公示，有部分地区则选择不对外公示；（5）问责环节增幅较大的词语较少，但是对拒不从实申报的强调了追究责任。

（三）中央和试点地区制度文本比较——基于2010年之后中央制度文本和2011年之后试点地区制度文本分析

目前，试点地区制定相关的制度文件都是以2010年的《关于领导干部报告个人有关事项的规定》为基准的。2010年前中央有两个文件已经废止，分析2010年之前的制度文件对今后的财产申报制度意义不大。因此下文只针对中央2010年之后的汇总制度文本和试点地区2011年之后出台的汇总制度文本进行横向比较。针对统计差异，从中发现试点地区在

---

① "金融"的词频由1增加到了14。

② "公示"的词频由36增加到了173。

试点的过程中进行的探索和突破。通过 ACCESS 软件对两个词表进行差异分析，得到地方与中央相比新增的词语，见表 4—12。

表 4—12　　　　2011 年后试点地区制度新增的词语

| 性质 | | 与 2010 年之后中央制度文件相比，试点地区新增词语 |
|---|---|---|
| 申报环节 | 单位 | 县（区）委、经济开发区党工委、工业园区党工委 |
| | 对象 | 新提拔/拟提拔、无职级（市管干部）、经济责任审计（区管干部） |
| | 申报内容 | 继承、赠予、偶然所得、大额现金、银行存款（含外币）、住宅和非住宅所在位置、建筑面积和房产性质、车辆（购置时间和价格）、本金、市值、余额、总额（投资总额、贷款总额、借款总额）、婚丧操办 |
| | 申报事项 | "裸官"职位限入 |
| | 申报时间 | 任前 |
| 监督环节 | 核查、信访 | — |
| 公示环节 | | 公示、公开 |
| 问责环节 | | 取消任职资格 |
| 涉及部门 | | 纪委、监察局、审计局、纪检监察机关 |

从表 4—12 结果分析：

（1）试点地区仍然以新提任领导干部为切入口，采取任前公示以及真实申报作为干部提拔的前提等措施，逐步推进财产申报制度。浙江嘉兴秀洲区还规定了对经济责任审计领导干部也要进行财产申报。

（2）在申报内容方面，试点地区在中央制度的基础上进行了细化和划分，包含了更多的内容。例如江苏淮安部分地区对拥有住宅和非住宅的所在位置、建筑面积和房产性质等，投资理财产品的本金或市值、账户余额、投资总额等都进行了详细规定；浙江临海增加了债权债务；陕西省还增加了对车辆和银行存款的申报要求，这些都是试点地区在实践中结合具体情况对中央制度的改进。

（3）在申报事项上有了新的变化，即"裸官"职位限制提拔。

（4）在财产申报受理单位增加审计局等单位，说明对申报材料真实性核实有了新的制度创新。

# 第三节 中外财产申报制度研究：基于制度文本词频统计的比较分析

## 一 中外财产申报制度词频统计结果比较说明

基于上节中央的 6 份和试点地区的 30 份财产申报制度文本词频分析结果，以及国外的 14 份制度文本词频统计结果基础上，从申报主体及范围、申报内容、申报受理机构、申报公示、申报责任追究机制五个方面对国内外财产申报制度词频统计结果进行比较。

## 二 中外财产申报制度词频统计结果比较分析

中外制度差异分析结果如下：

（一）国外申报主体职务较高，国内主要以拟提拔干部为主

表 4—13　　国内外财产申报主体词频统计

| 国内 | | 国外 | |
| --- | --- | --- | --- |
| 词条 | 词频 | 词条 | 词频 |
| 新/拟提拔 | 119 | 联邦 | 293 |
| 科级 | 57 | 政府 | 124 |
| 副科级 | 24 | 总统 | 88 |
| 子女 | 15 | 主席 | 32 |
| 配偶 | 14 | 直系亲属 | 7 |
| 处级 | 5 | 近亲属 | 5 |

从表 4—13 可以看出，对于申报主体的职务级别，"新提拔/拟提拔""科级""副科级"分别出现了 119 次、57 次、24 次，而"处级"只出现了 5 次；国外词频统计中"联邦""政府""总统""主席"分别出现了 293 次、124 次、88 次、32 次。这表明我国试点地区多是对新提拔科级、副科级领导干部进行财产申报，相对于国外申报主体职务级别较低。

（二）国外申报范围包括近亲属与直系亲属，国内不包括近亲属

国内词频统计得出"配偶""子女"均是高频词汇，然而国外申报主

体范围包括了领导干部及其直系亲属和近亲属。国内申报主体范围并没有包括近亲属的申报。

（三）国外申报内容广泛，国内关注婚姻变化

表4—14　　　　　　　国内外财产申报内容词频统计

| 国内 | | 国外 | |
| --- | --- | --- | --- |
| 词条 | 词频 | 词条 | 词频 |
| 变化 | 17 | 收入 | 126 |
| 收入 | 11 | 礼品 | 58 |
| 出国 | 7 | 负债 | 47 |
| 因私 | 5 | 馈赠 | 38 |
| 房产 | 4 | 不动产 | 33 |
| 通婚 | 4 | 存款 | 27 |
| 婚姻 | 3 | 有价证券 | 24 |
| 外国人 | 3 | 动产 | 11 |
| 工资 | 2 | 非法所得 | 7 |
| 奖金 | 2 | 养老金 | 4 |
| 津贴 | 2 | 旅游 | 3 |
| 补贴 | 2 | | |
| 稿费 | 2 | | |
| 有价证券 | 2 | | |

从表4—14中可以看出，国内申报内容主要包括收入、工资、奖金、津贴、补贴、稿费、有价证券，除了"收入"一词词频较高，出现11次外，其余申报内容词频都较低，出现2次以上。国外主要是对收入、动产、不动产、有价证券，还包括礼品、非法所得、馈赠、负债、旅游的申报。例如美国规定"应对前一年度由分红、利息、租金以及投资收益组成的、价值超过100美元收入的来源和类型，并说明这些收入的数额或者价值属于下面哪一数额级别：（1）不超过1000美

元；（2）超过1000美元但不超过2500美元；（3）超过2500美元但不超过5000美元；（4）超过5000美元但不超过15000美元；（5）超过15000美元但不超过50000美元；（6）超过50000美元但不超过100000美元；（7）超过100000美元"①。

国内申报还包括本人婚姻变化情况；因私出国（境）情况；子女与外国人、港澳地区及中国台湾居民通婚情况；配偶、子女移居国（境）外情况。国外对具体申报事项并没有具体规定。

（四）国外财产申报强调审计但未必每份核实，国内由纪委人事牵头负责监督

表4—15　　　　　　国内外财产申报监督词频统计

| 国内 | | 国外 | |
| --- | --- | --- | --- |
| 词条 | 词频 | 词条 | 词频 |
| 纪委 | 43 | 审计 | 71 |
| 监督 | 43 | 监督 | 39 |
| 审计 | 18 | 检举 | 31 |
| 核实 | 13 | 审计长 | 8 |
| 人事 | 8 | 审查会 | 7 |

从表4—15中可以看出，国外词频中仅"审计"一词就出现了71次，（发展中国家和发达国家分别出现了56次和15次）。国内词频主要集中在"纪委""人事""监督""核实"，分别出现43次、8次、43次、13次。"审计"一词词频数18次，出现在2011年之后试点地区制度文件中。"纪委""监察局""人事"等高频词表明，对于我国干部财产申报，一般是由纪委、监察局或相关人事部门来行使监督的权利，对相关内容进行调查。

---

① 《美国1978年政府道德法》（1978）第1章第102条第（a）款之（1）。

## （五）国外公示包括秘密申报、有限公示与全公开，国内以任前、公示为主

表4—16　　　　　　国内外财产申报公示词频统计

| 国内 | | 国外 | |
| --- | --- | --- | --- |
| 词条 | 词频 | 词条 | 词频 |
| 公示 | 173 | 公开 | 94 |
| 任前 | 23 | 秘密 | 14 |
| 任职 | 10 | 公布 | 13 |
| 公示栏 | 5 | 公示 | 8 |

从表4—16中可以看出，国外申报公示中"公开""秘密""公布""公示"词频分别出现94次、14次、13次、8次，其中法国、韩国、俄罗斯虽然公示范围广泛，但也只是公示部分内容；土耳其除个别规定外，其余采取秘密申报，不对外公开。国内公示环节中出现"公示""任前""任职""公示栏"词频分别为173次、23次、10次、5次。2011—2015年试点地区制度文本涵盖的高频词较多，包括"公示"（173次）、"任前"（23次）、"任职"（10次）、"公示栏"（5次）等词语。经统计，国内试点地区财产申报公示存在3个有限：公示内容有限、公示范围有限、公示时间有限。

## （六）国外责任追究最高到刑责，国内处罚较轻

表4—17　　　　国内外财产申报责任追究环节词频统计

| 国内 | | 国外 | |
| --- | --- | --- | --- |
| 词条 | 词频 | 词条 | 词频 |
| 谈话 | 11 | 刑事 | 27 |
| 批评 | 10 | 监禁 | 17 |
| 责令 | 6 | 逮捕 | 10 |
| 开除 | 6 | 违法 | 9 |
| 限期 | 6 | 扣押 | 8 |

第四章　中外财产申报制度比较：基于制度文本的实证研究　/　195

续表

| 国内 | | 国外 | |
| --- | --- | --- | --- |
| 词条 | 词频 | 词条 | 词频 |
| 情节 | 6 | 没收 | 6 |
| 教育 | 6 | 处分 | 6 |
| 轻重 | 5 | 终身 | 6 |
| 诫勉 | 3 | 接触 | 6 |

从表4—17可以看出，国外财产申报采用经济和刑事处罚并用方式。然而国内对于申报责任追究机制，表格中"谈话""批评""责令""开除""限期""情节""教育""轻重""诫勉"词频数为11次、10次、6次、6次、6次、6次、6次、5次、3次，对于瞒报或者谎报大多是批评教育、限期改正、责令作出检查、诫勉谈话等处理，问责环节规定比较简单，涉及问责程序的内容较少。国内财产申报制度以批评教育谈话为主，停职开除算是最重处罚。

# 第五章

# 中国特色财产申报制度影响因素研究：基于公众认知意愿视角

究竟为什么制定中国特色财产申报制度的进展如此缓慢？是什么原因导致了目前这种尴尬的局面？公众对建设中国特色财产申报制度持何态度？他们的意愿是什么？中国特色财产申报制度的影响因素主要有哪些？通过大型专业调查平台——问卷星，了解公众对中国特色财产申报制度建设的意见与看法，并实证出中国特色财产申报制度影响因素，对于拓宽目前财产申报制度研究的领域和范围、深化财产申报制度的研究有着重大的理论意义。

## 第一节 中国特色财产申报制度认知、意愿与影响因素的问卷调查

### 一 调查方法

本书所采用的调查方法是通过问卷星调查网站进行问卷调查。此次使用的问卷星调查网站是国内最专业的调查网站，自2007年建立以来已成功运营了11年，用户发布问卷超过350万份，填写人次超过1亿，在国内的问卷调查网站中功能最强、用户体验最好。此次调查使用的是该网站的样本服务，即在其在线问卷调查平台上通过网站已有的260万样本数据库中邀请符合条件的目标人群填写设计的问卷，并设置多种筛选规则、甄别页、配额控制等条件自动筛选掉无效答卷，同时支持人工排查

以确保最终数据的有效性。

为了确保回收的答卷数据真实有效，问卷星样本服务进行了严格的质量控制，其质量控制机制包括样本质量控制、填写者控制、填写过程控制等。在样本质量控制方面，所有样本成员在进入样本库之前需要提供真实样本属性，例如年龄、性别、职业、收入等，此外，系统还定期查看样本库里的样本构成并提醒成员及时更新样本属性，每份答卷完成后都会经过由机器和人工组成的排查系统，不符合要求的答卷将被标记并剔除。在填写者控制方面，如果某一样本库成员填写的答卷被标为无效答卷的次数超出一定比率，系统将自动把该成员移除样本库，不再允许其回答问卷，另外问卷星还通过设置甄别页进一步过滤掉不符合条件的填写者。同一个 IP 地址、同一台电脑、同一用户名对于同一个样本服务的项目，只能填写一次。在填写过程控制方面，填写所用时间太少、陷阱题规则都可以被认定是随意填写的答卷而被剔除掉。

本次调查通过问卷星样本服务目标收回 600 份问卷，有效答卷单价 10 元/份，总计支出含税款 6562 元，最终收回有效问卷共 633 份。

## 二 调查内容

调查问卷总体上分三个部分，第一部分是个人基本情况，第二部分是对财产申报制度的认知情况，第三部分是影响因素，问题的类型有四种，分别为单选、多选、问答题和打分，通过这种较为丰富的问题类型设计以获得更多的数据内容。问卷的具体内容如下。

（1）涉及个人情况调查的问题共 4 个。分别是对官员的性别、年龄、工作地点、工作单位、职务级别、学历水平、区域经济发展状况的调查。

（2）基本认知与态度调查共 5 个。分别是：您认为建设有中国特色的财产申报制度是否重要；您支持建设中国特色财产申报制度吗；您赞同建设有中国特色财产申报制度的原因是什么；世界上有超过 100 多个国家实行财产申报制度，但真正解决了腐败问题的国家只有十几个，所以您认为财产申报制度对于反腐是否有实效；您认为中国特色财产申报制度的作用是什么。

（3）中国特色财产申报制度的评价判断调查共 4 个。主要调查的是参与调查人员对中国特色财产申报制度的实施现状的评价以及原因分析。分别是：您对中国特色财产申报制度哪些方面满意？您对中国特色财产申报制度哪些方面不满意？您认为中国官员害怕财产申报与公示吗？中国实行财产申报制度为什么这么难？

（4）财产申报制度的中国特色调查共 3 个。分别是：中国特色财产申报制度的特色是什么；中国特色财产申报制度是否是对国际通行财产申报制度的背离；中国特色财产申报制度要不要欧美国家一样。

（5）推行中国特色财产申报制度的意见与建议共 7 个。分别是：中国特色财产申报制度具备全国推行的前提条件是什么；您认为中国特色财产申报制度实施的时间表应该是怎样的；您认为中国特色财产申报制度的路线图应该是什么；您对最新《关于领导干部报告个人有关事项的规定》中界定的财产申报范围是否同意；中国特色财产申报制度需要有贪官特赦制度吗；您认为理想的中国特色财产申报制度是怎样的；您认为中国特色财产申报制度的突破口是什么。

（6）中国特色财产申报制度的影响因素共 21 个。这部分影响因素由上一章节通过文献分析法分析得来。这一部分是对中国特色财产申报制度的影响因素的测量评价部分。该部分列出了 21 项影响因素，采用李科特五点量表进行测度：1 = 很不重要（很不满意），2 = 不重要（不满意），3 = 一般，4 = 重要（满意），5 = 很重要（很满意）。被调查对象根据笔者整理出的影响因素，主观上对其影响程度的重要性作出判断并打分。

### 三　调查样本情况

表 5—1　　　　　　　　被调查人员基本信息统计表

| 个人背景 | | 样本数（633） | 百分比（%） |
| --- | --- | --- | --- |
| 年龄 | 20—29 岁（含） | 200 | 31.6 |
| | 30—39 岁（含） | 339 | 53.6 |
| | 40—49 岁（含） | 77 | 12.2 |
| | 50 岁及以上 | 17 | 2.7 |

第五章 中国特色财产申报制度影响因素研究:基于公众认知意愿视角 / 199

续表

| 个人背景 | | 样本数（633） | 百分比（%） |
|---|---|---|---|
| 学历 | 中专 | 5 | 0.8 |
| | 高中 | 9 | 1.4 |
| | 大专 | 76 | 12.0 |
| | 本科 | 474 | 74.9 |
| | 硕士研究生 | 68 | 10.7 |
| | 博士研究生 | 1 | 0.2 |
| 工作单位 | 政府部门 | 88 | 13.9 |
| | 国家行政机关 | 72 | 11.4 |
| | 事业单位 | 251 | 39.7 |
| | 企业 | 222 | 35.1 |
| 职务级别 | 科员 | 276 | 43.6 |
| | 副科 | 135 | 21.3 |
| | 正科 | 137 | 21.6 |
| | 副处 | 42 | 6.6 |
| | 正处 | 35 | 5.5 |
| | 副厅 | 8 | 1.3 |

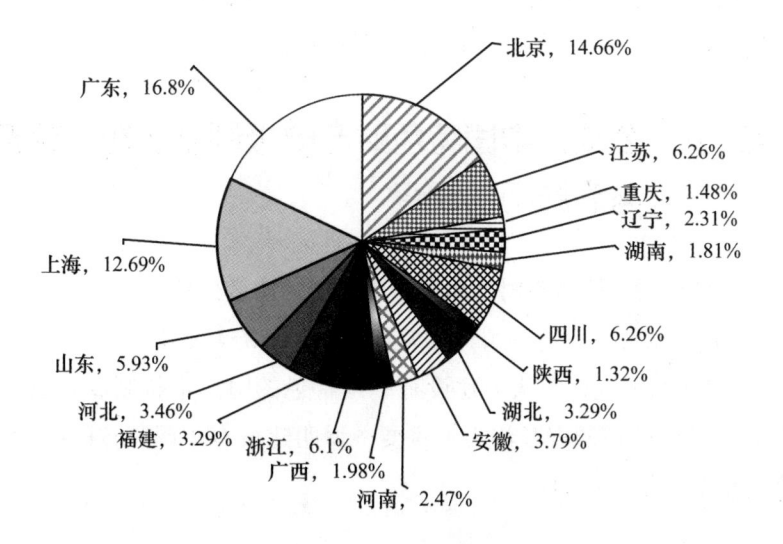

图5—1 样本地域分布

北京，14.66%
广东，16.8%
江苏，6.26%
重庆，1.48%
辽宁，2.31%
湖南，1.81%
上海，12.69%
四川，6.26%
陕西，1.32%
山东，5.93%
湖北，3.29%
河北，3.46%
安徽，3.79%
福建，3.29%
浙江，6.1%
广西，1.98%
河南，2.47%

按年龄分组：参加问卷的被调查者年龄层次分布较均匀，30—39岁者最多，占总人数的53.6%；其次是20—29岁者，占31.6%；40—49岁的占了12.2%；50岁及以上者最少，四舍五入为2.7%。年龄分布总体呈金字塔结构，以30岁左右的年轻人为主，但也均匀分布了不同年龄层次的被调查人员。

按学历分组：中专及高中学历者占2.2%；大专学历者占12%；本科学历者占74.9%；硕士研究生学历者占10.7%；博士研究生学历者占0.2%。

按工作单位分组：被调查者所在单位以企事业单位为主，也囊括了政府部门和国家行政机关的公职人员。其中，事业单位工作者最多，占了39.7%；其次是企业工作者，占了35.1%；政府部门公职人员，占了13.9%；国家行政机关工作人员最少，占了11.4%。

按职务级别分组：科员最多，占了43.6%；科级干部其次，占了42.9%，科级干部中，副科级和正科级人数基本相同；处级干部占了12.1%，其中副处级占了6.6%，正处级占了5.5%；副厅级别干部最少，仅占1.3%。

可见，本次调查主要以具有本科和硕士学历，在公司、事业单位工作，担任科员与科级干部的年轻人为调查对象。

## 第二节　公众对中国特色财产申报制度认知、评判与意愿问卷调查

### 一　公众对中国特色财产申报制度认知的调查分析

（一）您认为建设有中国特色财产申报制度是否重要

89.73%的被调查者认为建设有中国特色的财产申报制度是重要的，仅仅有3.63%的被调查者认为不重要，说明建设有中国特色的财产申报制度的重要性是公认的。

表5—2  被调查者对"建设有中国特色财产申报制度"是否重要的看法

| 有效 |  | 频数 | 百分比（%） |
|---|---|---|---|
| 有效 | （1）重要 | 568 | 89.73 |
| | （2）不重要 | 23 | 3.63 |
| | （3）说不清楚 | 42 | 6.64 |
| 合计 |  | 633 | 100.00 |

（二）您是否支持建设中国特色财产申报制度

表5—3  被调查者是否支持建设有中国特色财产申报制度情况

| 有效 |  | 频数 | 百分比（%） |
|---|---|---|---|
| 有效 | （1）支持 | 566 | 89.42 |
| | （2）不支持 | 23 | 3.63 |
| | （3）说不清楚 | 44 | 6.95 |
| 合计 |  | 633 | 100.00 |

高达89.42%的被调查人员持支持的态度，这体现了结合我国现状和特征制定财产申报制度的必要性，同时也意味着中国特色财产申报制度得到了大多数人的认可和支持。

（三）您赞同建设有中国特色财产申报制度的原因

表5—4  被调查者赞同建设有中国特色财产申报制度的原因调查

| 有效 |  | 频数 | 百分比（%） |
|---|---|---|---|
| 有效 | （1）符合我国国情，解决中国实际问题 | 267 | 47.17 |
| | （2）中国特色法律制度需要 | 142 | 25.09 |
| | （3）党和国家政治需要 | 28 | 4.95 |
| | （4）腐败问题严重，要下猛药治理 | 129 | 22.79 |
| 合计 |  | 566 | 100.00 |

47.17%的被调查者认为"符合我国国情,解决中国实际问题"是他们支持建设中国特色财产申报制度的主要原因。25.09%的人认为是中国特色法律制度建设的需要,因为我国财产申报制度立法必须尊崇中国特色法律的要求。

(四)世界上有超过100多个国家实行财产申报制度,但真正解决了腐败问题的国家只有十几个。所以您认为这项制度是否具有反腐功效

表5—5　　　被调查者对中国特色财产申报制度反腐功效的评判

|  |  | 频数 | 百分比(%) |
|---|---|---|---|
| 有效 | (1)这个制度其实并没有那么神奇 | 55 | 8.69 |
|  | (2)防君子不防小人 | 103 | 16.27 |
|  | (3)意义大于作用 | 139 | 21.96 |
|  | (4)舆论夸大了制度作用 | 53 | 8.37 |
|  | (5)要与其他反腐制度结合 | 283 | 44.71 |
| 合计 |  | 633 | 100.00 |

44.71%的被调查者认为财产申报制度要发挥实效还是需要与其他反腐制度相结合。21.96%的被调查者认为财产申报制度是意义大于作用,财产申报主要是为了显示政府的反腐决心,究竟通过申报能发现多少问题?申报之后腐败还会继续吗?这些仍旧是疑问。16.27%的被调查者认为财产申报制度防君子不防小人。说明大部分被调查人员对于财产申报制度的作用还是持积极态度,但并未夸大其作用。

(五)您认为中国特色财产申报制度的作用是什么

表5—6　　　被调查者对中国特色财产申报制度的看法

|  |  | 频数 | 百分比(%) |
|---|---|---|---|
| 有效 | (1)权力约束 | 240 | 37.91 |
|  | (2)反腐利器 | 241 | 38.07 |
|  | (3)保护领导干部 | 42 | 6.64 |
|  | (4)杜绝灰色收入 | 110 | 17.38 |
| 合计 |  | 633 | 100.00 |

38.07%的受访者认为它是一项反腐利器,37.91%的受访者认为中国特色财产申报制度可以约束官员的权力,17.38%的受访者认为它可以杜绝灰色收入,而仅有6.64%左右的受访者把中国特色财产申报制度的作用归结到保护领导干部。

## 二 公众对中国特色财产申报制度的评判分析

### (一) 您对中国特色财产申报制度哪些方面感到满意

表5—7　　　　　　　中国特色财产申报制度的满意度调查

| | | 响应 N | 百分比 (%) | 个案百分比 (%) |
|---|---|---|---|---|
| 满意方面 | (1) 已经全国试点40个地区并且开展省级试点 | 353 | 22.56 | 55.77 |
| | (2) 申报材料抽查10 | 293 | 18.72 | 46.29 |
| | (3) 对于申报不实追究责任 | 367 | 23.45 | 57.98 |
| | (4) 开展不动产登记制度 | 357 | 22.81 | 56.4 |
| | (5) 新提拔科级干部全部申报 | 195 | 12.46 | 30.81 |
| 总计 | (有效填写人次:633) | 1565 | 100.00 | |

公众满意第一位的是"对于申报不实追究责任"(57.98%),长久以来,我国的财产申报制度对于申报不实或瞒报的官员的惩罚力度过轻一直被诟病,但是值得肯定的是,相比于以往官员个人财产申报"走过场"、监督流于形式的情况,近年来,不少官员因瞒报或不实申报被查处;"开展不动产登记"紧随其后,也是受访者认为比较满意的方面。"不动产登记"的开展,与核查官员信息或调查案件时结合可以迅速有效地掌握官员及周边亲属的房产情况,便于进一步追查,让官员的房产透明化,提高财产申报制度的反腐有效性。财产申报制度需要与其他反腐制度相结合,这样才能最大化地发挥应有的反腐作用;"财产申报制度在全国试点40个地区并且开展省级试点"也收到了半数以上受访者的认可。整体而言,中国特色财产申报制度的循序渐进受到了一定的肯定。

同时，5个调查选项中没有一个取得很高的满意度。因此，应该尽快完善中国特色财产申报制度，以取得理想的反腐效果。

（二）您对中国特色财产申报制度哪些方面不满意

表5—8　　　　中国特色财产申报制度的不满意方面调查

| | | 响应 N | 百分比（%） | 个案百分比（%） |
|---|---|---|---|---|
| 不满意方面 | （1）只是形式，反腐有限 | 289 | 18.81 | 45.66 |
| | （2）只申报不核实 | 379 | 24.67 | 59.87 |
| | （3）有限公示 | 338 | 22.01 | 53.4 |
| | （4）至今未立法 | 296 | 19.27 | 46.76 |
| | （5）没有在全国普遍推行 | 234 | 15.24 | 36.97 |
| 总计 | （有效填写人次：633） | 1536 | 100.00 | |

59.87%的被调查者选择了"只申报不核实"，53.4%的被调查者选择了"有限公示"，45.66%的被调查者选择了"只是形式，反腐有限"，46.76%的被调查者选择了"至今未立法"，36.97%的被调查者选择了"没有在全国普遍推行"。调查结果显示，被调查者最不满意"只申报不审核"和"有限公示"这两方面。

（三）您认为中国官员是否害怕财产申报与公示

表5—9　　　　中国官员是否害怕财产申报与公示的调查

| | | 频数 | 百分比（%） |
|---|---|---|---|
| 有效 | （1）不害怕 | 110 | 17.38 |
| | （2）害怕 | 411 | 64.93 |
| | （3）说不清楚 | 112 | 17.69 |
| 合计 | | 633 | 100.00 |

高达64.93%的受访者认为当前中国官员还是害怕财产申报与公示。因为官员害怕财产申报而产生的抵触情绪，可能影响推进中国特色财产申报制度。

（四）中国难以实现财产申报制度的原因

表5—10　　　　　　中国难以实现财产申报制度的原因分析

| | | 响应 N | 百分比（%） | 个案百分比（%） |
|---|---|---|---|---|
| 中国难以实现财产申报制度的原因分析 | （1）官员群体阻力 | 437 | 25 | 69.04 |
| | （2）担心社会动荡 | 276 | 15.79 | 43.6 |
| | （3）条件不成熟 | 281 | 16.08 | 44.39 |
| | （4）腐败官员多 | 389 | 22.25 | 61.45 |
| | （5）制度不完善 | 365 | 20.88 | 57.66 |
| 总计 | （有效填写人次：633） | 1748 | 100.00 | |

公众认为财产申报难在于"官员群体阻力"（69.04%），说明公众感受官员群体抵制制度的现象严重。其次，申报难排在第二位的原因是"腐败官员多"，说明我国官员腐败存量大，财产申报制度一旦真正实行，便会因为直接损害众多"不法官员"的既得利益而受到阻碍。排序第一第二的两个选项皆是与公职人员这个目标群体相关，而得到目标群体的认可是每项制度实现的首要条件，只有得到目标群体的认可，制度的实行和推广才能在支持和鼓励中不断前进，因此，如果不能很好地解决或是疏导官员群体的抵触心理，那么财产申报制度的实施很可能会因为过大的阻力而夭折或是流于形式。排在第三位的"制度不完善"也得到了半数以上的受访者的支持，制度设计本身存在的不足也会影响最后的实施效果，如何完善有中国特色财产申报制度是我们亟须解决的问题。

## 三 公众对中国特色财产申报制度的中国特色认同分析

### （一）中国特色财产申报制度的特色

表5—11　　　　　　　　财产申报制度中的中国特色分析

| | | 响应 N | 百分比（%） | 个案百分比（%） |
|---|---|---|---|---|
| 中国特色分析 | （1）根植于中国而不是他国的申报制度 | 310 | 18.79 | 48.97 |
| | （2）在申报制度的内容与方法上不同 | 305 | 18.48 | 48.18 |
| | （3）适合特定政治生态环境 | 347 | 21.03 | 54.82 |
| | （4）严格财产申报审计制度 | 253 | 15.33 | 39.97 |
| | （5）推行方式稳妥有序 | 156 | 9.45 | 24.64 |
| | （6）以"中国实践"为基础，以"中国问题"为导向，以"中国风格"为特征 | 279 | 16.92 | 44.08 |
| 总计 | （有效填写人次：633） | 1650 | 100.00 | |

从中国特色财产申报制度的特色分析调查结果来看，被调查者基本认同以上六个选项为中国特色财产申报制度的特色。在选项中，54.82%的被调查者认为中国特色财产申报制度的特色在于要"适合特定政治生态环境"，这应该是基于对中国社会政治文化环境的认知和应对，只有适合这个国家的国情、民情的制度，才能真正地落地生根、开花结果，因此财产申报制度建设的时候要格外注意制度的外部环境影响。而"根植于中国而不是他国的申报制度"与"以'中国实践'为基础，以'中国问题'为导向，以'中国风格'为特征"分别以48.97%与44.08%的比例当选第二、第四，也再一次点明了财产申报制度中的中国特色，就是根植于中国，适应中国的政治生态环境。另外，有39.97%的受访者认为"严格财产申报审计制度"也是其特色，将财产申报审查纳入官员的经济责任审计事项中，可以加强财产申报材料的真实性，有效减少瞒报、漏报、转移财产的情况。

## （二）中国特色财产申报制度是否是对国际通行财产申报制度的背离

表5—12　　　　　是否背离国际通行财产申报制度调查

| | | 频数 | 百分比（%） |
|---|---|---|---|
| 有效 | （1）是 | 197 | 31.12 |
| | （2）不是 | 260 | 41.07 |
| | （3）说不清楚 | 176 | 27.81 |
| | 合计 | 633 | 100.00 |

41.07%的被调查者认为中国特色财产申报制度不是对国际通行财产申报制度的背离，认为它其实是对国际通行的财产申报制度的一种借鉴和采纳。有31.12%的被调查者选择了"是"，27.81%的被调查者选择了"说不清楚"。再一次证明了被调查者对中国特色财产申报制度的支持，允许中国特色财产申报制度与国际通行财产申报制度不一样。

## （三）中国特色财产申报制度是否要与欧美国家一样

表5—13　　　　　是否需要像欧美国家一样的调查

| | | 频数 | 百分比（%） |
|---|---|---|---|
| 有效 | （1）需要 | 295 | 46.6 |
| | （2）不需要 | 217 | 34.28 |
| | （3）说不清楚 | 121 | 19.12 |
| | 合计 | 633 | 100.00 |

46.6%的被调查者认为中国特色财产申报制度要像欧美国家一样，34.28%的被调查者认为中国特色财产申报制度不需要像欧美国家一样，19.12%的被调查者持中立态度。在之前的调查中可以发现，近九成的被调查者是认可了中国特色财产申报制度的重要性并支持建设有中国特色的财产申报制度，而在本题的调查中却发现大部分的被调查者选择了"中国特色财产申报制度需要像欧美国家一样"这个选项，这无疑与之前的调查结果有冲突。这也从侧面反映了，被调查者对于建设一个怎样的

财产申报制度的意见并不统一,并且欧美国家的财产申报制度对中国的影响还是比较大的,欧美国家的财产申报制度建设比较完善,大部分调查人员都希望中国特色财产申报制度照搬欧美样本。

### 四 公众对推行中国特色财产申报制度的意愿分析

(一)中国特色财产申报制度具备全国推行的前提条件

表5—14　中国特色财产申报制度全国推行的前提条件

|  |  | 响应 N | 百分比(%) | 个案百分比(%) |
|---|---|---|---|---|
| 全国推行的前提条件 | (1)公众能客观看待制度反腐 | 410 | 27.61 | 64.77 |
|  | (2)不会引发公众大范围质疑官员 | 269 | 18.11 | 42.5 |
|  | (3)官员普遍廉洁 | 273 | 18.38 | 43.13 |
|  | (4)配套制度完善 | 394 | 26.53 | 62.24 |
|  | (5)实施后不会引发舆论巨大反应 | 139 | 9.37 | 21.96 |
| 总计 | (有效填写人次:633) | 1485 | 100.00 |  |

64.77%的被调查者认为公众能客观看待制度反腐是推行的前提条件,62.24%的被调查者认为配套制度的完善是推行的前提条件,43.13%的被调查者认为官员普遍廉洁是推行的前提条件,42.5%的被调查者认为推行财产申报不会引发公众大范围质疑官员是推行的前提条件,21.96%的被调查者认为实施后不会引发舆论巨大反应是推行的前提条件。

(二)您认为中国特色财产申报制度实施的时间表应该是什么时间

表5—15　中国特色财产申报制度的时间表

|  |  | 频数 | 百分比(%) |
|---|---|---|---|
| 有效 | (1)2—3年 | 295 | 23.85 |
|  | (2)3—5年 | 217 | 40.44 |
|  | (3)5—10年 | 121 | 25.75 |
|  | (4)10—15年 | 36 | 5.69 |
|  | (5)15年以上 | 27 | 4.27 |
| 合计 |  | 633 | 100.00 |

中国特色财产申报时间表排在第一位的是"3—5年",占了40.44%;排名第二位的是"5—10年内",占了25.75%;排名第三位的是"2—3年",占了23.85%。从调查中可以看出虽然公众对于特色财产申报制度立法的呼声很大,但是经过了长时间的艰难摸索,公众显然已经对中国特色财产申报制度的立法有了一定的耐心。

(三) 您认为中国特色财产申报制度的路线图应该是怎样的

表5—16　　　　　中国特色财产申报制度的路线图

| | | 响应 N | 响应 百分比(%) | 个案百分比(%) |
|---|---|---|---|---|
| 路线图 | (1) 分阶段实施 | 393 | 24.87 | 62.09 |
| | (2) 先条例后申报法 | 383 | 24.24 | 60.51 |
| | (3) 试点城市级别由县级到省级 | 377 | 23.86 | 59.56 |
| | (4) 公示由内网向外网 | 254 | 16.08 | 40.13 |
| | (5) 制度顶层设计 | 173 | 10.95 | 27.33 |
| 总计 | (有效填写人次:633) | 1580 | 100.00 | |

在对中国特色财产申报制度实施路线图的调查中,62.09%的人选择了采取"分阶段实施",60.51%的人选择了"先条例后申报法",59.56%的人选择了"试点城市级别由县级到省级",40.13%的人选择了"公示由内网向外网"。因此从整体来看,大部分被调查者还是认为建立和完善财产申报制度不能一蹴而就,有一个从局部到全面、从环节到整体、从申报到规范再到公开的稳步推进过程更为合理。而制度的顶层设计可能还面临着比较大的阻力,可行性不高,我国的财产申报制度提出至今30余年仍旧未立法,可能也说明了这个道理。

(四)您对最新的《领导干部报告个人有关事项的规定》(以下简称《规定》)中界定的财产申报范围是否同意

表5—17　　　　　　　　　财产申报范围调查

| | | 频数 | 百分比(%) |
|---|---|---|---|
| 有效 | (1)同意,申报范围合理 | 475 | 75.04 |
| | (2)不同意,扩大范围 | 79 | 12.48 |
| | (3)不同意,侵害个人隐私权 | 39 | 6.16 |
| | (4)不同意,财产申报范围过宽,难以执行 | 40 | 6.32 |
| | 合计 | 633 | 100.00 |

对于目前我国正在实施的《规定》中界定的财产范围,75.04%的被调查者认为当前的财产申报范围是合理的,同时,有12.48%的被调查者建议扩大范围,进一步加大反腐力度。调查中只有少数被调查者认为范围过宽,侵犯了隐私权或难以执行,这也说明了我国现有《规定》中的财产范围还是比较合理并容易被接受的。

(五)中国特色财产申报制度是否需要贪官特赦制度

表5—18　　　　　　是否需要贪官特赦制度的调查

| | | 频数 | 百分比(%) |
|---|---|---|---|
| 有效 | (1)不需要 | 293 | 46.29 |
| | (2)需要 | 238 | 37.6 |
| | (3)说不清楚 | 102 | 16.11 |
| | 合计 | 633 | 100.00 |

在中国特色财产申报制度是否需要贪官特赦制度的调查中,被调查者对此的态度不一。调查结果显示,46.29%的被调查者认为是不需要的,37.6%的被调查者认为是需要的,16.11%的被调查者持中立态度。

对于中国特色财产申报制度是否需要贪官特赦制度的问题还是很具争议的。

（六）您认为理想的中国特色财产申报制度是什么

表5—19　　　　　　　理想的中国特色财产申报制度调查

|  |  | 响应 N | 百分比（%） | 个案百分比 |
| --- | --- | --- | --- | --- |
| 理想的中国特色财产申报制度 | （1）互联网+公示 | 447 | 27.27 | 70.62 |
|  | （2）申报材料全部审计 | 501 | 30.57 | 79.15 |
|  | （3）虚假申报免职追责 | 415 | 25.32 | 65.56 |
|  | （4）财产全部申报不遗漏 | 276 | 16.84 | 43.6 |
| 总计 | （有效填写人次：633） | 1639 | 100.00 |  |

在对理想的中国特色财产申报制度进行选择时，79.15%的被调查者认为需要把申报材料全部进行真实性审计，对于申报资料要求真实，避免漏报瞒报，给予公职人员足够的威慑力。70.62%的被调查者认为需要互联网+公示，财产申报的结果到底如何公示也是财产申报研究中一直讨论未决的内容，网上公示的透明性和广泛性明显大于其他方式，只是目前这种方法不一定为公职人员整体所接受，是一个不太确定的问题。65.56%的被调查者认为理想的中国特色财产申报制度还应该包括虚假申报免职追责，严厉的处罚措施能够有效惩罚、遏制腐败现象，从而发挥财产申报的作用。这为建设具有中国特色的财产申报制度提供了参考，即一个理想的财产申报制度需要有严格的核查机制、严厉的问责机制以及最终的公开，而这些恰恰是我国现有的公职人员财产申报制度所欠缺或不足的。

(七)您认为中国特色财产申报制度的突破口是什么

表5—20　　　　　　中国特色财产申报制度的突破口调查

|  |  | 频数 | 百分比（%） |
|---|---|---|---|
| 有效 | (1) 政治局领导率先垂范 | 212 | 33.49 |
|  | (2) 先公布房产 | 169 | 26.7 |
|  | (3) 申报立法 | 114 | 18.01 |
|  | (4) 高层推动 | 138 | 21.8 |
|  | 合计 | 633 | 100.00 |

在面临重重阻力如何选择突破口时，被调查者的选择出现了较大的差异化。33.49%的被调查者选择采取"政治局领导率先垂范"；26.7%的被调查者选择应先公布房产，以及发现那些多占多用、占而不用和不正当交易等房产问题，客观上将对发现和打击官员腐败产生极大助力，这无疑是对拥有多套房产的官员的一种威慑力。21.8%的被调查者则认为中国特色财产申报必须以高层推动作为突破口，再一次证明了高层领导的带头参与对于官员财产申报制度实施的重要性。最后，18.01%的被调查者认为应该将中国特色财产申报立法，加强制度刚性。从整体来看，大部分被调查者还是认为政府的大力支持、高位推动是中国特色财产申报制度的突破口。

## 第三节　中国特色财产申报制度影响因素实证研究

### 一　中国特色财产申报制度要素归纳

对国外财产申报立法的各个影响因素进行归纳分析后，可以发现，主要是国家领导人积极推动、政治环境传统、申报主体、申报内容、受理审查机制、公开状况、惩处力度等要素。我国国情特殊，需要对具有中国特色的要素进行研究，主要有制度环境因素与制度安排因素两大影响因素。

（一）制度环境要素特色分析

制度环境影响着法律建设进程，目前制度环境对于财产申报审计制度的影响因素主要来自领导高层、公职人员本身、社会民众等三个群体的意识心态影响。

1. 领导高层因素。我国领导高层需要维持政治稳定，在当前腐败现象层出不穷的情况下，领导高层对于腐败存量的担忧显而易见，腐败数量过大会影响高层的反腐判断与决策。想要真正杜绝腐败，也需要领导高层拥有坚定治理腐败的决心，韩国财产申报立法进程表明领导高层治理腐败的决心是推动治理腐败活动的重要因素。本研究将腐败存量因素与高层治理腐败决心因素归类于高层领导因素。

2. 公职人员心理抵触因素。公职人员拥有隐私权，财产申报时，公职人员担忧自身隐私权被侵犯。公职人员的心理抵触仍旧是制度环境中面临的重要难题。因此，官员隐私权因素也是阻碍中国特色财产申报制度的影响因素之一。

3. 社会环境因素。首先，社会舆论能够起到较强的监督作用，但舆论有时是基于理性的判断产生的，有时则仅仅是情感共鸣产生，具有较大的不确定性。当前民众忽略了反腐需要一定的时间与周期，对于财产申报、腐败问题等问题存在质疑与解读。社会舆论的过度关注也会对财产申报制度造成影响。其次，是社会风险的存在。我国仍然存在一定的贫富差距，公职人员在进行财产申报后，人民群众可能会对腐败官员财产过多产生信任危机，影响政府公信力。最后，条件不成熟论。财产申报制度的实施与建立需要各种配套制度的配合，也需要投入大量人力、物力的支持，很多专家学者认为，我国不成熟的金融实名制、房产实名制、信息共享与安全等问题都没有解决。因此，制度、条件不成熟论也是阻碍财产申报的重要因素之一。详见表5—21。

表 5—21　　　　中国特色财产申报的制度环境影响因素

| 一级维度 | 二级维度 | 具体因素 |
| --- | --- | --- |
| 制度环境影响因素 | 领导高层因素 | 高层反腐决心因素 |
|  |  | 腐败存量因素 |
|  | 公职人员心理抵触因素 | 隐私权因素 |
|  | 社会环境因素 | 社会舆论因素 |
|  |  | 社会风险因素 |
|  |  | 制度条件因素 |

（二）制度安排要素特色分析

中国特色财产申报制度立法离不开制度良好的设计与安排。

1. 制度设计因素。通过前述研究，财产申报具体环节包括申报对象、申报范围、受理机构、审计环节、公示范围、惩处力度。本书将从申报对象范围、真实性审计、增加抽查比例、扩大受理机构、增强惩处力度、扩大公示等方面对财产申报制度进行研究。

2. 配套制度因素。配套制度是对中国特色财产申报审计制度配套制度的安排。美国的个人信用记录制度、韩国的金融实名制、中国台湾的强制信托制度等都表明配套制度对于财产申报具有重要的促进作用。因此，完善财产申报审计制度，完善公安、房产、金融系统为代表的互联网申报审核系统，增设不动产登记、网络举报制度等是配套制度的重要组成内容。

3. 立法安排因素。立法安排因素是对中国特色财产申报制度立法的安排。目前，我国财产申报制度相关规定仍未立法，法律层级低，会影响制度强制性的发挥。涂永珍也谈到过《政府行为道德法》对美国公职人员财产申报建立过程中具有不可低估的引导作用，这也是美国财产申报制度成功过程中不可否认的一个重要因素。不同的立法模式的选择也会对财产申报制度的建立产生影响。现阶段，我国学者对于如何立法有两种观点，一种是单独立法模式，另外一种是写入其他法律中，比如《反腐败法》。因此，立法安排因素探讨了当前最新《领导干部个人有关事项报告制度》（中办、国办〔2010〕）（下文简称《2010 规定》）的影响，写入《反腐败法》的可能，单独研究《中华人民共和国财产申报审计制度法》立法建设等因素的影响。详见表 5—22。

表 5—22　　　　中国特色财产申报的制度安排影响因素

| 一级维度 | 二级维度 | 具体因素 |
| --- | --- | --- |
| 制度安排影响因素 | 制度设计因素 | 申报对象 |
|  |  | 申报范围 |
|  |  | 申报核查比例 |
|  |  | 全部核查审计 |
|  |  | 受理机构 |
|  |  | 真实性审计环节 |
|  |  | 独立的财产申报管理审查机构 |
|  |  | 公示范围 |
|  |  | 惩处力度 |
|  | 配套制度因素 | 完善财产申报审计制度 |
|  |  | 完善申报审核系统 |
|  |  | 完善其他反腐制度 |
|  | 立法安排因素 | 《2010 规定》对财产申报制度立法的引导作用 |
|  |  | 建设《中华人民共和国财产申报审计制度法》 |
|  |  | 将财产申报制度写入《反腐败法》 |

## 二　中国特色财产申报制度影响因素问卷调查

综合上述制度环境因素与制度安排因素，中国特色财产申报的影响因素共 21 个，具体题目如表 5—23 所示。基本问题设置为矩阵量表题目，采用李科特五点量表进行测度，用 1—5 来表示从非常不同意到非常同意：1 = 非常不同意（很不满意），2 = 不同意（不满意），3 = 一般，4 = 同意（满意），5 = 非常同意（很满意）。被调查对象根据整理出的影响因素，对其影响程度的重要性作出判断并打分。

表 5—23　　　中国特色财产申报制度影响因素问卷调查表设计

| | | 调查项目 | 问卷题目 |
|---|---|---|---|
| 中国特色财产申报制度影响因素量表 | 制度环境因素 | 高层反腐决心 | 中共高层决心不够大，担心多于决心，推迟制度实施 |
| | | 腐败存量因素 | 官员腐败的严峻形势影响了中央高层的判断，对腐败存量的担心会导致制度实施的推迟 |
| | | 隐私权因素 | 官员财产隐私权保护在法理上得到官员的普遍认同阻碍了财产申报制度实施 |
| | | 社会舆论因素 | 社会公众舆论对官员申报的过度关注与解读甚至质疑影响了高层推进财产申报制度 |
| | | 民众信任风险 | 实行财产申报制度可能产生社会公众对官员的信任危机，易引发社会动荡风险阻碍财产申报制度的实施 |
| | | 条件不成熟论 | 条件不成熟、制度不完善使得财产申报制度无法全面实施 |
| | 制度安排因素 | 申报对象 | 财产申报对象应该下至普通公务员上至中共中央政治局乃至总书记 |
| | | 申报范围 | 申报财产细化为 5000 元以上财物均要求上报，包括境外资产 |
| | | 真实性审计 | 针对只申报不核实情况应该增加申报材料真实性审计环节 |
| | | 提高申报核查比例 | 财产申报抽查比例 10% 应该提高到 30% |
| | | 全部核查审计 | 财产申报抽查比例 10% 应该改为全部审计核实 |
| | 配套制度因素 | 组建联合受理机构（受理机构应该进一步扩大） | 目前中国特色财产申报受理机构可以由纪委、组织、人事、监察、审计、银行与房产等部门联合组成 |
| | | 独立管理审查机构 | 要建立中国特色独立的财产申报管理审查机构 |
| | | 问责严重性 | 虚假申报严重者追究刑责 |
| | | 完善财产申报审计制度 | 健全中国特色财产申报配套制度，如财产申报审计制度 |
| | | 完善申报审核系统 | 健全中国特色财产申报配套制度，如房产、公安与银行联网申报审核系统 |
| | | 完善其他反腐制度 | 健全中国特色财产申报配套制度，如不动产登记制度、裸官治理制度、网络举报制度等 |

续表

| | | 调查项目 | 问卷题目 |
|---|---|---|---|
| 中国特色财产申报制度影响因素量表 | 立法要素 | 中央《规定》的立法引导作用 | 《领导干部个人有关事项报告制度》（中办、国办〔2010〕）是建设中国特色财产申报制度的母本，发挥着不可或缺的作用 |
| | | 建设《中华人民共和国财产申报审计制度法》 | 应该建设《中华人民共和国财产申报审计制度法》直至立法 |
| | | 将财产申报制度写入《反腐败法》 | 应该将财产申报制度写入《反腐败法》中 |

### 三　中国特色财产申报制度的影响因素实证研究

为了获得中国特色财产申报制度的影响因素的一般概括性的模式，剔除不重要的信息，合并重要信息，笔者采用因子分析法对各影响因素变量进行分析。在进行因子分析时，按照制度外部环境影响因素与制度内在安排影响因素两个维度分别进行，根据分析的结果对原有影响因素体系进行修正和必要的说明，并进行内部一致性检验，最终把21项具体因素归纳成若干大类。具体数据处理分析过程如下。

1. 制度环境影响因素因子分析

首先进行 KMO 和 Bartlett 球形检验，从表5—24中我们可以看出，KMO 样本测度值为0.702，这说明该组数据适合做因子分析。同时，Bartlett 球形检验的卡方值为561.331，显著性概率为0.000，小于1%，说明数据相关阵不是单位阵，也说明该统计数据是适宜做因子分析的。

表5—24　　　　　　　KMO 与 Bartlett 球形检验

| Kaiser—Meyer—Olkin Measure of Simpling Adequacy | | 0.702 |
|---|---|---|
| Bartlett's Test of Spheriaty | Approx. chi-Squar | 561.331 |
| | df | 15 |
| | Sig. | 0.000 |

表5—25是转轴后的因子成分矩阵。当因子负荷量大于或等于0.5时,该因子就可以被萃取出来。由表5—25可以看出,所有变量的因子负荷均在0.5以上,这说明因子分析结果符合相关原则和要求,是令人比较满意的。

表5—25　　　　　　　　旋转后成分矩阵

|  | 成分 1 | 成分 2 |
|---|---|---|
| 中共反腐决心 | 0.065 | 0.853 |
| 腐败存量 | 0.147 | 0.825 |
| 社会公众舆论 | 0.671 | 0.217 |
| 条件不成熟 | 0.787 | −0.092 |
| 社会风险 | 0.685 | 0.162 |

通过因子分析得到的特征根值及总方差分解表如表5—26所示,由于前两个主成分总共解释总方差的63.633%,由此可初步认为这两大因子能够解释大部分变量,概括绝大部分信息。其中,第一个公因子的特征值是2.016,方差贡献率是40.328%,第二个公因子的特征值是1.165,方差贡献率是23.306%,累计方差贡献率是63.633%,符合一般社会科学研究所要求60%的衡量标准。

表5—26　　　　　　　　解释的总方差

| Component | Initial Eigenvalues Total | % of Variance | Cumulative % | Extraction Sums of Squared Loadings Total | % of Variance | Cumulative % | Rotation Sums of Squared Loadings Total | % of Variance | Cumulative % |
|---|---|---|---|---|---|---|---|---|---|
| 1 | 2.016 | 40.328 | 40.328 | 2.016 | 40.328 | 40.328 | 1.636 | 32.714 | 32.714 |
| 2 | 1.165 | 23.306 | 63.633 | 1.165 | 23.306 | 63.633 | 1.546 | 30.920 | 63.633 |
| 3 | 0.689 | 13.785 | 77.418 | | | | | | |
| 4 | 0.647 | 12.931 | 90.349 | | | | | | |
| 5 | 0.483 | 9.651 | 100.000 | | | | | | |

如表 5—27 所示，制度外在环境因素所包含的 6 项影响因素经过因子分析，剔除了一个因素之后浓缩为两大类公共因子，笔者发现 F1、F2 的信度系数 α 大于 0.6，鉴于本研究是探索性研究，因此可以接受这两个因子的信度系数值。经综合考虑这两大类公共因子所包含的影响因素内容，笔者对它们进行命名：F1 因子描述了政府当局对财产申报制度实施的考虑，将其命名为政府推动因素；F2 因子描述了社会环境因素。最终因子分析及信度检验结果如表 5—27 所示。

表 5—27　　　　　　　　　信度分析结果

| 因子命名 | 指标 | 因子荷重 F1 | 因子荷重 F2 | α 系数 |
| --- | --- | --- | --- | --- |
| F1（政府推动因素） | 高层反腐决心因素 | 0.859 | | 0.665 |
| | 腐败存量因素 | 0.838 | | |
| F2（社会环境因素） | 社会舆论因素 | | 0.703 | 0.688 |
| | 制度条件因素 | | 0.775 | |
| | 社会风险因素 | | 0.715 | |

2. 制度安排影响因素因子分析

首先进行 KMO 测度和 Bartlett 球形检验，检验数据是否适合做因子分析。从表 5—28 我们可以看出，KMO 样本测度值为 0.914，这说明该组数据很适合做因子分析。同时，Bartlett 球形检验的卡方值为 2703.490，显著性概率为 0.000，说明数据相关阵不是单位阵，也说明该统计数据是适宜做因子分析的。具体数据结果见表 5—28。

表 5—28　　　　　　　**KMO 与 Bartlett 球形检验**

| Kaiser—Meyer—Olkin Measure of Simpling Adequacy | | 0.914 |
| --- | --- | --- |
| Bartlett's Test of Spheriaty | Approx. chi-Squar | 2703.490 |
| | df | 105 |
| | Sig. | 0.000 |

通过因子分析得到旋转后的因子负荷矩阵表5—29，由此表可以看出，各指标变量的因子负荷均在0.5以上，这说明因子分析结果符合相关原则和要求，是比较令人满意的。具体数据结果如表5—29所示。

表5—29　　　　　　　　　　旋转后成分矩阵

|  | 成分 1 | 成分 2 |
| --- | --- | --- |
| 申报对象 | 0.715 | 0.063 |
| 申报范围 | 0.701 | 0.099 |
| 真实性审计环节 | 0.554 | 0.418 |
| 财产申报管理审查机构 | 0.810 | 0.090 |
| 公示范围 | 0.916 | 0.021 |
| 问责严厉性 | 0.682 | 0.042 |
| 完善房产、公安与银行联网申报审核系统 | 0.013 | 0.613 |
| 完善财产申报审计系统 | 0.055 | 0.605 |
| 完善其他反腐制度 | 0.106 | 0.646 |
| 《2010规定》对财产申报制度立法的引导作用 | 0.321 | 0.649 |
| 建设《中华人民共和国财产申报审计制度法》 | 0.207 | 0.825 |
| 将财产申报制度写入《反腐败法》 | 0.142 | 0.807 |

在对制度安排影响因素作因子分析时，同样依据主成分分析法，并要求特征值大于1来提取公共因子，实证结果输出两大公共因子，累计解释总方差为61.444%。如表5—30所示，两个公共因子对应的特征值分别是4.606和1.567，对应的方差贡献率分别为38.386%和17.058%，累计方差贡献率达到61.444%，大于社会科学研究中60%的要求标准，因此，制度安排影响因素适合提取两个公共因子。

表 5—30　　　　　　　　　　解释的总方差

| Component | Initial Eigenvalues | | | Extraction Sums of Squared Loadings | | | Rotation Sums of Squared Loadings | | |
|---|---|---|---|---|---|---|---|---|---|
| | Total | % of Variance | Cumulative % | Total | % of Variance | Cumulative % | Total | % of Variance | Cumulative % |
| 1 | 4.606 | 44.386 | 44.386 | 4.606 | 38.386 | 38.386 | 3.956 | 37.637 | 37.637 |
| 2 | 1.567 | 17.058 | 61.444 | 1.567 | 17.058 | 61.444 | 2.390 | 23.807 | 61.444 |
| 3 | 0.986 | 6.383 | 59.827 | | | | | | |
| 4 | 0.864 | 6.203 | 67.030 | | | | | | |
| 5 | 0.797 | 5.644 | 73.674 | | | | | | |
| 6 | 0.685 | 4.711 | 79.385 | | | | | | |
| 7 | 0.604 | 3.031 | 84.416 | | | | | | |
| 8 | 0.567 | 3.723 | 89.139 | | | | | | |
| 9 | 0.498 | 3.149 | 93.288 | | | | | | |
| 10 | 0.398 | 2.318 | 96.606 | | | | | | |
| 11 | 0.336 | 1.801 | 99.407 | | | | | | |
| 12 | 0.071 | 0.593 | 100.000 | | | | | | |

由表 5—31 所示，制度安排因素所包含的 15 项影响因素经过因子分析，剔除了三个因素之后浓缩为两大类公共因子，笔者发现 F1、F2 的信度系数 α 大于 0.6，鉴于本书是探索性研究，因此可以接受这两个因子的信度系数值。经综合考虑这两大类公共因子所包含的影响因素内容，笔者对它们进行命名：F1 因子体现了中国特色财产申报制度在申报、审查、公开、问责环节的设计会对财产申报制度产生的影响，将其命名为制度设计因素；F2 因子描述了中国特色财产申报制度的立法安排和配套制度建设，将其命名为法律支撑因素。最终因子分析及信度检验结果如表 5—31 所示。

表 5—31　　　　　　　　　信度分析结果

| 因子命名 | 指标 | 因子荷重 F1 | 因子荷重 F2 | α 系数 |
|---|---|---|---|---|
| F1<br>（制度设计因素） | 申报对象 | 0.715 | | |
| | 申报范围 | 0.701 | | |
| | 真实性审计环节 | 0.554 | | 0.642 |
| | 财产申报管理审查机构 | 0.810 | | |
| | 公示范围 | 0.916 | | |
| | 问责严厉性 | 0.682 | | |
| F2<br>（法律支撑因素） | 房产、公安与银行联网申报审核系统 | | 0.613 | |
| | 财产申报审计系统 | | 0.605 | |
| | 其他反腐制度 | | 0.646 | 0.788 |
| | 《2010 规定》对财产申报制度立法的引导作用 | | 0.649 | |
| | 建设《中华人民共和国财产申报审计制度法》 | | 0.825 | |
| | 将财产申报制度写入《反腐败法》 | | −0.807 | |

**四　中国特色财产申报制度的四因素影响模型**

利用因子分析方法对中国特色财产申报制度的影响因素，包括制度环境和制度安排的构成进行了变量操作化，其中剔除了四个共同度不足 0.4 的影响因素，并对剩下的影响因素进行了重新组合。研究结果表明，制度环境因素的构成为政府推动因素、社会环境因素；制度安排因素的构成为制度设计因素、法律支撑因素。其中，政府推动因素包括政府高层反腐决心因素、腐败存量因素；社会环境因素包括社会舆论因素、社会风险因素以及表 5—32 中的制度环境因素；制度设计因素包括申报对象、申报范围、真实性审计环节以及表 5—32 中的独立的财产申报管理审查机构、公示范围、表 5—31 中的问责严厉性；法律支撑因素包括财产申报审计因素、联网申报审核因素、其他反腐制度因素、中央《2010 规定》对财产申报制度立法的引导作用、建设《中华人民共和国财产申报审计制度法》、将财产申报制度写入《反腐败法》（如表 5—32 所示）。

表 5—32　　　　　　中国特色财产申报制度的影响因素

| 一级维度 | 二级维度 | 具体影响因素 |
| --- | --- | --- |
| 制度外部环境因素 | 政府推动因素 | 反腐决心因素 |
| | | 腐败存量因素 |
| | 社会环境因素 | 社会舆论因素 |
| | | 社会风险因素 |
| | | 制度环境因素 |
| | 制度设计因素 | 申报对象 |
| | | 申报范围 |
| | | 真实性审计环节 |
| | | 独立的财产申报管理审查机构 |
| | | 公示范围 |
| | | 问责严重性 |
| | 法律支撑因素 | 财产申报审计因素 |
| | | 联网申报审核因素 |
| | | 其他反腐制度因素 |
| | | 中央《2010 规定》对财产申报制度立法的引导作用 |
| | | 建设《中华人民共和国财产申报审计制度法》 |
| | | 将财产申报制度写入《反腐败法》 |

因此，中国特色财产申报制度影响因素模型＝政府推动因素×社会环境因素×制度设计因素×法律支撑因素。

运用上述结论得出"反腐决心因素""腐败存量因素"是影响政府推动的两大因素。因此，政府推动财产申报力度是否大取决于自身决心，以及对官员腐败程度的考量。对官员腐败的严峻形势的考量影响着中央高层判断，对腐败存量担心会推迟制度实施。这些影响因素为建设有中国特色财产申报制度提供了参考依据。

第 六 章

# 中国特色财产申报制度总体设计

## 第一节 中国特色财产申报制度内涵特色

### 一 中国特色财产申报制度内涵

(一) 财产申报概念

财产申报,在世界各国制度中,散见于专门法、公务员法等法律体系。除去专门法对财产申报有明确指称外,隐没在其他法规的"财产申报"并没有统一的称谓,自然也就缺乏清晰概念。美国财产申报制度来源于1978年的《政府道德法》,该法对财产申报主体、内容、法律责任等作了详细规范,但对什么是财产申报未作具体解释。英国称为"利益登记制度与利益声明制度",法国称为"政治生活资金透明制度",中国香港称为"利益申报制度",中国澳门称为"财产及利益申报法律制度"。国人所研究的"美国财产申报制度""英国财产申报制度""法国财产申报制度""中国香港财产申报制度"以及"中国澳门财产申报制度"等国家、地区财产申报制度,实际上都是研究者自己贴上的国家或地区名称标签,在具体国家或地区并无此称呼。要从国外法律体系中寻觅财产申报内涵的"真经",肯定是无从着落的。

国内规范研究往往注重概念分析归纳,从现有学术成果来看,对于"财产申报"概念有不同表达:周佑勇、刘艳红认为财产申报是"法定范围的国家公职人员,依照法定的期限和方式向有关机关申报法定范围内的财产，并接受有关机关监督检查的制度"。① 蒲志强认为"财产申报制度是为领导职务或重要岗位上的公职人员制定的行政伦理规范，通过立法形式将他们任职之初、任职期间、离职之后的一定时间内，将个人及其共同生活亲属的财产（变动）情况向相关机构报告，并向社会公布"。② 杨建国认为"官员财产申报制度，是指根据宪法、专门法律法规或其他规范的规定，一定级别以上、部分特定岗位的官员，定期地或者在任职、离职后的一段时间等特定时段，或资产有重大增加、变化等特定条件下，就个人与家庭收入或资产状况及其来源情况等特定事项，向指定机构申报并根据规定在一定范围内或面向公众进行披露，接受相关部门与社会公众监督，以防止官员从事公务活动可能产生的利益冲突，或者导致非法财富增加并且违反申报的行为要承担相应政纪、法律等责任的一种制度"。③

综上所述，研究者多从财产申报的内容或五个要素归纳，较为清晰地勾勒出财产申报概念轮廓，但在"中国特色财产申报制度"内涵把握上还距离甚远。由于财产申报内容复杂，形式多样，为了精致表达学者毫不吝啬笔墨，在阐述清楚的同时也显得词语冗长而不够精练。

（二）中国特色财产申报制度概念

厘清中国特色财产申报制度的内涵，绕不开两个问题，即"中国特色"是什么含义？"中国特色财产申报制度"怎么理解？只有回答好上述问题，才能准确把握中国特色财产申报制度的内涵。

如何准确理解"中国特色"？有学者认为，"中国特色"专指马克思主义基本原理与中国具体实际相结合所形成的实践特色和理论特色④。这个"特色"的核心不在于"与众不同"或"标新立异"，而在于更"适合中国"。适合中国的什么呢？以中国特色法律制度建设为例，"中国特

---

① 周佑勇、刘艳红：《我国公职人员财产申报制度探讨》，《社会科学研究》1997年第6期。
② 蒲志强：《公职人员财产申报制度的行政伦理研究》，《政治学研究》2010年第5期。
③ 杨建国：《官员财产申报概念的学术追问与澄清——基于学术整理的视域》，《岭南学刊》2013年第6期。
④ 李小佳：《如何准确理解"中国特色"内涵——访中国社会科学院副院长、当代中国研究所所长李捷》，《解放日报》2012年11月7日。

色法律体系"在制度上的体现不是简单地与其他国家的法律制度体系进行比较和拿来,而是要在中国共产党的领导下,以中国化马克思主义法律思想为指导,以中国革命建设和改革的法治实践为依据,合理继承中国传统优秀法律文化和科学借鉴西方优秀法治文明成果,以法律的形式保障和维护中国新民主主义和社会主义秩序的法律体系。截至 2011 年 8 月底,中国已制定现行宪法和有效法律共 240 部、行政法规 706 部、地方性法规 8600 多部,中国特色社会主义法律体系已经形成①。我们用了短短三十几年的时间完成了发达国家在现代化建设过程中几百年才完成的法治积累,创造了一种不同于西方的全新法治模式,是全面推进依法治国的制度基础。

十七大报告一方面宣告"中国特色社会主义法律体系基本形成",另一方面提出任务,"依法治国是社会主义民主政治的基本要求,要坚持科学立法、民主立法,完善中国特色社会主义法律体系"。十八大报告强调,要继续完善中国特色社会主义法律体系。由此可见,当代中国语境下的法律体系,已经不是学理概念的固化不变的法律体系,它已经成为中国特色法律制度建设的价值取向与发展方向。

内置于中国特色法律体系框架的中国特色财产申报制度建设,离不开中国特色法律体系轨道,将遵循中国特色法律制度建设的内在要求,在"坚持中国立场,采用中国视角,聚焦中国问题,促进中国发展"的方针指引下,体现财产申报的中国特色。所谓坚持中国立场,就是要坚持党对财产申报工作的领导,通过加强党的领导为中国特色财产申报制度建设提供思想引领,组织保障;采用中国视角,即是用中国的意识形态或党建理论去看待和解决财产申报问题;聚焦中国问题,即是聚焦当前领导干部报告个人有关事项发生的迫切需要解决的现实重大问题;促进中国发展,即中国特色财产申报制度的建设要有利于加强党建工作,有利于我国的廉政建设。

因此,我们认为,中国特色财产申报制度是在中国共产党领导下,

---

① 国务院新闻办公室:《中国特色社会主义法律体系白皮书》,2011 年 10 月 27 日,中央政府门户网站(http://www.gov.cn/jrzg/2011-10/27/content_ 1979498.htm)。

以领导干部报告个人有关事项规定及其相关法规为基础，按照中国特色法律制度建设要求，在财产申报、审核、公开、问责环节上具有中国风格与形式，自主创新内容与方法的制度。

**二 中国特色财产申报制度的初步认识**

当前，财产申报制度研究与民众评议有个怪现象。一说起财产申报总爱拿外国财产申报制度说事，认为外国的制度要求官员人人申报，全部公开。而我们的制度好像都是"小儿科""纸老虎"，甚至上升到体制优劣的高度，好像只有渲染出"中国财产申报无可救药"的阴暗，才能满足一些人崇洋媚外的虚荣心和"呲必中国"带来的优越感。讽刺的是，一些人推崇备至的国家在官员财产申报方面却不见得比中国光明。美、韩等国只有一定级别以上的高级官员才需要申报公示财产，申报比例远不及中国；俄罗斯国家领导人虽然带头申报个人收入，却无法阻止大小贪官通过海外购房等渠道洗白非法所得；印度深受西方民主影响，却始终是圆孔方木、水土不服，导致贪腐盛行，甚至引发"反腐败绝食抗议"。

将西方财产申报制度作为构建我国财产申报制度的基本参数，动辄用西方制度内容、立法模式的尺度衡量我国财产申报试点地区法规，是当前理论研究的"偏好"和问题。30年来财产申报立法无结果的事实说明照搬西方是行不通的，我国财产申报法律制度建设必须坚持"中国特色"。从2008年阿勒泰制度破冰至今，我国财产申报试点已经走过10个年头，初步形成了中国特色财产申报制度。那么，中国特色财产申报制度究竟"特"在哪里？我们的初步认识如下。

（一）"由下而上，逐步推进"显现中国特色财产申报制度的路径选择

基层试点从地域看覆盖面广，从西部偏远地区到东南沿海发达省份；从南方广东横琴到北方哈尔滨，财产申报实验田广布中国广阔区域。从行政级别看，从县级市到地级市再到省会城市和直辖市。这种探索体现了我国财产申报制度根植于地方"县情""市情"，具有广泛的社会基础，也体现了中央政府与各级政府所具有的改革勇气以及"革自己的命"的

决心。

由下而上、逐步推进是中国特色财产申报制度的路径选择。现在我国的改革进入深水区，制度创新不仅关乎政治体制改革的运行，影响到经济、文化与社会的综合发展，而且也关系到全国各个领域人民的利益福祉，一旦出现重大失误，会引起社会动荡，从而付出不必要的代价。降低风险度的最好方法，就是先在局部范围内进行试验，给制度培育及规则的生成提供必需的时间，因为任何一项改革措施在执行之前都会遇到信息不足的问题，执行的结果多少带有不确定性。各地在实施过程中可以不断纠错与修订，待这种制度变迁取得较为显著的增长绩效，并形成某些控制负面效应的经验之后，再推行全面改革，将最大限度避免因不确定性而招致的高风险。

（二）中央《规定》奠定了中国特色财产申报制度基本框架

政策是制度实施的方向标，一个制度要实施首先要有相对较为成熟的政策支持。目前实行的《关于领导干部报告个人有关事项的规定》（2017），以及《领导干部个人有关事项报告查核结果处理办法》（2017），确立了我国公职人员财产申报制度的基础框架，使得财产申报制度在我国实行真正有了政策上的依据。中央《规定》规定了申报主体、范围、内容，以及何时报告、向谁报告、谁来监督等，这些内容成为试点地区财产申报制度或试行办法参考的母本，各地和试点在其基础上进行"自选动作"，形成"百花齐放"的制度创新局面，丰富和发展了中央《规定》。虽然我国财产申报制度法律尚未出台，但是，我国试点地区财产申报制度不断创新，与西方制度渐行渐远，内容却越发具体富有特点，越发符合国情，必将为中国特色财产申报制度的出台奠定制度基础。

（三）体现了以"增量改革申报为主、存量为辅谨慎铺开"的战略思维

从前述试点地区统计数据表明，申报对象主要是拟提拔的科级、副处与处级领导干部。选择拟提拔干部推进财产申报制度一方面为后备的干部打开上行路径，树立了科学的用人导向；另一方面是制度的有效性依靠执行的坚决彻底性，以此为突破口，可以减少制度变革的阻力。拟

提拔干部一般较为年轻，财产收入状况相对容易掌握，对于公开自己的财产没有主观和客观的顾虑；而且他们在政治上追求进步的意识更强，思想更为进步解放，愿意通过参与改革克减自己的权利，来获得组织的认可和群众的肯定。这是"以增量改革带动全面改革"战略思维的体现，即通过增量改革来发展和完善新制度，随着增量改革的积累，为"存量"的最终改革创造条件，最终从总体上全面改善存量的结构和品质，推动干部财产申报制度全面实施。

（四）六大鲜明特色：广、全、细、查、透、严

"广"。基层试点从西部偏远地区到东南沿海发达省份，从南方紧靠港澳地区的广州横琴到北方哈尔滨，财产申报实验田广布中国广阔区域。从行政级别看，从县级市到地级市再到省会城市和直辖市，向纵深延展。另外，县处级领导干部财产申报正按照中央《规定》在全国实行，截至2014年，全国向组织报告个人有关事项的领导干部达150万名，较之美国、澳大利亚、韩国等规定的财产申报主体的人数范围更广。

"全"。根据中央《规定》，我国要求领导干部报告的事项内容有14项之多，像涉及"家事"方面的婚姻变化情况、配偶子女从业情况和涉及"家产"方面的房产、投资等情况，更是需要重点申报的内容。而且房产不仅要申报自己名下的，配偶、共同生活的子女名下的也必须报告，而英国的报告内容是12项，美国是7项，法国是11项，其中，英国报告制度中配偶和子女的财产不需申报。此外，广州横琴申报内容由原先的7项扩大到15项，而香港财产申报是不包括工资收入、薪酬的，广东财产申报内容的范围远比香港官员更全。

"细"。财产申报内容由粗到细，逐项细化。2015年要求除了住宅、商品房等必填项之外，还要求将独立产权的车位、车库、储藏间单独申报。填报个人房产时，以房子是否已经在房产部门备案为准，而不仅是获得房产证；已经卖掉的房子，如尚未过户，也要填报；已签订购房合同，并登记到本人、配偶和共同生活子女名下但暂未取得产权证的"期房""纠纷房"等房屋类型也需填写。此外，不少省份还在文件中强调，房产面积应当按照房产证上的"建筑面积"精确填写，交易价格也要填

写具体数字。一旦出现"××万左右"等模糊的表述，就会被打回来返工。有价证券、股票、期货、基金、投资型保险等金融理财产品的申报规定，同样也做了细化。如黑龙江省规定，人寿、教育型保险、各大银行发行的理财产品、网上理财余额宝等情况都应填报在"个人认为需要填报的其他事项"中。安徽省则要求投资型保险中除纯保障或消费型保险产品如意外险、车险、责任险、医疗险、重疾险外，其他保险都须填写。在配偶、子女经商办企业方面，2015年的管理也将更严，上海市已经开始试点，各地对此也都颇为重视，辽宁省指出，企业状态为"吊销未注销"的也需要填报。在北京市一些区的述职述廉环节中，不少领导还主动晒起了子女就业、家庭住房等情况。如此全面、细致的填写要求，几乎把领导干部们所有的个人财产都纳入了申报范围，让有心漏报、瞒报的干部找不到借口、钻不了空子。

"查"。是指对财产申报材料真实性的要求更高，抽查核实的力度更大。2013年，珠海市纪委在20%比例的基础上，将核查比例扩大到50%以上。珠海横琴为顺利实施财产申报建立了核查工作机制。即由珠海市纪委组成抽查工作组先后到市房产登记中心、市工商局、市公安局和市计生委等部门进行了查实核对工作，并对抽查核实中发现的领导干部申报内容与实际不符的情况，通过约谈澄清有关事实，及时填报漏报事项。我国不仅要求领导干部就本人填报内容的真实性、准确性和完整性郑重向组织做出书面"承诺"，并开始实行干部选拔任用"凡提必查"制度。从国外情况看，则基本上没有主动核查公职人员财产申报情况的机制。

"透"。是指财产申报公示透明度。有人以为我国财产申报不敢公开透明，与国外制度相比是暗箱操作。其实不然。如：湖北省荆门市掇刀区从2009年12月起试点干部财产公示，包括区委书记、区长在内的党政部门领导干部的家庭财产全部在网上公开，领导干部申报率达100%，公示率100%。湖南省浏阳市也对拟提拔的领导干部在浏阳党风廉政网上公布他们的年收入、房产、投资、车辆等所有财产。浏阳市的干部财产申报制度结合了阿勒泰和慈溪两地的"最公开方面"：在财产申报内容上借鉴"慈溪模式"，工资收入以及大宗财产实行彻底公开。在公示范围上，则借鉴"阿勒泰模式":通过报纸、广播电视、网站等媒体进行公示,接受群众监督。因此,浏阳模式一度被称为全国所有试点地区当中干部财产公开"最彻底的模式"。香港有16万名公务员,只有3100多名重要岗位的需要进行申报,仅有40个主要职位公示;美国有25万人申报,只有2.5万人向社会公示。

"严"。是指对抽查核实结果的问责处罚。广州市南沙区出台了《广州市南沙领导干部重大事项申报不当处理办法》,该《处理办法》明确规定:无正当理由不按时申报,不按照组织答复意见申报,要进行批评教育,限期改正处理;拒不改正的,可以责令做出检查,诫勉谈话,通报批评处理,情节严重的,调整工作岗位或免职处理;一旦被人举报虚假申报隐瞒不报的,经初核一律先停职再做进一步处理;经调查核实确有虚假申报、隐瞒不报行为的,可以调整岗位免职处理。以上四种形式申报不当的,按照有关规定进行纪律处分,构成违纪涉嫌犯罪的移送司法机关。像这样明文规定、对号入座的刚性制度要求,在其他国家并不多见甚至没有。

中国目前实行财产申报制度既有实体性内容又有程序性安排,既明确规定应该怎么办又明确规定违反规定怎么处理,为逐步形成中国特色财产申报制度体系构建了一个良好框架,中国特色财产申报制度的推出势在必行。

## 第二节 中国特色财产申报制度设计指导思想

### 一 指导思想

以新修订出台的《领导干部报告个人有关事项规定》(2017年4月,以下简称《规定》)和《领导干部个人有关事项报告查核结果处理办法》(2017年4月,以下简称《办法》)为基础,汲取国外财产申报经验教训,立足国内试点方案之精华,秉持"坚持党的领导,细化申报,有限公开,突出审核,开发系统,完善配套"的理念,顶层设计中国特色财产申报制度。

## 二 基本原则

### (一) 遵循《规定》原则

2017年4月，中办、国办印发了《领导干部报告个人有关事项规定》和《领导干部个人有关事项报告查核结果处理办法》两项重要党内法规。其体现了三个新变化：一是强调"关键少数"，突出分类管理、重点监督原则，对党政机关核心岗位上的干部从严管理；二是报告的内容与种类更加全面，突出与领导干部权力行为关联紧密的家事、家产情况；三是查处力度更加有效可行，对违反报告个人有关事项制度的责任进行严格追究。因此，本项目研究将以新《规定》、新《办法》为遵循设计中国特色财产申报制度。

### (二) 问题导向原则

本研究针对全国财产申报试点中存在"只申报，不核实"的突出问题为研究重点，设计财产申报审计制度，着力解决财产申报监督环节缺失问题，回应社会对财产申报材料真实性的严重关切。因此，要想进一步加快推进财产申报制度，首先要破解申报内容的审核难题。本研究将针对财产申报信息失真问题，研究引入第三方审计，以申报内容的具体审计方法研究作为推行财产公示制度的突破口，为中纪委推动领导干部财产公示制度提供参考，也为地方实践提供策略和路径选择，助推官员财产公示在中国早日成为现实。

### (三) 稳中求进原则

稳中求进是治国理政的重要原则，也是做好财产申报工作的方法论。将稳中求进从经济领域提升到治国理政重要原则的高度，使之成为做好财产申报工作的基本原则、基本方法和基本遵循，我们必须深刻把握。稳中求进，根本在"稳"，着眼在"求"，目的在"进"。根本在"稳"，既是财产申报立法要稳，也是社会之稳。目的在"进"，就是要在保稳社会风险、政治风险的基础上，财产申报必须要有新的进步、新的突破、新的成效。

### (四) 科学立法原则

科学立法是立法过程中必须以符合法律所调整事项的客观规律作为

价值判断，并使法律规范严格地与其规制的事项保持最大限度的和谐，法律的制定过程尽可能满足法律赖以存在的内外在条件。也就是说，科学立法既要符合它的内在条件（与其规制的事项保持契合），也要与外在条件保持一致，是各种内在与外在因素共同作用的结果。比如，要合理确定财产申报主体的调整范围，有人认为我国全体公务员都必须进行财产申报，在我国 700 万公务员队伍的庞大数字面前，抽查核实是难以到位的，一旦申报材料涌现大面积失真，引发群体性议论和社会震荡，将难以收拾。因此，财产申报立法内容必须有个"度"，否则必然会演变成大的冲突。

（五）中国特色原则

将西方财产申报制度作为构建我国财产申报制度的基本参数，动辄用西方制度内容、立法模式的尺度衡量我国财产申报制度，使得财产申报理论研究迷失了航向，30 年来我国财产申报立法无结果，证明了照搬欧美西方制度的建议是行不通的，全国人大拒绝立法说明我国财产申报法律制度建设必须坚持"中国特色"。坚持"中国特色"就是要立足国情，牢牢把握我国正处于社会主义初级阶段这个最大国情，根据经济社会发展的实际状况和创新财产申报制度，适当借鉴国外有益经验，但绝不照抄照搬。

## 第三节　中国特色财产申报制度立法模式

推进中国财产申报制度，制度移植和嫁接是最便捷的方法。而前提是必须透彻了解国外相关制度的全貌，尤其是现有世界各国财产申报制度犹如万花筒般多姿多彩，有鉴于此，本研究选取世界主要实行财产申报制度国家，对其财产申报制度进行统计比较分析，以期为中国特色财产申报制度研究提供定量分析数据。资料选用的是中国社会科学院"政治发展比较研究所"课题组编写的《国外公职人员财产申报与公示制度》和中央纪委法规室、监察部法规司编译的《国外防治腐败与公职人员财产申报法律选编》。同时参考前述研究及其他研究文献。

## 一 国外财产申报四种立法模式

(1) 宪法规定。即在宪法中对国家公职人员的财产申报予以原则性的规定。例如,菲律宾《宪法》第十一部分"公职人员的责任"第十七条规定:"公共官员或者雇员,应依法律规定在其任职时,并且在此后定期提出经过宣誓的关于其资产、负债、净产的申报书。至于总统、副总统、内阁成员、国会议员、最高法院法官、宪法特设委员会成员和宪法规定的其他机构的成员,以及武装部队中具有将军军衔的人,他们的申报应按照法律规定向公众公布。"

(2) 反腐败法律规定。即通过制定防治腐败方面的基础性法律,明确财产申报制度是治理腐败的重要手段并作出原则性规定,再据此制定相关法规予以落实。例如,俄罗斯联邦《反腐败法》第八条规定了"国家和自治地方的工作人员提交有关收入、财产及财产性债务信息的义务"。随后,颁布一系列总统令,明确财产申报制度如何贯彻实施。还有乌克兰《预防和惩治腐败法》和越南《反腐败法》均对申报本人申报的对象、财产种类、申报时间、程序作出具体规定。

(3) 专门性法律规定。即通过财产申报专门法律形式对特定公职人员的财产申报内容、程序、方式、监督等作出规定。例如,法国制定了专门的申报法律,即《关于政治生活财务透明度的法令》,其中对总统及其候选人、议员及其候选人以及政府官员的财产申报作出专门规定。还有泰国《关于国家官员申报资产和负债的王室法令》等。

(4) 公务员法规定。即在公职人员行为准则法律、公务员管理法律、选举法律等法律中对财产申报作出规定,而这其中又以公职人员行为准则的规定最为常见。例如韩国《公职人员伦理法》、菲律宾《公共官员与雇员品行和道德标准法》、巴基斯坦《政府公职人员行为条例》、美国《政府道德法》、墨西哥《公务员职责法》、澳大利亚《公务人员行为准则》等。这其中又以美国为典型。美国《政府道德法》共分七部分,除了后三部分对政府官员退离职后的从业行为等作出规定外,前四部分均是关于财产收入(包括礼品)申报的规定,即关于立法人员、行政人员、司法人员财产申报和政府道德署(财产申报的综合监督管理机关)的专门规定。

## 二 47个国家和地区立法模式统计

我们先对世界主要国家财产申报制度的立法形式作一统计。

表6—1　　　　47个国家和地区立法形式统计

| 立法模式 | 国家和地区 | 数量 | 占比（%） |
| --- | --- | --- | --- |
| 宪法规定 | 泰国、菲律宾、坦桑尼亚 | 3 | 6.38 |
| 反腐败法规定 | 俄罗斯、乌克兰、爱沙尼亚、白俄罗斯、哈萨克斯坦、越南、柬埔寨、伯利兹、土耳其、乌拉圭 | 10 | 21.27 |
| 专门法规定 | 法国、中国台湾、泰国、印度、印度尼西亚、巴西、墨西哥、加拿大、南非、格鲁吉亚、澳大利亚、中国澳门 | 13 | 27.65 |
| 公务员法规定 | 美国、英国、德国、日本、韩国、中国香港、巴基斯坦、墨西哥、阿根廷、巴拿马、波多黎各、肯尼亚、芬兰、新加坡、印度、尼泊尔、巴布亚新几内亚、瓦努阿图、特立尼达和多巴哥、坦桑尼亚 | 21 | 44.68 |

从统计结果看，采用公务员法规形式立法的国家和地区最多，占44.68%；其次是建立专门财产申报法律的国家和地区，占27.65%；再次是财产申报规定镶嵌于反腐败法律中的国家和地区，占21.27%。

## 三 建议单独制定专门财产申报法

我们赞同单独制定专门的财产申报立法的模式，理由有以下几个方面：单独的财产申报法律制度的出台，一方面从形式（名称）上看，具有针对财产申报制度的专门性，从专门的名称就能凸显其存在的重要性和实在性。同时，在我国腐败治理的紧迫需求情况下，专门的财产申报法可以坚定国家和政府治理腐败的决心，也能在广大社会公众中树立坚决贯彻实施、决心防治腐败的心理信任，能起到很好的促进作用。另一方面从实质（法律条文）上看，专门的法律出台，从其法条全文可以纵观该制度的方方面面，使财产申报制度内容完整、逻辑清楚、方便操作。而且单独立法遇到的社会争议和阻力会小一些；立法中所需要考虑的法律间冲突、重合等问题的统一、协调、位阶等制度要求问题也会相对较小。

我国当前的腐败现象严重，即使在国家领导大力倡导、执政党阔刀反腐的紧张形势下，腐败仍旧在社会的角角落落大量存在，我国虽然早在 1987 年开始就有对财产申报的有关文件的尝试，并随后出台了各项规定，并在部分地区试行，但是这些以文件形式存在的规定，并没能在防治腐败中起到很好的作用。现阶段，我国财产申报的立法也已经趋向成熟。世界上已经有一百多个国家或地区建立了财产申报制度，此举也成为各国的普遍选择，这也给法治一体化进程中的中国施加了外在压力。在内在需求和外部压力的共同作用下，一部专门的、无须考虑制度间协调问题、立法难度较小的财产申报法律制度更应该尽快建立。

## 第四节　中国特色财产申报制度立法时间表

### 一　财产申报立法是否需要一个时间表

全国政协委员迟福林表示，财产公开需要一个过程，但不是技术问题，立法更不是难点，而是决心问题。解决利益失衡这个改革突出矛盾，也就是说巨大利益关系的调整，肯定要承担巨大的压力和阻力。[①]

自 1987 年被首次提出以来，官员财产公示制度一直都是社会关注的焦点。然而，尽管全国人大常委会 1994 年就将财产申报法列入立法规划，至今却迟迟未能出台。期间，中央先后下发 5 个有关干部财产报告的文件，但也只限于党内监督。为此，专家学者和广大公众不断呼吁早日实行官员财产公开，全国人大代表、重庆律师韩德云更是连续七年向全国

---

① 参见全国政协委员迟福林于 2012 年 3 月 7 日接受《新京报》采访内容。

人大递交相关书面建议或议案。

2009年中纪委曾公开表示"正研究、论证并想办法制定"。2011年，中纪委副书记吴玉良又回应称，"官员财产申报公示制度，尚缺社会的诚信体系和信息统计体系两个条件"。[1]

相比之下，迟福林委员所言"官员财产公开不是技术问题而是决心问题"可谓一针见血。态度决定一切，只要有了态度，没有条件可以创造条件。官员财产公开毕竟是一个涉及官员巨大利益的改革，势必面临来自部门利益、行业利益、地区利益等各方面的压力和阻力；而改革者本身也是被改革的对象，需要自己革自己的命，限制自身既得利益空间。中央党校教授、著名反腐专家林喆分析认为，现行官员收入申报效果不好的一个重要原因就是制定者怕引火烧身。

如果没有壮士断腕的决心，官员财产公开恐怕永远只能是在"条件尚不具备"和"正在研究论证"的借口中蹉跎岁月。决心从何而来，靠自动自发是不现实的，唯一的办法就是尽快拿出一个时间表，把自己置于公众监督的压力之下。时间表可以采取"先易后难、先上后下、循序渐进、分步实施"的办法，明确每一步的进展、时间点和责任主体，向社会公开，接受群众审视。只有以政府的公信力倒逼，用群众的监督力推动，官员财产公开才能冲破压力阻力，早日拨云见日[2]。

## 二 主要国家和地区财产申报立法时间统计

有人对我国财产申报立法30余年无结果失去了信心。那么，国外一些国家和地区的财产申报制度立法大概经历了多长时间呢？为此，我们作了统计，详见表6—2。

---

[1] 参见2011年6月23日，中纪委副书记吴玉良在中央外宣办举行的发布会上的回应。
[2] 本书认为张枫逸的观点稍显激进，但也不无道理。参见《中华工商时报》2012年3月12日。

表6—2　　　　　主要国家和地区立法时间长度统计

| 国家和地区 | 立法期间 | 立法时间 | 注解 |
| --- | --- | --- | --- |
| 美国 | 1925年《联邦腐败行为法》—1978年《政府道德法案》 | 53年 | |
| 英国 | 1883年《净化选举防止腐败法》—1974年《行为规范》 | 91年 | |
| 法国 | ？—1988年《政治生活财务透明法》—1995年修订—2011年修订 | 无从查考起始时间 | 立法于2011年完善 |
| 韩国 | 1960年提交《公务员登录法案》—1993年《公职者伦理法》 | 33年 | |
| 俄罗斯 | 1997年《俄罗斯联邦政府法》—2008年《反腐败法》 | 15年 | |
| 越南 | 1996年《反腐败法草案》—2005年《防止和反对贪污腐败法》 | 9年 | |
| 中国香港 | 1971年《防止贿赂条例》—2012年《政治委任官员守则》和《行政会议成员每年须登记的个人利益》 | 41年 | |
| 中国澳门 | 1987年《核准贿赂处分制度》—2013年《财产及利益申报法律制度》 | 26年 | |
| 印度尼西亚 | 1999年第28号法令—2005年《关于国家官员财产申报的登记、稽查和公开的规定》 | 6年 | |
| 泰国 | 1996年《国会参议院与众议院的资产负债申报条例》—1997年第16部泰国宪法 | 1年 | |

美、英、法等发达国家作为财产申报制度的探索者，立法时间长达几十年，有的长达百年之久。当然，也有立法时间短的国家，如印度尼西亚和泰国，但立法快不等于反腐效果好。"透明国际"（Transparency

International）于 2017 年 2 月发布了《2016 年清廉指数排名》报告①，由于近几年反腐力度的加大，中国的排名在 2014 年跌入低谷后已呈攀升趋势，2015 年为第 83 名，比 2014 年上升了 17 名，2016 年排名升至第 79 名，又前进了 4 位。而印度尼西亚是第 90 名，泰国是第 101 名。按理说，泰国财产申报立法雷厉风行，1 年完成立法，把财产申报当作治愈腐败的猛药。可实行财产申报 20 年的结果是泰国腐败问题依然严重。说明财产申报不能为了立法而立法。

### 三　如何看待我国财产申报立法 30 余年无结果

中国财产申报立法不可急躁，西方财产申报制度是一个长期完善的过程。1988 年，监察部会同法制局对我国财产申报制度的建立进行论证并起草了《国家行政工作人员报告财产和收入的规定草案》，开启了我国长达 30 余年财产申报制度立法大幕。30 八年财产申报立法无结果，致使每年人大会议期间，财产申报立法成为人大代表与网络舆情关注的焦点问题。无疑，有些人是中国财产申报立法的"急躁理想主义者"。美国财产申报也不是一蹴而就的，美国官员的财产申报最初只是一项"政府道德准则"，而且仅仅限于政府行政部门；1978 年通过《政府道德法》，规定官员财产公示制度把必须申报财产的范围扩大到立法、行政和司法三个部门中几千名一定级别的官员。1989 年又通过《道德改革法》，对财产登记做进一步详细规定，国会议员和联邦雇员在卸职后一定年限内不得出任与在职期间的职权有利益冲突的公司职位等。同时根据这项改革法案，美国廉政署脱离人事署，成为独立向总统负责的强势机构。2007 年，围绕国会共和党的一系列游说集团丑闻又促使美国加重在官员财产申报方面的处罚力度。财产申报作假不仅要付出高达 5 万美元的罚金，还构成足以判作假者入狱的刑责。2012 年 2 月，美国众议院提出对《政府道德法》再次进行修正，其中最重要的修正内容之一是，要求议员在向众院和参院提交有关财产公示报告后，必须立即将其上网，使所有公众在

---

① "透明国际"是一个监察贪污腐败的国际非政府组织。从 1995 年起，该组织每年都会发布全球国家和地区清廉指数排名报告，其总部位于德国柏林，并在大约 90 个国家有分支机构。

网上可查。美国联邦公职人员财产申报制度从酝酿到最终立法实施，经历了近一个世纪。所以，我国推行财产申报制度我们要有打持久仗的准备与信心。作为政府及有关部门既要保持对财产申报立法的信心，要有打持久仗的准备，又不能被一些立法情绪化言论所"绑架"，成为网络舆情压制下的"被管理"对象。在当前中国全面深化改革、打击"贪腐"之风的背景下，我们更要坚定这一信念，相信这一制度必将在曲折前进中不断突破各种阻力。

习近平总书记在中纪委十八届三次全会上讲到，我们的反腐败取得了很好的成就，原因在于"我们是以上带下取得的好成绩"[①]，我觉得这句话总结得非常好，就像他经常讲到的"打铁还需自身硬"[②]。推行财产申报最简单的办法，就是按照权力是自上而下运行的规律，自上而下进行财产申报。如果一定要有时间表的话，我们认为，只有领导干部个人报告事项制度完善了，端正了党内领导干部填写个人报告事项对党忠诚、老实的态度，那么，离全国立法就不远了。实际上，十八大以来被查处的省部级高官很多带有"不如实报告个人事项"的帽子。如果事前推向全国公示引异议，事后又被查处，党的工作将很被动，可能引发大面积争议，甚至社会风险。

## 第五节　中国特色财产申报制度的立法路线图

### 一　习近平等中央领导人谈财产申报

中国共产党在我国不仅是执政党，更是国家政权和整个社会的领导党，具有对国家和社会的领导权。多年来党的建设取得了丰硕的成果，积累了宝贵的经验，也面临一些亟须应对和解决的新情况、新问题。比如，在干部队伍中出现的脱离群众、追求享乐、以权谋私等问题，尤其

---

[①] 2014年1月14日，中共中央总书记、国家主席、中央军委主席习近平在中国共产党第十八届中央纪律检查委员会第三次全体会议上发表重要讲话，提及"我们坚持从中央政治局做起，以上带下，发挥了表率作用"。

[②] 2012年11月，党的十八大刚刚闭幕，在十八届中共中央政治局常委同中外记者见面会上，习近平总书记斩钉截铁地提出："打铁还需自身硬。"

是腐败已严重影响到党的执政形象、执政基础，关系到党的生死存亡。在保持对腐败"零容忍"的前提下，着力研究让干部"不能腐败、不敢腐败"的预防制度体系建设。社会期待党能够充分运用反腐利器——财产申报制度。

社会期待成为党内共识，我国财产申报制度与西方制度差异之一就是肇始于党内规范。2010年7月11日，中共中央和国务院联合发布了《关于领导干部报告个人有关事项的规定》，在《规定》中明确了副处级以上领导干部必须进行财产申报，制定了领导干部谎报、瞒报、不报的相关责任。在21世纪进入到第10年的中国，在中共执政的第61个年头，无论是对执政党而言，还是对整个中国社会的和谐发展而言，《规定》的颁布实施无疑是一项重大的政治进步。

党的十八大以来，以习近平同志为总书记的党中央形成了一系列治国理政新理念新思想新战略。在治国与治党的关系上，习近平总书记秉持的理念是"治国必先治党，治党务必从严"。在治党问题上，敢于下"先手棋"，形成强大的震慑力，是习近平总书记治国理政思想的一大特点。之后，他又指出：办好中国的事情，关键在党，关键在党要管党、从严治党。

党要管党、从严治党，按照常规逻辑势必重视财产申报，力推全国立法。但是，我们注意到在2014年1月，习近平同志在十八届中央纪委三次全会上指出："现在推开领导干部财产公示还不具备条件，但要做好领导干部个人有关事项的填报和抽查核实工作。"[1]

我们对习近平总书记首谈财产申报的解读是，"现在推开领导干部财产公示还不具备条件"，意思是当前全国立法还不具备。财产申报公示还缺乏一定的条件。王岐山同志在回应专家们的建议时就说，有信心搞，但也有很大的困难。王岐山还举了遗产税的例子做类比，表示要推行这一制度具体问题还有很多，不会马上就出台政策[2]。

---

[1] 攀枝花市委组织部：《中共攀枝花市委组织部公开致公党攀枝花市委的函》，2015年2月2日，攀枝花市人民政府网（www.panzhihua.gov.cn）。

[2] 沈念祖：《公开吧，官员工资》，2012年12月29日，经济观察网（http://www.eeo.com.cn/2012/1228/238159.shtml）。

两位中央领导人的共识，促使我们反思现阶段不易立法的原因：一是在法律、政策层面缺乏必要的制度保障。目前，在国家层面，针对领导干部个人财产申报、公示等，尚未出台统一的意见、措施；在法律制度层面，没有相应的依据和支撑；在具体操作层面，虽然目前有许多地区进行了试点，但成效不明显，甚至还引发争议，缺乏可参考的经验做法。2011年6月，中央纪委副书记、新闻发言人吴玉良在中央外宣办举办的纪念建党90周年新闻发布会上明确指出：对于财产申报制度，我国欠缺两个方面的硬性条件，一是社会的诚信体系，二是信息统计体系，没有这两个体系的建立，这项制度实行起来是比较难的。

《环球时报》对上述观点作了最好的注解："在中国当下什么信息都权威不足、传言当道的时候，一旦现在搞'互联网级别'的财产公开，必将激发数不清的后续争论，把全社会的注意力都集中到官员的财产信息上。它们是否真实，是否符合社会公平，有无数爆发性焦点在后面等着，中国社会将陷入一场我们难以自控的意识形态争鸣和动荡。"[①]

《环球时报》解释得有一定道理，公开多了，网络喷子说腐败，公开少了，他们又说绝对不止那么多，请问公开到多少你信？合理应该是多少你才信？如果要保证财产申报信息的真实性，必须建立一支庞大的审核队伍。据保守估计，我国公务员人数不低于800万人，假设其中有不低于500万的公务员应当率先实施财产公开，那么，我们就要对500余万人的三倍（包括其配偶和子女）即1500多万人的关联性财产进行真实性审核，其审核的工作量与难度是难以估量的。也不排除有敌对势力假借财产公开攻击党和政府。

2015年9月22日，习近平总书记在访美启程前接受了美国《华尔街日报》书面采访，在谈到反腐败问题时，涉及财产申报话题，习近平总书记是这么回答的："关于官员财产公开，我们在2010年就通过有关规定，将领导干部收入等涉及财产性内容列入个人报告事项，每年定期抽查核实，现在核实的比例不断提高，任何人都不能例外。对不如实报告

---

[①] 单仁平：《中俄各有千秋，互不证明彼此对错》，2013年10月23日，环球网（http://opinion.huanqiu.com/opinion_world/2013-10/4477461.html）。

的人，我们有硬性的处理措施。"①

习近平总书记的回答昭示了一个道理，中国需要做的是，首先把党内已经实行的财产申报制度加紧认真贯彻、夯实。财产申报制度从本质上说就是官员财产公开，它是对官员"财产隐私"的终结。只要官员财产申报能不打折扣地推行下去，并且逐渐加大有威慑力的核查，它就能起到抑制腐败的作用，同时避免社会舆论的灾难性混乱。

**二　先党规后法律，从党内规范到地方立法**

将西方财产申报制度作为构建我国财产申报制度的基本参数，动辄用西方制度内容、立法模式的尺度衡量我国财产申报制度，使得财产申报理论研究迷失了航向，30 年来我国财产申报立法无结果，证明了照搬欧美西方制度的建议是行不通的，全国人大拒绝立法说明我国财产申报法律制度建设必须坚持"中国特色"。中国特色财产申报制度首先要从党内规范抓起。要求普通干部做到的事情，党员干部首先要做到。这个观点是课题组在全国范围内首次提出来的。

习近平总书记反复强调，"办好中国的事情，关键在党"②。党要管党、从严治党，首先是管好干部。从严治党，关键是从严治吏。严格执行领导干部个人有关事项报告制度，就是从严管党治吏的一项重要抓手。新修订出台《领导干部报告个人有关事项规定》（2017 年，以下简称《规定》）与新制定《领导干部个人有关事项报告查核结果处理办法》（2017 年，以下简称《办法》）集中体现了党的十八大以来"中国版"财产申报制度建设的理论成果、实践成果和制度成果。出台两项党内法规，既是要处理党员干部在报告个人有关事项上，对党不忠诚、不老实，瞒报说谎问题，又昭示"中国版"财产申报制度建设首先要

---

① 学思浅语：《习大大访美前接受〈华尔街日报〉采访谈官员财产公开的"硬招"是什么》，2015 年 9 月 23 日，新华网（http://www.xinhuanet.com/politics/2015 - 09/23/c_128258079.htm）。

② 2016 年 9 月 29 日，中共中央在北京举行学习《胡锦涛文选》报告会。中共中央总书记、国家主席、中央军委主席习近平在会上发表重要讲话，他指出："办好中国的事情，关键在党。"

解决好党员干部自觉接受监督问题。截至2016年底，中国共产党党员总数为8779.3万。如果财产申报工作在8千万党员内部取得成绩，那么就会形成财产申报全面立法的政治家与社会共识，离全面立法也就不远了。

### 三 从省级立法再到全国立法

在我国现实条件下，官员财产申报制度应该选择什么样的立法路径呢？有一种观点认为：我国官员财产申报制度可以分步骤循序渐进地推行，首先进行地方试点，然后在地方建设经验的基础上结合国外立法成功经验，酝酿全国立法。还有一种观点认为，应当先予中央立法，然后授权地方。通过中央立法，保证官员财产申报制度的权威，然后授权地方进行制度建设，根据地方推行情况进行实体论证并总结经验，在此基础上不断完善官员财产申报制度。

笔者认为后一种观点，即先中央立法再到地方立法的路子，在目前看是有困难的。根据我国现实官员财产申报所面临的困境及阻力状况以及结合国外相关国家的立法经验，最理想的立法思路应该是：授权地方先行先试。即先由中央统一部署选取试点地方，并授权地方制定地方性法规，在该试点范围内开展并在试点试错的基础上，不断完善，然后在总结试点地方的经验的基础上，由全国人大常委会制定《中华人民共和国公职人员财产申报法》，并在全国范围内展开。

广东财产公示试点备受社会关注，也取得了一定效果。按照广东《从严治党五年行动计划》的要求，将在2014年前完成试点后逐步推开。但时至2017年7月，我们仍然没有看到关于广东全面推开财产申报制度的报道。同以往一些地区进行的官员财产申报和公开试点相比，广东试点工作较为成熟。一是广东试点是全国第一个省级试点单位，并由省委有计划地部署推进；二是珠海横琴财产申报"港澳"模式有一定特色；三是涉及的干部级别不同，创新点也有所不同。

按照我国法律规定，对不属于国家专属立法权的事项，在国家立法条件不够成熟时，地方立法可先行一步，发挥"立法试验田"的作用，为国家立法提供经验。广东财产申报制度在三地实施过程中得到不断纠错与修订，待这种制度变迁取得较为显著的增长绩效，对其他地方产生辐射和借鉴意义，再全面推行改革，就可以最大限度避免因不确定性而招致的高风险，降低制度创新风险。为地方人大立法上升到国家立法减少改革摩擦成本。对于第一个统筹推进的省级试点，我们期待其能提供立法和实践经验，作为催化剂有效推动中国特色财产申报制度的最终出台。

## 第六节 中国特色财产申报制度具体设计

按照中国特色财产申报制度总体设计思想与原则，依据《领导干部报告个人有关事项规定》（2017年）、《领导干部个人有关事项报告查核结果处理办法》（2017年），具体设计中国特色财产申报审计制度。

### 一 财产申报主体设计

（一）各国财产申报主体统计

表6—3　　　　　　　　各国申报数与公示数统计

| 国家 | 申报主体 | 公示人数 | 注解 |
| --- | --- | --- | --- |
| 美国 | 30余万联邦政府官员 | 2.5万名高级公职人员和政府雇员 | 美国联邦政府有公职人员400万 |
| 法国 | 6000人左右 | 1人（总统） | 法国有520万公职人员 |
| 乌拉圭 | 上至总统下至基层政府和公共机构负责人，以及海关、警察、税务等特殊部门的所有工作人员 | 2人（总统和副总统） | |
| 英国 | 英国上下议会的议员 | 172人 | 2010.5.31卡梅伦政府公布 |
| 韩国 | 20万人 | 1800人 | 韩国有100万公职人员 |

续表

| 国家 | 申报主体 | 公示人数 | 注解 |
|---|---|---|---|
| 德国 | 不详 | 500 人 | 200 万公职人员 |
| 西班牙 | 不详 | 400 人 | 西班牙有 290 万公职人员 |
| 肯尼亚 | 67 万人 | 67 万人 | 肯尼亚腐败排名依然靠前 |

从数据看,财产申报人数占所在国的公务员的比例较小,公示人数则更少,说明西方国家并非全体申报、全部公开。公开资料也不是越多越好,如果把官员全部"扒光",反腐效果会适得其反。给官员留有隐私给予了一定保护空间,往往能够增大财产公开的效用,这也是许多国家实行相对公开的原因所在。另外,财产申报制度若想发挥有效作用,需要对申报内容进行审核,甚至进一步调查。这是一项耗时耗力的工作。大量官员申报财产势必导致需要大量人力物力承担审核职能,增加行政成本,减弱制度效力。

(二)中国特色财产申报制度"申报主体"内容设计

表 6—4　　　　中国特色财产申报制度"申报主体"内容设计

| | 《领导干部报告个人有关事项规定》2010 年版 | 《领导干部报告个人有关事项规定》2017 年新版 | 中国特色财产申报制度"申报主体"内容设计 |
|---|---|---|---|
| 内容之一 | 各级党的机关、人大机关、行政机关、政协机关、审判机关、检察机关、民主党派机关中县处级副职以上(含县处级副职,下同)的干部 | 各级党的机关、人大机关、行政机关、政协机关、审判机关、检察机关、民主党派机关中县处级副职以上的干部 | 增拟提拔乡镇副科级、科级干部。注:乡镇干部职级不高,但权力较大,资源较多,且身处基层,直面群众,如发生贪腐问题,影响较大 |

续表

| | 《领导干部报告个人有关事项规定》2010 年版 | 《领导干部报告个人有关事项规定》2017 年新版 | 中国特色财产申报制度"申报主体"内容设计 |
|---|---|---|---|
| 内容之二 | 人民团体、事业单位中相当于县处级副职以上的干部 | 参照公务员法管理的人民团体、事业单位中县处级副职以上的干部,未列入参照公务员法管理的人民团体、事业单位的领导班子成员及内设管理机构领导人员（相当于县处级副职以上） | 增领导者家属。注：某些领导干部有可能将财产转移至亲属名下，以逃避申报。还有领导家属受贿、办企业非法牟利问题严重。增设离退休干部 |
| 内容之三 | 大型、特大型国有独资企业、国有控股企业（含国有独资金融企业和国有控股金融企业）的中层以上领导人员和中型国有独资企业、国有控股企业（含国有独资金融企业和国有控股金融企业）的领导班子成员 | 中央企业领导班子成员及中层管理人员，省（自治区、直辖市）、市（地、州、盟）管理的国有企业领导班子成员 | 试点地厅级领导干部申报 |
| 内容之四 | 副调研员以上非领导职务的干部和已退出现职、但尚未办理退（离）休手续的干部 | 已退出现职、尚未办理退休手续的人员 | 建议中央政治局常委公开申报，继而由中央到地方推进，效果较佳 |

## 二 财产申报事项设计

（一）主要国家和地区财产申报内容统计

从统计数据看，多数国家和地区要求申报内容细致齐全，并且确定了相应金额起点，既有绝对数又有相对数。其中以美国、中国香港规定较为严厉,分别是达到 1000 美元与 50 港币就要申报。同时,我们也发现具体金额起点的制定要与国情结合。

表 6—5　　　　主要国家和地区财产申报内容、起点金额统计

| | 有形财产 | | 无形财产 | | 申报起点 |
|---|---|---|---|---|---|
| | 动产 | 不动产 | 现金货币及存款 | 有价证券及类似财产 | 债权债务 | |
| 美国[①] | 在商业、贸易、投资或其他可取得收入的活动中拥有的、其目前正常市场价值超1000美元的动产 | 前一年度价值超过1000美元的除私人住宅以外的不动产 | | 超过1000美元的股票、债券、期权或其他证券的买卖或交换 | 自己及其配偶所欠超过1000美元的债务的性质和数量 | 1000美元 |
| 英国[②] | 从事的政治活动收到的礼物、收益和招待(年度总收益超过议员年收入的1%) | 议员拥有的土地或地产(不作为个人居住目的),有盈利收入的就需要登记,其中土地和地产超过议员年收入的1%和10% | | 持有股份,包括议员个人还有其配偶或子女持股超过一定份额标准也需要登记 | | 年度收益超过年收入1% |

---

① 刘明波:《中外财产申报制度述要》,中国方正出版社 2001 年版,第 96 页。
② 房宁:《国外公职人员财产申报与公示制度》,中国社会科学出版社 2013 年版,第 29 页。

续表

| | 有形财产 | | | 无形财产 | | 申报起点 |
|---|---|---|---|---|---|---|
| | 动产 | 不动产 | 现金货币及存款 | 有价证券及类似财产 | 债权债务 | |
| 法国① | 家具、收藏、艺术品、首饰、珠宝、宝石和黄金 | 房屋及其装潢、带动力的车辆、船和飞机等 | 银行账户、存折、可持续发展账户、住房储蓄、家庭储蓄、现金或其他 | 非上市证券交易、上市公司证券交易以及各项其他投资 | 负债必须详细说明贷款人或债权人的名称和地址，债务的性质、时间和目的，债务金额和借款期限 | 全部申报 |
| 俄罗斯② | | 地块、住宅楼、住宅、别墅、车库和其他不动产等类别，小型汽车、载重汽车等水陆空其他交通工具。正在使用的不动产的属性及使用形式和期限等内容 | 银行和其他信贷机构账户的货币资金信息 | 包括股票和其他股份，还包括债券、票据等 | 要求申报超过最低工资额100倍定期金融性债权债务，并指明债务的内容、借款人或贷款人以及债务的发生根据、数额 | 超过三年收入总和的一次性消费（投资）明细 |

---

① 王英：《法国公务员财产申报制度》，《刊授党校》2010年第6期。
② 俄罗斯《关于希望担任俄罗斯联邦国家职务的公民，以及正担任俄罗斯联邦国家职务的人员，提交个人收入、财产和财产性的债券信息的命令》（第558号总统令）。

续表

| | 有形财产 | | 现金货币及存款 | 无形财产 | | 申报起点 |
|---|---|---|---|---|---|---|
| | 动产 | 不动产 | | 有价证券及类似财产 | 债权债务 | |
| 西班牙① | | 需登记，但不动产的地址和数量未对外公布 | | 可直接兑换的股份 | 对于拥有股份超过10万欧元的官员，不得直接参与企业经营，需将管理权委托他方 | 进入岗前之前两年的任职经历，对申报人产生了经济收入活动，不论公私均要求如实申报 |
| 中国香港② | | 土地、物业、任何房产 | 银行储蓄 | 在香港期货交易所买卖的货、期权合约和其他产品，包括但不限于在香港联合交易所上市的证券 | 在香港或香港以外地区任何公司或机构的投资、持有的股票，或直接或间接拥有的权益（包括担任公司董事） | 公共礼物或纪念品不超过50港币，不允许1000港币礼物或纪念品作私人用途 |

---

① 房宁：《国外公职人员财产申报与公示制度》，中国社会科学出版社2013年版，第58页。

② 香港《公务员事务条例》通告第9/2001号461—466条。

续表

|  | 有形财产 |  |  | 无形财产 |  | 申报起点 |
|---|---|---|---|---|---|---|
|  | 动产 | 不动产 | 现金货币及存款 | 有价证券及类似财产 | 债权债务 |  |
| 中国澳门① | 高级艺术品、珠宝及其他物品 | 住房；工商业场所；对船舶、飞行器或车辆拥有的权利 | 金额超过公职索引表500点的银行账户 | 所有有价证券、从工商业活动取得的收益，从不动产、著作权、工业产权及资金运用所取得的收益 | 合伙或公司的股权、股份、出资或其他的资本参与，金额超过公职索引表500点的债务 | 有价证券组合，以及金额或价值超过公职薪俸表所载薪俸点500点的对应金额的银行账户、现金、债权、艺术品、珠宝及其他物品需申报 |
| 中国台湾② | 对于一定金额以上珠宝、古董、字画及其他具有相当价值之财产，每项（件）价额达到新台币20万元以上者，均需申报 | 土地、房屋；动力船舶及非动力船舶；行驶车辆；各种飞机、飞艇及滑翔机。无论其价值多少，均需要申报 | 总额为100万新台币的现金及存款；外币财产折合为新台币20万元以上者，均需申报 | 股票、股单、公司债券、政府债券、票据、存款、短期债券、载货证券及受益凭证等，每类总额为100万新台币的财产，均需申报 | 债权债务及对各种事业的投资为100万台币以上的，均需申报 | 100万台币以上存款、现金等需申报 |

---

① 中国澳门《财产及利益申报法律制度》2013年修改版第2条。
② 中国台湾《公职人员财产申报法》2007年第二次修订版第5条。

从统计数据看，多数国家和地区要求申报内容细致齐全，并且确定了相应金额起点，既有绝对数又有相对数。其中以美国、中国香港的规定较为严厉，分别是达到1000美元与50港币就要申报。同时，我们也发现具体金额起点的制定要与国情结合。

（二）中国特色财产申报制度"申报事项"设计

表6—6　　　　　中国特色财产申报制度"申报事项"设计

| | 《领导干部报告个人有关事项规定》2010年版 | 《领导干部报告个人有关事项规定》2017年新版 | 中国特色财产申报制度"申报事项"设计 |
|---|---|---|---|
| 家事八项 | （一）本人的婚姻变化情况；<br>（二）本人持有因私出国（境）证件的情况；<br>（三）本人因私出国（境）的情况；<br>（四）子女与外国人、无国籍人通婚的情况；<br>（五）子女与中国港澳以及中国台湾居民通婚的情况；<br>（六）配偶、子女移居国（境）外的情况；<br>（七）配偶、子女从业情况，包括配偶、子女在国（境）外从业的情况和职务情况；<br>（八）配偶、子女被司法机关追究刑事责任的情况 | （一）本人的婚姻情况；<br>（二）本人持有普通护照以及因私出国的情况；<br>（三）本人持有往来港澳通行证、因私持有大陆居民往来台湾通行证以及因私往来港澳、台湾的情况；<br>（四）子女与外国人、无国籍人通婚的情况；<br>（五）子女与港澳以及中国台湾居民通婚的情况；<br>（六）配偶、子女移居国（境）外的情况，或者虽未移居国（境）外，但连续在国（境）外工作、生活一年以上的情况；<br>（七）配偶、子女及其配偶的从业情况，含受聘担任私营企业的高级职务，在外商独资企业、中外合资企业、境外非政府组织在境内设立的代表机构中担任由外方委派、聘任的高级职务，以及在国（境）外的从业情况和职务情况； | （1）新增裸官信息揭示，反映官员子女在海外学习情况。（2）增设申报人"名单管理制度" |

第六章 中国特色财产申报制度总体设计 / 253

续表

| | 《领导干部报告个人有关事项规定》2010年版 | 《领导干部报告个人有关事项规定》2017年新版 | 中国特色财产申报制度"申报事项"设计 |
|---|---|---|---|
| 家事八项 | | （八）配偶、子女及其配偶被司法机关追究刑事责任的情况 | |
| 家产六项 | （一）本人的工资及各类奖金、津贴、补贴等；<br>（二）本人从事讲学、写作、咨询、审稿、书画等劳务所得；<br>（三）本人、配偶、共同生活的子女的房产情况；<br>（四）本人、配偶、共同生活的子女投资或者以其他方式持有有价证券、股票（包括股权激励）、期货、基金、投资型保险以及其他金融理财产品的情况；<br>（五）配偶、共同生活的子女投资非上市公司、企业的情况；<br>（六）配偶、共同生活的子女注册个体工商户、个人独资企业或者合伙企业的情况 | （一）本人的工资及各类奖金、津贴、补贴等；<br>（二）本人从事讲学、写作、咨询、审稿、书画等劳务所得；<br>（三）本人、配偶、共同生活的子女为所有权人或者共有人的房产情况，含有单独产权证书的车库、车位、储藏间等（已登记的房产，面积以不动产权证、房屋所有权证记载的为准，未登记的房产，面积以经备案的房屋买卖合同记载的为准）；<br>（四）本人、配偶、共同生活的子女投资或者以其他方式持有股票、基金、投资型保险等的情况；<br>（五）配偶、子女及其配偶经商办企业的情况，包括投资非上市股份有限公司、有限责任公司，注册个体工商户、个人独资企业、合伙企业等，以及在国（境）外注册公司或者投资入股等的情况；<br>（六）本人、配偶、共同生活的子女在国（境）外的存款和投资情况 | （1）新增反映领导者家属成员名下拥有的财产。防止领导干部转移资产<br>（2）细化房产、私车、理财产品申报<br>（3）新增债务申报<br>（4）新增规定1万元以上现金必须申报<br>（5）新增接受公务赠与物品 |

## 三 财产申报种类设计

（一）各国申报种类统计

表6—7　　　　　　　　主要国家财产申报种类统计

| | 国家 | | |
|---|---|---|---|
| 任职申报 | 新加坡、巴基斯坦、韩国、美国、埃及、墨西哥、阿根廷、加拿大、乌拉圭、肯尼亚、伯利兹 | | |
| 现职申报 | | 俄罗斯、美国、墨西哥、新加坡、韩国 | |
| 离职申报 | | | 法国、美国、墨西哥、埃及、阿根廷、韩国、菲律宾、乌拉圭、格鲁吉亚、爱沙尼亚 |
| 合计 | 11个 | 5个 | 10个 |

申报时间一般包括三种情况：任职申报、现职申报和离职申报。任职申报是指在竞选时或者在出任某一职位后一定期限内申报。例如，美国规定："由总统提名、需要由参议院审议批准任命的官员，在总统向参议院提名的5天之内需要全面申报财务状况。取得总统、副总统或国会议员候选人资格的30天之内，或者不迟于该选举年的5月15日。"从数据看，国家采用任职申报的最多，但是在任职后具体期限，各国各有所规。现职申报是指任职后在国家法定的申报日期，现职在任的一切属申报对象范围的人都要申报上一年度的所有财产情况。例如中国台湾确定每年11月1日到12月31日为现职申报时间。从数据看，不少国家并未采用。离职申报是指公职人员或者因特定职务任期届满，或者不再从事国家公务活动，或者因年龄等原因而离退休时，必须申报其全部财产。例如法国规定："总统应在任职届满前的最早2个月最晚1个月内重新申报财产状况，

如果是辞职则在辞职时或者辞职后 1 个月内重新申报财产。"

（二）中国特色财产申报制度"申报种类"内容设计

**表 6—8　　中国特色财产申报制度"申报种类"内容设计**

|  | 《领导干部报告个人有关事项规定》2010 年版 | 《领导干部报告个人有关事项规定》2017 年版 | 中国特色财产申报制度"申报种类"内容设计 |
| --- | --- | --- | --- |
| 年度申报 | 领导干部应当于每年 1 月 31 日前集中报告一次上一年度本规定第三条、第四条所列事项 | 第五条　领导干部应当于每年 1 月 31 日前集中报告一次上一年度本规定第三条、第四条所列事项 | 保留年度申报 |
| 新任申报 | 新任领导干部应当在符合报告条件后 30 日内按照本规定报告个人有关事项 | 拟提拔、拟列入干部，未作新任说明 | 新增新任申报 |
| 辞职申报 | 领导干部辞去公职的，在提出辞职申请时，应当一并报告个人有关事项 | 辞去公职的，在提出辞职申请时，应当一并报告个人有关事项 | 新增离任申报 |
| 拟提拔、后备干部申报 | 副调研员以上非领导职务的干部和已退出现职、但尚未办理退（离）休手续的干部 | 拟提拔为本规定第二条所列范围的考察对象，或者拟列入第二条所列范围的后备干部人选，在拟提拔、拟列入时，应当报告个人有关事项 | 保留拟提拔、后备干部申报 |

中国特色财产申报制度"申报种类"的内容设计，我们参考了两份文件，即《领导干部报告个人有关事项规定》（2010 年版）和《领导干部报告个人有关事项规定》（2017 年版），并将两份文件按照"年度申报"、"新任申报"、"辞职申报"和"拟提拔、后备干部申报"四个方面进行比较研究，寻找文件差异，并根据国情设计具体内容为：（1）规定领导干部每年必须报告个人有关事项；（2）新任领导干部必须报告个人有关事项；（3）辞职离任领导干部必须报告个人有关事项；（4）拟提拔领导干部、拟列入后备干部必须报告个人有关事项。

## 四 受理机构与审查机构设计

### (一) 各国财产申报受理机构统计

表6—9　　　　　　　各国财产申报受理机构统计

| 受理机构类型 | 国家 | 数量 | 占比（%） |
| --- | --- | --- | --- |
| 专设机构 | 西班牙、韩国、法国、印度尼西亚、泰国、菲律宾、巴西、瑞典、土耳其 | 9 | 45 |
| 上级机构 | 德国、日本、印度 | 3 | 15 |
| 内部机构 | 美国、新加坡、俄罗斯、越南、坦桑尼亚 | 5 | 25 |
| 议会机构 | 英国、澳大利亚、加拿大 | 3 | 15 |

表6—10　　　　主要国家和地区财产申报受理审查机关比较

| | 受理登记机关 | 审查机关 |
| --- | --- | --- |
| 美国[1] | 申报适用官员向自己所在部门或将要工作部门的道德官员申报。总统、副总统、独立检察官以及独立检察官任命的工作人员直接向联邦道德办公室主任申报 | 政府道德署以及联邦政府道德办公室 |
| 英国[2] | 议会内部部门或机构进行申报 | 所在部门或机构，并且在对外公布的网站上任何人都可以查看 |
| 俄罗斯[3] | 各级人事部门 | 人事部门受理后，将不动产等信息在官方网站上公布 |
| 西班牙[4] | 利益冲突办公室 | 利益冲突办公室 |
| 中国香港[5] | 第Ⅰ层公职人员向公务员事务局递交申报材料，第Ⅱ层职务的公职人员向局长或部门首长递交申报材料 | 受理机构人负责复核申报材料 |

---

[1] 邹万平、洪平平、颜玲：《中美财产申报制度比较及启示》，《商业时代》2012年第3期。
[2] 崔英楠：《域外财产申报制度的确立与启示》，《北京联合大学学报》2015年第2期。
[3] 龚兵、杨震：《俄罗斯公职人员财产申报立法：实际效用及未来走向》，《环球法律评论》2013年第2期。
[4] 房宁：《国外公职人员财产申报与公示制度》，中国社会科学出版社2013年版，第58页。
[5] 中国香港《公务员事务条例》通告第9/2001号461—466条。

续表

|  | 受理登记机关 | 审查机关 |
|---|---|---|
| 中国澳门① | 公共行政工作人员的申报书须提交廉政公署，廉政公署工作人员的申报书一律须向终审法院办事处提交申报书 | 终审法院或廉政专员 |
| 中国台湾② | 各级选举委员会、监察院和机关政风单位受理官员财产申报 | 受理单位负责监督审核申报材料的真实有效性 |

各国家和地区受理财产申报的机构各不相同。大致来说有四种情况：第一，成立专门的受理机构，负责财产申报事务。诸如西班牙的"利益冲突办公室"、法国的政治生活财务透明委员会等。从数据看，设置专设机构的为最多，占比45%。第二，由申报人的上级机关负责管理，占比15%。第三，由申报者本人所在的内部机关负责管理，占比25%。第四，由议会内专设部门或工作人员负责，占比15%。英国、澳大利亚等议会制国家主要采纳这种做法。我们也发现所谓专设机构只是受理机构特殊，负责形式上的审查而已。不论是从受理机构人数，还是人员专业水准看，此类专设机构都无法达到和胜任检验申报材料真实性的要求。

（二）中国特色财产申报制度受理与审查机构设计

表6—11　　　中国特色财产申报制度受理与审查机构设计

|  | 《领导干部报告个人有关事项规定》2010年版 | 《领导干部报告个人有关事项规定》2017年新版 | 中国特色财产申报制度受理与审查机构设计 |
|---|---|---|---|
| 受理机构 | 第八条　领导干部报告个人有关事项，按照干部管理权限由相应的组织（人事）部门负责受理 | 第十一条　组织（人事）部门应当按照干部管理权限，对领导干部报告个人有关事项的真实性和完整性进行查核 | 保留组织人事部门受理，但不具备审核能力，去除该项条款 |

---

① 中国澳门《澳门公务员事务条例》2003年版第一章第6条。
② 中国台湾《公职人员财产申报法》2007年第二次修订版第4条。

续表

| | 《领导干部报告个人有关事项规定》2010年版 | 《领导干部报告个人有关事项规定》2017年新版 | 中国特色财产申报制度受理与审查机构设计 |
|---|---|---|---|
| 审查机构 | 纪检监察机关（机构）、组织（人事）部门接到有关举报，或者在干部考核考察、巡视等工作中群众对领导干部涉及个人有关事项的问题反映突出的，可以对有关领导干部报告个人有关事项的材料进行调查核实。 | 第十一条 纪检监察机关（机构）在履行职责时可以委托组织（人事）部门按照干部管理权限，对领导干部报告个人有关事项的真实性和完整性进行查核。 | （1）新增国家审计机关实施全面审计<br>（2）新建组织人事牵头，审计负责审核，纪检跟进查处的包括检察、外交（外事）、公安、民政、国土资源、住房城乡建设、人民银行、税务、工商、金融监管等单位组成的联席会议工作机制 |

### 五 财产申报材料真实性审核设计

表6—12　　　　财产申报材料真实性审核设计

| | 《领导干部报告个人有关事项规定》2010年版 | 《领导干部报告个人有关事项规定》2017年新版 | 中国特色财产制度"申报材料审核"设计 |
|---|---|---|---|
| 有无审核要求 | 无审核要求 | 第十一条 组织（人事）部门应当按照干部管理权限，对领导干部报告个人有关事项的真实性和完整性进行查核。 | 保留组织人事部门受理，但由国家审计机关审核 |
| 审核方法与内容 | | 查核方式包括随机抽查和重点查核。随机抽查，每年集中开展一次，按照10%的比例进行 | （1）实施全面审计，或抽查比例提高至20%<br>（2）形成组织人事协调受理、审计抽查核实、纪委督查问责的"三驾马车"式中国特色财产申报工作机制<br>（3）改进当前抽查核实工作方法，将随机抽样改为分层抽样与属性抽样，有利于分析和掌控被查单位财产申报真实的整体情况<br>（4）新增中国特色财产申报家产审计与家事验证。包括申报人婚姻状况真实性审验；配偶、子女移居国（境）外、从业情况验证；申报人收入真实性审计；申报人房产真实性审计等内容 |

## 六 财产申报责任追究机制统计

### （一）主要国家和地区财产申报责任追究情况统计

表6—13　　　　　　　主要国家和地区责任追究统计

|  | 责任追究相关规定 | 刑事责任最高处罚 |
| --- | --- | --- |
| 美国[1] | 申报者所属单位可以针对拒不申报、申报不实、故意漏报及无故拖延申报者直接给予行政处罚和经济处罚 | 对拒不申报、迟报、漏报、谎报等行为，可判处最高25万美元罚款或5年监禁，或两类并处 |
| 英国[2] | 对不申报以及虚假申报以刑事制裁和当选无效的政治后果 | 追究刑事责任，具体不详 |
| 法国[3] | 一是拒绝申报，二是作虚假申报，对于申报违法者须予以法律制裁。如果议员、政府官员或地方官员未按规定报送财产申报表或竞选账目，就在年内取消其被选资格。同时也规定了在履职过程中所犯的过错应当承担的责任 | 公职人员行使权力收取利益者处5年监禁，无针对具体申报劣行的刑事责任 |
| 俄罗斯[4] | 故意提供不真实信息，将失去获得相应职位的机会 | 只有行政处罚 |
| 西班牙[5] | 由部长委员会负责对存在严重违法违纪问题的高级官员（政府内阁部长成员及国务秘书）进行惩治，由公共行政部长（负责行政诉讼的部门）对存在严重违法违纪问题的政府内阁其他非部长成员进行惩治 | 利益冲突办公室没有惩治权，只有行政处罚 |

---

[1] 《政府道德法案》中规定对故意提供虚假信息的人，可提出刑事诉讼，判处最高25万美元的罚款或5年监禁，对于因参与与其经济利益有关系的事项而违反利益冲突法的规定的公务员，处以1万美元以下罚金或2年以下的监禁，或两项并处。

[2] 崔英楠：《域外财产申报制度的确立与启示》，《北京联合大学学报》2015年第2期。

[3] 法国刑法第432-12条例规定："任何公职人员在行使公共权力或履行公共服务任务，或担任公职的选举任务的事务中，直接或间接地拿取、收取或保留任何企业和业务中相关负责管理、清算或付款的全部或部分利益，将被处以5年监禁和75000欧元罚款。"

[4] 《俄罗斯联邦反腐败法》（联邦委员会2008年12月批准）第13条规定，对实施腐败违法行为的自然人，可以剥夺其担任国家和自治地方的机构的职务。

[5] 房宁：《国外公职人员财产申报与公示制度》，中国社会科学出版社2013年版，第58页。

续表

| | 责任追究相关规定 | 刑事责任最高处罚 |
|---|---|---|
| 中国香港① | 以纪律处分为主,并且兼有刑事处罚 | 触犯《防止贿赂条例》的将受到刑事制裁,至于申报舞弊无具体刑事责任 |
| 中国澳门② | 区分拖延申报和不实申报。拖延申报者会被处以罚款,资料不实者会被处以罚款,但故意者要承担刑事责任和罚金。若财产异常者会被处以刑事处罚和罚金 | 申报不实以财产来源不明治罪 |
| 中国台湾③ | 以罚款为主 | 无刑事责任追究 |
| 土耳其 | 未提交申报材料处以3个月至1年监禁;若违反相关规定处以3个月至1年监禁 | 虚假申报处最高3年刑期 |
| 韩国 | 对不申报、不真实申报等情况进行处罚 | 拒绝财产登记罪、提供虚假资料罪、拒绝出席罪 |

从统计数据看,各国对财产申报责任追究程度宽严不一,美国、土耳其等少数国家将申报中出现的问题上升到刑事责任。多数国家采取行政处罚结合罚金的做法。值得一提的是,许多国家采用财产来源不明罪

---

① 香港的《防止贿赂条例》第201章第12条第1款规定,任何触犯法律的罪项可以给予最低50万元罚金及3年监禁、最高100万元罚金及10年监禁的处罚。

② 澳门《财产与利益申报法律制度》2013年修改版第二章第二十五课至第三十条规定,期间内拖延申报者,停支其薪俸或底薪的六分之一;因本人过错没申报者,课以所担任职位月报酬三倍的罚款。于不实申报的规定是:因不可宽恕的过错导致申报资料不实,将被处以所担任职位3个月至1年报酬的罚款;申报人故意填报不正确的申报资料,要承担刑事责任,如判处罚金,则罚金不低于所担任职位一年的报酬。有财产异常超过所申报的财产,且对如何和何时拥有不作具体解释或不能合理解释财产合法来源者,构成财产来源不明罪,判处最高3年徒刑并课以最高三百六十罚金。

③ 中国台湾《公职人员财产申报法》规定,如果故意隐匿财产以逃避申报,则将被处以6万元至120万元新台币不等的罚款。如果申报人无正当理由未按照规定期限申报或故意虚假申报者,收集申报机构可以通知其限期改正补充,同时处6万元至120万元新台币不等的罚款。如果逾期仍不申报或未改正的,则处以1年以下的有期徒刑、拘役或10万元至50万元新台币不等的罚款。

制裁申报人的不如实申报行为。多数国家法律追究共同点是，如果申报材料涉及犯罪则要追究刑事责任，如查实有受贿等情节。

财产申报制度被誉为是腐败的"天敌"和"克星"，深得世界各国反腐青睐。但财产申报是一项复杂的制度设计，从世界各国实行财产申报制度的国家来看，无论是立法形式、申报主体、受理机构、信息管理等都呈现出不同的制度样式。尽管有一定的规律可循，譬如多数国家财产申报范围大同小异，但是，各国制度在不同环节、不同内容、不同要求下体现出各自的差异性，并没有任何一国的制度能成为所有国家都遵循的范本。官员财产申报制度的建立还必须基于本国国情，选择适合本国的制度路径。

（二）中国特色财产制度责任追究机制设计

表6—14　　　　　中国特色财产制度责任追究机制设计

| | 《领导干部报告个人有关事项规定》2010年版 | 《领导干部报告个人有关事项规定》2017年新版 | 《领导干部个人有关事项报告查核结果处理办法》2017年新版 | 中国特色财产制度责任追究机制设计 |
|---|---|---|---|---|
| 责任追究形式之一 | 第十七条 领导干部有下列情形之一的，根据情节轻重给予批评教育、限期改正、责令做出检查、诫勉谈话、通报批评或者调整工作岗位、免职等处理 | 第十三条 领导干部有下列情形之一的，根据情节轻重，给予批评教育、组织调整或者组织处理、纪律处分 | （1）确定认定为漏报行为：查核结果凡属漏报行为，情节较轻的，应当给予批评教育、责令做出检查、限期改正等处理；情节较重的，应当给予诫勉、取消考察对象（后备干部人选）资格、调离岗位、改任非领导职务等处理。情节较重是指少报房产面积50平方米以上，或者少报告投资金额30万元以上，或者其他漏报情形较重的<br>（2）确定认定为隐瞒不报行为：经认定，查核结果凡属隐瞒不报行为的，应当根据情节轻重，给予诫勉、取消考察对象（后备干部人选）资格、调离岗位、改任非领导职务、免职、降职等处理 | （1）保留确定认定为漏报行为条款<br>（2）保留确定认定为隐瞒不报行为条款 |

续表

| 《领导干部报告个人有关事项规定》2010年版 | 《领导干部报告个人有关事项规定》2017年新版 | 《领导干部个人有关事项报告查核结果处理办法》2017年新版 | 中国特色财产制度责任追究机制设计 |
|---|---|---|---|
| 责任追究形式之二 | 第十四条 党委（党组）及其组织（人事）部门应当把查核结果作为衡量领导干部是否忠诚老实、清正廉洁的重要参考，运用到选拔任用、管理监督等干部工作中 | 第六条 领导干部因违反报告个人有关事项规定受到组织处理或者纪律处分的，其影响期按照有关规定执行：<br>（一）受到诫勉处理的，半年内不得提拔或者进一步使用；<br>（二）受到取消考察对象（后备干部人选）资格处理的，一年内不得提拔或者进一步使用；<br>（三）受到调离岗位、改任非领导职务、免职处理的，一年内不得提拔；<br>（四）受到降职处理的，两年内不得提拔；<br>（五）受到纪律处分的，依照《中国共产党纪律处分条例》等规定执行 | （1）增加"虚假申报"认定与处罚条款<br>（2）增加刑责处罚<br>（3）增加经济处罚<br>（4）设定廉政账户免于处罚 |

## 七 财产申报公示设计

（一）主要国家和地区财产申报公示情况统计

表6—15　主要国家和地区财产申报公示情况统计

| 公开情况 | 国家和地区 | 数量 | 占比（%） |
|---|---|---|---|
| 全部公开 | 英国、中国香港、中国台湾、菲律宾、瑞典、加拿大、坦桑尼亚、德国、澳大利亚、俄罗斯、日本、越南、印度、新西兰、南非、白俄罗斯、乌克兰、格鲁吉亚、爱沙尼亚、哈萨克斯坦、巴拿马、伯利兹 | 22个 | 59.45 |

续表

| 公开情况 | 国家和地区 | 数量 | 占比（%） |
|---|---|---|---|
| 不公开 | 新加坡、土耳其、巴西、阿根廷、巴基斯坦、斯里兰卡、波多黎各 | 7个 | 18.91 |
| 部分公开 | 美国、西班牙、印度尼西亚、泰国、法国、韩国、乌拉圭、中国澳门 | 8个 | 21.62 |

从统计数据看，财产申报材料全部公开的占59.45%；但是不公开与部分公开的共占比40.53%，说明世界各国财产申报材料也不都是全部公开的。需要说明的是全部公开的这些国家是部分人，是有特定职位群体部分公务员的全部公开。如法国虽然是全部公开，但只公开总统一个人的财产申报材料。这说明公开人数并非越多越好，超过一定限度，甚至会适得其反。如蒙古国、肯尼亚、印度尼西亚、乌干达要求所有公职人员公开，但是这些国家由于审核的行政成本过高，申报资料真实性成问题，财产申报流于形式，甚至逐渐被人遗忘。

（二）中国特色财产申报制度公示环节设计

表6—16　　　　　中国特色财产申报制度公示环节设计

| | 《领导干部报告个人有关事项规定》2010年版 | 《领导干部报告个人有关事项规定》2017年新版 | 中国特色财产申报制度公示环节设计 |
|---|---|---|---|
| 公示情况 | 不公开 | 不公开 | 采取有限公开、半公开与全公开相结合的办法 |
| | | | （1）新增工资收入公开<br>（2）新增房产公开<br>（3）拟提拔、后备干部公开<br>（4）允许自愿公开<br>（5）一定范围公开并可查阅<br>（6）鼓励由上往下公开<br>（7）分阶段、分类、分批公开 |

## 第七节　中国特色财产申报制度推行策略

### 一　中国特色立法道路坚持了什么

改革开放以来，在党中央的领导下，我们成功走出了一条中国特色的立法路子[①]。仅仅用几十年时间就形成了中国特色社会主义法律体系：一个立足中国国情和实际、适应改革开放和社会主义现代化建设需要、集中体现党和人民意志的，以宪法为统帅，以宪法相关法、民法商法等多个法律部门的法律为主干，由法律、行政法规、地方性法规等多个层次的法律规范构成的中国特色社会主义法律体系已经形成，这是中国特色社会主义制度逐步走向成熟的重要标志，这是一个走过90年光辉历程的执政党为全国人民交出的壮美答卷。

中国立法何以有如此成效？答案在"中国特色"——在党中央的正确领导下，我们成功地走出了一条中国特色的立法道路。坚持党的领导，坚持以中国特色社会主义理论体系为指导，坚持从中国国情和实际出发，坚持以人为本、立法为民，坚持维护社会主义法制的统一，正是做到了这"五个坚持"，才成就了中国立法令世人赞叹的"中国方案"和"中国制度"。

### 二　党的领导在立法道路中的引领作用

党在立法过程中处于什么位置，党的主张与国家意志是如何体现的？前人大委员长吴邦国谈及"中国特色的立法之路最重要的经验"时说："在中国特色社会主义法律制度立法工作中，我们始终坚持党的领导，使党的主张经过法定程序成为国家意志，成为全社会一体遵循的行为规范和准则，从制度上、法律上保证党的路线方针政策的贯彻落实，保证改革开放和社会主义现代化建设的顺利进行。我们紧紧围绕党和国家中心任务统筹谋划立法工作，科学制定立法规划和立法计划，积极推进重点

---

[①] 吴邦国委员长在人民大会堂举行的"形成中国特色社会主义法律体系座谈会"上的讲话中谈及。参见《我们成功走出了一条中国特色立法路子》，《中国青年报》2011年3月11日。

立法项目，保证党和国家重大决策部署的贯彻落实。对立法中遇到的重点难点问题，及时向党中央报告。"① 这说明我们的一切法律法规都是在党的领导下制定的，我们制定的一切法律法规都必须有利于加强和改善党的领导，有利于巩固和完善党的执政地位，有利于保证党领导人民有效治理国家。

党在科学立法策略上，就是要妥善处理改革、发展、稳定三者的关系。当代中国立法面临的一个重大背景是：国家正处于并将长期处于社会主义初级阶段。社会主义初级阶段面临的关键课题就是改革、发展、稳定。30多年来的立法实践表明，改革发展和稳定始终是立法中的主题词，立法所调整的社会关系始终关系改革、发展、稳定的大局。什么时候用立法推动改革与发展，什么时候偏重于用立法维护稳定，如何做到立法决策与改革决策相结合，如何在立法中妥善处理改革发展与社会稳定的关系，把握三者之间的力度与平衡，都是立法活动中的难题，又是立法必须面对的重大任务。所以，衡量一项立法是否科学，需要掌握的重要策略标准就是能否妥善处理改革、发展、稳定的关系。具体说来，就是什么时候立什么法，法要规范什么样的内容，都要充分考虑改革、发展、稳定之间的关系。

2014年7月29日，中共中央政治局会议明确提出，要"准确把握改革发展稳定的平衡点"，党的十八届三中全会公报提出："坚持正确处理改革、发展、稳定关系。"可以预见，在今后相当长的时间内，在立法中妥善处理改革、发展、稳定的关系，依然是一种重要的立法策略，能否妥善处理三者之间的关系，是检验科学立法的一条十分重要的标准。

科学的态度是，既要准确预见改革中社会关系发展的现状和未来走向，用立法肯定改革经验成果，引领改革方向，又要理性认识和敬畏改革带来的社会关系的不确定性和不稳定性，避免立法的草率盲动，该放下的就放下，等待时机成熟再作考虑，使立法有利于解放和发展社会生产力。

---

① 吴邦国：《中国特色立法之路最重要经验有五条》，2011年3月10日，新华网（http://www.xinhuanet.com/）。

### 三　推行策略

**（一）加强党对财产申报工作的领导**

财产申报及抽查核实工作是预防与打击贪腐的重要措施，各级党委、党组织要认真落实一系列工作，发挥财产申报及抽查核实工作在预防与打击贪腐工作中的积极作用。这些工作包括：加强党的组织领导工作，凝聚全体干部、党员和机关、组织、单位及个人对财产申报工作的共识，并提高到是否如实申报是对官员忠诚度的考验；是否如实申报，关系到官员个人的前途。提高干部、党员在财产申报上的自觉性、诚实性和责任感；同时，开展财产申报培训及协调好抽查核实工作，加强对财产申报和抽查核实工作规定落实情况的监督和检查；继续完善关于财产申报和抽查工作的制度建设，等等。

**（二）中央政治局常委率先垂范党内公示**

首先，中央政治局常委率先垂范申报，党内公示；其次，中央政治局委员党内申报公示；其三，现职中央委员、中纪委委员、人大常务委员（党员）、省部（包括副省部）一级干部申报党内公示；其四，中央候补委员、准中纪委委员候选人、新一届省部一级干部申报公示；其五，换届退下的中央委员、中央候补委员、中纪委委员、省部（包括副省部）一级干部，必须办理或补办申报及配偶子女的经济状况，并说明有否国（境）外资产、居留权、国籍等，并在党内公开公示。

**（三）先工资房产公示，后家产家事公示**

财产申报制度实施不可能一蹴而就，一开始全部放开公示，容易引发社会问题。我们既不能畏缩不前，也不能急于求成，财产公示是一块难啃的硬骨头。首先，财产申报突破可以先开一个小口子，选择公开领导干部工资收入，包括各类奖金、津贴、补贴作为推进财产公示制度的"前奏"。工资收入填写方便，审核容易，又是常人关注的问题，先期公示为以后全面公示积累经验。其次，公开领导干部房产、车位。收入、房产是个人资产主要项目，做好了此项工作实际上离财产申报全部公开就不远了。最后，公开家事、家产全部14项内容。

### （四）分步、分类、分批推进

实施财产申报制度要有中长期战略，有计划、有步骤地开展。可以分三步走：第一步，审查官员近三年的申报表，对假报、瞒报者的家庭财产和有关事项先行公开；第二步，公示省部级以上在职官员的家庭财产和有关事项；第三步，制定法律，全面实施官员家庭财产和有关事项的申报、审核和公示制度。所谓分类实施，是指针对"关键少数"，由"一把手"或相关主要负责人带头申报公示。为稳妥起见，我国财产公示制度可分类施行。比如，首先在司（局）厅级以上官员中施行，在取得经验后，再有规划、按步骤、依次在县处级以下官员中实行。

### （五）"新官"新政策、"老官"老办法

根据我国现行的干部升迁特点，三年是一个小周期，五年是一个大周期，通过这个周期可以保证所有的在任官员都进行财产申报。这样，通过渐进的方式实现财产申报制度的全面实施。比如，一个干部要从副处级升为正处级，他必须进行财产申报；否则，不管他当前的年龄有多大、岗位是什么，他在这期间内将不能得到升迁，只能仍是副处级。这之后，若他仍不进行财产申报，则将被清除出公务员队伍。这个设想与单纯地要求"新官"进行财产申报的想法是不同的。"新官"申报只是一个过程，"老官"的行为仍受现行反腐败体制监管。未来阶段，所有官员都须进行申报，否则视为自动退出公职或由组织予以开除。

### （六）增量改革，存量消化

由于存量改革的技术难度很大，面临的阻力也很大，而增量起初大多属于相对边缘的部分，增量改革的技术难度、社会影响和面临的阻力都不会很大，因此增量改革更易于起步，也更容易实现突破。新任官员、后备官员的财产申报的增量，从增量入手打开官员财产公开制度的大门，申报、公示财产的"新官"越来越多，越来越多的"新官"逐渐变成"老官"，官员群体中公开财产的比例也将越来越大。三五年后，整个公务员队伍里的清廉比例会上升，然后，每隔几年，在满一定年限的公务员中推广一次。10年缓冲期后，几乎所有的官员都会被纳入财产公示"网"中。而退休官员、现任官员是财产申报的存量，可以采取"坚决公布一批，选择公示一批，自愿公示一批"的方法带动存量消化。

打造中国特色财产申报制度，除了将"个人有关事项报告"作为"中国版财产申报制度"外，其余努力方向是：扩大新提任领导干部有关事项公开制度试点，与巡视组抽查个人报告事项相结合，将不动产登记、治理"裸官"与外国银行共享信息、加强因私护照管理等措施相衔接，对领导干部及其利益相关人实行有效监管。从严追究不实申报者责任，将岗位禁入、现职退出、调离要职等问责举措落到实处。

（七）申报人"管理名单"制度

我国在名单管理上有很多成功经验，如对上市公司高管及其家属的管理，全国有几十万人的名单全部在证券交易系统里面，只要有任何一个人买卖特定公司的股票马上报警。还有港澳通行证的名单管理，等等。

按照客观、真实、准确的原则，建立申报人诚信红黑名单制度。把恪守诚信、申报信息无差错者列入"红名单"，把不报、少报、瞒报者列入"黑名单"。把"管理名单"导入银行、证券、房地产、公司注册、车辆及船舶等财产登记机关的信息系统，按照监管部门的要求，由信息系统定期报送持有财产清单，自动提示财产的异动信息，纪委监察部门应把公职人员申报的财产和核查的结果进行对比，根据不同的情况采取相应的措施。对于列入"黑名单"的，根据违法违规性质和社会影响程度，分别采取"一对一"警示约谈、"一对多"部门通报。组织人事部门与纪委会同有关部门对列入"黑名单"的失信者要共同依法实施惩戒。名单管理确实是非常好的一个反腐败和申报管理方面的重要的制度设计创新。它最大的特点是由过去强调财产申报转变为主动的财产监控，及时掌握公职人员财产的异常变动，有助于突破财产申报审核技术上的瓶颈和障碍，提高反腐败工作的技术含量和实效。

（八）四类官员率先申报公示

将问题官员率先公示财产，可能只是财产申报改革的一小步，但对百姓来说，却是树立"诚信政府"的一大步。而对全国干部而言，以下这四类官员所占比例微乎其微，不会形成官场地震增加行政成本，也不用担心干部人人自危。但却是极具中国特色的财产申报制度创新，可谓一举三得。

第一类：爱炫富土豪官员。爱炫富土豪官员多为"问题官员"，比如

"表哥"的多块名表、"房叔"的22套房产,还有周久耕的高价烟等。这些官员因奢华炫富而曝出的腐败大案已屡见不鲜。事发之前,舆论对上述事件如此关注,更多是对官员财产不透明等深层问题的疑虑,归根结底是因为官员财产不公开引发的种种联想。因此,向民众公示爱炫富土豪官员财产,包括本人和配偶的房产、地产、私车、证券股票、企业任职等,以公开透明化解释疑虑,既可还官员以清白,又能平息舆论争议。

第二类:"异常"提拔官员。如某女县长年仅31岁,却7次提拔、6次破格。而这背后,其实是群众对极个别官员"火箭式"升迁的质疑和不满。还有被网络关注的"最年轻市长"周森锋、"最年轻美女镇长"牟阳、"23岁副县级官员"焦三牛,再到如今31岁的美女县长胡娟……诸如此类的"火箭式"提拔以及"倒数第一当选"的"反常式"升迁,民间最普遍的看法是"一定有猫腻"。为了向社会解疑释惑、或者官员自证清白,请这些"火箭"升迁或"异常"提拔的官员率先公示其财产。

第三类:免职复出官员。近年来因重大事故、人员伤亡以及强拆造成的自焚伤害等事件,当事官员被问责免职渐成常态。然而,这些免职官员的复出,却因缺乏程序严谨性和规范性,越来越引发社会质疑。事实上,往往事故遇难者尸骨未寒,被免职的官员已重获要职,甚至高调复出、异地提拔。这种复出被民众讥为"带薪休假",遭到广泛诟病,甚至引发舆情地震。笔者认为,凡免职复出的官员,应率先向社会公示财产,以纾解民意,证明其复出任职与权钱交易无关。

第四类:涉足房地产、工程款的主管官员。重大项目工程款和房地产经营动辄数亿甚至几百亿元,早已成为腐败高发区,也成为近年的反腐突破口。我们认为,负责重大工程款的主管官员和工程负责人,应率先公示财产;而涉足巨额房地产经营的官员,也应进行财产公示。

(九)联网不动产登记查询系统

按照国土资源部的工作规划,至2016年,不动产登记制度将全面实施并向社会依法提供查询服务。截至2017年7月,山东、河南等地不动产登记主管部门已经依法向社会公众提供查询服务。需要说明的是,到2012年底时,住建部就已经完成了与60多个城市的个人住房信息系统联网工作。此后,个人住房信息联网系统便并入不动产统一登记查询系统。

这一系统总体包括三部分，即不动产产权产籍信息采集、不动产产权产籍数据库保存、不动产产权产籍信息查询，这三部分分别承担不动产统一登记的信息采集、保管分类和查询职能。如果财产申报信息管理平台联通不动产登记查询系统，共享不动产相关信息，从而实现房屋不动产查核无死角、无禁区，以解决域外房产查核难的问题。

（十）调整策略重拾决心

当前，公众对"官员财产公开"的呼唤越来越急迫。但凡对近些年的舆情有所关注的人都会发现，"财产公开"是媒体话语中最高频词语之一，所有对热点反腐事件的反思和追问，最终都无一例外地在这里合流；所有关于中国政治改革的对话和探讨，起首往往都从这里切入。虽然党规出台了领导干部个人报告事项，也进行了多次修改，但是，由于未进入立法层面，总被舆论和社会情绪踢着屁股。因此，加大对领导干部个人报告事项推进工作的报道宣传就显得非常有必要，实际上，我们也有底气显示中国特色财产申报的制度自信。同时，我们也要认识到财产申报立法是不可逆转的潮流，不能让"条件不成熟"成为财产申报拖延的借口，官员财产公开永远等不来"成熟条件"！因此，必须将之前全国停摆的试点工作重新启动，尽快授权广东省或陕西省开展省级立法试点工作。

## 第八节 《中华人民共和国公职人员财产申报法（草案）》

依据《领导干部报告个人有关事项规定》（2017年）、《领导干部个人有关事项报告查核结果处理办法》（2017年），借鉴国际经验，汲取试点城市成功做法，以及上述对于中国特色财产申报审计制度设计，结合法律草案的规范格式，拟定《中华人民共和国公职人员财产申报法（草案）》。

**中华人民共和国公职人员财产申报法（草案）**

第一条　为了保障和加强廉政建设，防止贪污腐败，维护人民民主权利，保障社会主义现代化建设的顺利进行，根据中华人民共和国宪法的规定制定本法。

第二条　国家级正职和副职、省部级正职和副职、厅局级正职和副职、县处级正职和副职，以及乡科级正职和副职的公职人员列为法定申报人。包括国有企业、国有控股企业中相当于副处级别的公职人员，都是法定申报人，都须依照本法申报财产。

有条件地区可以将重点岗位重点人物的家属成员一并列入法定申报人范围。

本法所称公职人员，是指依法履行公共职务的国家立法机关、司法机关、行政机关、中国共产党和各个民主党派的党务机关、各人民团体以及国有企业的工作人员。

第三条　法定申报人应当报告下列本人婚姻和配偶、子女移居国（境）外、从业等事项：

（一）本人的婚姻情况；

（二）本人持有普通护照以及因私出国的情况；

（三）本人持有往来港澳通行证、因私持有大陆居民往来台湾通行证以及因私往来港澳地区、台湾的情况；

（四）子女与外国人、无国籍人士通婚的情况；

（五）子女与港澳以及台湾居民通婚的情况；

（六）配偶、子女移居国（境）外的情况，或者虽未移居国（境）外，但连续在国（境）外工作、生活一年以上的情况；子女在海外就学情况；

（七）配偶、子女及其配偶的从业情况，含受聘担任私营企业的高级职务，在外商独资企业、中外合资企业、境外非政府组织在境内设立的代表机构中担任由外方委派、聘任的高级职务，以及在国（境）外的从业情况和职务情况；

（八）配偶、子女及其配偶被司法机关追究刑事责任的情况。

本规定所称"子女"，包括领导干部的婚生子女、非婚生子女、养子女和有抚养关系的继子女。

本规定所称"移居国（境）外"，是指取得外国国籍或者获取国

（境）外永久居留资格、长期居留许可。

第四条　法定财产申报人及其家属成员应当报告下列收入、房产、投资等事项：

（一）本人及其家属成员的工资及各类奖金、津贴、补贴等；1 万元以上现金持有；

（二）本人及其家属成员从事讲学、写作、咨询、审稿、书画等劳务所得；

（三）本人及其家属成员（配偶、共同生活的子女）为所有权人或者共有人的房产情况，含有单独产权证书的车库、车位、储藏间等（已登记的房产，面积以不动产权证、房屋所有权证记载的为准，未登记的房产，面积以经备案的房屋买卖合同记载的为准）；

（四）本人及其家属成员（配偶、共同生活的子女）投资或者以其他方式持有私车、股票、基金、投资型保险等理财产品的情况；单笔超过 5000 元的债权、债务情况，包括债权人或债务人身份、偿还日期、事由；由继承、获奖、赠予、转让等形式获得的偶然所得；

（五）家属成员包括配偶、子女及其配偶经商办企业的情况，包括投资非上市股份有限公司、有限责任公司，注册个体工商户、个人独资企业、合伙企业等，以及在国（境）外注册公司或者投资入股等的情况；

（六）本人及其家属成员包括配偶、共同生活的子女在国（境）外的存款和投资情况。

本规定所称"共同生活的子女"，是指领导干部不满 18 周岁的未成年子女和由其抚养的不能独立生活的成年子女。

本规定所称"家属"，是指近亲属：配偶、父母、子女、兄弟姐妹、祖父母、外祖父母。

本规定所称"股票"，是指在上海证券交易所、深圳证券交易所、全国中小企业股份转让系统等发行、交易或者转让的股票。所称"基金"，是指在我国境内发行的公募基金和私募基金。所称"投资型保险"，是指具有保障和投资双重功能的保险产品，包括人身保险投资型保险和财产保险投资型保险。所称"理财产品"，是指由商业银行和正规金融机构自行设计并发行，将募集到的资金根据产品合同约定投入相关金融市场及购买相关金融产品，获取投资收益后，根据合同约定分配给投资人的一类理财产品。

第五条　法定申报人应当于每年 1 月 31 日前集中报告一次上一年度本规定第三条、第四条所列事项，并对报告内容的真实性、完整性负责，自觉接受监督。

拟提拔、后备干部应当报告个人有关事项。

法定申报人在新任之后、离任之前与提出辞职申请时，应当报告个人有关事项。

第六条　法定申报人报告个人有关事项，按照干部管理权限由相应的组织（人事）部门负责受理：

（一）中央管理的领导干部向中共中央组织部报告，报告材料由该领导干部所在单位主要负责人阅签后，由所在单位的组织（人事）部门转交。

（二）属于本单位管理的领导干部，向本单位的组织（人事）部门报告；不属于本单位管理的领导干部，向上一级党委（党组）的组织（人事）部门报告，报告材料由该领导干部所在单位主要负责人阅签后，由所在单位的组织（人事）部门转交。

领导干部因职务变动而导致受理机构发生变化的，原受理机构应当在 30 日内将该领导干部的所有报告材料按照干部管理权限转交新的受理机构。

第七条　审计机关（机构）在干部监督工作和干部选拔任用工作中，按照组织人事部门授权，负责监督审核法定财产申报人有关事项材料真实性与合法性。

纪检监察机关（机构）调查处理法定申报人在报告个人有关事项中违反行政纪律行为。

检察机关追究法定申报人在财产申报中涉嫌刑事责任。

第八条　拟提拔、后备干部必须公开财产申报事项；鼓励自愿公开；地方法根据需要可以采取分阶段、分类、分批有限公开、半公开与全公开方式；公开内容可选择工资收入、房产等继而覆盖全部；允许公民在一定范围内可公开查阅。

第九条　审计机关（机构）对法定申报人报告有关事项的真实性和完整性进行查核。查核方式包括随机抽查、分层抽查和属性查核，有条件的开展全面审核。

随机抽查按照20%的比例进行。

重点审计对象包括：

（一）拟提拔干部；

（二）后备干部；

（三）拟进一步使用的人选；

（四）因涉及个人报告事项的举报需要查核的；

（五）其他需要查核的。

审计内容包括：

（一）申报人婚姻状况真实性审验；

（二）配偶、子女移居国（境）外、从业情况验证；

（三）申报人收入真实性审计；

（四）申报人房产真实性审计。

第十条　法定财产申报人有下列情形之一的，根据情节轻重，给予批评教育、组织调整或者组织处理、纪律处分，以及经济处罚与刑事处罚。

（一）无正当理由不按时报告的；

（二）漏报少报的；

（三）隐瞒不报的；

（四）不实报告的；

（五）虚假报告的；

（六）查核发现有其他违规违纪问题的。

第十一条　形成组织人事协调受理、审计抽查核实、纪委督查问责的财产申报工作机制。联系工作机制成员单位包括审判、检察、外交（外事）、公安、民政、国土资源、住房城乡建设、人民银行、税务、工商、金融监管等单位。各成员单位承担相关信息查询职责，应当在规定时间内，如实向组织部门提供查询结果。

第十二条　法定申报人将违法违纪所得以匿名方式上交给纪检监察

局统一廉政账户,并保留相应的凭证。有关部门将视情节轻重免予党纪政纪的处分。

第十三条 中华人民共和国公民有维护政府清廉、反对腐败的权利。公民对于申报人员的贪污腐败行为,有检举、揭发、控告或提出质疑、提供核查线索的权利。组织人事部门、审计机关、纪检监察机关在接到公民检举、揭发贪污腐败和与之有直接关系的举报后,应及时核实处理。

第十四条 本法自×年×月×日起施行。

# 第七章

# 中国特色财产申报审计公示制度设计

## 第一节 制度建设的必要性与可行性

### 一 中国特色财产申报审计制度建设的必要性

（一）"姚木根落马""房叔"事件呼唤财产申报审计公示制度

财产申报如果没有监督，申报也就失去了意义，就成为一种走过场的游戏。2014年4月，媒体报道，江西省副省长姚木根落马源于其不实的"个人事项报告"。姚木根实际拥有十几套房产，但在申报时只填了一套。显然，这是贪官为掩饰非法所得采取的一种通常的做法，为的是不引起组织的注意，从而达到继续隐藏下去的目的。近年来，一些腐败官员拥有巨额资金和多套房产成为公开的秘密。姚木根拥有十几套房产，但却只申报了一套也能审核过关，这说明，财产申报缺乏真实性审核监督，导致领导干部财产申报成为一种走过场。

无独有偶，2012年10月，广州市城市管理综合执法局番禺分局原政委蔡彬被网络曝光全家拥有20多套房产，"房叔"进入公众视野。蔡彬在申报中隐瞒真实情况，却未被审查出来，而广州房地产档案馆相关工作人员却因为泄露"房叔"房产信息受到处分，其直接目的或许并不是为了反腐，但是其查询"房叔"房产信息的行为，却在客观上暴露了"房叔"不正当拥有房产情况。经纪检部门核实，确认此人"拥有22套房产，却只申报两套"。出现上述问题的主要原因同样是"只申报不核实"问题。

遗憾的是众多财产申报试行地区都存在财产申报审查缺失的问题，

比如安徽青阳县的财产申报真实性"靠干部自身的诚信来维系",有群众举报纪委才会介入调查;庐江县的财产申报真实性也主要依赖群众监督,"让群众来核实这些信息的真伪";江苏徐州的财产申报也"无法对每名干部公开的信息是否准确进行详细核实,目前只能靠干部自觉登记";广东的财产申报同样没有审查机制,"一般不再审查,一旦有人举报了,才会进行调查和处理"。鉴于上述试行情况,北京市检察院一位副检察长就曾评价:"现行官员财产申报制度只是一个形式,处级以上干部每半年填一次表,但之后都锁在柜子里从不公开,也没有部门进行动态监管。"因此,要加快推进财产公示制度,首先就要破解这些在试行中反映出来的各种难题,尤其是亟待解决的申报内容审查的技术难题。如果不在审核监督、责任追究的操作层面上采取有力措施,财产申报制度就难以起到预期效果。

(二)现行财产申报制度缺少审核环节,存在制度设计漏洞

虽然现行财产申报制度在设计上对材料申报真实性有三道关卡,但作用有限,可以说"三关尽失"。第一道单位负责人审签关只是装摆样子。根据《关于领导干部报告个人有关事项的规定》(2010)第八条,"报告材料由该领导干部所在单位主要负责人审签后,交所在党委(党组)的组织(人事)部门"。单位负责人"审签"申报材料看似有"审"字,但要求单位主要负责人对全单位申报人员的房产、存款等审核是勉为其难的,也是例行公事般的签字通过。第二道人事组织部门受理不具备专业审核能力。按照《规定》第八条"领导干部报告个人有关事项,按照干部管理权限由相应的组织(人事)部门负责受理",我国的人事部门主要是国家行政机关、各企事业单位的干部管理机构,不具备审核监督的专业能力。何况第八条也只是强调"人事组织部门"是受理机构,并未赋予其材料审核职能,因此,组织人事部门也没有必要审核监督每份申报材料的真实性,往往是申报材料一锁了之。第三道纪检监督部门具备专业能力但不符合相关规定。《规定》第十三条:"纪检监察机关(机构)、组织(人事)部门接到有关举报,或者在干部考核考察、巡视等工作中群众对领导干部涉及个人有关事项的问题反映突出的,按照干部管理权限,经纪检监察机关(机构)、组织(人事)部门主要负责人

批准，可以对有关领导干部报告个人有关事项的材料进行调查核实。"该条规定很明确，纪检监察和人事部门只有接到举报，或者有群众反映突出问题的适合介入调查。至于没有举报和反映问题的，只是常规材料申报，纪检监察和人事部门是不会介入调查的。因此，财产申报真实性问题仍然得不到有效解决。何况纪检监察审核需要税务、银行等机构进行合作，一旦这些机构不配合，就会导致审核无法完成。申报审核对专业性和技术性要求很高，需要房产、金融、税务、工商、民政等多部门联合办公。

现行制度实际上是以"财产申报"为制度设计理念，申报多少由申报者自行填写。由于缺少审核环节设计，存在如关宝英教授所言"申报过程中自变量和因变量存在一个主体身上，这在法律逻辑上有致命缺点"。因此，要将主动申报转化为全面审核，也就是在主动申报的基础上构建相关审查制度，使财产申报过程既有自变量作用，又有因变量作用，从而确保申报内容的真实性，以发挥财产申报制度的真正效果。

（三）构建财产申报审计制度是对"只申报不核实"的完善

目前，我国已有40多个试点地区宣称自己在进行财产申报试点活动。但大部分财产申报试点地区财产申报出现"零投诉、零异议"现象，财产申报制度预期反腐效果没有体现出来。究其原因是财产申报制度都仅停留在"只申报不核查"的阶段，制度建设仍旧存在一定的漏洞。"只填报不核实"就导致了一些领导干部心存侥幸，并不会如实填报或者隐瞒不报，不同程度存在漏报、错报等问题。目前，我国财产申报制度设计中并没有明确的真实性审查机关，这导致了制度存在连续性缺陷，审计工作无法落实，也就没有办法切实发挥监督作用。胡红兵（2015）在财产申报审计制度的研究中指出，完善官员财产申报制度的同时制定和完善官员财产申报审计制度同等重要。如果财产申报内容不进行申报审计核实，就会导致监督环节缺失，无法发挥财产申报预防腐败的效力。为了更好地发挥其预防腐败的作用，应该增强监督审计环节机制设计，这也是我国财产申报的客观要求。

（四）财产申报审计制度是对责任追究不力处罚疲软的完善

从试点地区统计数据看，违反财产申报规定的处罚力度较弱。"一定范围内通报批评""党纪处分""谈话、诫勉"等是现阶段财产申报规章制度申报不实的可能处罚结果。这种不痛不痒的处罚造成了官员申报不实，愿意"铤而走险"。因此，财产申报难免会出现"走形式""走过场"现象，通过财产申报审计制度，能够核实官员财产真实性，有助于监管部门对官员财产的具体情况的监督。

## 二 中国特色财产申报审计制度建设的可行性

（一）当前领导干部个人有关事项报告抽查核实工作是财产申报审计预演

2014年中央组织部印发的《领导干部个人有关事项报告抽查核实办法（试行）》，明确了抽查核实工作的原则、项目、对象范围、方法、结果处理和纪律要求等，必须严格执行到位。除每年按一定比例集中开展一次随机抽查外，还要有针对性地开展重点核实，主要是根据工作需要，对拟提拔的考察对象、拟列入后备干部人选对象、巡视工作中需要核实的对象，以及群众举报反映的对象等进行核实。抽查核实要将领导干部本人填报的内容和有关职能部门的查询结果逐一进行比对，看填报是否完整准确。除对个人有关事项抽查核实外，对领导干部报告的其他重要事项也要视情况随机进行核查。抽查核实工作的内容与方法实际上就属于审计范畴，是全部财产申报抽样审计。

（二）构建财产申报审计制度，发挥审计查账表外资产、表外收入的专业优势

从完善财产申报审核制度看，国家审计部门担当财产申报审核工作最为恰当。（1）可以将财产申报审查纳入领导干部经济责任审计事项中。当前干部离任及调动均需要进行经济责任审计工作，将财产申报的审查纳入其中能有效起到监督及审计的作用。（2）财产申报审计遵照《关于领导干部报告个人有关事项的规定》所需申报的具体事项实施。具体审计内容包括婚姻状况真实性审验、收入的常规与舞弊审计、房产审验与多套房产举报审计，以及证券、基金、投资等申报事项的审计。（3）财

产申报审计方法分为常规审验与特殊审计。常规审验主要从真实性和来源途径展开，以审阅资料询问等手段为主，通过获取以纸质、电子或其他介质形式存在的记录和文件进行审验。

（三）银行、房产信息系统成熟为中国特色财产申报制度提供了比对样本

当前网络技术与云盘技术已经十分成熟，银行、工商、税务、海关等建立了相对完备的内部网络。这种内部网络可以搜集到较多公职人员的真实信息。为了财产申报的需要，可以进行内部网络的互联，增强官员财产申报信息的可比性，更加有利于财产申报内容的审核。因此，各种内部信息系统的成熟为中国特色财产申报制度信息对比提供了可能，建立公职人员财产申报制度的条件已经十分成熟，具有较强的技术可行性。江苏金湖县针对领导干部报告个人事项信息量大、核查难度大等特点，研发了"领导干部报告个人事项申报核查系统"，该系统整合公安、财政、交通、住建、工商、税务等11个部门现有业务信息库，统一制定数据报送文档，建立户籍、婚姻、护照、收入、车辆、房产、工商、纳税、违纪违法等13个基础数据库。通过输入核查对象的姓名或身份证号码，运行核查程序，自动输出核查对象及家庭成员的户籍、婚姻、护照、就业、工资、车辆、房产等信息，提高审计核查工作的准确性和效率。

## 第二节 中国特色财产申报审计方法

### 一 中国特色财产申报审计的组织与实施

（一）组建财产申报审计委员会

申报、公示、监督和问责是财产申报制度的四个环节，缺一不可，而监督应当包括内部审查和外部监督，针对我国财产申报制度的现状，为了进一步使该制度落到实处，必须完善审核环节。如何设置有关机构加强对申报内容的审查和核实？

我国财产申报制度实施中带来的谎报瞒报等问题，在一定程度上可以通过构建完善的审核监督体系加以弥补和解决。根据《关于领导干部

报告个人有关事项的规定》，我国现行的财产申报制度实行的是受理机构与审查机构合二为一的做法，虽然成本低，减少了工作的协调难度，但由于组织人事部门自身缺乏审查职权，无法真正对申报内容的真实性进行核实，弱化了财产申报审查这一关键环节。现行的《关于省部级现职领导干部报告家庭财产的规定》（试行）中①，规定由中央组织部受理财产申报书，申报义务人填写《领导干部家庭财产报告书》一式两份，一份报中央组织部，一份报中央纪委备案，这实际上规定了中组部是接受申报的日常主管部门，中纪委起到事后监察的作用。

对申报材料的受理与审查是财产公示制度中的重要环节，需要科学、合理设定财产申报的受理、审查机构及其职能。笔者认为，我国可以效仿韩国的做法，采取申报受理、审核机构相分离的模式。财产申报由各人事（组织）部门负责受理申报，而对申报内容的审核则交由具备独立性与权威性的机构。笔者认为，财产申报的审查也可以建立一个联席会议制度，由纪委、组织部、检察、审计等多部门组成，由纪委牵头，审计部门具体实施，司法、房产、银行等部门以及申报人所在单位的组织和个人予以支持和配合。

另外，从我国近几年反腐情况来看，网民的检举曝光发挥了很大作用，因此要充分发挥群众监督力量，有必要接受群众各种形式的举报。可以在纪委审计等多部门联合组织的基础上，设立财产申报审核评估中心，其组织结构如图7—1所示。

财产申报审核委员会归属纪委直接领导，下辖监察举报中心、审核执行部门和审核结果监测网站。（1）监察举报中心。整合纪委信访室、廉政投诉中心和监察举报中心，接受群众各种形式的举报，广泛动员政府及社会力量。其工作职能是接受举报信息并迅速分类整理，反馈给调查人员。（2）申报审核执行部门。主要由国家审计机关对申报资料的真实性进行审查，并对"N套房产""婚外情"等特殊情况进行调查。（3）审核结果公示监测网站。主要职能是发布审核结果信息，定期向政府提供申报审核的内部信息、结果分析及相应的对策性建议。

---

① 2001年，中纪委、中组部联合发布《关于领导干部报告个人有关事项的规定》。

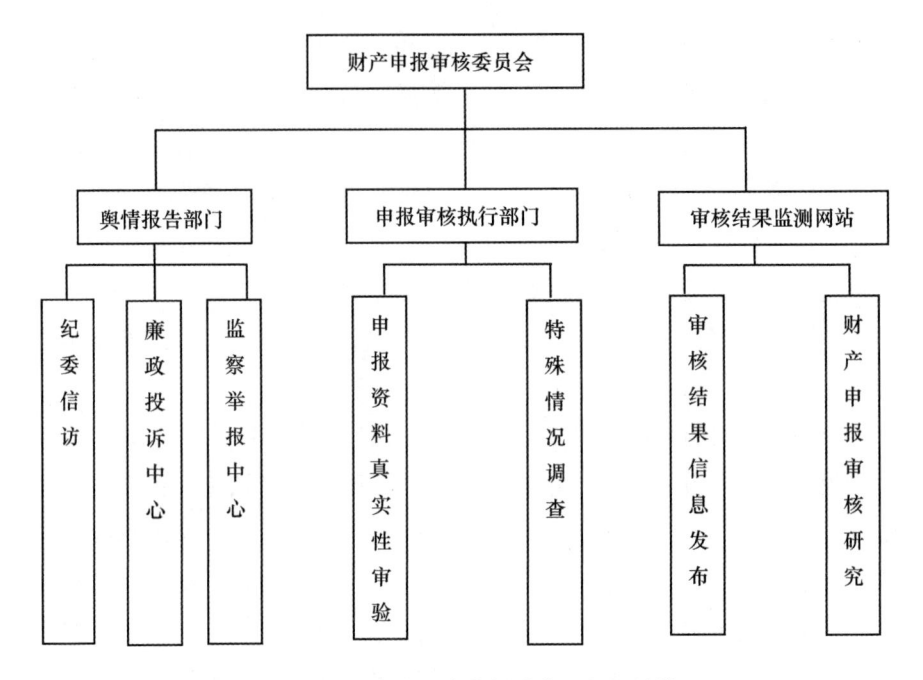

图7—1　财产申报审核评估中心组织结构

（二）实施"腐败预警审计""查实审计"和"廉政审计"

财产申报审计应包括"腐败预警审计"和"查实审计"。"腐败预警审计"主要是对申报内容的真实性进行审计，而"查实审计"则是针对群众举报等情况进行的核实调查。财产申报审计制度的构想如图7—2所示。

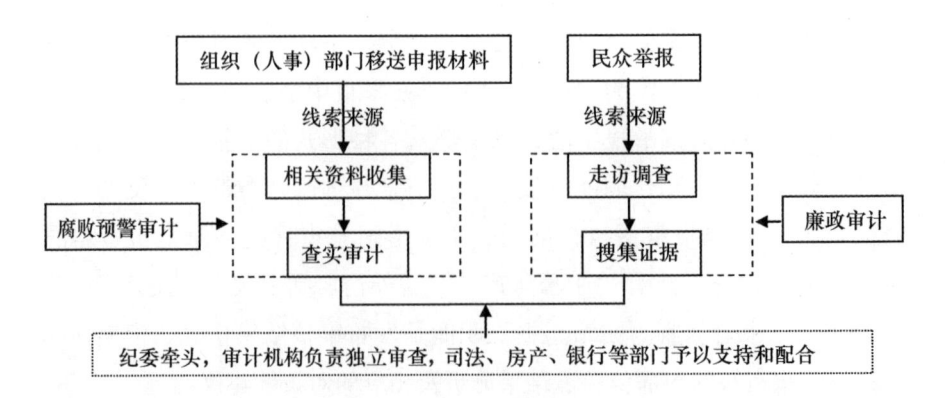

图7—2　财产申报审计制度

## 二 腐败预警审计方法①

所谓预警审计是指根据腐败线索和申报表中预警征兆，对国家公职人员的腐败嫌疑行为进行预警的审计活动。具体来说就是根据网络举报获得的腐败线索，以及个人情况报告事项分析结果，明确预警审计重点和范围，查找可能导致腐败的现象和行为，并通过预警审计确定腐败的可能性存在程度，如果存在腐败可能性概率较大，则进入下一个审计阶段。

### （一）腐败因子测试②理论依据

腐败因子测试提法和做法在国内尚无先例。经过文献搜寻发现美国有一种检验腐败方法——"廉洁测试"。③ 廉洁测试肇始于1994年，是美国纽约警察局（NYPD）根据公民检举以及罪犯或警察的指定对特定或不特定警察进行一系列周密而详细的有关廉洁行为的测试。测试的内容是警察内部事务管理局设置圈套，提前安装电子视听系统进行严密控制和记录，并且在电子屏幕上或附近安排许多目击证人，然后假装行贿者，给被测试对象实施"贿赂"，整个场景与被测试对象所从事腐败时的场景一模一样（如对执法警官行贿，以期为贩毒者放行等），以此方法测试警察的廉洁程度。采取廉洁测试对腐败侦查提供了新方法，但这种"引诱型测试"未必适合审计部门，我们从中能得到的启示是：一是腐败可以测试。二是廉洁测试结果的认定，是证据学意义上的"推定"。也就是说，廉洁测试结果的认定，就是从已经证明的事实来推断出另一问题的事实结论，腐败事实是否存在的推断是根据廉洁测试的事实来完成的。廉洁测试为我们构建腐败因子测试提供了理论依据。

西方学者定义腐败公式为：腐败的条件 = 垄断权 + 任意处理权 + 责

---

① Howard R. Daviazai 在他的著作《欺诈101：识别技巧和应对策略》中，提及"预警审计"，意思是"受害者没有察觉到有任何欺诈发生的情况下进行的审计检查"。与我们研究的"预警审计"内容已经大相径庭。在这里，我们借用了 Howard R. Daviazai 的命名。

② 腐败测试，在政治学和审计理论与实务中未见类似文献报道。腐败因子测试是我们的一个创意。

③ 李秀娟：《廉洁测试的证据学运用》，《法制日报》2004年4月15日。

任心差。① 笔者认为以下这个公式也许更有说服力：腐败＝权力＋动机＋机会＋失去控制力。因此对个体而言，腐败影响因子为：权力、动机、机会和失去控制力。结合腐败预警监控所得腐败线索，我们就可以对"嫌疑腐败"分子进行腐败影响因子测试，以确定廉政专项审计重点和范围。

（二）腐败因子测试内容

1. 权力滥用测试②。

一个良好的权力监督制约机制具有如下特征。①结构合理。是指在整个权力的制约体系中，各监督制约主体在组成结构上完整而合理，无明显漏洞和缺失。各个监督主体之间既能够互相配合，形成合力，又能够独立运行，开展工作，形成良性互动的、有机结合的监督整体。②配置科学。是指各监督主体对权力的制约在权力和责任上，配置上是科学的和有效的。权力配置不当、不到位，就会造成职责不清而相互推诿或者相互干扰，甚至出现监督"真空"。③程序严密。是指各个监督主体在对权力行为的监督制约过程中，都有自己的特定程序，并且都能按照各自规定的监督程序运作，从而使监督主体的监督行为成为一种严格而有序的法定行为。④制约有效。是整个监督体系中对各监督主体的基本要求，也是监督制约领导机关和领导干部权力行为的根本目标。

测试目标：①权力主体结构完整、合理；②权力主体的监督配置科学；③权力监督程序健全有效；④权力主体能否得到全程监督。

权力滥用测试方法：对"三权"进行符合性穿行测试，即行政执行权、行政决策权和行政管理权；观察是否恰当的职责分离；正确的授权审批等。

2. 腐败动机分析③。

动机一直是心理学界的一个热门话题，腐败动机就是个人进行腐败行为的内部动力。腐败动机的产生也是个体的心理历程，大都有一个从启蒙、试探到被动参与再到主动甚至疯狂的渐进过程。在启蒙阶段，每

---

① ［南非］罗伯特·克里特加德：《控制腐败》，中央编译出版社1998年版，第78—84页。
② 权利滥用测试，是我们运用审计的"符合性测试"方法，尝试解释政治学的命题。
③ 检索腐败动机如何分析是没有具体说法的，我们从心理学角度说明之。

个腐败分子都有无形或有形的"引路人",耳濡目染,由看不惯到渐渐习以为常;在试探与被动参与阶段,由于有人试图用不正当手段来交换他的权力,千方百计与他联络感情,他也被动地参与一些请客收礼或收受少量金额,打打"擦边球",当然他内心是战战兢兢、惶恐不安的,但只要一直平安无事,则会慢慢心安理得,甚至不如此反而不习惯了,这种心理一旦适应,就会成为一种较为稳定的心理模式。而主动受贿索贿阶段,实际已到了心理变态的高峰,它往往与变态的人格融为一体,再也无所顾忌,直至最后的疯狂。因此对腐败动机分析应该侧重以下方面。

(1) 攀比心理分析。改革开放以来,人们的经济地位得到了前所未有的提升,有些昔日以政治地位为满足感和自我实现的人看见过去比自己差的人吃香喝辣的,心理失去平衡,从而产生畸形心态,就开始想尽办法去捞钱。

(2) 补偿心理分析。大部分腐败分子有一种共识,那就是"以前吃亏受苦太多了",现在何不乘在位补偿补偿,找回应有的快乐和享受,这种心理使这些人在很短的时间内疯狂地大量聚敛不义之财。比如"59岁现象"。

(3) 从众腐败心理分析。腐败分子几乎都有这样一种心理,"大家都在搞,自己不搞白不搞,反正法不责众"。一旦有了这种想法,腐败分子就会从被动到主动,变得理直气壮起来。

(4) 贪婪心理分析。由于发现和打击不力,一些腐败分子屡屡得手,慢慢形成了不干不行的成瘾心理,在这种欲罢不能的成瘾心理促使下,他们欲壑难填,在腐败的道路上越走越远。

(5) 侥幸心理分析。虽然目前我国加大了反腐败力度,但是由于其他因素影响,使得一些腐败分子未受查处,看见他们"好吃好喝",也使得一些腐败分子存有"侥幸心理",撞上了是自己倒霉,而一个人不会总是运气不好,于是就放心大胆地去贪。

分析腐败嫌疑人犯罪动机时,要注意几个方面问题:一是嫌疑人腐败意识越明显、越强烈,腐败动机就形成得越快;二是腐败嫌疑人对物质需求越强烈、越迫切,腐败动机就形成得越快;三是嫌疑人的价值观越低下、道德观越堕落,腐败动机就形成得越快;四是嫌疑人心理越不平衡,思维方式越极端,腐败动机就形成得越快。

3. 腐败机会测试①。

腐败机会总的来说有两种：一种是根本性的腐败机会，存在于公职人员掌握公共权力本身，另一种则是权利运用腐败机会，存在于权力的具体运用过程之中。公共权力固然是腐败行为产生的终极原因，但它们毕竟只是为公职人员以权谋私提供了一种理论上的可能性。至于腐败行为完成，归根结底还是由权力行使过程中的腐败机会（即技术性腐败机会）所决定的。② 而这些机会的多寡，则是由规范这些权力的法律法规和工作制度所决定的，任何腐败机会都不同程度地来源于制度缺陷。因此腐败机会测试归结为对廉洁制度的测试。制度是指组织为了提高经营效率和充分有效地获取和使用各种资源，达到既定的管理目标，而在内部实施的各种制约和调节的组织、计划、方法和程序。

一个完善的内部控制制度是：①授权批准控制。是指组织内部人员必须经过授权和批准才能对有关的经济业务进行处理，未经授权和批准，相关人员不允许接触和处理这些业务。授权控制要求规定各级管理人员的职责范围和业务处理权限。②财产安全控制。是指为了确保组织财产物资安全完整所采取的各种方法和措施。直接与财产安全有关的控制方法和措施有：发生经济业务要立即记账，特别是现金、银行存款等业务，以防现金被挪用；财产物资必须采用永续盘存的方法，以便在账上随时反映财产物资收入、发出和结存情况等。③业务程序控制。是指对重复发生的业务采用规范化、标准化的手段对业务处理过程进行控制。④内部审计控制。是指组织通过建立内部审计部门对组织的各项业务进行审计的一种监督手段，是内部控制的一种重要手段。通过内部审计，对组织内部控制的各个环节、控制点的设置、人员分工、规章制度的实施等进行评价，有利于加强和完善内部控制制度。

廉洁制度测试方法：第一步是健全性测试，就是测试内部制度是否完善，有无漏洞。第二步是符合性测试，通过一定的审计方法，测试权

---

① 在现有文献中，我们无法知晓腐败机会的测试方法。我们运用审计学中的制度符合性测试方法说明之。

② 胡鞍钢主编：《中国：挑战腐败》，浙江人民出版社2001年版，第94页。

力的运行与相关内部控制制度符合的程序。一般可以采用抽样方法进行,通常着重于那些权力容易失控的环节和那些最可能发生差错和舞弊行为的关键领域。

4. 腐败控制力测试[①]。

个体拒腐控制力取决于他的观念、社会背景和教育背景等因素。

一个拒腐守廉的领导干部应该有以下特征:①正确的世界观、人生观、价值观、权力观、地位观、利益观。古人云:"道德当身,故不以物惑。"因此领导干部要能自觉接受党风廉政教育,牢记"为人民服务"的宗旨,勤政廉政,务实清廉,保持和发扬艰苦奋斗的作风,自觉抵制各种腐败思想和文化的侵蚀。李真的毁灭根本在于其理想信念的坍塌[②]。②较强的法制观念。具有较强的法律意识,能自觉遵守各种法律规范,并用法律来约束自己的行为,维护法律尊严,做到学法、知法、护法、守法,以防止思想上的蜕变。成克杰不仅政治修养差,而且法律意识、法制观念淡薄[③]。③良好的自身修养。修养重在自觉,自觉程度是衡量修养状况的标尺。自觉者的可贵,就在于他们有辨别是非观念和自然控制能力,知道哪些是应该做的,哪些是不应该做的;哪些是应该大力提倡的,哪些是要坚决反对的。自觉做到政治上能把握住方向,感情上能把握住原则,行动上能把握住分寸,生活上能把握住小节。这样,自己的命运就会真正掌握在自己手里。④健康的心理状态。能抵御资产阶级腐朽思想的侵蚀和消极思想的影响,以及社会分配不公与消费上的攀比心理。陈铭是北京市新中国成立以来第一个被判处死刑的正局级领导干部,导

---

① 腐败控制力测试内容仅仅是我们的一个探索。

② 李真本人在剖析自己的犯罪根源时说,"首先是忽视了世界观、人生观的改造,理想信念产生了动摇,灵魂受到了腐蚀"。心里觉得"共产党快完了。与其一旦江山易手,自己万物皆空,不如权力在握之时早做些经济准备,如真有不测也万无一失"。(李真,河北省国税局原局长,因经济犯罪被判死刑)。

③ 对于在所批工程中收受贿赂的犯罪事实,成克杰在检查中写道:"自己过去曾错误地认为,给熟人、朋友介绍做工程、要块地、要些糖、搞开发或做生意、办一些事,好像不觉得违反原则,而且此类事情当时在广西也比较普遍,领导干部中不少人也这样做。"作为一个高级领导干部,只是看到"领导干部中不少人也这样做"就跟着这样做,可见其法律意识已经低到何等程度。

致其腐败的直接原因是价值观念扭曲，心理失衡。①

腐败控制力测试方法有：访谈法、观察法、调查法、素质测评法、面试和心理测试②等方法。

腐败控制力测试重点内容包括：①领导干部的思想状况。一是基本因素分析。指的是对其世界观、人生观和价值观的分析。二是实际因素分析。指各种外界因素对思想的影响，例如工作上提职无望等。三是偶发因素影响分析。指的是日常工作和生活中偶然发生的一些令人愉快或烦恼的事情对思想的影响。例如，工作中发生了意外的变故，或者生活中出现了不顺心的事，都会引起思想观念的变化。②用权。分析权力运作是否规范——依法用权、依职用权、权力运作有序③。③自控力。一看是不是努力学习；二看是不是有强烈的自尊心和荣誉感；三看能不能正确开展批评与自我批评；四看能不能检点自己的行为。④社会活动。是否热衷于庆典剪彩、出入于境内外赌博和色情场所等。

（三）廉政审计④

根据腐败因子测试结果，依据党和国家关于领导干部廉政的若干规定，对"嫌疑腐败"分子执行有关廉政规定情况的审计。廉政审计方法包括：第一，由被审计对象提供廉政情况说明；第二，审计公示接受监督；第三，到纪检监察机关和组织部门了解掌握被审计对象存在的不廉洁线索；第四，个别座谈掌握情况；第五，查阅会计资料，调查取证核

---

① 陈铭18岁参加工作，20岁入党，曾获全国劳动模范。功成名就后的陈铭权力大了，职位高了，看到周围的大款付出的不比自己多，却挥金如土，思想逐渐发生转变，开始寻思着为自己的日后作打算。在不到一年半的时间内贪污公款416.6万元，挪用公款158万元，因渎职给企业造成的经济损失多达1500余万元。参见张笑英、率黎：《北京地区局级领导干部贪污贿赂犯罪情况分析》，载《中国职务犯罪预防调查报告》，中国民主法制出版社2004年版。

② "心理测试"方法首次运用于北京公开选拔副局级干部。参见《"心理测试"方法渐成北京选拔干部重要方式》，新华网，2005-01-11：21。

③ 这三项是权力运作基本原则。参看孟祥馨、楚建义、孟庆云《权力授予和权力制约》，中央文献出版社2005年版，第292—300页。

④ 湖北省十堰市审计局在进行经济责任审计中实行"廉政审计"，得到湖北省委的肯定，并在全省推广。具体文件参见《湖北省十堰市廉政审计实施意见》。我们引用了文件中"廉政专项审计"一词，但内容已经更新。资料来源：翁仙王：《推行"一主两翼"实施特色审计》（2004年12月，湖北十堰市审计局网站）。

实。廉政审计的具体内容有以下几个方面。

（1）利用职权谋取私利的行为审计。

①有无违反规定收送现金、有价证券和支付凭证行为；②有无干预和插手各类建设工程招投标、经营性土地使用权出让、房地产开发经营、矿产资源开发利用等市场经济活动行为；③有无接受可能影响公正执行公务的宴请和礼品馈赠行为；④是否占用企业及下属单位钱物；⑤是否挪用公款进行赌博和买卖股票的行为；⑥是否弄虚作假，虚报浮夸，骗取荣誉、职称和职务行为；⑦是否有公款行贿、跑官要官行为；⑧是否用公款公物操办婚丧喜庆事宜。

（2）假公济私、化公为私行为审计。

①是否存在挪用、拖欠公款行为；②是否存在公费旅游、公款消费、公款私存、私费公报、贪污侵占和私分国有资产的行为；③是否违规超标准装修房屋，虚开发票套取公款审计，以及违规采购办公用品和其他公用物品行为等等；④是否有为部门利益乱收费、乱摊派、乱集资、乱罚款的行为。

（3）铺张浪费、挥霍公款行为审计。

①是否用公款装修私人住房；②是否违规配备小汽车、通信工具；③是否超标准报销通信费用；④是否私设"小金库"，胡支乱用。

（4）其他廉政规定遵守情况审计。

如有无在民主推荐和选举中搞拉选票等非组织活动行为；有无观看淫秽影视书画及表演、接受色情服务行为。

### 三 查实审计方法[①]

查实审计阶段主要是针对预警审计发现的指示性证据进行进一步核实，以便确定嫌疑人腐败性质及经济犯罪严重程度。

（一）查实审计基本步骤[②]

查实审计目的是核实腐败内容的真实性，以便确定腐败性质及经济

---

① ［美］Howard R. Daviazai 的《欺诈101：识别技巧和应对策略》中，提及"反映审计"，但是我们认为"反映审计"内容不适合廉政审计，但吸收了"反映审计"要义，更名为"查实审计"，并补充新内容。

② 本内容参考了于朝《司法会计学》，将司法检查内容改造为"查实审计"。

犯罪严重程度。确定检查重点需把握好两点：一是根据预警审计阶段所发现的指示性证据为内容，确定犯罪嫌疑人的排查范围；二是根据已掌握的证据和线索，并通过分析有关的财务凭证的内容或财物的流向，确定犯罪嫌疑人的排查范围。查实审计基本步骤如下。

1. 腐败嫌疑人被举报线索核实审计。

腐败嫌疑人被举报线索核实审计是指审计人员对纪委受理的信访件及来访、电话举报案件进行审核，确定是否可以作为案件线索进行审计调查。审计机关收到的信访件很多，但并不是每一件信访件都能转化为案件调查的线索。只有经过初步审核并认为可作为案件线索进行初核的信访件，才是案件调查的线索。

（1）通过检查专项拨款、拨入经费、拨出经费、经费支出等账户资料，核实有关资金、专项款物的数额是否与举报内容属实；

（2）通过检查相关的财务会计资料，核实有关虚假财务会计报告或经济证明文件的举报内容是否属实；

（3）通过检查与举报贿赂事实有关的账户资料，重点核实有关贿赂原因、贿赂金额等举报内容是否属实；

（4）通过检查举报内容所涉及的财务凭证等资料，核实举报的有关钱物收付行为与被举报人履行职务是否有关；

（5）通过检查货币类、存货类等账户，初步核实因渎职造成的经济损失数额。

在核实举报线索时应当注意：一是不仅要核实证明犯罪发生的举报内容，还应当收集证明或排除犯罪没有发生的证据；二是不仅要注意收集证明被举报人实施了犯罪的财务会计资料证据，还应当注意收集证明犯罪嫌疑人有没有实施犯罪的证据；三是如果在检查案件涉及的财务会计资料过程中出现受阻时，可以避开反侦查的防线，根据被举报人的职务便利等客观情况，通过检查其他方面的财务会计资料发现新的案件线索；四是如果发现需要进行司法会计鉴定才能破案的情形，应当及时提请进行司法会计鉴定。

2. 腐败嫌疑人排查审计。

腐败嫌疑人排查审计就是确认腐败犯罪事实是否已经发生及其实施

犯罪的可能性的审计活动。可以通过腐败嫌疑人遗留在会计活动痕迹、腐败作案环节、腐败作案时间、腐败作案地点等方法进行排查。但首要的是确认腐败的确已经发生。

（1）对腐败嫌疑人遗留会计资料痕迹的确认。通过查阅会计账簿凭证寻找腐败嫌疑人遗留的腐败痕迹。当然也有很多当事人是"一对一"操作，不一定留有书面凭证，但可以从其他相关经济活动中得到印证。

（2）作案环节的确认。确定作案的环节是缩小审计范围的重要方法。通过检查分析凭证在传递过程中增添的记载内容或各传递环节的备查记录，推断凭证在哪一环节上被篡改、调换或扣压；对案件所涉及的财物，可以通过检查分析该类财物的入库、出库、运输、领用或销售等财务凭证和记录，从而推断财物流失的环节。

（3）作案时间的确认。一是通过检查会计凭证所记日期验证作案日期是否真实或正确；二是通过检查与作案对象有关的会计资料，找出金额或数量等内容与案件损失数额相同或相近的财务凭证，作为推断作案时间的参考依据；三是检查同时间的同类业务的会计资料和当事人活动时间，确定嫌疑人是否该时间在作案现场。

3. 有罪证据补充审计。

有罪证据补充审计是指审计人员在审阅会计资料证据中，如发现已取得的会计资料证据有遗漏或取证方法不当的，应当进行补充证据或重新取证的审计活动。对因审计方法不当或审计范围过小，而使已取得的会计资料证据证明力不强、可能会影响审计质量的，也应通过扩大审计范围或进行司法会计鉴定等途径，重新收集有关证据。

4. 余罪证据补充审计。

余罪证据补充审计是指通过审计会计资料，又发现新的犯罪事实必须补充新证据的审计活动。这也是经济犯罪案件查办中经常遇到的问题，其方法主要有以下几个方面。

（1）如发现含有其他会计错误的账目记载，要注意分析考察其造成的原因，对可能与某种犯罪有关的嫌疑账项，应实施追踪审计，从而排除或确认犯罪嫌疑。

（2）对职务犯罪或有利用职务犯罪可能的嫌疑人，无论其犯有何种罪行，都应通过审计其履行职务期间由其所经管的会计业务，以查实其是否还犯有其他罪行。

（3）在追查扣押款物或作案工具来源的过程中，通过审计有关账项，发现其他犯罪行为。例如，在追查扣押走私款项的来源时，通过检查有关单位支付款项的财务会计记录，就可能会发现挪用公款或受贿等犯罪。

（二）查实审计程序

查实审计程序分为三个阶段，即：①受理判断；②核实调查；③审理移送。

（1）受理判断阶段。案件受理是指审计机关接到有关单位或部门呈报或移送的违反党纪政纪案件之后，对案卷材料进行初步审核，判断该案是否符合审计权限范围的工作程序。其受理范围是：预警审计阶段调查需核实案件。

（2）核实调查阶段。按照有关规定调查了解举报线索所反映的问题是否真实，是否和案件有联系，来源是否合法，证据是否充分，是否存在，为追踪审计提供依据。①腐败嫌疑人排查审计。了解对嫌疑人员的证据是否事实清楚，证据之间是否有矛盾，是否构成证据链；确定嫌疑人犯有错误，错误发生的时间、地点、情节、后果、本人应负的责任以及产生错误的主客观原因等。对错误性质的审核，审核腐败的定性是否准确，是违纪还是违法，依据是否充分。②有罪证据补充审计。审计人员在核实排查过程中，如发现已取得的会计资料证据有遗漏或取证方法不当的，应当进行补充证据或重新取证。③余罪发现审计。通过上述审计如果又发现新的犯罪事实，应当追踪审计，确定犯罪事实。

（3）审理移送阶段。首先，填写《案件移送审理登记表》，连同调查的证据材料等移送审理组审理。其次，按照"事实清楚、证据确凿、定性准确、处理恰当、手续完善"的基本要求对案件进行审核，并将审核意见和初步处理意见提交审理组讨论。再次，审理组审议并形成意见，写出《案件审理报告》。最后，移送司法机关。根据《审计署、公安部关于建立案件移送制度和加强工作协作配合的通知》（审法发〔2000〕42号）第一条"建立健全案件移送制度"的规定：审计机关在审计过程中，发现被审计单位或者有关责任人员有犯罪嫌疑，属于公安机关管辖刑事案件范围的，应当填写《审计机关移送处理书》，连同案件有关证据材料一并及时移送同级公安机关。

根据《最高人民检察院、审计署关于建立案件移送和加强工作协作配合制度的通知》（审法发［2000］30号）第二条规定：审计机关在审计监督过程中，发现被审计单位及有关人员违反刑事法律，按照人民检察院直接受理立案侦查案件立案标准的规定涉嫌构成犯罪，需要追究刑事责任的，应当将犯罪案件线索移送有管辖权的检察机关处理。审计机关向检察机关移送涉嫌犯罪案件线索时，应当将《审计机关移送处理书》及有关证据移送给检察机关。

需要说明的是在查实审计阶段，如果腐败嫌疑案情重大，手段复杂隐蔽，普通审计方法无法奏效时，应该利用现有的审计与司法机关的联席会议制度，在纪委领导下联合办案，采取审计先行、多种手段并用方法突破腐败嫌疑人的心理防线。查实审计程序如图7—3所示。

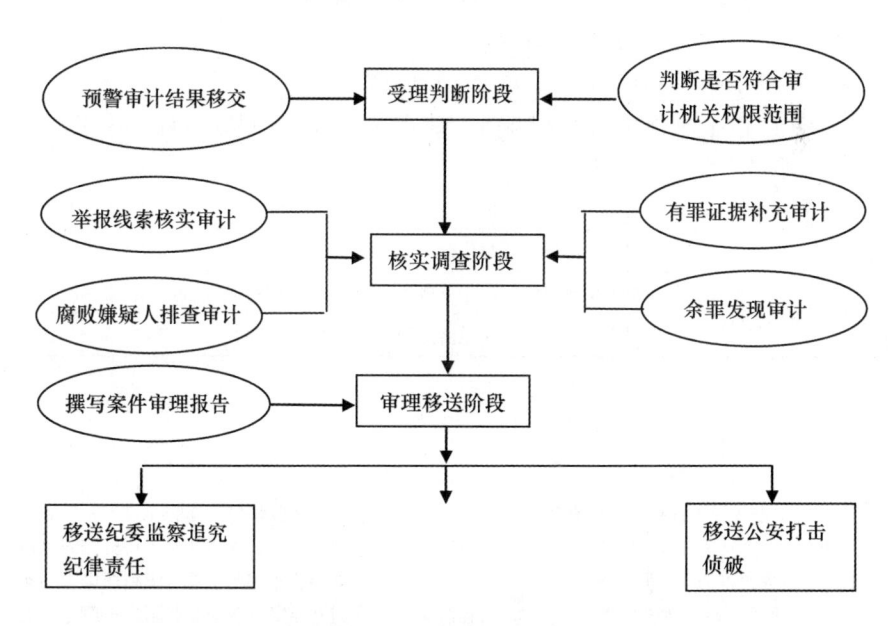

图7—3 查实审计程序

## 第三节　中国特色财产申报审计内容

### 一　中国特色财产申报审计内容

《关于领导干部报告个人有关事项的规定》（2010）明确了领导干部①所需申报的具体事项，分别是两大类 14 个小项②。中国特色财产申报审计公示制度根据该《规定》的 14 个项目确定财产申报审计事项，因此中国特色财产申报审计内容如表 7—1 所示。

表 7—1　　　　　　　　中国特色财产申报审计内容

| | |
|---|---|
| 申报人婚姻变化和配偶、子女移居国（境）外、从业验证 | 申报人的婚姻变化情况验证 |
| | 申报人持有因私出国（境）证件的情况验证 |
| | 申报人因私出国（境）的情况验证 |
| | 子女与外国人、无国籍人士通婚的情况验证 |
| | 子女与港澳地区以及中国台湾居民通婚的情况验证 |
| | 配偶、子女移居国（境）外的情况验证 |
| | 配偶、子女从业情况，包括配偶、子女在国（境）外从业的情况和职务情况验证 |
| | 配偶、子女被司法机关追究刑事责任的情况验证 |
| 申报人收入、房产、投资等事项审计 | 申报人的工资及各类奖金、津贴、补贴审计 |
| | 申报人从事讲学、写作、咨询、审稿、书画等劳务所得审计 |
| | 申报人、配偶、共同生活的子女的房产情况审计 |

---

①《关于领导干部报告个人有关事项的规定》第二条规定所称领导干部包括：（一）各级党的机关、人大机关、行政机关、政协机关、审判机关、检察机关、民主党派机关中县处级副职以上（含县处级副职，下同）的干部；（二）人民团体、事业单位中相当于县处级副职以上的干部；（三）大型、特大型国有独资企业、国有控股企业（含国有独资金融企业和国有控股金融企业）的中层以上领导人员和中型国有独资企业、国有控股企业（含国有独资金融企业和国有控股金融企业）的领导班子成员。

②《关于领导干部报告个人有关事项的规定》的第三条与第四条规定内容，并且该规定第五条明确领导干部应当于每年 1 月 31 日前集中报告一次上一年度本规定第三条、第四条所列事项。

续表

| | |
|---|---|
| 申报人收入、房产、投资等事项审计 | 申报人、配偶、共同生活的子女投资或者以其他方式持有有价证券、股票（包括股权激励）、期货、基金、投资型保险以及其他金融理财产品的情况审计 |
| | 配偶、共同生活的子女投资非上市公司、企业的情况审计 |
| | 配偶、共同生活的子女注册个体工商户、个人独资企业或者合伙企业的情况审计 |

对本人婚姻变化和配偶、子女移居国（境）外及从业验证，主要运用验明证件方法，即对纸质、电子或其他介质形式存在的记录和文件进行审查。如验证结婚证、离婚证等证书，证明其婚姻状况。而针对网络上频频被曝光的"婚外情""N套房产"等特殊情况的审查，则要根据不同情况采取不同手段进行调查，如果案情重大，手段复杂隐蔽，普通审计方法无法奏效时，应该利用审计与其他司法机关的联席会议制度，在纪委领导下联合办案，采取审计先行，多种手段并用方法突破腐败嫌疑人的心理防线。

**二 申报人婚姻变化状况验证**

《规定》中要求领导干部应当报告本人的婚姻变化情况。目前虽然还没有针对婚姻状况的具体审计操作方法，但是可以通过事实婚姻留底来验证婚姻状况。(1) 查验申报人结婚证、离婚证。(2) 查询户口本、民政部门的婚姻登记信息。(3) 通过查询公安、银行系统，客户在申请身份证、信用卡等业务时需要填表婚姻状况栏。(4) 其他证件申请时填写的婚姻状况栏。

**三 申报人涉嫌"包二奶""婚外情"等情况的审查**

时下腐败官员普遍存在的"包二奶""养情人"等现象，从成克杰、刘志华、许迈永等高官犯罪的案例来看，在他们的贪腐案发后，均曝出有情妇案底，少则一人、多则数人不等。可见，问题官员对重要事项的报告，尤其是对"情妇""婚外情"等涉及生活作风问题，他们是隐瞒不报的。如何对问题官员的"情妇""婚外情"情况开展调查，取证是个难题。我们认为在充分利用民众举报信息的基础上，既要保护当事人隐私权，又要合法取证，在特殊情况下会同司法部门和纪检部门进行联合调查取证。具体收集证据做法如下：

（1）收集有婚外情的书面证据。①收集双方往来书信或一方的情史日记等书面材料。②有婚外情的一方写下的"悔改书"，表示不再往来的"保证书"、"道歉信"和"承诺书"等书面材料。

（2）收集有关婚外情内容的 qq、msn、微信等聊天记录和电子邮件作为证据。

（3）收集婚外情照片、录音录像作为证据。

（4）其他证据材料。包括：①商品房买卖合同或租房合同中有关两人交物业费、水电费等有关证据。②小区邻居、保安等服务人员的证人证言。③以夫妻名义共同做出的行为登记材料，如登记结婚、举行婚礼、为孩子申报户口、购买及租赁住房等。④亲友的证人证言。⑤查询开房记录，获取与第三者一起旅行乘坐飞机或是酒店开房的相关票据，以及非法同居资料等。

**四 配偶子女国外就业情况验证**

《党政领导干部选拔任用工作条例》规定配偶已移居国（境）外的官员不宜提拔，对国内"裸官"是当头棒喝。"裸官"不一定会贪，但"裸官"有风险。配偶或子女迁居国外，并不会减轻"裸官"们的生活开支，反而需要强大的财力后盾，来支撑国外子女留学开支以及配偶生活开销。当然，这也不表示"裸官"就一定会存在"腐败"，但"裸官"在财产申报时需要证其清白。对"裸官"进行彻底的审计"体检"，看看是否有"病"，让"裸官"带着"清白"离岗，这既是对"官员"的交代和关爱，同时也是财产申报审核工作的职责。

具体验证方法如下：（1）要求填写配偶、子女移居国（境）外、从业情况自查表。（2）查验公安局出入境管理局因私出国（境）证件查询系统，对登记备案人员持有因私出国（境）证件进行对比，审验申报人配偶、子女移居国（境）外、从业情况。（3）审查配偶子女出国护照，审验其出入境、移居国（境）外就业情况。（4）对"裸官"其配偶或子女留学或移民资金来源的合法性做出详细的调查和鉴定，并对其申报财产和其他报告事项进行完全公开，以接受社会的监督。（5）与税务、银行等开展合作，对"裸官"采取特殊严格的措施，加强财产监管。查证银行"裸官"家庭的真实存款数额，并对大笔资金调动进行实时监控，防止"裸官"将资产转移海外。

**五　申报人收入真实性审计**

《规定》要求领导干部报告的收入包括"本人的工资及各类奖金、津贴、补贴等；本人从事讲学、写作、咨询、审稿、书画等劳务所得"。借鉴经济责任审计中领导干部工资收入审计方法，收入真实性审计具体操作方法如下。

（1）获取申报人单位应付职工薪酬明细表，核对申报人工资总额、奖金、津贴与补贴与申报所填写金额是否一致。（2）获取讲学、写作、咨询、审稿、书画等劳务所得提供方出具的原始签字单据，核对金额是否一致。（3）比较申报人与同级别申报人人员的工资变动情况，检查是否有异常波动，如有则考察工资结构构成是否合理，继而审阅原始工资单据的计算、来源、发放是否合规。（4）比较本期与上期工资总额，要求申报人解释其增减变动原因。（5）检查各项奖金、补贴、津贴和福利的计提基础是否正确。（6）检查申报人社会保险费（包括医疗、养老、失业、工伤、生育保险费）、住房公积金、工会经费和职工教育经费等计提和支付是否正确。（7）检查所缴纳个人所得税是否与个人劳务报酬一致。（8）检查申报人银行存款账户，是否存在超出工资收入以外巨额不明存款。

**六　申报人房产真实性审计**

近年来，关于房产申报要求越来越严，自2015年起厂房、仓库及车库（车位、储藏间）也需申报，2016年各地要求有独立产权的车位、车库、储藏间等要单独填写，出现了"房产车库：少报一平方米要求写情况汇报"的"史上最严财产申报"。具体审计内容如下。

(1) 房产情况的真实性审验。

具体审计方法如下：①获取申报人房产证、购房合同，核对申报表格中关于本人、子女和配偶的房产信息与房产证、购房合同内容是否一致；②进入当地不动产登记和交易中心网站，或者房产管理局网站查询申报人房产真实情况。

(2) "N套房产"的调查。

针对"房姐""房叔"的房产需要采用新的审计手段验证，除了核实"N套房产"的真实性，还要查实其资金来源、子女购房情况，具体审计方法如下：①通过银行、房管信息系统确认其持有的房屋数量，考虑到城市之间房屋登记信息系统并未实现全国联网，有必要将申报人家属甚至远房亲属的房产一并列入查验，以防止申报人将多余房产转移至全国各地亲属名下登记，逃避申报；②如果发现申报人被网民举报有多套房产的，且举报线索清晰，事实清楚，影响较大，则应将其列为重点审计对象；③经向房管部门查询，证实有多套房产的必须要由专业人士进行房产估值；④申报人必须说明房产资金来源，如属房屋拆迁赔偿所得应提供拆迁赔偿协议证明，以及政府补偿款原始单据；⑤查询银行贷款按揭记录，审查住房按揭贷款情况，核对其贷款资金用途与房产信息是否一致。

### 七　申报人投资情况审计

对投资、证券、基金等审计主要侧重于其资金来源及其合法性。根据《关于领导干部报告个人有关事项的规定》，申报人须申报本人、配偶、共同生活的子女投资以及其他方式持有有价证券、股票、期货、基金、投资型保险以及其他金融理财产品的情况。对投资、证券、基金等的审计包括：

(1) 根据其所申报内容，申报人需要提供相关的交易单据或凭证。

(2) 清点申报人所拥有的有价证券、股票、期货等，与申报人所申报内容进行核对，比如股票需对其所拥有股票序号、取得时成本等进行核对。

(3) 对证券、投资等的合法性、合规性的审计，比如是否有挪用公款买卖证券、进行投资等行为。是否在公务活动中接受礼金和各种有价证券。

（4）如其投资或购买债券、基金、股票等资金数额较大，则要求申报人说明资金来源。

## 第四节　中国特色财产申报审计公示

### 一　财产申报审计公示程序

目前各地区财产公示制度在试行过程中，公示环节显现出的问题主要是"三个有限"：公示内容有限、公示范围有限和公示时间有限。

2010年7月发布的《关于领导干部报告个人有关事项的规定》，虽然没有明确提及财产公示的内容，但是也未要求申报信息保密的内容，并且在第二十一条指出："各省、自治区、直辖市党委和政府，需要扩大报告主体范围或者细化执行程序的，可以根据本规定，结合各自工作实际，制定具体实施办法。"由此可见，各省试点能够自主决定财产申报的具体实施方式，可以自主决定是否公示，其中"鼓励试点的意味非常明显"[①]。财产申报审计公示程序如图7—4所示：

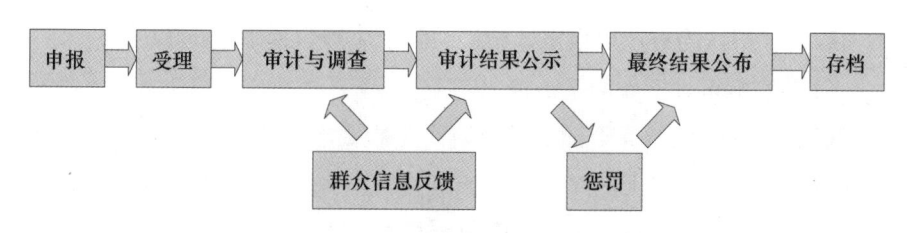

图7—4　财产申报审计结果公示程序

### 二　财产申报审计公示方式

公示的方式可以多种多样，基于上述构造的组织结构，监测网站作

---

[①] 袁东生：《我国实行官员财产公开的路径分析》，《山东社会科学》2011年第2期。

为信息发布平台，审计结果主要在监测网站进行公示。审核结果监测网站作为发布财产申报审核结果的平台，供群众查阅申报内容及审核信息，但对外只公开部分内容，内部人员通过有效身份信息登录，可查阅到完整信息。同时借鉴经济责任审计结果公示，《审计机关公布审计结果准则》[1] 的规定，财产申报的审计结果还可以通过下列形式公布审计结果：(1) 广播、电视；(2) 报纸、杂志等出版物；(3) 互联网；(4) 新闻发布会；(5) 公报、公告；(6) 向被审计单位的职工公示；(7) 在一定范围内进行通报（如有关部门或有关领导干部、领导人员的范围内进行通报）；(8) 其他形式。另外，借鉴政府审计信息公开[2]的内容，申报审计结果的公示渠道可包括主动公开和当事人申请公开两个方面，无论何种条件下，群众获得申报审计结果的相关信息均应通过一定的渠道，即公开的形式、手段和方法，主要是通过审核结果监测网站，其他的手段如报纸、媒体报道、公告栏等。

### 三 财产申报审计公示内容

根据《审计机关公布审计结果准则》第六条审计机关向社会公布审计结果应当客观公正，实事求是。同时结合《中华人民共和国国家审计准则》与《县级以下党政领导干部任期经济责任审计暂行规定实施细则》的内容，我们认为财产申报审计结果的公示应当包括下述几项。

(1) 实施审计工作的基本情况。

(2) 被审计的领导干部的部分财产申报内容，主要包括《关于领导干部报告个人有关事项的规定》第四条收入、房产和投资等内容。

财产申报审计结果的公示范围内容与方式如表 7—2 所示。

---

[1] 2001 年 8 月 1 日中国审计署发布《审计机关公布审计结果准则》，其中第四条就审计结果公示方式明确了有关规定。

[2] 政府审计信息公开程序是整个信息公开运行机制中的核心环节，它是对政府审计信息公开的主体、对象、范围、渠道和要求等方面建立的运作模式，2002 年审计署发布并实施《审计结果公告试行办法》。

| 表 7—2 | 财产申报审计结果公示方法、内容与范围 |
|---|---|
| 公示方法 | （1）财产申报审计监测网站。（2）报纸、杂志等出版物。（3）其他政府网站。（4）公报、公告。（5）向被审计单位的职工公示。（6）在一定范围内进行通报（如有关部门或有关领导干部、领导人员的范围内进行通报）。（7）其他形式 |
| 公示内容 | 实施审计工作基本情况。部分财产申报内容主要包括《规定》第四条内容，即（1）本人的工资及各类奖金、津贴、补贴等；（2）本人从事讲学、写作、咨询、审稿、书画等劳务所得；（3）本人、配偶、共同生活的子女的房产情况；（4）本人、配偶、共同生活的子女投资或者以其他方式持有有价证券、股票（包括股权激励）、期货、基金、投资型保险以及其他金融理财产品的情况；（5）配偶、共同生活的子女投资非上市公司、企业的情况；（6）配偶、共同生活的子女注册个体工商户、个人独资企业或者合伙企业的情况。审计发现的被审计的领导干部违反国家财经法规和领导干部廉政规定的主要问题。被审计的领导干部对审计发现的违反国家财经法规和廉政规定的问题应当负有的责任。对被审计的领导干部存在的违反国家财经法规问题的处理处罚意见和改进建议。需要反映的其他情况 |
| 公示范围 | 财产申报内容部分公开，审核结果监测网站对外公示部分内容，内部人员可以查阅所有内容 |

## 四 财产申报审计信息反馈

审核结果的公示应该是包含双向信息沟通的一个循环模式，包括了信息发出与信息反馈。信息的反馈主要是为了充分开发利用反馈资源，利用这条通道与群众进行良好沟通。借鉴政府审计信息公开的反馈机制，公示结果信息反馈制度主要由调查、收集、分析和决策等要素组成，其功能主要就是对反馈信息进行研究并采取措施，提出建议。其运作机制如图 7—5 所示。

其内容主要包括两个部分。

一是审核机构的信息反馈，具体内容包括审核过程的工作效率的反馈、审核效果的反馈、审核操作中的问题反馈等。

二是群众，作为财产申报的监督者的信息反馈，包括对申报内容、

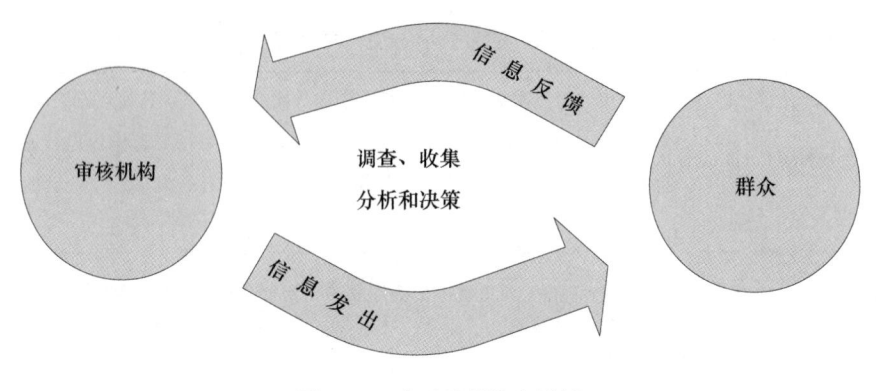

图 7—5　公示结果信息反馈

审核结果的准确性、真实性的反馈，提出异议或是建议。

获取反馈信息后，对相关信息进行分析与研究，对审核效果与效率进行分析，总结经验。对于审核操作中的问题及时解决，提出相关措施，对群众反馈的信息充分重视，如有必要再次进行审核。

## 第五节　中国特色财产申报责任追究

1995 年申报制度初创时，对不申报或者申报不实的问责很轻，只是"责令其申报、改正，并视情节轻重给予批评教育或者党纪政纪处分"。1997 年发布的有关个人重大事项报告的规定指出："对报告的内容，一般应予保密。组织认为应予公开或本人要求予以公开的，可采取适当方式在一定范围内公开。"直到 2010 年，才删除上述保密条款，写明组织部门、纪检监察机关、检察机关可经批准后查阅。但因为缺乏核实环节，报告制度实行近 20 年来，几乎没有人因此被问责。2014 年，中组部在全国范围内开展了领导干部个人有关事项报告抽查核实工作，申报制度才真正长出了"牙齿"。2015 年，中组部在"填表须知"中明确："对隐瞒不报的，不得提拔任用、不得列入后备干部人选，并根据情节轻重给予批评教育、组织处理或者纪律处分。"

我国财产申报审计问责效果差的原因是，没有财产申报审计问责法规，仅有一些追究责任条款散见于《规定》与《办法》之中，亟待出台

《领导干部财产申报审核与责任追究办法》。下面就领导干部审计问责制关键问题进行探讨。

## 一 关于财产申报工作责任追究机构

2017年4月,中共中央办公厅、国务院办公厅印发新修订的《领导干部报告个人有关事项规定》(以下简称《规定》)中第七条:"领导干部报告个人有关事项,按照干部管理权限由相应的组织(人事)部门负责受理。"很明显组织人事部门只是受理机构,并不具备责任追究职责。

2017年4月新制定的《领导干部个人有关事项报告查核结果处理办法》(以下简称《办法》)第二条:"查核结果认定与处理,由组织(人事)部门干部监督机构会同干部工作机构组织实施。"对财产申报工作责任追究机构框定了大致"模糊身影",即"组织(人事)部门干部监督机构会同干部工作机构组织",既然组织人事部门不具备责任追究职责,那么第二条指称的"干部工作机构组织"中,至少是"整个工作机构组织"共同具有或某一组织机构独家具备责任追究功能。而且这个"工作机构组织"是真实承担着财产申报工作的。循着这一逻辑研读《规定》,我们发现《规定》第十五条:"中共中央组织部和地方党委组织部牵头建立领导干部个人有关事项报告查核联系工作机制,负责组织实施和协调工作。查核联系工作机制成员单位包括审判、检察、外交(外事)、公安、民政、国土资源、住房城乡建设、人民银行、税务、工商、金融监管等单位",即"查核联系工作组织"是责任追究机构,确切地说,是"查核联系工作组织"中成员纪检、监察部门。只是《规定》第十五条没有点纪检、监察部门的名而已。

我们认为,日后出台的"财产申报工作责任追究办法"中,对问责主体的确定不宜采用"查核联系工作机构"名称,而是"财产申报联系工作会议"机构,并且需要指明成员单位包括审计、纪检与检察机构为财产申报问责主体。以改变当前个人报告事项执行中存在"组织人事职权有限,纪委干着审计活,审计闲着没事干"的状况。形成组织人事部门协调受理,审计承担抽查核实具体业务,纪委监察督查问责结果,多部门配合审查的"三驾马车"式的中国特色财产申报审计联席会议工作机制。

审计核实技术是审计部门的看家本领，由其承担核实工作无论是在审计方法运用还是取证手段都要显得专业化、职业化。尤其是在当下相关职能部门的信息化建设水平还不能完全适应核查要求，有的具备或基本具备查询条件，有的暂时还不具备查询条件，更需要审计部门担当发挥其监督职能作用与技术优势。其次，纪委不再承担核查工作避免了职责越界嫌疑，但是，对于审计后的瞒报、漏报行为彰显了纪委监察严肃追责之擅长。另外，组织人事部门负责受理财产申报材料，统筹协调财产申报核查工作，组成由审计、纪检、检察、公安、金融、住建、财政、工商、国税、地税、民政等部门参与的联席会议制度。各成员单位参与相关核查事项的调查，提供本系统所核查对象的财产申报信息；审计部门负责具体财产核查工作，纪检监察部门承担问责职责。

### 二 关于问责方式

《规定》第十三条"领导干部有下列情形之一的，根据情节轻重，给予批评教育、组织调整或者组织处理、纪律处分"，问责较轻，不够全面。《办法》稍显具体但同样处罚轻微：第五条"经认定，查核结果凡属漏报行为，情节较轻的，应当给予批评教育、责令作出检查、限期改正等处理；情节较重的，应当给予诫勉、取消考察对象（后备干部人选）资格、调离岗位、改任非领导职务等处理"。情节严重的也只是换岗就任他职。

上述处罚与"个人事项报告是领导干部对党忠诚的试金石"说法相去甚远，既然《党章》明确规定，党员要"对党忠诚老实，言行一致"。那么，一名对党不忠诚不老实的党员，首先，应当依照《中国共产党纪律处分条例》第七条追究纪律责任，纪律处分种类为：（1）警告；（2）严重警告；（3）撤销党内职务；（4）留党察看；（5）开除党籍。其次，还要追究不按时报告、不如实报告、隐瞒不报的行政责任，因为上述行为已经违背《中华人民共和国公务员法》第九章"惩戒"相关规定，即"弄虚作假，误导、欺骗领导和公众"，按照《中华人民共和国公务员法》问责的方式分为：警告、记过、记大过、降级、撤职、开除。涉嫌犯罪的，移送司法机关依法处理。

值得一提的是，《办法》关于"查核结果凡属漏报行为，情节较轻的，应当给予批评教育、责令作出检查、限期改正等处理；情节较重的，应当给予诫勉、取消考察对象（后备干部人选）资格、调离岗位、改任非领导职务等处理"。处理是介于行政处分与组织人事处理之间的处罚，追责力度较小。因此，现阶段问责方式，可以采用行政处分与组织人事处理混用办法，即设置如下12种问责方式：（1）批评教育；（2）书面检查；（3）诫勉谈话；（4）通报批评；（5）警告；（6）严重警告；（7）记过；（8）记大过；（9）停职；（10）调离岗位；（11）降级；（12）责令辞职；（13）开除。以上问责方式，视情形可以单独使用也可以合并使用。

### 三 关于问责情形

《规定》第十三条：领导干部有下列情形之一的，根据情节轻重，给予批评教育、组织调整或者组织处理、纪律处分。（1）无正当理由不按时报告的；（2）漏报、少报的；（3）隐瞒不报的。《办法》分别规定了"漏报行为"的五种情形，"隐瞒不报行为"的十种情形，较为详细地回应了《规定》。

问题之一是《办法》规定的"漏报行为"的五种情形与"隐瞒不报行为"的十种情形，其中某些情形认定困难，不方便操作。比如"少报告房产、持有股票、基金"被认定为"漏报"。那么少报告多少为"漏报"，缺乏量化标准。需要引进审计"重要性"数量标准。财产申报的"重要性"是指申报人填写的申报报表中错报或漏报的严重程度。它是数量概念，既可以是绝对数也可以是相对数。如果申报数额突破"重要性"标准的量，那就不是"漏报"问题，而是涉嫌"虚假申报"，处罚随之加重。我们认为首先应以1套房为房产申报"重要性"标准，考虑地区房价因素，经济发达地区以少报50平方米为上限；其次，少报告投资金额30万元以上为资金"重要性"标准，30万以下为"少报漏报"。

问题二是《规定》的三种情形不够全面，除了申报人"不按时报告"

"漏报、少报"与"隐瞒不报"外,实际上还有部分涉嫌腐败分子存在"不如实报告",甚至"虚假报告"问题。由于《规定》疏漏造成《办法》对"不如实报告"与"虚假报告"欠缺认定与处理,使得故意弄虚作假填报财产的申报人被以较轻"漏报、少报"或"虚假报告"处理。

因此,财产申报问责情形除了"不按时报告"、"漏报、少报"与"隐瞒不报"外,增加"虚假申报情形",包括(1)弄虚作假、隐瞒事实真相的;(2)拒不整改、虚假整改的。提供虚假财产申报表与个人过失造成财产申报失实行为在客观上有相同之处,即财产申报材料少报或遗漏,但二者区别的关键在于主观方面不同,"虚假申报"主观上表现为申报人故意提供虚假的或者隐瞒重要事实的财产申报数据,而过失在主观上则是申报人由于对申报要求理解、填报经验和态度等方面的原因,使其申报表有错算、错记、漏记等情形。

借鉴财产申报责任追究制度较成熟的美国、韩国、新加坡等国规定,具体的问责可以从以下几个方面规范。(1)经济处罚。美国对拒不申报、谎报漏报、无故拖延申报者可判处1万美元以下的罚款,对故意提供虚假信息的人,可判处最高25万美元的罚款。而我国《规定》缺失应有经济惩罚。我国财产申报经济处罚标准,可视情节轻重,按照申报错误率的一定比率,或者处以1千至50万元人民币不等的罚金。(2)刑事处罚。以美国为首的部分国家采取了刑事处罚。美国《政府道德法》规定对故意提供虚假信息的人,最高处25万美元的罚款或5年监禁。违反相关规定可处1万美元以下或2年以下的监禁,或两项同时并处。我国《规定》只有党纪处分没有刑事处罚。可依据申报违规的情节轻重制定合理的量刑标准。必须让申报人意识到金额巨大的故意隐匿不报是犯罪行为。

### 四 关于问责程序

《规定》与《办法》并不是财产申报问责法规,因而未涉及问责程序。我们认为,对申报人员需要问责的,应由审计机关提出问责建议,并出具移送处理书,按照干部管理权限送达同级组织人事部门、纪检监察机关。由组织人事部门、纪检监察机关根据审计建议问责的移送处理书，启动问责程序，依据有关规定和程序作出问责决定。问责决定送达领导干部本人及其所在单位，抄送有关部门和组织人事部门备案，作为有关部门实施考核、任免、奖惩的重要依据。受到问责的申报人员可以依法向做出问责决定的组织人事部门提出书面申诉，问责决定机关按照规定办理申诉事项。另外，党委（党组）及其组织（人事）部门应当把查核结果作为衡量领导干部是否忠诚老实、清正廉洁的重要参考，运用到选拔任用、管理监督等干部工作中。受到问责追究的申报人必须取消其当年各种先进评选资格和提拔重用的资格。受到责令辞职、免职处理的一年内不得重新安排职务；两年内不得担任高于原任职务层次的职务。同时受到党纪政纪处分和组织处理的，按影响期较长的执行。

总之，《领导干部财产申报审核与责任追究办法》可以从申报对象、申报时间、申报内容与核查程序与方式、核查重点与范围以及责任追究边界、行政过错责任划分与承担、行政过错责任种类和适用、经济处罚方式、刑事责任认定、责任追究的机构和程序等方面进行规范。如果涉及某些棘手问题，相关条款不必过于细致。也可以从申报对象、申报时间、审计方法与责任追究四个方面着手规范。领导干部财产申报制度审核与责任追究的建设，需要根据客观实际，量力而行、尽力而为，才能实现制度创新、载体创新、组织创新与措施创新。此外，在问责监督中，还应建立问责典型问题通报曝光制度、实行问责情况报告制度以及建立健全责任追究协调机制等规定。

# 第八章

# 中国特色财产申报审计信息管理系统设计

随着现代信息技术的发展和运用领域的不断开拓，如何来利用现代科技支持财产申报，将信息技术与官员财产申报相结合，实现官员财产申报、审核、公示、责任追究、监督工作的电子化、信息化、智能化是社会发展的需要和必然趋势。目前，我国已经有一些比较完善的相关信息系统，能够协助财产申报的某些具体项目的审核工作，如银行信息系统，能够提供对官员工资、投资情况的查询功能，不动产登记平台能够查询官员不动产情况，但必须人为地进行跨系统信息查询、收集、审核工作。在技术层面上，尚未通过信息系统技术、计算机技术构建一个足以支撑从官员财产申报、审计、公示、处罚、监督、预警的各个环节，实现官员收入、财产完全透明化，并能够起到事前防腐反贪，净化社会空气，重塑政府形象等重要作用的配套的审计信息系统。

当前，管理信息系统的研究与运用有不少，都是基于企业和金融机构，缺乏支撑财产申报管理信息系统的研究与实务运用平台。如何设计一个全新的官员财产申报审计信息系统，而且本系统是动态开放型的，能够将房地产管理信息系统、公安局信息系统、银行信息系统、不动产登记查询系统及全国婚姻登记管理信息系统等多个信息系统打通，达到信息共享的目的，从而构建一个能够保障财产申报人登录财产的申报、受理机构申报管理、信息系统财产比对审核以及公示和官员处罚情况的反馈等功能的中国特色财产申报审计信息系统就是下文需要研究的。

# 第一节 中国特色财产申报审计信息管理系统的总体设计

## 一 财产申报审计信息系统总体结构

根据《关于领导干部报告个人有关事项的规定》(2010)及其他相关规定,按照财产申报审计过程中功能需求,设计出财产申报审计信息系统的总体结构(如图8—1)。

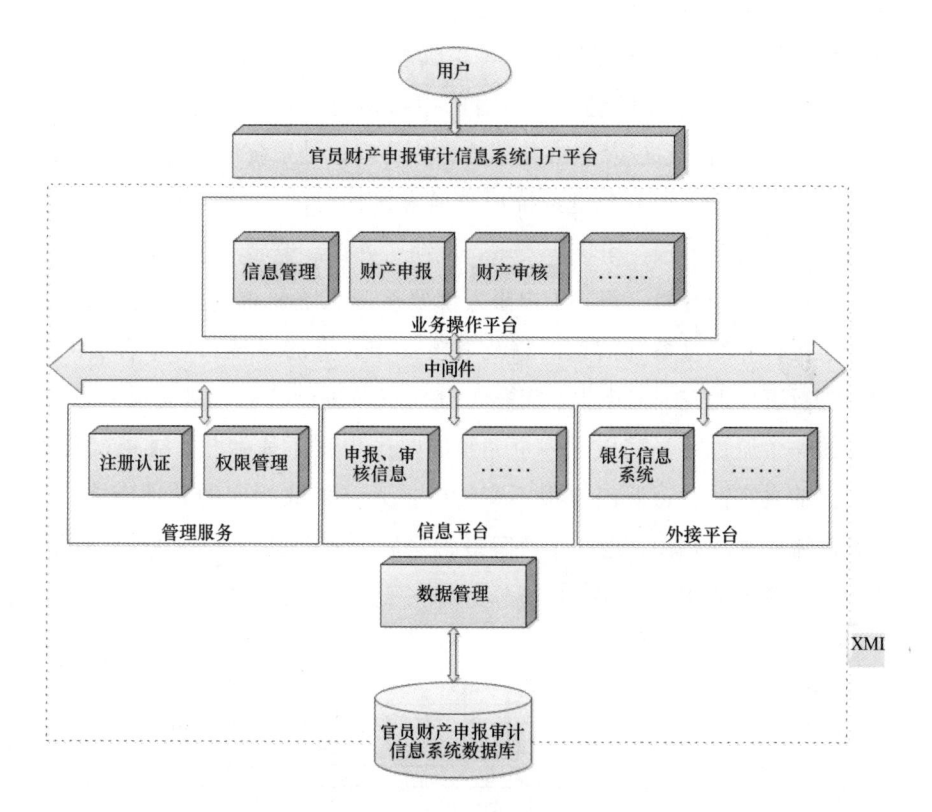

**图8—1 官员财产申报审计信息系统总体结构**

本系统从功能需求的角度划分,可以分为门户平台、业务操作平台、管理服务、信息平台和外接平台、数据管理。

(1)门户平台是系统的界面,包括网站页面、公示公告、系统通知、法规普及、新闻报道、公共查询平台界面、公众反馈平台、登录入口等；

（2）业务操作平台是实现官员财产申报、审核、公示、反馈等的操作平台，主要包括基本信息管理、财产申报、财产审核、信息预警，信息发布、公众反馈、责任处罚等；

（3）管理服务包括注册认证、权限管理，由系统管理员负责；

（4）信息平台主要包括申报信息、人员信息、审核信息、处罚信息等；

（5）外接平台主要作用是联系外部系统（分别是银行信息系统、公安局信息系统、房地产管理信息系统、不动产登记查询系统及全国婚姻登记管理信息系统），是实现与这些集成系统共享信息的平台。

（6）数据管理负责对系统所有的申报信息、审核信息、人员信息、反馈信息、处罚信息以及集成共享信息的管理，是系统运行的基础。

其中，业务操作平台是系统用户最直接接触的部分，通过业务操作平台，实现财产申报、审核、公示、反馈、处罚、监督等过程。

从登录系统开始，每一个申报人都要按照系统要求进行信息的录入、财产申报，并经过系统信息汇总及审核工作人员的审核。对不合法的申报人进行责任追究，对申报、审核、处罚资料进行公示，接受反馈意见。这样的一个流程才算完成了一个完整的财产申报工作流程，才能确保财产申报的真实性，过滤出申报不实的申报人，采取相应的处理措施。这些操作流程环环相扣，前一个环节进行之后，才能进行下一个操作环节。各个环节流程如图8—2所示。

申报人登录 → 基本信息管理 → 财产申报 → 申报信息汇总 → 财产审核 → 责任追究 → 信息公示 → 公众反馈

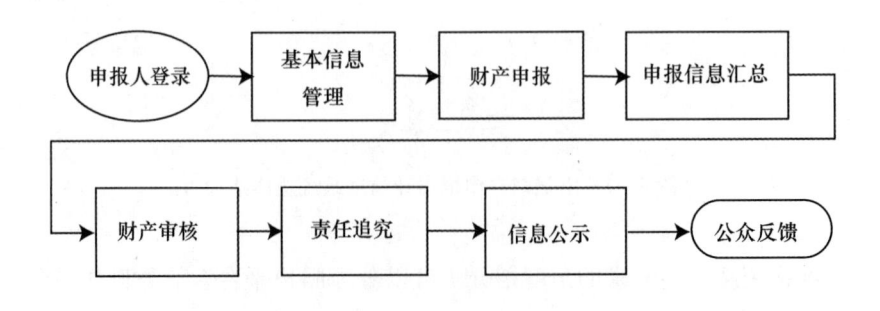

**图8—2 操作流程图**

## 二　系统需求分析

（一）系统功能需求分析

财产申报审计信息系统的使用主体主要有系统管理员、财产申报人、财产审核工作人员、相关政府工作人员、社会公众等。相关政府机关工作人员主要包括与财产申报有关的各单位组织人事部门、纪检部门等。该系统基本功能如下。

（1）管理员、申报人、审核工作人员、公众等系统直接使用者通过账户登录。

（2）系统管理员拥有最高权限并能够设置、修改、删除其他用户的使用权限。

（3）申报人能够进行基本信息的填写、修改和完善，包括申报人的基本信息及其配偶、子女的基本信息，如官员及其配偶、子女的身份证号、名字等个人信息及目前的职位级别、任职时间、任职单位、父母、子女、配偶、子女是否与申报人同住等基本信息。

（4）申报人能够在规定的时间内进行申报工作。对于无特殊理由申请延迟财产申报的申报人应按规定于每年1月31日前或者发生规定中第三条所列事项按照规定对"本人婚姻变化和配偶、子女移居国（境）外、从业等事项"和"收入、房产、投资等事项"两大类，共14小类事项进行申报。

（5）申报人可以在允许的时间范围内下载、打印审核结果说明书以及汇总表。

（6）审核工作人员可以对申报人申报的个人报告事项等进行审核，并对审核情况进行统计、填写审核结果说明书、对审核不通过的申报人发送系统通知。

（7）公众可以查询系统公示的财产申报、审核、处罚情况，并进行信息反馈。

（8）与官员财产申报、审核有关的各级各单位组织人事部门、纪检部门、行政监察部门等单位能够进行系统监督和管理，调用系统信息。

（9）检察机关也能够通过合法程序，经部门负责人允许，要求调用系统信息为案件提供依据，对相关官员的申报材料进行查询、下载、打印。

功能用例分析。在本系统中，最主要操作者包括管理员、申报人及审核工作人员。其中，系统管理员具有最高权限，其用例图如图8—3所示。

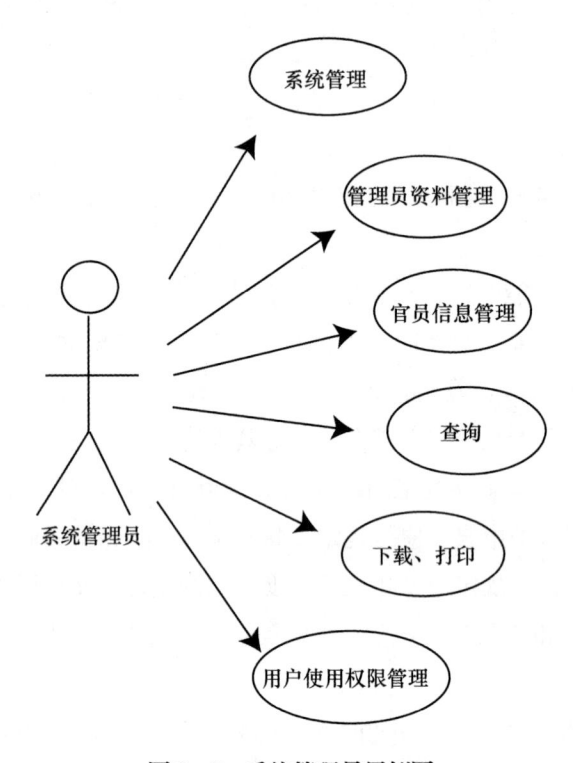

**图8—3 系统管理员用例图**

作为系统管理员，除了系统日常管理外，要严格按照规定添加和删除管理员账户，不得随意设置、产生非法用户，而且要分配好不同使用者的权限，兼顾系统信息管理，协助其他部门或者工作人员的工作。系统管理员对操作该系统的申报人、审核工作人员授予登录权限，包括登录账号、登录密码、部分基本信息等。权限管理用例图如图8—4所示。

第八章 中国特色财产申报审计信息管理系统设计 / 313

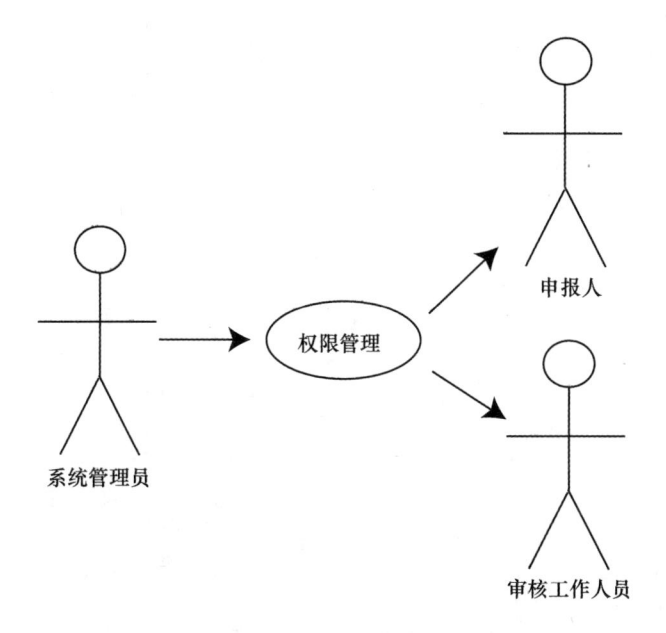

**图 8—4 权限管理用例图**

官员财产申报主体即申报人的用例图如图 8—5 所示。

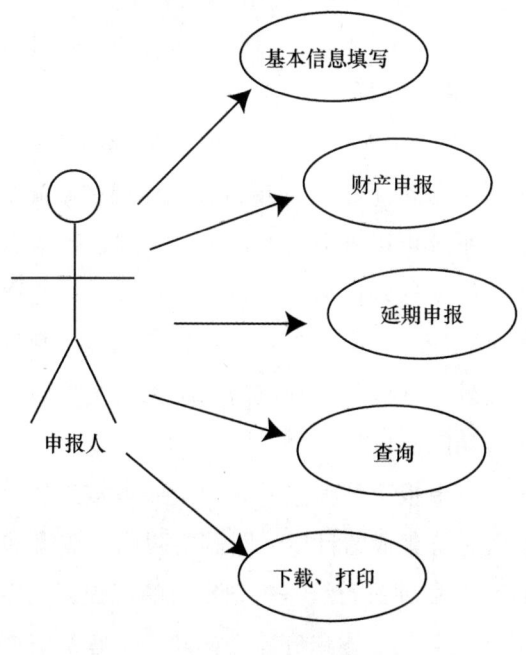

**图 8—5 申报人用例图**

申报人登录系统后，首先应该完善和核对其基本信息，并在此基础上，按要求进行财产申报或者选择延期申报。官员财产审核工作人员担任官员财产审核的工作，并对审核结果负责。其用例图如图8—6所示。

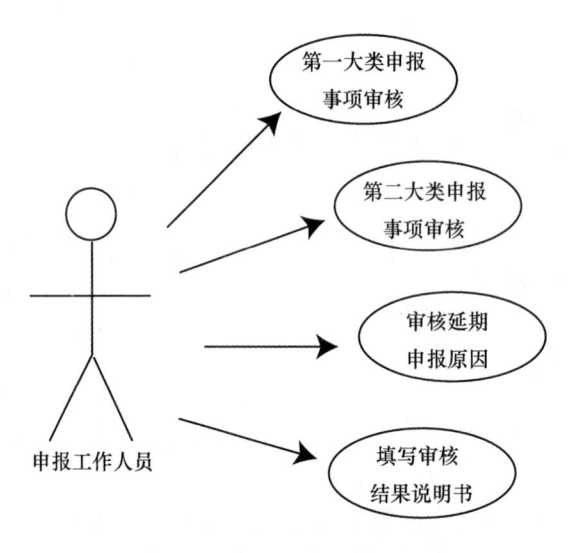

图8—6 审核工作人员用例图

（二）系统集成需求分析

《关于领导干部报告个人有关事项的规定》第三条、第四条规定，申报人申报事项包括14类项目。这些项目分别体现在不同的信息系统，例如通过房地产信息系统可以查询房产情况，通过银行信息系统可以查询存款情况等。正是由于这些信息体现在不同系统，只能通过不同的信息系统平台登录查询相应的信息，出现了数据不同步、数据异构、不能应用集成的现象。此外，这些不同领域的系统无法实现财产全面申报、审核、公示、反馈等功能模块。

要实现官员财产申报审计信息系统的全面审核工作，在系统集成之初，首先应该明确进行集成的目标，即需要明确集成哪些系统，满足财产申报的哪些需求。以便进行统一规划集成的流程，制定统一的技术途径，确定统一的集成架构。本研究旨在构建一个官员财产申报审计信息系统的基础上，尝试运用系统集成技术，设计实现本系统与银行信息系统、公安局信息系统、房地产管理信息系统、不动产登记查询系统及全国婚姻登记管理信息系统的有效整合，为官员财产申报、审核提供更加充分、全面的信息资料，实现官员财产申报、审核的数字化、智能化、网络化，保证官员财产申报信息真实可信，协助我国官员财产申报工作的展开。

中国特色财产申报审计信息管理系统作为一个应用系统集成平台，将各个独立分散的信息系统在表示层面、数据层面及业务层面集成在一起。表示层也就是指系统的界面，建立规范的、统一的登录界面，审核工作人员在审核官员财产申报信息时，在一个统一的入口就可以实现相关申报信息的查询、核对；在数据层面上，实现不同系统的数据整合与共享，打破数据孤岛，并实现系统动态监督；在业务层面上，利用已有系统数据，减少了数据的重复录入和管理，避免了多系统重复查询，简化了操作流程。针对以上分析，构建中国特色财产申报审计信息系统，实现系统集成的功能需求，具体可包括以下几部分。

（1）集成已有相关系统，实现统一平台操作。通过构建财产申报审计信息系统，规划一个系统登录、财产申报、审核、公示、处罚及监督预警的完整流程，实现一体化操作。本系统集成了已有相关信息系统，完成了数据库的统一、登录入口的统一以及身份认证，避免出现数据对接错误的现象，简化了业务操作过程。

（2）与公安局信息系统、婚姻登记管理信息系统集成，实现官员基础数据管理和审核。通过官员财产申报审计信息系统与婚姻登记管理信息系统的集成，官员财产申报审计信息系统能够实时采集申报人及其子女的婚姻状况、婚姻变化情况、配偶子女情况、从业情况等，并通过与公安局信息系统了解到相关官员及其直系亲属更加详细、具体的信息资料。协助界定官员财产申报主体范围，确保审核工作人员审核对象无误。此外，根据官员财产申报主体情况的不同，为系统预警提供参考。

（3）与房地产管理、不动产登记信息系统集成，实现不动产的管理和审核。随着"房姐""房叔"的曝光，房产等不动产已经成为财产申报审核的重要部分。不仅要审核"N 套房产"是否真实，还要关注其不动产来源于哪里，房产的资金来源，从根源上寻找证据，查询贪污腐败现象，同时，也要关注以及了解其子女购房情况。通过与各地房地产管理、不动产登记信息系统的集成，系统能够实时掌控申报人及其配偶、共同生活子女的房屋等不动产的来源、建筑面积、具体地址及产权性质等信息，协助审核人员进行房产等不动产的核查工作。

（4）与银行信息管理系统集成，实现资产的管理和审核。一方面，官员财产申报范围涉及境内外现金存款等货币资产、有价证券及其他投资资产、偶然所得、年度的巨额消费支出如境外旅游支出等官员相关资产。另一方面，银行信息管理系统能够为银行顾客提供存取款业务、银行卡业务、理财产品管理等各种服务，例如，银行为客户提供不同渠道、不同证券市场、不同投资资金来源的便捷服务，同时按照约定与证券交易所、证券登记结算公司、券商以及客户进行资金及证券的交割。通过官员财产申报审计信息系统与银行信息管理系统的高度集成，能够实时反映官员财产申报主体的资产运行状态、价值变动，为有效跟踪和监督资产产生、消费、投资等各个过程提供重要手段。

### 三　系统总体构架分析

中国特色财产申报审计信息系统的总体架构如图 8—7 所示。该架构采用面向服务（SOA）的思想，主要由系统应用层、服务层、官员财产申报审计服务总线、系统数据层及系统基础支撑层组成。

1. 应用层。

应用层建立在服务层的基础上，通过系统应用技术设计信息系统客户端的表现形式，为财产申报审计信息系统用户提供统一的登录入口和完善的操作平台，并整合了银行信息系统、公安局信息系统、房地产管理信息系统、不动产登记查询系统及全国婚姻登记管理信息系统。申报人、审核工作人员及其他系统用户只需通过客户端登录表示层的统一入口，便可完成多项操作并共享其他集成系统信息，提高用户的工作效率。

第八章 中国特色财产申报审计信息管理系统设计 / 317

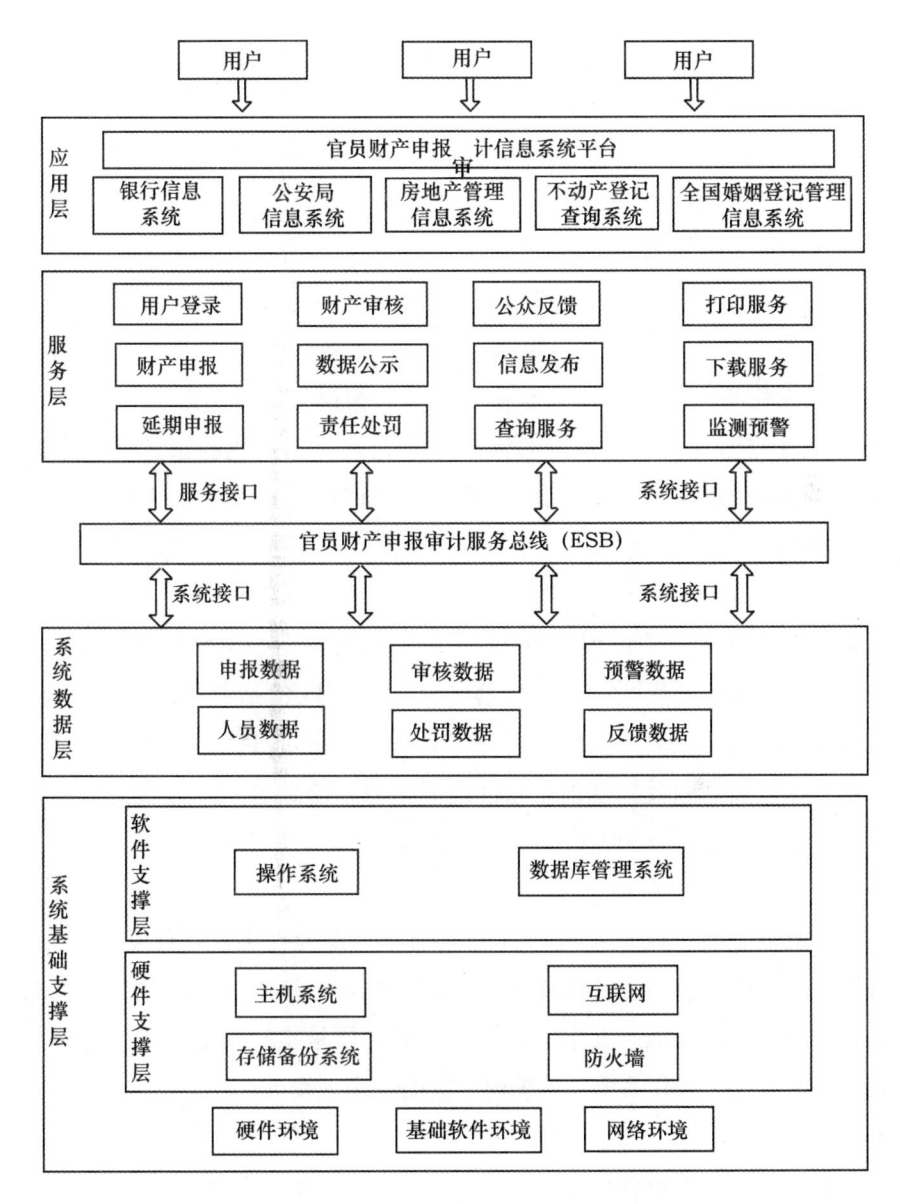

**图8—7 官员财产申报审计信息系统总体架构**

2. 服务层。

服务层位于系统数据层与系统应用层之间,是系统的核心层,具备承上启下的数据交换作用。它既是系统数据的调用者,又是被调用者,服务于系统表示层。服务层能够与审计服务总线相连接,通过系统接口进行实现与系统数据层的数据提取、传送。随着信息系统的不断完善，当用户需要增加新的功能时，系统设计者只需要增加相应的接口，而且接口的增加并不影响整个审计信息系统的原有功能与协调性。因此，更利于后期系统功能拓展。

3. 官员财产申报审计服务总线。

因为官员财产申报审计服务总线可以为系统数据层和服务层提供规范化的系统接口和数据适配器，所有它能够使异构信息系统之间实现相互操作与相互兼容，是本系统架构的关键组成部分。XML 技术和 Web 服务能够实现服务接口的标准化处理，被标准化的服务接口可以保障服务调用的及时顺畅，进而保障整个审计信息系统的系统集成和数据共享①。

4. 系统数据层。

根据官员财产申报审计的用户需求，系统数据层主要包含申报、审核、人员、处罚及反馈等信息内容，这些数据既包括系统本身的数据，也包括被集成系统数据。数据层是官员财产申报审计信息系统进行用户操作和系统服务的数据基础，通过规范化的系统接口与审计服务总线相连接，充分利用已有相关集成系统的资料，提高资源利用率。

5. 系统基础支撑层。

系统基础支撑层是系统运行的基础，为系统提供软硬件支撑平台，包括软件、硬件、网络及其环境，共同支撑着系统的运行，并具备存储备份、防火墙等功能。其中，软件支持层主要是支持系统运行的登录页面、各种软件、操作系统、系统内的数据管理工具等。

## 四 系统功能组成

中国特色财产申报审计信息管理系统的功能结构如图 8—8 所示。其中，最主要的功能是完成申报人财产申报与审核，并在整个系统中对申报数据实现动态监督预警作用；在申报审核后也能够向大众公示申报、

---

① 陈㸝、高亮：《基于地网 GeoBeans 和 Net 的周巷镇统计信息系统的设计与实现》，《中国地理信息系统协会第九届年会论文集》，2005 年 10 月。

审核情况，显示公众的反馈信息，记录申报人违反规定而受到的相应处罚情况。基于以上的主要功能要求，官员财产申报审计系统的主要功能模块可以分为财产申报数据录入模块、财产申报数据审核模块、财产申报数据预警模块、财产申报数据公模块、财产申报责任处罚模块及财产申报公众反馈模块。此外，系统还具备登录模块、基本信息管理模块、信息汇总模块。在每一个功能下都有若干个关联的子功能模块，并集成了银行信息系统、公安局信息系统、房地产管理信息系统、不动产登记查询系统及全国婚姻登记管理信息系统。

1. 功能模块部分。

（1）登录模块。登录模块为系统用户提供登录平台，本系统实现了平台的集成化，为管理员、申报人及财产审核人员、公众用户的管理等主要用户提供便利。

（2）基本信息管理模块。官员财产申报审计信息系统的基本信息管理模块包括三部分，包括审核人员信息管理、申报人及其配偶、共同生活的子女基本信息管理、公众用户信息管理。该模块是进行官员财产申报的基础部分。

（3）财产申报数据录入模块。本模块主要包括四个子功能模块，分别为官员财产申报功能、延期申报功能、查询功能及打印申报报表功能。官员财产申报模块是系统的核心部分。

（4）财产申报数据审核模块。使用本模块功能的主体是审核工作人员。主要包括对第一大类和第二大类申报项目的审核以及填写相应的审核结果说明书。系统审核模块也是本系统的核心部分。

（5）财产申报数据预警模块。本模块的功能主要是实现系统监测、分析与预警。

（6）财产申报数据公示模块。本模块主要实现后台信息发布、公共查询。

（7）财产申报责任处罚模块。针对本模块，系统内按规定设置处罚方式，对未申报、未按规定申报、未通过审核和申请推迟审核但理由不正当的申报人进行评价和分析，并根据评价和核实结果决定是否进行追究责任和处罚及选择何种处罚方式。

（8）财产申报公众反馈模块。本模块能够实现公众反馈，广大群众可以通过系统在信息公示期间查看官员个人申报事项的申报内容，审核工作人员的审核结果及最后的处罚情况，并发表自己的看法，或者举报贪污事件，并可以对本人的反馈信息进行修改、删除；也能够查询和评价其他公众的反馈信息。

2. 数据交换平台（系统集成）。

该模块解决了数据异构的问题，确保本系统能够实现数据调用。

官员财产申报审计信息系统
- 功能模块部分
  - 登录模块：管理员 申报人 审核管理人员 公众用户
  - 基本信息管理模块：审核人员信息管理 申报人信息管理 公众用户信息管理
  - 财产申报数据录入模块：官员财产申报 延期申报功能 查询功能 打印财产申报报表
  - 财产申报数据审核模块：第一大类申报项目审核 第二大类申报项目审核 审核说明书
  - 财产申报数据预警模块：监测 分析 预警
  - 财产申报数据公示模块：信息发布 公共查询
  - 财产申报责任处罚模块：追究责任 处罚
  - 财产申报公众反馈模块：公众反馈 举报贪污事件 修改与删除 查询与评价
- 系统集成部分
  - 公安局信息系统
  - 银行信息系统
  - 房地产管理信息系统
  - 不动产登记查询系统
  - 全国婚姻登记信息系统

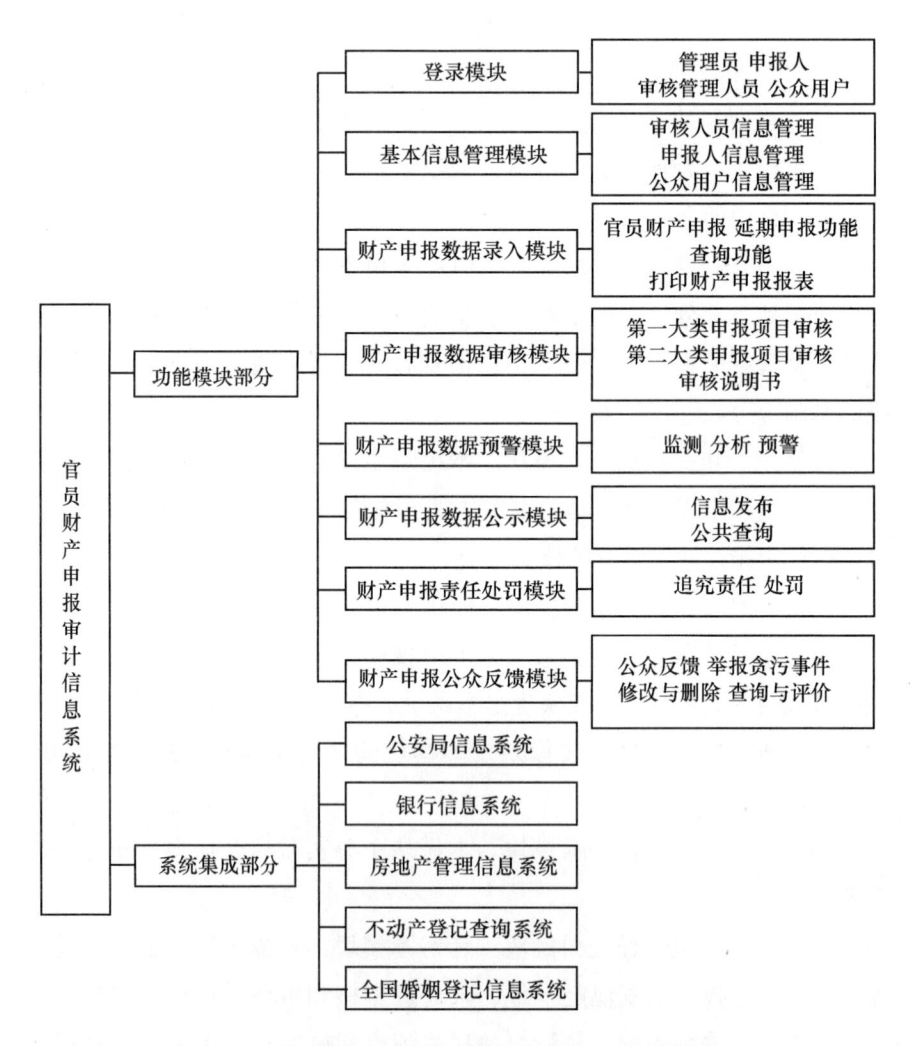

图8—8 中国特色财产申报审计信息管理系统功能构架

## 第二节 中国特色财产申报审计信息管理系统的功能设计

### 一 设计原则

（1）模块化。按照功能，将一个完整的大型的系统或者软件划分成相对独立又关联的一个个模块，即模块化设计。包括：登录模块、基本信息管理模块、财产申报数据录入模块、财产申报数据审核模块、财产申报数据预警模块、财产申报数据公示模块、财产申报责任处罚模块及财产申报公众反馈模块共8个功能模块。

（2）一致性。系统通过模块化方式归类不同的功能，在模块设计方面应保持高度的一致性，这样更有利于系统协调和保存系统完整性。

（3）易操作性。由于本系统的主要使用者并不是信息系统方面的专业人员，为了方便使用者操作，尽可能降低平台使用技术难度，系统界面要友好，功能要尽量齐全，必要的地方也要进行提示。由于本系统需要共享与集成其他相关系统，为了保证数据交换顺畅，系统的数据模型应该采用标准化的形式。

（4）安全性。信息系统对安全性和可靠性要求很高。系统平台在建设时，应重视信息安全保障问题，履行相关的信息安全规范，保障网络、系统、数据安全。系统应该具备完善的信息保护、信息审查、信息备份机制，防止非法侵犯，破坏系统信息，即便是遭受破坏也能及时调整、快速恢复。此外，财产申报审计信息系统必须对申报人、审核人员、管理员等用户进行严格的登录验证，防止非法用户进入，确保系统用户仅仅能访问经过授权的系统数据，保证官员财产申报审计信息系统的数据安全。可抵御一定的非授权攻击。

（5）集成性。集成是指系统的集成，其目的是实现信息共享，确保财产的全面申报。原先孤立的官员相关信息，体现在不同的系统内，这些系统是跨平台的，财产的审核调查者需要分别登录查询申报事项对应部分的财产信息，而通过本官员财产申报审计信息系统的集成性，可以简化这些资料查询过程，实现同一平台综合信息查询。

（6）重用性。在实现各个模块功能时，模块之间需要相互调用一些信息，这种情况会使系统内部信息被反复利用，从而减少系统内部信息的重复，节约数据空间。因此，系统设计应该在确保系统灵活性的同时遵循最大化重用系统资源，减少重复开发的原则。

（7）灵活性。一个完整的系统应该具备协调性，能够动态地运作，同时，根据系统用户的要求发生改变。这在系统设计时就需要考虑系统的可维护性，保证系统的灵活性。此外，由于本系统在设计上需要考虑系统的重用性，在某种程度上会弱化系统灵活性，因此，系统构建时需要保持这两者之间的平衡。

## 二 系统功能设计

按照财产申报环节，将中国特色财产申报审计信息管理系统设计如下模块，即财产申报数据录入模块、财产申报数据审核模块、财产申报数据预警模块、财产申报数据公示模块、财产申报责任处罚模块及财产申报公众反馈模块。对这些功能模块的作用、流程进行详细分析。

### （一）财产申报数据录入模块

财产申报数据录入模块主要负责公务员及其配偶、子女的财产申报内容，是系统核心模块。财产申报即国家公职人员在任职之初、任职期间或任职届满后向有关部门如实申报自己和一定范围内的家庭成员的财产及变化状况[①]。财产申报人需根据《关于领导干部报告个人有关事项的规定》的第三条、第四条规定的个人申报事项进行申报事项、数据录入。具体申报内容按照《规定》可以归为两大类，第一大类是申报人本人婚姻变化和配偶、子女移居国（境）外、从业等事项；第二大类是收入、房产、投资等事项。

财产申报数据录入模块的主要功能应该包括官员财产申报功能、延期申报功能、查询功能及打印申报报表功能。

---

① 张少兵：《试论我国实行财产申报立法的必要性》，《理论与现代化》2005 年 S1 期（增刊）。

(1) 官员财产申报功能。每一位财产申报人都拥有一个账户和密码，申报人登录成功后进入财产申报阶段，在申报过程中首先按照财产类别及自身的实际情况进行在线填报、修改、删除、保存，在规定的期限内可以进行再次修改。

(2) 延期申报功能。本功能主要是依据规定要求，考虑到实际情况中，财产申报人出于某些特殊情况，暂时不能及时申报，可以在系统内提出延期请求，填写延期申报说明书，说明延期理由。

(3) 查询功能。网上查询负担的功能主要是申报人相关基本信息的查询、申报项目信息的查询、延期申报信息的查询、审核情况查询及公众反馈。

(4) 打印申报报表功能。申报人在申报后的期间内，根据个人需要，可以通过账户登录查询相关个人事项申报及审核信息，并进行打印，这是财产申报数据录入模块的一个辅助功能。官员财产申报模块的功能流程处理如图8—9所示。

(二) 财产申报数据审核模块

财产申报数据审核模块发挥对申报内容的审计、监督作用，也是财产申报审计信息系统的核心部分。在每年领导干部按规定集中报告录入个人事项后，系统审核人员将对报告事项进行审核。审核工作人员通过账户认证，登录财产申报审计信息系统之后，首先对第一、二大类申报项目进行核实，审核工作人员具备审核权限，可以通过系统集成功能调用证明材料，进行实时核对，并对审核情况进行统计，在审核无误的情况下填写审核结果说明书。在保存审核结果说明书之前，可以进行重新审核，以确保审核无误。审核说明书一旦提交后，审核工作人员不能随意改变，以防审核工作人员出于其他非法原因随意更改审核结果。

审核工作人员在比对审核中，如果发现有申报不实、虚假申报等问题，审核工作人员有权向申报人发送"财产审核不通过"通知，说明申报不通过的情况和原因。同样审核工作人员可以进行再次检查审核结果是否有问题，如果有问题，可以二次审核，但是在提交审核说明书后，审核工作人员不再拥有修改权限。审核流程如图8—10所示。

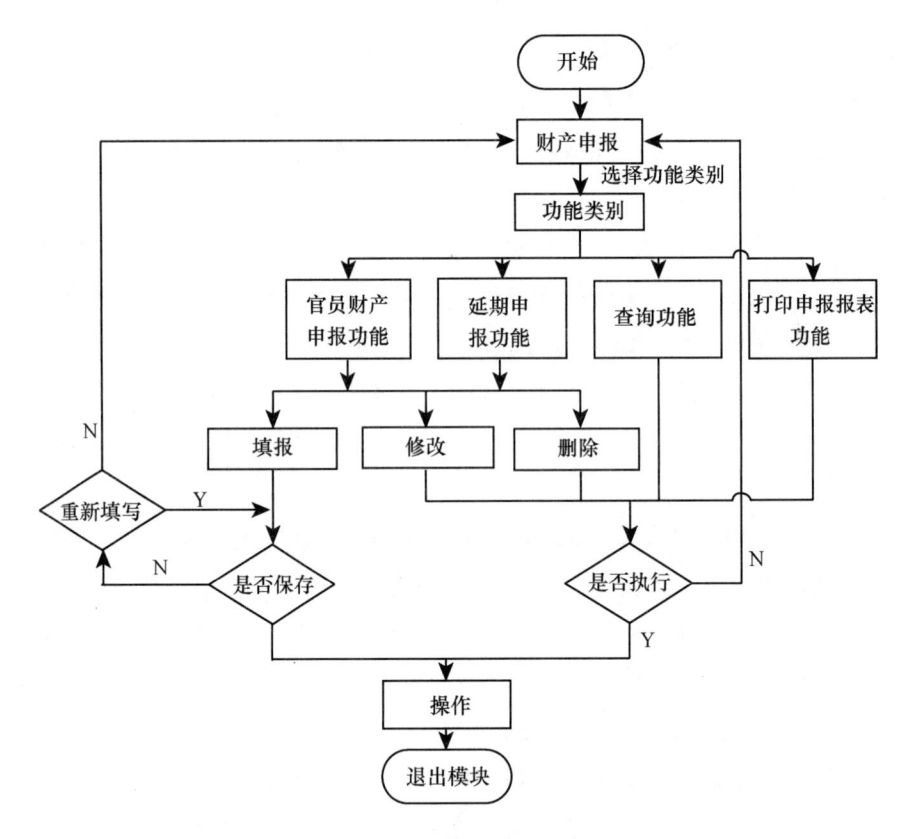

```
                        ┌─────┐
                        │ 开始 │
                        └──┬──┘
                           ↓
              ┌─────────────────────────┐
           → │      财产申报           │ ←
              └──────────┬──────────────┘
                    选择功能类别
                         ↓
                   ┌──────────┐
                   │ 功能类别 │
                   └────┬─────┘
        ┌───────────┬───┴────┬──────────┐
   ┌────────┐  ┌────────┐ ┌────────┐ ┌──────────┐
   │官员财产│  │延期申  │ │查询功能│ │打印申报报表│
   │申报功能│  │报功能  │ │        │ │  功能    │
   └───┬────┘  └───┬────┘ └────┬───┘ └──────────┘
   ┌───┴────┬──────┴────┐      │
 ┌────┐  ┌────┐     ┌────┐
 │填报│  │修改│     │删除│
 └──┬─┘  └──┬─┘     └──┬─┘
```

图8—9　财产申报流程

本模块是官员财产申报审计信息系统的重要部分，是进行系统集成的主要服务对象。审核工作人员需要从第三方银行信息系统、公安局信息系统、房地产管理信息系统、不动产登记查询系统、全国婚姻登记管理信息系统分别调取比对申报项目的真实数据，协助审核工作，这将在下文详解。

（三）财产申报数据预警模块

财产申报数据预警模块主要针对申报人基本数据、财产申报事项及审核汇总信息，对录入收入、房产、婚姻等异常现象进行系统自动预警提醒。财产申报数据预警模块建立涉及官员财产监测点（区间，即评判标准）的确定。官员财产监测点（区间）不可能在大范围内对所有的官员都适合，因此需要对不同地域、不同级别、不同背景等条件的官员制

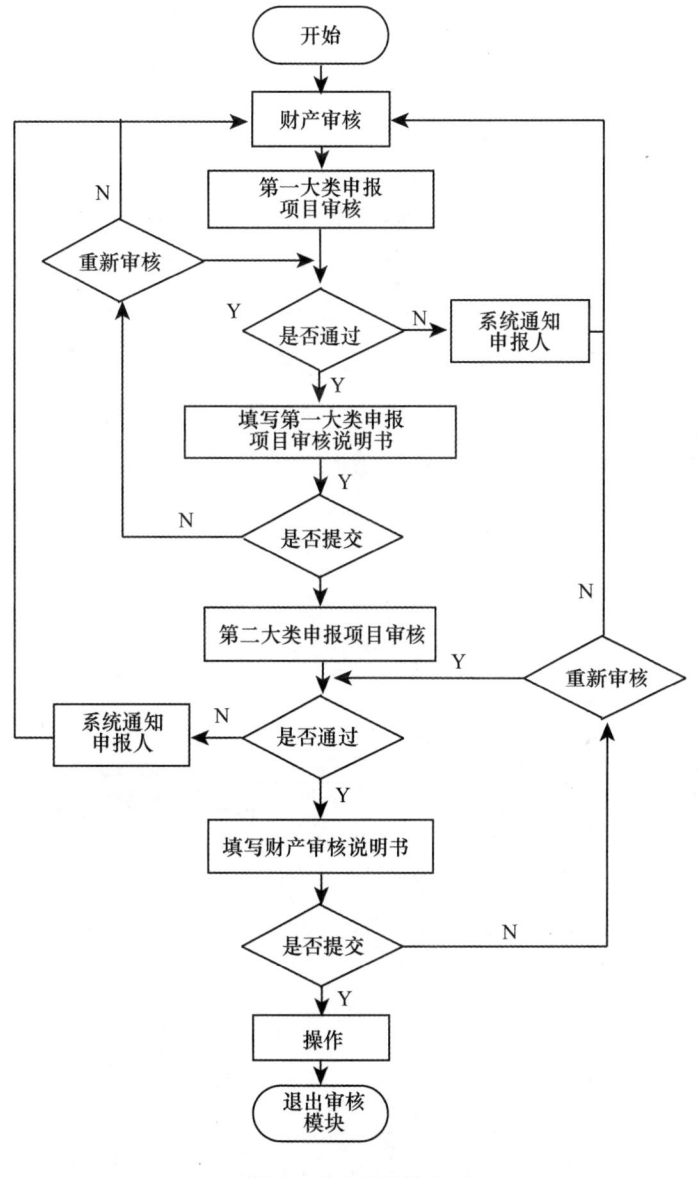

第八章　中国特色财产申报审计信息管理系统设计　/　325

图 8—10　审核流程

定不同的财产监测预警点（区间），并对这些数据进行汇总及编录。虽然不同官员所申报的财产数量不同，但是对于工资、补贴等，条件类似的官员申报上的数据应该是接近的，处在监测预警区间，对于超过预警区间的部分，系统会自动发出警报信号，要求申报官员提供合理、合法的财产证明，优先接受审核。如果官员故意隐瞒不报或者不实情上报，如现金存款、房产、汽车等财产，本信息系统通过与相关信息系统整合，共享信息，能够进行动态监测。

（四）财产申报数据公示模块

本系统具备财产申报数据公示模块，能够实现后台信息发布、公共查询。除了完成系统公示公告、系统通知、法规普及、新闻报道的发布以及查询功能外，最重要的作用是公示财产申报内容、审计结果、相关惩罚情况，提供查询方式供公众查询、监督。公众可以浏览网站页面内容，输入申报人名称、官员级别、地区名等关键词来查询财产申报、审核及相关官员处罚情况。公众用户查询流程如图8—11所示。

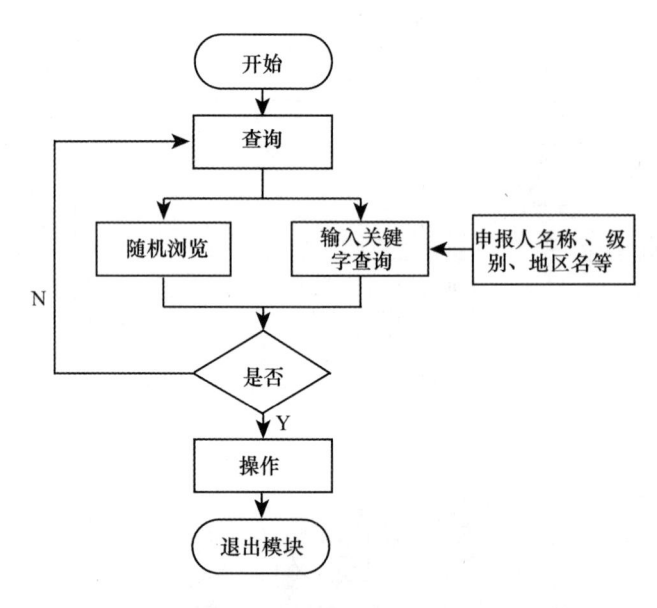

**图8—11　公众用户查询流程**

（五）财产申报责任处罚模块

本审计系统根据财产申报需求，具备财产申报责任处罚模块，主要负责对违反规定的申报人进行责任追究，能够记录和保存申报人受处罚情况。依据《关于领导干部报告个人有关事项的规定》第十七条规定，按照不同的违规情况，在系统内对应设置不同的处罚方式。依据情节严重情况进行相应的处罚。

本模块能够接收财产申报数据审核模块传输的审核结果信息。对未申报、未按规定申报、未通过审核和申请推迟审核但理由不正当的申报人进行评价和分析，并根据评价和核实结果决定是否进行追究责任和处罚及选择何种处罚方式。且在追究责任之后，对处罚情况对外公示，便于广大群众监督和查询。

（六）财产申报公众反馈模块

在官员财产申报内容、审核结果及相关处罚情况公示后，系统具备财产申报公众反馈模块，为公众用户提供反馈通道。公众用户需系统注册后才能够在反馈平台参与反馈，公众能够在系统的反馈平台查询相关财产公示内容，对公示的申报人财产申报、审核、处罚等相关情况进行评论。如果公众对系统公示的财产信息、审核情况以及处罚程度有异议，可以在反馈平台进行留言，说明疑虑，公众也能够通过该平台举报贪污事件。相关方面的负责人能够在系统后台查看所有用户的反馈信息。公众也可以对本人的反馈信息进行修改、删除；也能够查询和评价其他公众的反馈信息，在平台上讨论与财产申报有关的内容。

开发系统的公众反馈功能模块，一方面能够保证广大公民的知情权，提供他们的参与度，也对申报人产生一定的威慑力。另外，通过官员财产申报审计信息系统强大的信息存取能力，收集和分析群众的反馈信息，协助政府了解民众的看法，加强沟通。也可以通过群众的线上举报或者线上讨论内容，为查处贪污受贿官员提供线索。另外，通过群众反馈，也可以发现官员财产申报审计信息系统尚存在的不足，改进系统功能。基于该模块的功能需求，应任命专人负责后台管理，充分重视公众的反馈信息，对反馈中举报的贪污事件进行重点审核。公众用户反馈流程如图8—12所示。

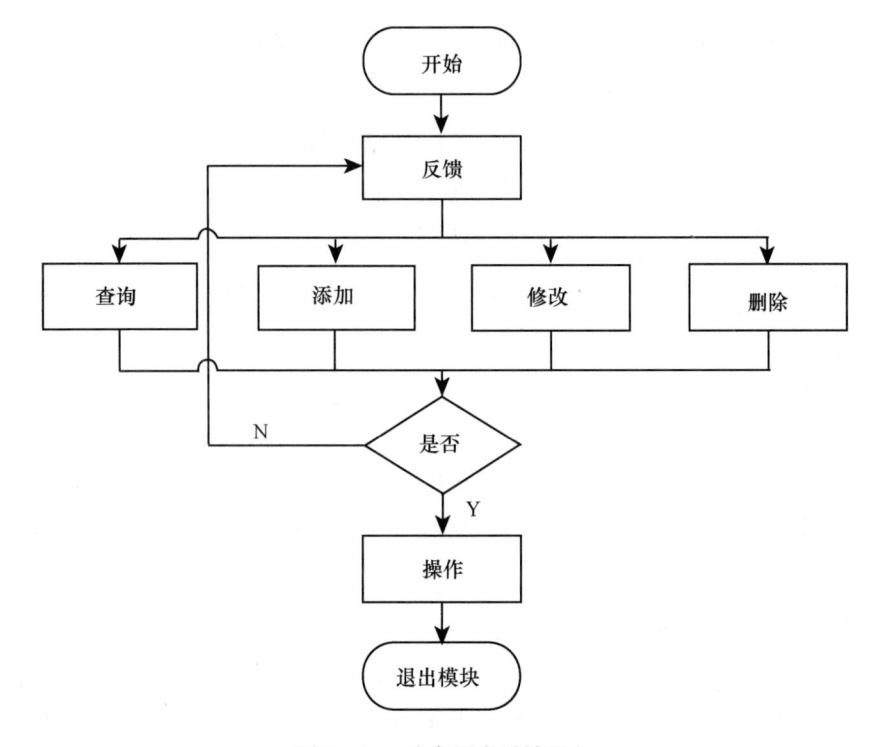

图8—12 公众用户反馈流程

## 第三节 中国特色财产申报审计信息管理系统的集成设计

### 一 总体设计

我国已经拥有银行信息系统、公安局信息系统、房地产管理信息系统、不动产登记查询系统及全国婚姻登记管理信息系统等信息系统,这些系统拥有各自的登录界面,审核人需要通过登录不同的系统完成信息搜集工作。由于不同部门条块分割,系统各自为政,财产申报要在不同平台随时进入界面完成审核任务,存在操作不方便、数据提取困难等问题。

中国特色财产申报审计信息管理系统拥有自身的用户操作平台和各个不同功能的模块,并实现与集成其他系统形成数据共享。根据财产申报的需求，将系统集成的重点放在三个方面。

（1）数据库的集成设计。首先对系统数据库的设计原则进行归类，分析数据库的需求，然后探讨了各分散的异构数据的调用原理及调用流程。

（2）登录模块的集成设计。要实现跨系统操作，首先需要一个通用的系统入口，财产申报审计信息系统的用户可以通过这个入口调用其他相关信息系统的资料。为了实现这样的功能，本系统在建设之初，便需要考虑系统门户的集成问题，对本系统的登录模块进行集成设计，建立一个统一的登录平台，能够跨平台进入各个异构的系统调用数据。

（3）财产申报与审核模块的集成。这两个功能模块是本系统的核心部分，通过财产 XML 文档将需要的异构数据调用到本系统。

**二　数据库设计**

（一）数据库设计原则

1. 安全性。官员财产申报审计信息系统的信息主要分为申报人、审核工作人员以及其他用户的基本信息，个人事项申报信息，财产申报审核信息，违规申报人的处罚情况以及公示情况等。因此，在系统构建时，应考虑这些信息的安全性，防止系统被破坏、系统内信息被恶意篡改，防止不法分子利用该信息对相关官员进行诈骗、勒索等违法行为；同时，也要保证系统能够在建成之后可以正常运转，并能够在出现问题后快速恢复，防止数据丢失。

2. 完整性。系统通过不同的完整性约束可以保证数据库的完整性，因此，对数据库完整性的设计主要体现在对数据库完整性约束的设计。此外，官员财产申报审计信息系统在设计之初就确定的一个目的就是能够和公安局信息系统、银行信息系统、房地产管理信息系统、不动产登记信息系统、婚姻登记信息系统实现应用集成，共享信息，所以在数据库设计方面，应考虑这方面的要求，尽量减少异构现象，提高系统间的相容性。

3. 独立性。官员财产申报审计信息系统是一个独立的、动态的系统，它的数据库设计是独立于其他任何信息系统的。数据库的独立性可以从两个方面体现，一是物理独立性，二是逻辑独立性。前者是指系统存储的数据与系统应用程序之间是独立的；后者是指系统数据在逻辑结构上的独立性，这种独立性将系统数据和应用程序分开，系统储存的数据不会因为程序问题被破坏或者丢失，因此，保持了系统良好的扩充性，提高数据共享性。

4. 适当减少冗余。在构建数据库时，一方面要考虑数据的一致性和完整性问题，另一方面不能忽视官员财产申报审计信息系统可以通过集成其他信息系统获得共享信息的功能，因此，需要根据本系统的实际需求情况，保留一些系统冗余，提高系统的灵活性，同时减少共享信息的储存，以降低数据冗余，提高系统反应时间。在这种矛盾中，寻找合理的数据冗余量，既保持系统的灵活性也保障系统反应不会太慢。

（二）数据需求分析

在财产申报审计信息系统中，财产申报、审核、公示等工作都需要各个功能模块之间进行信息调用等事项，这要求向数据库中写入信息，或从数据库中提取数据。因此，数据库是实现整个系统运行的基础，是正常运作的生命中枢。财产申报审计信息系统的数据库主要包含以下几项：

1. 财产申报审计信息系统的使用者（系统管理员、申报人及审核工作人员、公众用户等）登录信息，包括直接使用者的编号、用户名、用户密码、用户权限、随机密码；

2. 系统管理员信息，如身份证号、名字、年龄、性别、照片、学历、现居地、籍贯、联系方式、职位级别、任职时间、任职单位、任职变动、家庭成员等基本信息；

3. 申报人基本信息，包括申报人及其配偶、子女的基本信息，如官员及其配偶、子女的身份证号、名字、年龄、性别、照片、学历、现居地、籍贯、联系方式、职位级别、任职时间、任职单位以及申报人的父母、配偶、子女是否与申报人同住等基本信息；

4. 审核工作人员信息，如身份证号、名字、年龄、性别、照片、学历、现居地、籍贯、联系方式、职位级别、任职时间、任职单位、任职变动、家庭成员等基本信息；

5. 官员财产的申报情况，主要包括申报时间、申报项目、申请推迟申报信息等各类申报信息及相关申报模板信息；

6. 财产审核情况，主要包括核实事项的审核时间、审核次数、相应的审核工作人员、审核结果、相关备注信息、统计情况及审核说明书、汇总情况等；

7. 公众用户反馈信息，群众对财产申报公示内容的反馈及修改、删除、查询记录；

8. 财产申报责任处罚情况，主要包括不同标准的处罚规定，对未申报、未按规定申报、未通过审核和申请推迟审核但理由不正当的申报人的处罚记录；

9. 相关的公示公告、系统通知、法规普及、新闻报道。

（三）数据库表设计

数据库表设计是指对财产申报审计系统数据库的主要表格进行设计，主要有用户表、用户基本信息表、财产申报表、延期申报信息表、财产审核表、财产申报责任处罚情况表及公众用户反馈信息表等核心数据库表。其中，字段长度的定义可以根据实际需求调整。数据表结构如表8—1 至表8—7 所示。

表8—1　　　　　　　　　　用户

| 字段名称 | 字段类型 | 字段长度 | 是否主键 | 备注 |
| --- | --- | --- | --- | --- |
| 用户_ID | Varchar | 40 | 是 | |
| 用户名 | Varchar | 20 | 否 | |
| 密码 | Varchar | 40 | 否 | |
| 动态密码 | Varchar | 20 | 否 | |

表8—2　　　　　　　　　　用户基本信息

| 字段名称 | 字段类型 | 字段长度 | 是否主键 | 备注 |
| --- | --- | --- | --- | --- |
| 用户ID | Varchar | 40 | 是 | |
| 身份证号 | Varchar | 40 | 否 | 可做外键 |
| 名字 | Varchar | 10 | 否 | |

续表

| 字段名称 | 字段类型 | 字段长度 | 是否主键 | 备注 |
| --- | --- | --- | --- | --- |
| 出生日期 | Datetime | 20 | 否 | |
| 性别 | Varchar | 6 | 否 | |
| 学历 | Varchar | 10 | 否 | |
| 现居地 | Varchar | 100 | 否 | |
| 籍贯 | Varchar | 10 | 否 | |
| 照片 | Varchar | 100 | 否 | |
| 家庭成员 | Varchar | 100 | 否 | |
| 婚姻状况 | Varchar | 10 | 否 | |
| 子女情况 | Varchar | 100 | 否 | 针对申报人 |
| 联系电话 | Int | 20 | 否 | |
| 政治面貌 | Varchar | 20 | 否 | |
| 职位级别 | Varchar | 50 | 否 | |
| 任职时间 | Datetime | 20 | 否 | |
| 任职单位 | Varchar | 100 | 否 | |
| 职位变动情况 | Varchar | 100 | 否 | |

表8—3　　　　　　　　　　财产申报

| 字段名称 | 字段类型 | 字段长度 | 是否主键 | 备注 |
| --- | --- | --- | --- | --- |
| 项目ID | Varchar | 20 | 是 | |
| 项目名称 | Varchar | 50 | 否 | |
| 项目内容 | Varchar | 100 | 否 | |
| 项目是否变化 | Varchar | 6 | 否 | |
| 申报时间 | Datetime | 20 | 否 | |
| 是否延期申报 | Varchar | 6 | 否 | |
| 申报次数 | Int | 10 | 否 | 第一大类的项目审核不通过，可以重新申报一次 |

表 8—4　　　　　　　　　　延期申报信息

| 字段名称 | 字段类型 | 字段长度 | 是否主键 | 备注 |
| --- | --- | --- | --- | --- |
| 延期申报 ID | Varchar | 40 | 是 | |
| 延期申报原因 | Varchar | 200 | 否 | |
| 延期期限 | Int | 20 | 否 | |
| 申报延期日期 | Int | 20 | 否 | |

表 8—5　　　　　　　　　　财产审核

| 字段名称 | 字段类型 | 字段长度 | 是否主键 | 备注 |
| --- | --- | --- | --- | --- |
| 审核 ID | Varchar | 20 | 是 | |
| 审核人员 | Varchar | 40 | 否 | 可做外键 |
| 项目 ID | Varchar | 20 | 否 | 可做外键 |
| 审核时间 | Datetime | 20 | 否 | |
| 审核次数 | Int | 10 | 否 | |
| 申报人 | Varchar | 40 | 否 | 可做外键 |
| 审核结果 | Varchar | 100 | 否 | |
| 备注信息 | Varchar | 200 | 否 | |

表 8—6　　　　　　　　　财产申报责任处罚情况

| 字段名称 | 字段类型 | 字段长度 | 是否主键 | 备注 |
| --- | --- | --- | --- | --- |
| 责任处罚 ID | Varchar | 20 | 是 | |
| 申报人 ID | Varchar | 40 | 否 | 可做外键 |
| 项目 ID | Varchar | 20 | 否 | 可做外键 |
| 审核 ID | Varchar | 20 | 否 | 可做外键 |
| 处罚内容 | Varchar | 200 | 否 | |
| 公示时间 | Datetime | 20 | 否 | |

表8—7　　　　　　　　　公众用户反馈信息

| 字段名称 | 字段类型 | 字段长度 | 是否主键 | 备注 |
| --- | --- | --- | --- | --- |
| 反馈ID | Varchar | 20 | 是 | |
| 反馈用户ID | Varchar | 40 | 否 | 可做外键 |
| 反馈内容 | Varchar | 200 | 否 | |
| 修改内容 | Varchar | 200 | 否 | |
| 删除记录 | Varchar | 20 | 否 | |
| 查询记录 | Varchar | 20 | 否 | |
| 评论内容 | Varchar | 200 | 否 | |

### 三　数据集成方法分析

为实现数据集成，必须解决的重要问题是如何将应用系统中已经存在的官员数据与其他系统中的异构数据库整合起来，统一管理，实现信息共享。联邦数据库系统可以按照联邦由谁来管理和联邦成员数据如何集成，将其划分为松耦合和紧耦合。松耦合需要用户来维护和创建联邦，联邦系统不负责系统控制；紧耦合以放弃联邦成员数据库的自治性为代价，能够提供统一的联邦模式，维持各系统集成成员模式与联邦模式之间的映射，因此，通过这种方法集成的信息系统一般处于静态的模式，难以满足后期系统数据的扩增需求。而官员财产申报审计信息系统涉及官员及其财产信息变动，存在大量增加、删除、修改、查询及汇总操作，同时，参与集成的其他信息系统也都涉及各种信息变动，对数据库的自治性要求非常高。此外，本系统将集成的各个异构系统数量多，例如银行信息系统，目前各个银行都已经具备了较完善的管理系统，为保证官员财产申报审计信息系统数据的完整性，需要将这些不同的银行系统全部集成。而这种接口复杂度高的点对点集成方式，在需要集成的系统数量庞大且数据异构现象明显时更难以实现。因此，虽然联邦数据库系统原理简单，但对于官员财产申报审计信息系统这样异构数据源数量太多的系统集成问题并不适用。

目前，公安局信息系统、银行信息系统、房地产信息系统、不动产登记信息系统、婚姻登记信息系统等应用系统都是已经存在的完整信系统，各自拥有独立的数据库。而数据仓库系统需要抛弃这些已经完善的数据库，建立专门的数据中心，在这种形势下，将会造成大量的资源浪费和巨大损失，且重新建造的数据中心并不能马上达到很完善的程度，将直接影响系统运行效果。同时，数据仓库系统需要花费较长的时间，并需要重新购买大量的相应软、硬件设备，这无疑会使系统构建成本大幅度增加。财产申报审计信息系统、公安局信息系统、银行信息系统、房地产信息系统、不动产登记信息系统、婚姻登记信息系统等应用系统的数据量非常大，因此信息系统也需要考虑磁盘的空间限制问题，将所有的数据库内容都复制到新建的数据中心并不是一件简单的事情；此外，数据仓库系统并不能很好地解决各系统数据的一致性问题和数据源间的相互操作问题。

中间件的主要功能是根据用户输入的查询条件，将其翻译成系统指令，然后在各异构数据库中搜索，并汇总查询结果，反馈给客户端用户。从理论上讲，中间件方法完成了真正意义上的异构数据库实时集成。虽然中间件模式不容易完成删除操作与写入操作，很大程度上限制了其使用范围，但是官员财产申报审计信息系统与公安局信息系统、银行信息系统、房地产信息系统、不动产登记信息系统、婚姻登记信息系统等应用系统的集成的主要目标是实现信息共享，保障官员财产的全面如实申报，并不是为了通过系统集成进行系统间除查询以外的相互操作（如删除操作和写入操作）。相比较其他两种方法，中间件方法的投资成本较低，系统开发周期也较短，因为，中间件方法不需要为集成各个系统而重新建立一个完整数据中心。同时，用户进行查询后，系统是直接从信息源数据库调用和整合数据资料来满足需求的，所以不需要考虑各个跨平台系统间的信息更新问题。对于信息量大且动态变动的跨系统集成问题，一般采用中间件方法更合适。

综合上述分析，采用基于 XML 技术的中间件方法进行财产申报审计信息系统与公安局信息系统、银行信息系统、房地产信息系统、不动产登记信息系统、婚姻登记信息系统等应用系统的集成，中间件技术能够连接服务器端和客户端，将不同的数据库系统进行整合，实现应用系统的跨平台数据调用功能。此外，中间件技术可以完成分布式查询功能，能够降低网络问题，很大程度上提高系统用户在客户端对异构数据库的操作效率。且中间件技术为系统增加了缓存管理控制，用户在进行相同内容的操作时，系统不需要进行二次调用数据，因为在第一次查询时，系统便能够保存和查询系统用户搜索过的数据返回结果。数据的集成方式如图8—13所示。

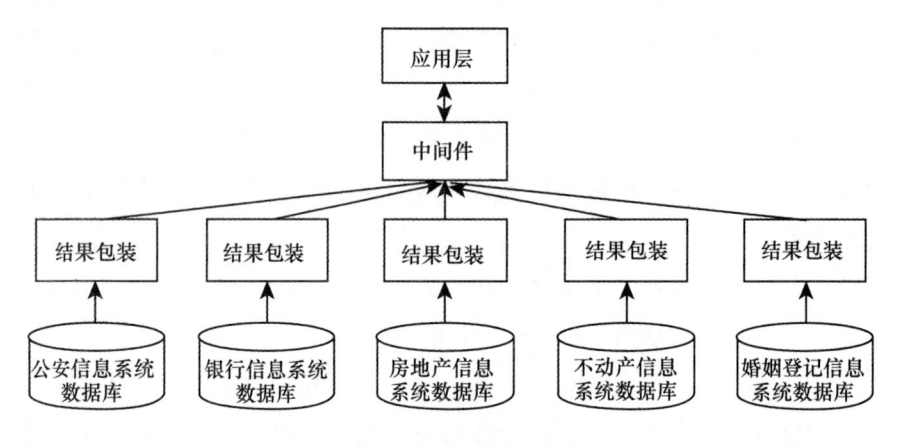

**图8—13　数据的集成方式**

### 四　异构数据集成设计

中国特色财产申报审计信息管理系统需要集成众多系统，包括公安局信息系统、银行信息系统、房地产信息系统、不动产登记信息系统、婚姻登记信息系统等应用系统。而这些系统运用的数据库版本并不都相同，通过不同的编程语言，在各自不同的平台上运行，并不遵循统一的数据标准，这个系统集成带来了很大难度。要想保证系统功能应用，必须实现统一的数据标准。

（一）与公安信息系统数据库集成

公安局信息系统提供的主要信息包括申报人及其配偶、子女出入境的情况和移民的情况，是否被追究刑事责任的情况，配偶、子女从业情况。具体包括：（1）申报人持有因私出国（境）证件的情况；（2）申报人因私出国（境）的情况；（3）配偶、子女移居国（境）外的情况；

(4) 配偶、子女从业情况，包括配偶、子女在国（境）外从业和职务情况；(5) 配偶、子女被司法机关追究刑事责任的情况。财产申报审计信息系统提供的主要信息是财产申报人录入系统的申报资料，包括第一大类官员个人申报事项、第二大类官员个人申报事项。

尽管本审计信息系统数据库与公安信息系统数据库原本是异构的，通过 XML 文档可以把从公安信息系统调用信息提供给应用层面，即审核工作人员能够调用公安局信息系统中上述信息资料，核实关于配偶、子女移居国外、从业等事项的真伪。与公安信息系统数据库集成的数据组成框架如图 8—14 所示。

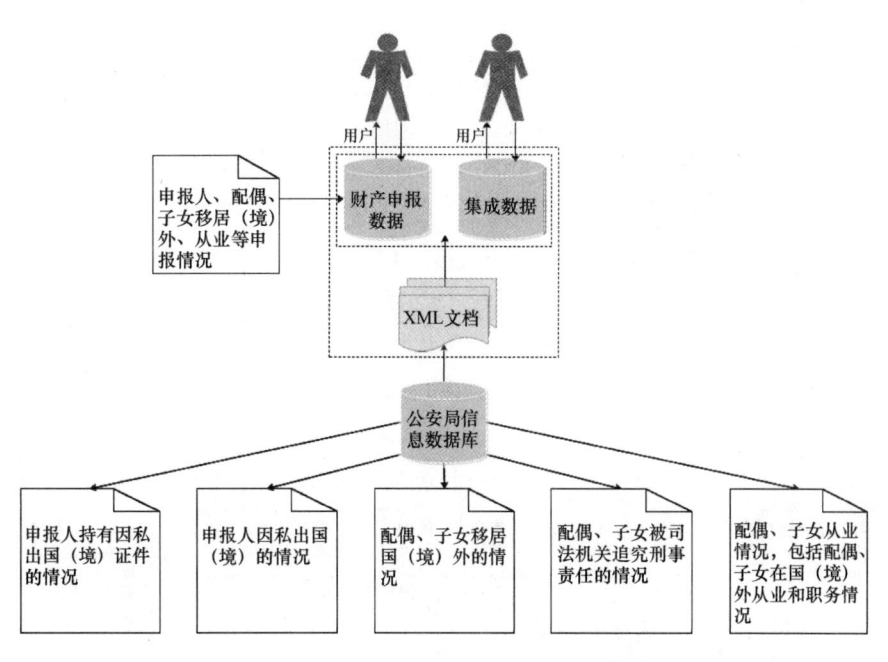

**图 8—14　与公安信息系统数据库集成的数据组成框架**

（二）与银行信息系统数据库集成

银行信息系统提供的信息主要包括申报人工资，申报人劳务所得，申报人、配偶、共同生活的子女的企业、金融投资的情况。具体包括：(1) 申报人的工资及各类奖金、津贴、补贴等；(2) 申报人从事讲学、写作、咨询、审稿、书画等劳务所得；(3) 申报人、配偶、共同生活的子女投资或者以其他方式持有有价证券、股票（包括股权激励）、期货、基金、投资型保险以及其他金融理财产品的情况；（4）配偶、共同生活的子女投资非上市公司、企业的情况；（5）配偶、共同生活的子女注册个体工商户、个人独资企业或者合伙企业的情况。

与银行系统数据库集成后，审核工作人员在审计申报人该类资产时，不需要再次登录银行信息系统进行相关资料查询，只要在本系统中输入请求指令，系统通过 XML 文档直接调用该部分信息，协助审核工作人员完成本部分申报信息的审计工作。与银行信息系统数据库集成的数据组成框架如图 8—15 所示。

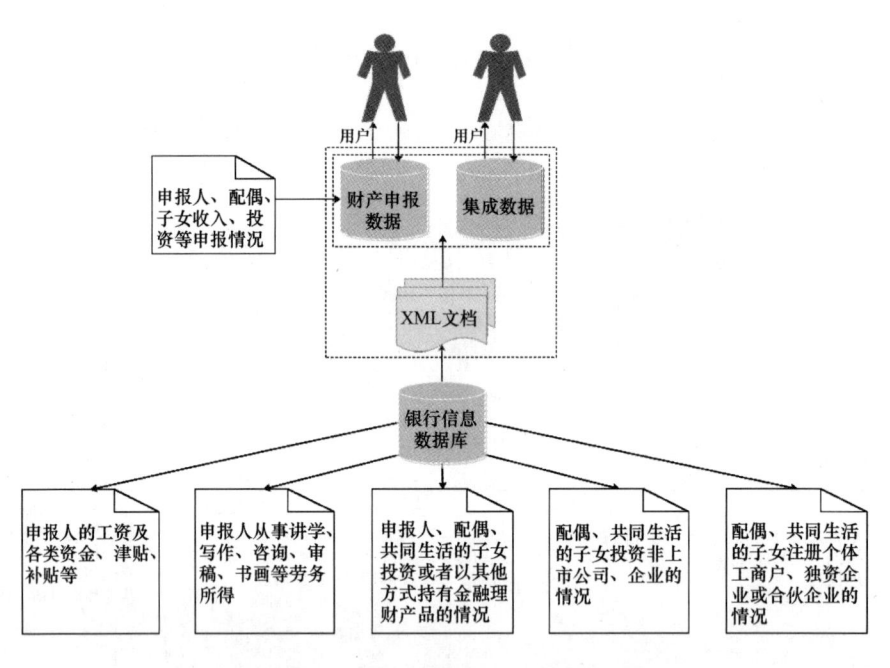

图 8—15　与银行信息系统数据库集成的数据组成框架

（三）与房地产信息系统数据库集成

房地产管理信息系统提供的信息主要包括申报人及其配偶、共同生活的子女的房产情况。通过与各地房地产管理信息系统的集成，系统能够实时掌控申报人及其配偶、共同生活的子女的房屋等产权出处，对房产的具体情况进行追踪，例如，通过该系统的集成，可以跨平台查询房屋的面积大小、属于什么户型、坐落在什么地段等，协助审核人员进行房产等资产的核查工作。与房地产管理信息系统数据库集成的数据组成框架如图8—16所示。

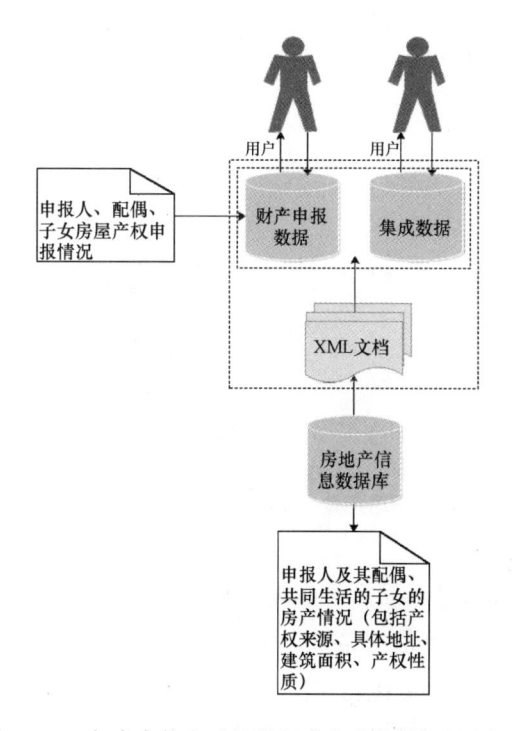

**图8—16 与房产信息系统数据库集成的数据组成框架**

（四）与不动产信息系统数据库集成

2015年3月1日起施行的《不动产登记条例》提出，建立统一的不动产登记信息管理基础平台，各级登记机构信息纳入统一基础平台，实现信息实时共享。随着不动产登记系统的完善，不动产信息可靠性、完整性更高。从数据源角度来看，不动产登记查询系统提供的信息主要包括申报人及其配偶、共同生活的子女的不动产情况。与房地产管理信息系统相比，不动产登记系统覆盖面更广，不仅仅包括房屋等资产，也包括土地、林业等不动产。与不动产登记信息系统数据库集成的数据组成框架如图8—17所示。

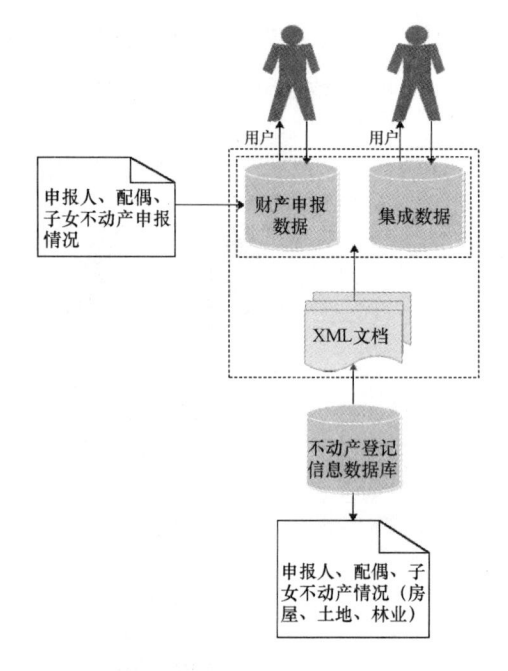

**图 8—17　与不动产登记系统数据库集成的数据组成框架**

（五）与婚姻登记信息系统数据库集成

全国婚姻登记管理信息系统提供的信息主要包括申报人的婚姻变化情况，子女与外国人、无国籍人士、港澳地区以及台湾居民通婚的情况。具体包括：（1）申报人的婚姻变化情况；（2）子女与港澳地区以及台湾居民通婚的情况；（3）子女与外国人、无国籍人士通婚的情况。与婚姻登记系统数据库集成的数据组成框架如图 8—18 所示。

**五　财产申报与审核模块的集成设计**

财产申报模块与财产审核模块主要会涉及的用户包括财产申报人和审核工作人员，并在财产申报与审核过程中调用系统信息汇总功能。通过官员财产申报审计信息系统的统一入口页面，财产申报人进行角色选择后登录系统，系统会根据角色的权限定位操作业务，显示相应的界面。此时，财产申报人可以根据系统提示进行官员财产申报操作或者申请延期申报。在申报人完成相应操作之后，系统自行进行信息汇总活动。另一端，审核工作人员通过统一登录入口的角色选择后，进入官员财产申

第八章　中国特色财产申报审计信息管理系统设计 / 341

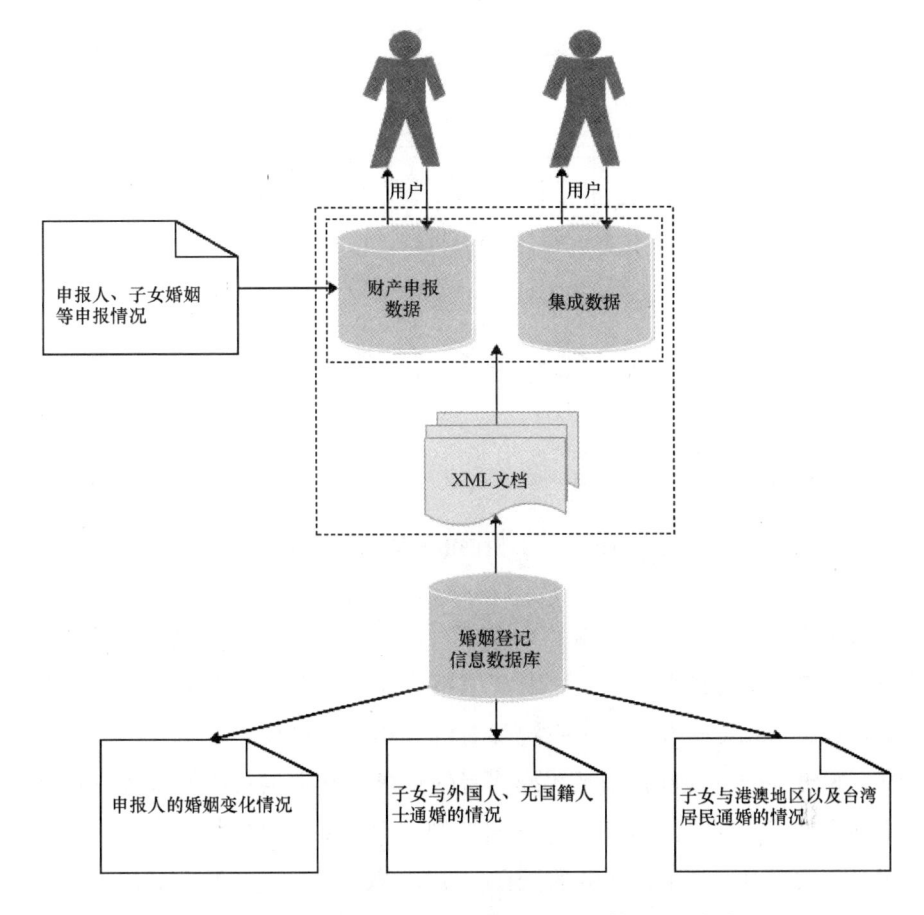

**图8—18　与婚姻登记系统数据库集成的数据组成框架**

报审计信息系统，根据审核工作人员具备的权限，显示出其工作范围内的申报汇总信息。在审核过程中，审核工作人员需要调用各个系统中存储的申报事项相关的资料，这就要求把已有的银行信息系统、公安局信息系统、房地产管理信息系统、不动产登记查询系统及全国婚姻登记管理信息系统等相关信息系统整合到官员财产申报审计信息系统内。财产审核集成原理如图8—19所示。

财产申报审计信息系统与这些相关信息系统的集成主要的目标是共享信息，能够进行信息查询，方便审核工作人员审核、监督官员财产申报情况，并在必要时能够通过审核信息系统直接下载、打印各个相关系统的信息。将信息查询、下载及打印功能分别作为服务组件加以表现，

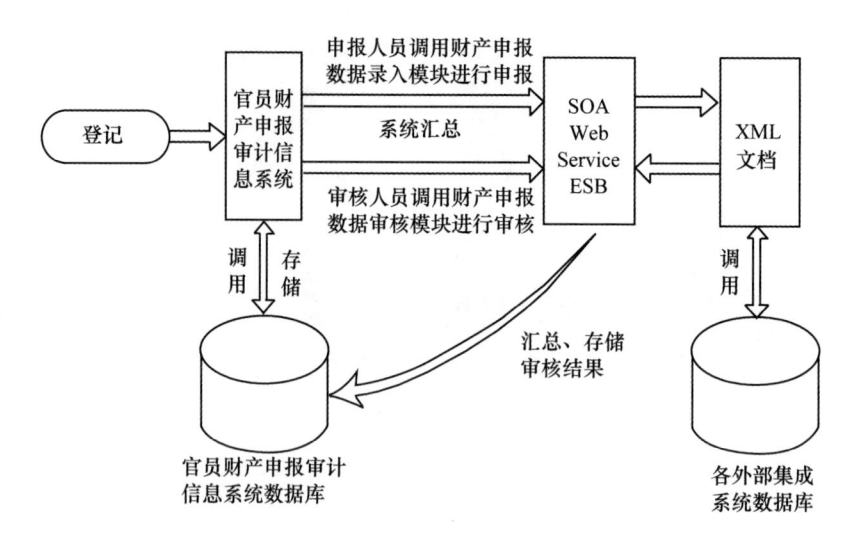

图8—19　财产审核集成原理

之后定义各个服务组件的描述信息、所需要服务的接口。此时，就可以进行概念与实际模型的转换。财产申报审计信息系统分别与各个相关系统集成，这就意味着每一个系统都对应着相应的接口，需要分别进行定义。Web service 能够根据系统操作者的请求为其提供相应的服务。它遵循标准的 Web 协议，属于服务导向架构技术。系统用户可以在某一应用平台上实现对另一平台业务的操作。使用 Web 服务可以保证审核工作人员通过本审核信息系统的统一平台操作，查询、下载及打印各个系统的信息，实现系统在应用层面的集成。

本章依据财产申报功能需求与《关于领导干部报告个人有关事项的规定》（2010），结合系统功能模块化的设计原理，在实现系统功能协调基础上，与公安局信息系统、银行信息系统、房地产管理信息系统、不动产登记信息系统、婚姻登记信息系统进行集成设计，构建一个能够实现财产申报人及其配偶、共同生活子女信息的登记与管理、财产的申报、审核、公示、责任追究、公众反馈、预警等功能的中国特色财产申报审计信息管理系统。

# 第九章

# 新修订《规定》与新制定《办法》的再修订与再完善

## 第一节 新修订《规定》与新制定《办法》的中国特色

为了加强和改进领导干部个人有关事项报告工作，中央决定对2010年印发的《关于领导干部报告个人有关事项的规定》予以修订。2017年4月，中办、国办印发了《领导干部报告个人有关事项规定》（以下简称《规定》），同时颁布配套制度《领导干部个人有关事项报告查核结果处理办法》（以下简称《办法》）。

新修订《规定》与新制定的《办法》坚持问题导向，回答和解决了2010年以来制度执行中出现的新情况新问题，在建立和完善中国特色领导干部个人有关事项报告制度上，彰显了中国方案的制度自信。这对于摆脱长期以来对西方财产申报制度依赖的学徒状态，形成自我主张，建设有从党内法规走向全国立法的中国特色财产申报制度将大有裨益。新修订《规定》与新制定《办法》的中国特色体现在以下五个方面。

（一）党内监督全覆盖不留空白

新修订《规定》体现"一突出、两调整、三覆盖"："一突出"，就是突出对党员领导干部的监督，要求党政机关县副处级以上干部都要报告个人有关事项。"两调整"，就是将未列入参照公务员法管理的人民团体、事业单位的报告对象范围调整为领导班子成员及内设管理机构领导人员，将国有企业的报告对象范围调整为中央企业的领导班子成员及中层管理人员、省管和市管国有企业的领导班子成员。这样调整既体现了分类管理的原则，又满足了重点监督，抓"关键少数"的要求①。"三覆盖"，即无论领导干部身在国家行政机关、人民团体、事业单位还是国企，只要你是县副处级以上干部，不管你是何种编制哪类企业，都要对党忠诚，如实报告个人有关事项。实现县副处级以上干部全员申报，全部"覆盖"。

（二）必须报告8项家事6项家产

8项家事包括婚姻，因私出国（境）证件和行为，子女与外国人、港澳地区以及台湾居民通婚情况，配偶、子女移居国（境）外的情况；配偶、子女及其配偶的从业情况，配偶、子女及其配偶被司法机关追究刑事责任的情况。6项家产包括工资收入，劳务所得，本人、配偶、共同生活的子女的房产情况，本人、配偶、共同生活的子女投资或者以其他方式持有股票、基金、投资型保险，配偶、子女及其配偶经商办企业的情况，本人、配偶、共同生活的子女在国（境）外的存款和投资情况②。我国要求领导干部报告的事项内容有14项之多，较之西方制度内容更全。英国的报告内容是12项，美国是7项，法国是11项，其中，英国报告制度中配偶和子女的财产不需申报。另外，广东横琴财产申报试点制度内容由原先7项扩大到15项，而中国香港的财产申报是不包括工资收入、薪酬的。无论是国办《规定》还是广东财产申报制度，它们内容的范围远比中国香港的制度更全面，要求更高。

8项家事、6项家产所报告内容，扼住中国官员腐败"咽喉"。领导干部的家事往往容易变"腐事"。当今贪腐案例中典型的模式是，凭借配偶权力，打通关节，卖官鬻爵；暗通款曲，输送利益。本次修订对一些项目作了细化补充，个别项目作了合并调整。例如，《规定》增加了领导

---

① 《中央组织部负责人就修订出台〈领导干部报告个人有关事项规定〉和新制定〈领导干部个人有关事项报告查核结果处理办法〉答记者问》，2017年4月19日，新华社（http://www.xinhuanet.com//2017-04/19/c_1120839564.htm）。

② 中共中央办公厅、国务院办公厅：《领导干部报告个人有关事项规定》，2017年4月19日，共产党员网（http://news.12371.cn/2015/10/28/ARTI1446023606316277.shtml）。

干部及配偶、共同生活子女的境外存款投资情况。同时，将官员子女的配偶经商办企业情况也纳入报告范围。再比如个人事项报告最大的变化为增加了子女配偶报告。领导干部的家事又包含着政事，领导干部权力越大家事隐私权就越小，这是对党忠诚和对社会负责任的体现。

（三）对漏报、瞒报"零容忍"

首先，新制定的《领导干部个人有关事项报告查核结果处理办法》明确了认定漏报、瞒报的基本原则。比如在认定漏报情形时是"少报告"；认定瞒报情形时是"未报告"。其次，制定了对漏报、瞒报行为的处理尺度。瞒报是对组织不忠诚、不老实，属于主观故意必须加重处理。情节较重者或者查涉嫌其他违纪问题的追究相应纪律责任。再次，漏报行为情节较重判断引入定量指标，即少报房产面积50平方米以上，或者少报告投资金额30万元以上的从重处理。目前，世界各国财产申报制度中，并未有关于漏报、瞒报情形认定以及相应处罚条款。对漏报、瞒报的认定与处罚，表明《规定》以"零容忍"的态度，彰显从严治党务必从严监督的精神。

（四）问责内容突出党规特色

现行党内问责方式主要包括批评教育、做出书面检查、停职检查、引咎辞职、党纪军纪政纪处分、移送司法机关依法处理等14种。《领导干部个人有关事项报告查核结果处理办法》作为新制定的党内法规，从其诞生之时就打上了党规制度烙印。《规定》对违反报告个人有关事项制度的责任追究作出明确规定：对不按时报告、漏报少报、隐瞒不报的根据情节轻重给予批评教育、组织调整或者组织处理、纪律处分。值得一提的是，《规定》把查核结果作为衡量领导干部是否忠诚老实、清正廉洁的重要参考，运用到干部选拔任用工作中。比如，《办法》规定受到处理的最高两年内不得提拔，将瞒报解读为对党组织的不忠诚，并按照《中国共产党纪律处分条例》规定执行，突出了问责的党规特色。另外，漏报、瞒报行为处理与领导干部任免直接挂钩的做法也颇具中国特色。

（五）中国特色抽查核实制度

《规定》要求对领导干部报告个人有关事项的真实性和完整性进行查核，对查核方式、比例、对象以及查核结果运用等作出了具体规定，并明确了查核联系工作机制和抽查核实纪律。这些条款充分吸收了近年来抽查核实工作的实践成果。从"只报不查"到"又报又查"再到"部分查核""凡提必核"，查核处理的规范性、科学性不断提升。如何保证申报材料的真实性是制度难题，纵观世界各国财产申报制度，未有抽查核实制度先例。抽查核实制度创新有效解决了财产申报监督环节的缺失。它是我国自主构建，拥有中国自己的逻辑。截至 2017 年，根据中组部的通报，全国因查核发现不如实报告等问题被暂缓任用或者取消提拔重用资格、后备干部人选资格 9100 多人，因不如实报告等问题受到处理的共 12.48 万人。从处理人数看，抽查核实制度发挥了重要作用，体现了中国制度的先进性。

## 第二节　新修订《规定》与新制定《办法》的新问题

（一）组织部门牵头实施抽查核实工作权威性差、欠缺专业胜任能力

组织部门主导抽查核实工作，或是以组织人事牵头的多家单位组成的抽查核实联系工作机制，均存在一个不容回避的问题，那就是组织人事部门下属处室协调多家同级别单位显得自身级别较低，权威性差，遇见强势部门难免争论和扯皮，面对平级的机构，甚至联系单位分管领导较之组织人事受理机构负责人职务还要高，如何协调？是给组织部门出的难题。另外，金融、工商、房产、公安等 10 多家联系成员单位统一行动，尤其是在抽查核实技术要求高，取证工作完全依赖于纪委、审计、检察、金融、房管与工商等部门，作为组织人事部门一无技术，二无权限，抽查核实工作的组织确实需要调整与创新。另外，组织人事部门主要负责干部选拔、任免、考核、管理等事宜，虽然也具有监督考核干部的职能，但是仅限于行政组织协调，不具备抽查核实工作的业务能力。如果组织人事部门"指导抽查核实工作"将无法避免涉及"随机抽查"与"重点抽查"业务，这需要一定的统计、审计知识，对抽查结果的职业判断能力有较高的要求，这类指导技术活实在难为组织部门。

（二）纪委承担抽查核实工作有越位嫌疑

纪委承担抽查核实工作不能说不胜任，但有越位嫌疑。《规定》第十

条"纪检监察机关（机构）在履行职责时，按照干部管理权限，经本机关负责人批准，可以查阅有关领导干部报告个人有关事项的材料"。说明纪检监察机关抽查核实领导干部报告个人有关事项材料是有前提条件的。其前提必须是接到有关举报或者是群众对领导干部有关事项的问题反映突出。按照上述逻辑，当前纪委主导的"抽查核实"工作突破了《规定》有越位嫌疑，因为它已经不受调查核实的前提条件限制。被抽查的领导干部不一定被举报或涉嫌违纪与职务犯罪。纪委提前介入核实是不妥当的，实际上是纪委干着审计活。应该注意的是，各地成立的由组织部门牵头的抽查核实联系工作机制仍然没能改变人事组织与纪委职责不清、越位干活的状况。

（三）10%抽查比例有待提高

新《规定》确定随机抽查比例为10%，比例过低有待提高。2015年中组部将随机抽查比例由过去的3%—5%提高到10%。但实际上，从2013年起，广东、上海等地试点工作抽查比例高达15%—20%。中纪委巡视抽查比例更高，为20%左右。我们认为，抽查比例要针对不同地区、级别对象设置。经济发达地区，拥有人权、事权部门以及重点岗位领导抽查比例要提高。省部级官员、地市级干部与县级干部抽查比例可逐渐降低。其次，抽查的比例要科学，比例太高会导致抽查成本升高，也许根本就查不过来；太低则发挥不了威慑作用。

（四）过度关注10%抽查样本，将忽视对被查单位总体情况判断

如果抽查核实只是针对规定比例为10%的官员，那么与剩余90%申报官员无直接关联。如果基层单位可抽查的人数较少的话，实际被抽查到的人数寥寥无几，其震慑作用可想而知了。因此，只关注10%抽查样本就显得单一狭窄了。抽查核实工作应该不只是关注10%样本的真实性，10%样本真实完整是抽查核实的直接目标，但是根本目标是关注被抽查核实单位的整体申报人员的真实、完整性，也即通过抽样10%的样本分析，来判断90%的申报人员的状况，依据10%的抽查结果来估计和推断被抽查单位的整体申报人员的真实、完整性，否则就是舍本求末了。

（五）"随机抽查"流于随意"抽签"

《规定》中抽查方式包括随机抽查和重点抽查。随机抽查的特点是每

个样本被抽中的概率相等,简单易行。其缺点是对于复杂的总体,样本的代表性难以保证。因此,实务中直接采用简单随机抽样的比较多,很有可能演变为抽签而缺乏严肃性。此外,抽查核实结果无论好坏,都很难说明被抽查单位申报人员的真实完整性。尤其是将重点岗位,拥有财权、事权和人事权的高危干部与一般干部混合抽样,"均衡分布"的监督效果不会很理想。我们认为抽检应以省市县三级为主,省级领导干部抽查50%,地市级干部30%,县级干部20%,重点是党政一把手,其次是各级党委的常委成员。

(六) 其他问题

《办法》对党员领导干部违规行为依据党纪处理,但对违规的民主党派和无党派人士如何处理语焉不详,这些党外人士的查核结果运用有待进一步规范。还有,近年来查处的腐败案例中不乏官员将资产转移到非共同生活子女和其他亲属名下代持的情况,是否需要扩大家庭成员报告范围值得研究。此外,目前有官员将国内存款和投资转移至境外存款,鉴于金融机构对客户隐私的保护导致查核难度较大。

## 第三节　完善新修订《规定》与新制定《办法》建议

(一) 再修订《规定》与《办法》

我们认为《规定》中关于领导干部个人有关事项报告的申报主体、申报范围、抽查核实工作组织、抽查比例等需要完善。同时,修订《办法》中问责情形、查核结果的处理与运用等内容。我们认为,个人事项报告制度会向两个方面继续发展,第一个是抽查的比率会越来越高,同时还应该加大处罚力度,让个人报告事项制度"长出牙齿",抽查向常态化发展;第二个是个人报告事项的范围应该继续扩大,除了按照《规定》副处级以上领导干部报告个人有关事项情况外,应当把科级干部纳入报告主体范围或者留由各省(区、市)党委、政府决定,全国不做统一安排。因为有些科级干部级别不高,但是权力很大,容易滋生出腐败行为。最后,对拟提拔干部或后备干部的有关个人报告事项信息选择在限定的范围内党内公开，为日后面向公众全公开积累经验。

（二）形成组织人事部门协调受理，审计抽查核实，纪委督查问责的工作机制

当前抽查核实工作亟须改善。按照中央《规定》第八条，仍然由组织（人事）部门负责受理领导干部报告个人有关事项。纪委监察回归原位负责督查问责。

同时，修改《办法》，抽查核实具体业务请国家审计部门承担，由经济责任审计处室兼司抽查核实工作。理由是经济责任审计是对领导干部在任职期间经济活动是否正常、行为是否廉洁进行的鉴定和证明工作，抽查核实技术就是经济责任审计的看家本领，由其承担抽查核实工作对于开展随机抽查和重点抽查业务，无论是抽查方法运用还是取证手段都要显得专业化、职业化。尤其是在当下相关职能部门的信息化建设水平还不能完全适应核查要求，有的具备或基本具备查询条件，有的暂时还不具备查询条件，更需要审计部门担当发挥其监督职能作用与技术优势。因此，抽查核实的制度设计是形成组织人事部门协调受理，审计承担抽查核实具体业务，纪委监察督查问责结果，多部门配合审查的三驾马车式的联席会议工作机制。需要提醒的是当前各地成立的"领导干部个人有关事项报告抽查核实联系工作机制"应该改为"领导干部个人有关事项报告抽查核实工作联席工作机制"。诸如"经济责任审计联席工作机制"等，少见"联系工作机制"的做法。

（三）引入"重要性"标准定量"少报""漏报"

《办法》第十三条将问责情形表述为三种：（1）无正当理由不按时报告的；（2）漏报、少报的；（3）隐瞒不报的。《办法》分别规定了"漏报行为"的五种情形，"隐瞒不报行为"的十种情形，较为详细地回应了《规定》。

《办法》规定的"漏报行为"的五种情形与"隐瞒不报行为"的十种情形，其中某些情形认定比较困难，不方便操作。比如"少报告房产、持有股票、基金"被认定为"漏报"。那么，少报告多少为"漏报"，缺乏量化标准。需要引进"重要性"数量标准。"重要性"是审计学专业术语，是指会计报表中错报或漏报的严重程度，这种错误程度足以影响会

计报表使用者的判断或决策,因此,达到一定量的错误就是"重要"的。将其引入财产申报抽查核实工作中,则"少报""漏报"的"重要性"是指申报人填写的申报报表中少报或漏报的严重程度。它是数量概念,既可以是绝对数也可以是相对数。如果申报数额突破"重要性"标准的量,那就不是"少报"和"漏报"问题,而是涉嫌"虚假申报",处罚应随之加重。我们认为应以1套房为房产申报"重要性"标准,考虑地区房价因素,经济发达地区以少报50平方米为上限;其次,少报告投资金额30万元以上为资金"重要性"标准,30万元以下为"少报漏报"。另外,"重要性"标准的量的概念引入追责不应当仅限于房产,还应推广至存款、投资等方面申报,甚至有必要建立财产申报表整体差错的"重要性"标准,并将整体差错率分解到财产申报的"家产""家事"项目,以便定量定性。

(四)增加"虚假申报"问责情形

《规定》的三种问责情形不够全面,除了申报人"不按时报告"、"漏报、少报"与"隐瞒不报"外,实际上还有第四种问责情形,即存在"不如实报告",甚至"虚假报告"问题。由于《规定》疏漏造成《办法》对"不如实报告"与"虚假报告"欠缺认定与处理,使得故意弄虚作假填报财产的申报人被以较轻"少报"、"漏报"与"隐瞒报告"处理。

因此,财产申报问责情形除了《规定》中"不按时报告"、"少报"、"漏报"与"隐瞒不报"外,还应增加"虚假申报"情形。如何认定"虚假申报"?新修订《规定》与新制定《办法》没有现成答案。这里我们借鉴《税收征管法及其实施细则释义》对"虚假的纳税申报"的解释[①],虚假的纳税申报一般应具备虚构捏造事实或故意不如实填报等情形,与错误的纳税申报有本质区别。因此,我们认为财产申报的"虚假申报"情形为:(1)弄虚作假、故意隐瞒事实真相的;(2)拒不整改、

---

[①] 《税收征管法及其实施细则释义》认为"虚假纳税申报"是:纳税人进行纳税申报过程中制造虚假情况,如不如实填写或者提供纳税申报表、财务会计报表以及其他的纳税资料等,少报、隐瞒应税项目、销售收入和经营利润等行为。

或虚假整改。提供虚假财产申报表与个人过失造成财产申报失实行为在客观上有相同之处，即财产申报材料少报或遗漏，但二者区别的关键在于主观方面不同，"虚假申报"主观上表现为申报人故意提供虚假的或者隐瞒重要事实的财产申报数据，而过失申报则是申报人主观上对申报要求理解偏差、填报经验缺乏和态度不端正等方面的原因，使其申报表出现错算、错记、漏记等情形。

借鉴财产申报责任追究制度较成熟的美国、韩国、新加坡等国规定，具体的问责可以从以下几个方面规范：（1）经济处罚。美国对拒不申报、谎报漏报、无故拖延申报者可判处1万美元以下的罚款，对故意提供虚假信息的最高可判处25万美元罚款。而我国《规定》缺失应有的经济惩罚。我国财产申报经济处罚标准，可视情节轻重，按照申报错误率的一定比率，或者处以1000元至5万元人民币不等的罚金。（2）刑事处罚。以美国为首的部分国家采取了刑事处罚。美国《政府道德法》规定对故意提供虚假信息的人，最高处以25万美元的罚款或5年监禁。违反相关规定可处1万美元以下或2年以下的监禁，或两项同时并处。我国《规定》只有党纪处分没有刑事处罚。可依据申报违规的情节轻重制定合理的量刑标准，必须让申报人意识到金额巨大的故意隐匿不报是犯罪行为。

（五）对于"不如实报告"采用"实质重于形式"原则确认

如何认定处理"不按规定报告个人有关事项行为"，请看一则公开处理案例：

（1）基本案情。孙×，A市副市长。孙×名下现有6套住房、2个车位。孙×任A市副市长后，于2016年1月填报《领导干部个人有关事项报告表》时，在"本人、配偶、共同生活的子女的房产情况"一栏，只填报了3套住房，隐瞒了拥有其他3套住房、2个车位的情况。同时，孙×以其远房亲属名义购买了300万元理财产品，也未报告。（2）组织处理决定：孙×违反个人有关事项报告规定，蓄意隐瞒真实房产情况，并以其亲属名义购买理财产品规避报告制度，依据《中国共产党纪律处分条例》第六十七条第一款第一项之规定，其行为构成不按规定报告个人有关事项行为,已违反组织纪律,应给予纪律处分①。我们认为组织部门的处理完全正确。虽然可以采用补报形式要求申报人如实填报,但如此处理是对党纪的不尊重。对此类行为组织部门坚持了"实质重于形式"原则。实质就是"强调不如实报告",是对党的不忠诚,违反了组织纪律,构成了"不按规定报告个人有关事项行为",应当予以纪律处分。

(六)"不如实报告"情节严重的需要启动"关联监督"

同时,我们对上述纪委的处分决定持有异议,因为有可能孙×涉嫌腐败因为纪律处分被掩盖了。正确处理应该是在纪律处罚的同时,启动孙×房产评估行动。6套住房、2个车位请资产评估机构估值,再加上300万元理财产品,孙×资产总额是多少?比对孙×家庭财产累计应有数额,确认是否涉嫌巨额财产来源不明的经济问题。如果孙×不能解释巨额财产来源,则进一步采取巨额财产来源不明罪刑侦措施,进行进一步确认。也就是要建立"关联监督"制度。将领导干部个人有关事项报告制度中,瞒报漏报不报事项作为反腐线索。对瞒报个人有关事项房产套数较多,基金股票、理财产品数额较大,并与实际收入明显不符的,自身也不能自圆其说的,不能止步于停止选拔任用,组织部门应与纪检、审计部门或检察机关介入查核,综合处置。通过"关联监督"既还申报人以清白,又能彻查异常数据真相,使个人有关事项报告制度真正成为干部监督管理的利器。

(七)将随机抽样改为分层抽样与属性抽样,掌握单位财产申报真实的整体情况

《办法》确定"随机抽查"是因随机抽样的简单易行,不足之处在于随机抽查的样本具有随意性,不一定能代表总体。既要核实所抽查报告材料的真实完整,又要对总体申报人员在执行领导干部报告个人有关事项制度的遵循情况作出判断,以证实该制度是否得以贯彻执行,施行效果是否符合制度的要求,那么随机抽样就显得力不从心了,应当改为分层抽样或属性抽样方法。

---

① 钟纪晟:《如何认定处理"不按规定报告个人有关事项行为"》,《中国纪检监察报》2016年5月12日。

分层抽样是将总体拆分成互不交叉、互不重复的层次，然后在每个层内分别抽选若干个样本。分层抽样的优点是可以降低总的抽样误差，样本代表性比较好。需要说明的是全国性抽样调查一般采用分层抽样方法。将分层抽样运用到抽查核实工作，分层抽查就是针对领导干部根据一定标志分层，例如，不同级别和重点岗位的领导干部、党政"一把手"抽查的比例应该要高，因为他们的腐败风险更大。不能因为均衡考虑随意抽签，避重就轻。

属性抽查是以测定总体质量特征为基本目标的统计抽查法，它常用于对审计对象属性总体进行制度符合性测试。如果需要了解被查单位领导干部报告个人有关事项申报的整体情况，采用属性抽查通过样本的核实结果分析偏差可推断总体在制度执行过程中效果的好坏。它是由部分推算整体的一种认知方法。

需要指出的是，在统计抽样中，事先确定比例抽样的做法尤其是较低抽查比例10%，来判断总体做法是缺乏科学、专业的做法，根据单位具体情况确定抽查比例才是统计专业解答。

（八）增补"领导干部个人有关事项报告审计"，发挥审计专业优势

抽查核实，顾名思义就是将申报材料与相关系统原始记录进行比对，核实是否属实的过程。即虚假是"验证"的结果。抽查核实"验证"手法的弊病在于只验证报告内记录，忽略了申报人隐匿资产的可能性。抽查核实结果的真实，只是申报人材料的真实，不是申报人廉洁的真实。如果申报人隐瞒多项房产，隐藏不合法灰色收入是无法"验证"的。审计查账外账具有专业优势，因此，增加"领导干部个人有关事项报告审计"既对领导干部个人有关事项报告及其相关表格真实完整进行验证，又能运用核对法、盘点法以及分析性复核法等审计方法发现漏报、瞒报等舞弊线索，有利于查出申报人表外资产、账外收入。

（九）采取"同级查""上查下"与"交叉查核"相结合方式

当前抽查核实工作一般由组织人事部门受理查核，组织人事部门"同级查"其独立性、权威性和处理问题的力度会大打折扣。因此，抽查方式应改为"同级查"与"上查下"相结合的监督方式，或县与县之间、单位之间交叉查核，这样可以有效地消除本级组织人事机关的顾虑，敢

于揭露财产申报中存在的问题,对查核出的漏报、瞒报行为不偏袒,依党纪等相应处理达到抽查核实监督的目的。

(十)逐步公开抽查结果,树立中国特色财产申报公开透明形象

目前看,抽查核实威慑作用仅限于10%,除了抽查比例过低问题外,还有原因在于抽查核实结果信息不公开,申报人的家事、家产信息也不公开。由于不同行业、不同岗位之间收入存在差距,如果将领导干部个人家事、家产信息全部公开到位,可能会带来一定的社会影响。现阶段实行领导干部个人有关事项报告,不能盲目地公开了之,需要循序渐进,内外有别,稳妥可控。比如说可以试行先党内公开或者特定官员在局域网内有限公开等。也有学者认为,现在全部公开压力太大,建议先把新提拔干部的抽查结果公开,再把省部级干部领导的抽查结果公开。向群众说真话、交实底[1],让人民群众感受到我党推进财产申报的决心和魄力,以树立中国特色财产申报公开透明的形象。

---

[1] 中共中央政治局常委、国务院总理李克强2013年3月26日在北京谈及政务公开时强调,政府要向群众"说真话、交实底"。

# 参考文献

安作璋：《班固与汉书》，学海出版社1991年版。

蔡建军：《白居易的"官道"》，《领导之友》2014年第4期。

陈贵梧：《美国研究型大学的核心使命及其演变研究：基于使命陈述中关键词的词频分析》，《复旦教育论坛》2013年第1期。

陈振：《澳门新财产申报法及其对内地的启示》，《中共浙江省委党校学报》2013年第3期。

崔英楠：《域外财产申报制度的确立与启示》，《北京联合大学学报》2015年第2期。

董瑞：《韩国公务员财产申报制度的构建路径及对我国的启示》，《安徽行政学院学报》2012年第1期。

房宁：《国外公职人员财产申报与公示制度》，中国社会科学出版社2013年版。

龚兵、杨震：《俄罗斯公职人员财产申报立法：实际效用及未来走向》，《环球法律评论》2013年第2期。

韩珍珍、韩兆柱：《官员财产申报制度建设：困境与策略》，《燕山大学学报》（哲学社会科学版）2015年第1期。

胡红兵：《财产申报审计制度研究》，《当代会计》2015年第2期。

黄卫平、刘王裔：《我国领导干部财产公开实践：现状、困境及对策——基于全国20个试点样本的研究》，《社会科学研究》2014年第3期。

黄学贤：《港澳台地区的财产申报制度》，《探索与争鸣》2010年第4期。

李松锋：《官员财产申报制度的国际经验——基于20个国家的比较分析》，《中共浙江省委党校学报》2015年第1期。

廖晓明、邱安民：《我国官员财产申报问责体系制度设计》，《社会科学家》2013年第5期。

刘桂兰、郝继明：《国外官员财产申报制度的典型特征及对我国的启示》，《行政与法》2011年第3期。

刘再春：《发达国家官员财产申报制度及其启示》，《政治与公共管理》2011年第3期。

刘志勇：《中国官员财产申报：现状及对策》，《政治学研究》2012年第4期。

刘志勇：《中国官员财产申报制度研究》，中国社会科学出版社2013年版。

孟庆顺：《澳门公职人员财产申报制度的改革与经验》，《廉政文化研究》2015年第3期。

莫清华：《为官当学王尔烈》，《唯实》2011年第10期。

《时代金融》编辑部：《"零投诉零异议"表明官员财产公示任重道远》，《时代金融》2012年第13期。

谭良啸：《诸葛亮〈自表后主〉考析》，《成都大学学报》（社科版）2006年第6期。

汤唯、黄兰松：《我国官员财产申报立法的困境及路径选择》，《云南师范大学学报》（哲学社会科学版）2013年第4期。

屠振宇：《财产申报制度中的隐私权保护》，《法商研究》2011年第1期。

万理：《从领袖人物词频统计及语义分析中看中共执政理念的转变——以建国以来〈人民日报〉元旦社论为例》，《北京党史》2015年第2期。

汪全胜、张苊：《论我国官员财产申报立法的困境及路径选择》，《法学评论》2014年第1期。

汪宛夫：《领导干部财产申报的难点和出路》，《领导科学》2010年第15期。

汪玉凯：《深化改革要敢于触动既得利益——建立官员财产申报制度的几点思考》，《中共中央党校学报》2009年第2期。

王丰、苏鹏、马金龙：《泰州长江大桥应急事件管理系统实现方案》，《中国交通信息化》2012年第S2期。

王高贺、郭文亮：《当前我国推行官员财产申报制度的心理障碍及其治理》，《理论与改革》2010年第5期。

王利明：《公众人物人格权的限制和保护》，《中州学刊》2005年第2期。

王晓亮、刘海燕：《基于J2EE体系结构的公安局信息系统》，《信息技术》2009年第9期。

王欣：《建设银行内部审计信息系统主要问题探索》，《中国内部审计》2014年第1期。

王英：《俄罗斯官员的财产申报制度》，《学习时报》2010年第3期。

王英：《法国公务员财产申报制度》，《刊授党校》2010年第6期。

王中英、李光辉：《港澳台地区公职人员财产申报制度分析》，《行政管理改革》2014年第4期。

吴金荣、朱洪军：《基于GIS的不动产信息管理系统设计与开发》，《测绘与空间地理信息》2010年第2期。

肖金明：《通过完善官员财产申报制度治理腐败——兼论利益冲突、财产申报、官员伦理的关联及其意义》，《甘肃社会科学》2014年第9期。

徐行、杨鹏飞：《中国官员财产申报制度的实现障碍与突破路径》，《理论与现代化》2015年第1期。

许昌：《澳门特区官员财产和利益申报公开制度研究》，《当代港澳研究》2015年第2期。

薛梅：《财产申报制度在我国的进展及前景》，《新视野》2011年第1期。

阎宝龙：《国外财产申报制度对我国财产申报法的借鉴意义》，《山东社会科学》2003年第1期。

颜英、赵根：《重庆市城镇的房籍管理信息系统建设与应用》，《国土资源信息化》2015年第1期。

杨建国：《中国官员财产申报入法：必要与可能》，《行政论坛》2010年第1期。

姚瑞平、刘祖云：《财产申报制度：现实困境及其路径突破》，《南京社会科学》2013年第6期。

于婧：《我国公务员财产申报与公开现状及对策》，《社科论坛》2012年第10期。

张建永、张景训、李名松、刘朋涛、梁春利、石海岗：《HJ-1 卫星遥感与地理信息系统的集成开发》，《地理空间信息》2015 年第 2 期。

张立、胡正刚、杜智、张书华：《医院信息系统集成平台建设的目的和效果》，《中国卫生信息管理杂志》2012 年第 2 期。

张少兵：《试论我国实行财产申报立法的必要性》，《理论与现代化》2005 年第 S1 期（增刊）。

张深远、张惠康：《美国财产申报制度的文化依托》，《理论探索》2014 年第 1 期。

张淑芳：《财产申报法与相关法律的衔接》，《探索与争鸣》2010 年第 4 期。

张一兵：《学术文本词频统计：马克思哲学思想史研究中的一个新视角》，《马克思主义研究》2012 年第 9 期。

张忠利、刘春兰：《台湾公务员财产申报与公开制度及其成效》，《西北工业大学学报》（社会科学版）2012 年第 2 期。

郑凯：《幽默大师东方朔》，《华南师范大学学报》（社会科学版）1996 年第 3 期。

郑秀花：《中国传统经典家训词频统计与分析》，《图书情报知识》2015 年第 3 期。

中央纪委法规室（编译），监察部法规司（编译）：《国外防治腐败与公职人员财产申报法律选编》，中国方正出版社 2012 年版。

邹万平、洪平平、颜玲：《中美财产申报制度比较及启示》，《商业时代》2012 年第 3 期。

Donald J. Maletz &Jerry Herbel. 2000. Beyond Idealism: Democracy and Ethics Reform. The American Review of Public Administration 30.

Rosenson. Beth A. 2003. "Against Their Apparent Self – interest: The Authorization of Independent State Legislative Ethics Commissions, 1973 – 1996". State Politics and Policy Quarterly (Spring) 3, No. 1.

Hale, Haseman and Groom. Integrating Islands of Automation. MIS Quarterl 1989 (1).

John S. T. Quash. Implementation of an Enhanced Integrated Fare System for

Singapore. *Asian Journal of Public Administration*, 2002 (6).

Mark Davie. *1987 Ethics in Government Act: Financial Disclosure Provisions for Municipal Officials and Proposals for Reform Processes*, New York: Aspen Law Business Publishers. 2003.

Alan F. Westin, *Scandal Proof: Do Ethics Laws Make Government More Ethical*, Washington, D. C. : Brookings Institution Press, 2002.

# 附　　录

## 附录一　建设有中国特色财产申报制度的问卷调查

尊敬的女士\先生：

您好！

首先，衷心感谢您的热情支持！

本问卷是关于我国的财产申报制度的研究。问卷以不记名的方式填写，我们会对问卷的数据进行严格的保密，且只做综合性的统计处理，不做个案研究。您的回答没有好坏、对错之分，只要是您的真实想法，都是对我们莫大的帮助。

作为"制度反腐"的利器，财产申报制度在我国已试执行了一段时间。比较全国官员财产公示试点区，发现各试点的结果非常相似："零投诉、零异议。"如何设计更合理的制度方案，减小公众期待与制度试行之间的缺口，提高财产申报制度的公信力和可执行度，是一个需要解决的问题。

年龄　　　　□20—30岁　□31—40岁　□41—50岁　□51—60岁
受教育程度　□高中　□大专　□本科　□硕士　□博士
职务级别　　□科员　□副科　□正科　□副处　□正处　□副厅□正厅
工作单位　　□党群部门　□纪检监察部门　□行政执法部门　□企事业单位

工作地点　　＿＿＿＿＿＿（省份）

（一）单选题（打勾即可）

1. 您认为领导干部财产申报公示制度对于预防领导干部腐败效果如何？

（1）将起很大作用

（2）没有太大作用

（3）有一些作用

（4）难说

2. 您是否认为领导干部财产申报公示制度侵犯干部隐私？

（1）不是，领导干部掌握公共权力，有义务接受监督

（2）是，财产申报涉及家属，领导干部及其家属也有隐私权

3. 您认为我国公务员财产申报制度实现途径应该是？

（1）自上而下型，由中央政治局高层带头，逐步向省市级推进更有实效

（2）自下而上型，先从科级干部申报，逐步上推到中央更稳妥

4. 有观点认为进行财产申报可能引起社会动荡，您的观点是：

（1）应该相信绝大多数干部是廉洁自律的，不可能引起大的社会动荡

（2）目前反腐高压态势，正是推进财产申报的有利时机

（3）实行财产申报可能会引起社会摩擦。承载一时政治负荷换取政治清明与赢得民心是值得的

5. 您认为领导干部财产申报监督主体由谁来担任比较合适？

（1）成立专门的财产申报受理核查机构，由纪检、监察、组织、人事及社会监督力量共同承担

（2）纪检监察部门

（3）社会监督力量

（4）组织人事部门

6. 财产申报材料是目前采取的部分抽查还是全部审计核实？

（1）先部分抽查再推广至全部审计

（2）全部审计核实

（3）只申报，个人信用保证、组织追责

7. 财产申报环节，就当前形势哪个环节更需要加强？

（1）申报

（2）审查

（3）公示

（4）问责

8. 有专家认为财产申报关键在于核查，您认为应该：

（1）国家审计部门负责核实可行

（2）会计事务所负责核查

（3）纪委负责核查

（4）组织人事负责核查

9. 您认为领导干部财产申报公示应在哪个范围比较合适？

（1）单位内部公示

（2）只申报不公示

（3）选择一定范围公示

（4）网上公示

10. 您认为对于领导干部财产申报相应的责任追究应采取哪种态度比较合适？

（1）轻微处罚，责令重新填报

（2）严厉处罚，零容忍，触犯刑法移交司法部门

（3）中度处罚，通报批评、记过等

11. 普京、奥巴马、朴槿惠、梁振英、崔世安等国家元首和我国特区特首都进行了财产申报，您是否希望中国国家领导人也如此？

（1）是

（2）否

（3）不好说

12. 俄罗斯、越南、印度尼西亚等国家公职人员财产申报与公示制度都显得很完备，但腐败问题却很严重，相比之下，英美等发达国家在这一制度上并不是特别详细周全，腐败问题却轻得多，请问中国是否需要

建设有中国特色财产申报制度？

（1）需要，因为国情不同

（2）不需要，因为有欧美现成版本

（3）不好说

13. 官员财产公开已经"被呼吁"了多年，如今还是停留在内部申报和局部试点上，目前全国已经有40个试点城市，最近哈尔滨试点财产申报成为首个省会城市，请问：

（1）继续进行全国试点完善制度

（2）试点城市足够多了，立法时机成熟，应该全国推开

（3）试点层级再推进

14. 从2009年以来，中国试点官员财产公开的地区已接近40个，但是，"昙花一现"的试点地区占比超50%。您认为应该：

（1）加快出台《财产申报法》步伐

（2）继续试点

（3）成熟再推出

（二）多选题（打勾即可）

1. 浙江慈溪、宁夏银川和宁夏青铜峡等地财产申报公开后出现了"零投诉、零异议"现象，你认为：

（1）申报官员廉洁没问题

（2）制度设计有问题

（3）公众关注度不够

（4）缺乏监督核查机制

（5）公示环节有问题

2. 您认为领导干部财产申报公示制度取得成功的关键因素有哪些？

（1）加强相关立法和制度规定

（2）建立财产申报核查审计制度

（3）完善申报公示体系，接受社会监督

（4）建立责任追究机制，对虚漏错报进行惩处

（5）建立金融实名制与社会信用制度等配套制度

（6）中央高层的反腐决心以及自上而下的强势推动

3. 您认为我国财产申报制度建设的特色在于：

（1）申报材料真实性审计

（2）纪检监察审计和组织部门联合受理核查机构

（3）有效问责制

（4）公示制

4. 财产申报需要涉及范围：

（1）配偶

（2）家庭子女

（3）亲戚

（4）仅限个人

5. 世界上有100多个国家实行了财产申报，但是都没有统一范本，中国财产申报是走欧美之路，还是建立中国特色财产申报制度？

（1）照搬欧美申报法

（2）借鉴中国香港、澳门、台湾做法

（3）建立中国特色申报制度

6. 当前财产申报制度面临的众多阻力，个人因素包括：

（1）隐私得不到保护

（2）涉及家人

（3）灰色收入不好界定

（4）露富引来仇富乃至没必要的麻烦

（5）我们怎么受到保护

（6）财产申报数量、金额没有标准，如何界定合法收益与非法所得

7. 您认为可以从哪些方面增强公务员财产申报数据的真实有效性？

（1）国家审计机构监督核查

（2）金融机构监督收入真实性

（3）房管部门核实房产

（4）工商部门落实子女产业

（5）民政部门审验婚姻状况

（6）社会舆论监督

（三）问答题（共 2 道）

1. 您对建设有中国特色财产申报制度的建议有哪些？

2. 如何避免财产申报公开后出现的"零投诉零异议"现象？

# 附录二　中国特色财产申报制度及其影响因素问卷调查

尊敬的各位领导、亲爱的朋友们：

　　我们目前正在从事财产申报制度的相关论文写作。本次调查问卷采用匿名制，所有的调查结果仅供学术研究，不会对您的工作与生活产生任何影响，因此恳请您花 5—10 分钟时间，将您对于领导干部财产申报制度的见解通过填写此份问卷方式表达出来，再次衷心感谢您的大力支持与配合。

## 第一部分　个人基本信息

1. 您的年龄：
○20—29 岁（含）
○30—39 岁（含）
○40—49 岁（含）
○50 岁及以上

2. 您最后的学历：
○中专
○高中
○大专
○本科
○研究生

3. 您所在的工作单位性质：
○政府部门

○国家行政机关

○事业单位

○企业

4. 您目前的职位级别：

○科员

○副科

○正科

○副处

○正处

○副厅

○正厅

5. 您所在_____省_____市（县）

**第二部分　中国特色财产申报制度的影响因素调查**

以下是一些可能会影响财产申报制度的因素，请根据您对财产申报的了解，对这些影响因素进行判断，1→5 表示非常不同意→非常同意。您的答案没有对错之分，请您尽可能如实填写。

6. 制度环境

| 调查项目 | 1 | 2 | 3 | 4 | 5 |
| --- | --- | --- | --- | --- | --- |
| 中共高层决心不够大，担心多于决心，推迟制度实施 | 1 | 2 | 3 | 4 | 5 |
| 官员腐败的严峻形势影响了中央高层判断，对腐败存量的担心推迟了制度实施 | 1 | 2 | 3 | 4 | 5 |
| 官员财产隐私权保护在法理上得到官员的普遍认同阻碍了财产申报制度实施 | 1 | 2 | 3 | 4 | 5 |
| 社会公众舆论对官员申报过度关注与解读甚至质疑影响了高层推进财产申报制度 | 1 | 2 | 3 | 4 | 5 |
| 施行财产申报制度可能产生社会公众对官员的信任危机，易引发社会动荡风险阻碍了财产申报制度的实施 | 1 | 2 | 3 | 4 | 5 |
| 条件不成熟制度不完善使得财产申报制度无法全面实施 | 1 | 2 | 3 | 4 | 5 |

7. 制度安排

| 调查项目 | 1 | 2 | 3 | 4 | 5 |
|---|---|---|---|---|---|
| 财产申报对象应该下至普通公务员上至中共中央政治局乃至总书记 | 1 | 2 | 3 | 4 | 5 |
| 申报财产细化为5000元以上财物均要求上报，包括境外资产 | 1 | 2 | 3 | 4 | 5 |
| 针对只申报不核实情况应该增加申报材料真实性审计环节 | 1 | 2 | 3 | 4 | 5 |
| 财产申报抽查比例应该由10%提高到30% | 1 | 2 | 3 | 4 | 5 |
| 财产申报抽查比例应该由10%改为全部审计核实 | 1 | 2 | 3 | 4 | 5 |
| 目前中国特色财产申报受理机构可以由纪委、组织、人事、监察、审计、银行与房产管理等部门联合组成 | 1 | 2 | 3 | 4 | 5 |
| 要建立中国特色独立的财产申报管理审查机构 | 1 | 2 | 3 | 4 | 5 |
| 虚假申报严重者追究刑责 | 1 | 2 | 3 | 4 | 5 |
| 财产申报公示范围视具体情况由单位自行决定 | 1 | 2 | 3 | 4 | 5 |
| 健全中国特色财产申报配套制度，如财产申报审计制度 | 1 | 2 | 3 | 4 | 5 |
| 健全中国特色财产申报配套制度，如房产、公安与银行联网申报审核系统 | 1 | 2 | 3 | 4 | 5 |
| 健全中国特色财产申报配套制度，如不动产登记制度、裸官治理制度、网络举报制度等 | 1 | 2 | 3 | 4 | 5 |
| 《领导干部个人有关事项报告制度》（中办、国办〔2010〕）是建设中国特色财产申报制度的母本，发挥着不可或缺的作用 | 1 | 2 | 3 | 4 | 5 |
| 应该建设《中华人民共和国财产申报法》直至立法 | 1 | 2 | 3 | 4 | 5 |
| 应该将财产申报制度写入《反腐败法》中 | 1 | 2 | 3 | 4 | 5 |

# 附录三　公众对官员房产、存款与灰色收入容忍程度调查

尊敬的各位领导、朋友们：

我们目前正在从事课题《中国特色财产申报制度研究》及论文写作。本次调查问卷采用匿名制，所有的调查结果仅供学术研究，不会对您的工作与生活产生任何影响，因此恳请您将对领导干部财产申报制度的见解通过填写此份问卷的方式表达出来，再次衷心地感谢您的大力支持与配合。

## 一 个人基本信息

1. 您的年龄：

○20 至 29 岁（含）

○30 至 39 岁（含）

○40 至 49 岁（含）

○50 岁及以上

2. 您最后的学历：

○中专以下

○中专

○大专

○本科

○研究生

3. 您所在的工作单位性质：

○政府部门

○国家行政机关

○事业单位

○企业

○其他

4. 您目前的职位级别：

○科员

○副科

○正科

○副处

○正处

○副厅

○正厅

○其他

5. 您所在_____省_____市（县）

## 二 您个人对官员房产、存款与灰色收入的主观认知

6. 对于目前政府官员持有的灰色收入现象,您有什么看法?

○非常普遍

○普遍

○不普遍

○很不普遍

7. 学者认为灰色收入是介于"合法收入"与"非法收入"之间的隐形经济收入,您认为以下哪几项属于官员灰色收入?(可多选)

○官员节日接受他人赠送的昂贵礼物

○官员利用职务便利受贿

○官员利用权力帮助亲友垄断高利润行业

○三公收益:公款吃喝、公款消费、公款旅游

○官员借修路等公共设施建设变相敛财

○官员出席论坛收到承办机构的讲课费

○凡不属于工资收入的其他收入

8. 您认为官员拥有不合理的存款及多处房产、灰色收入的原因是什么?(可多选)

○财产申报体系以及其他相关法律制度不够完善

○公务员工资偏低

○个别官员的个人素质低

○社会监督体系不够完善

○社会风气的影响

○个别官员思想认识不足,热衷于权力寻租

○法律法规存在漏洞

○传统文化的影响

9. 官员拥有过多与其收入不相吻合、来源不明的存款、其他房产和灰色收入等,是否会给社会带来危害?若有危害表现在哪些方面?(可多选)

○阻碍社会经济和文化的发展

○破坏社会公平和社会和谐

○侵害人民群众的利益

○损害党在人民群众中的威信

○其他危害（欢迎补充）

○觉得没有危害请选此项

10. 近年来，官员腐败现象严重，大量无法说明来源财产不敢申报，通过设立廉政保证金将无法说明来源财产上交，并免除干部财产申报顾虑与处罚。您认为上述廉政保证金制度是否可行？（　　）

○完全可行

○基本可行

○基本不可行

○完全不可行

11. 作为亚洲最廉洁的国家——新加坡拥有一套切实有效惩治贪污的法律规章，而财产申报制度则是其预防腐败体系最重要的组成部分。您觉得我国官员的灰色收入是否应该列入官员财产申报？（　　）

○完全有必要

○部分有必要

○没有必要

12. 您认为现如今在中国，灰色收入没有被列入财产申报制度的原因有哪些？（　　）（可多选）

○灰色收入界定不明

○数据容易被编造

○法律存在漏洞

○固有利益格局的抵触

13. 如果官员灰色收入被列入财产申报制度，那么您认为公职人员的配偶、子女的灰色收入是否也应列入财产申报制度？（　　）

○完全有必要

○基本需要

○基本不需要

○完全不需要

14. 您对近年来政府对官员灰色收入的治理工作感到满意吗？（    ）

○满意

○比较满意

○一般

○不太满意

○非常不满意

15. 谈谈您对官员过多的存款、房产与灰色收入列入官员财产申报制度的建议。

## 三　您个人对官员房产、存款与灰色收入的容忍度

（以"1—10"为跨度标准，请您结合自身情况对以下行为的容忍程度依次打分，"1"代表完全不容忍，"10"代表完全容忍，请打"√"）

| 评价指标 | 1（完全不容忍）~10（完全容忍） | | | | | | | | | |
|---|---|---|---|---|---|---|---|---|---|---|
| 16. 在财产申报中，对官员持有灰色收入的容忍度 | 1 | 2 | 3 | 4 | 5 | 6 | 7 | 8 | 9 | 10 |
| 17. 对官员灰色收入不申报所持容忍度 | 1 | 2 | 3 | 4 | 5 | 6 | 7 | 8 | 9 | 10 |
| 18. 在财产申报中，官员灰色收入超过工资收入的20%—50%的容忍度 | 1 | 2 | 3 | 4 | 5 | 6 | 7 | 8 | 9 | 10 |
| 19. 在财产申报中，官员灰色收入超过工资收入的50%—100%的容忍度 | 1 | 2 | 3 | 4 | 5 | 6 | 7 | 8 | 9 | 10 |
| 20. 在财产申报中，官员灰色收入超过工资收入的100%以上的容忍度 | 1 | 2 | 3 | 4 | 5 | 6 | 7 | 8 | 9 | 10 |

续表

| 评价指标 | 1（完全不容忍）~10（完全容忍） | | | | | | | | | |
|---|---|---|---|---|---|---|---|---|---|---|
| 21. 官员在单位巧立名目、自发各种福利补助的容忍度 | 1 | 2 | 3 | 4 | 5 | 6 | 7 | 8 | 9 | 10 |
| 22. 官员为融入集体氛围而参与收取灰色收入的容忍度 | 1 | 2 | 3 | 4 | 5 | 6 | 7 | 8 | 9 | 10 |
| 23. 执法者用自己的权力在行政体系内部为谋取个人的收入做权力寻租行为（如乱收费、乱罚款等）的容忍度 | 1 | 2 | 3 | 4 | 5 | 6 | 7 | 8 | 9 | 10 |
| 24. 官员为下属提拔明示或暗示收取礼金行为的容忍度 | 1 | 2 | 3 | 4 | 5 | 6 | 7 | 8 | 9 | 10 |
| 25. 官员虚假票据报销收入的容忍度 | 1 | 2 | 3 | 4 | 5 | 6 | 7 | 8 | 9 | 10 |
| 26. 党政官员入股煤矿收益的容忍度 | 1 | 2 | 3 | 4 | 5 | 6 | 7 | 8 | 9 | 10 |
| 27. 官员为解决他人民生问题收取礼金灰色收入的容忍度 | 1 | 2 | 3 | 4 | 5 | 6 | 7 | 8 | 9 | 10 |
| 28. 官员等级越高，越不能容忍财产申报错误；官员等级越低，对财产申报错误容忍度较高 | 1 | 2 | 3 | 4 | 5 | 6 | 7 | 8 | 9 | 10 |
| 29. 只要不影响我的利益，官员房产、存款和灰色收入多寡与我无关 | 1 | 2 | 3 | 4 | 5 | 6 | 7 | 8 | 9 | 10 |
| 30. 财产申报表格的设置存在漏洞的容忍度（例如表格太短官员大多不够填房产数） | 1 | 2 | 3 | 4 | 5 | 6 | 7 | 8 | 9 | 10 |

我们的问卷调查到此结束，再次感谢您的配合和支持！

# 附录四 依法治国下国家审计相关重要问题的问卷调查

尊敬的老师您好!

  国家审计是国家治理的重要组成部分,在十八届三中全会上则首次提出全面深化改革需推进国家治理体系和治理能力现代化,这一结论对国家治理与国家审计新发展都产生了重要影响。因此,耽误您宝贵的时间协助我们完成此次调查问卷。此次问卷调查仅做学术之用,请放心答题。

## 一 个人基本信息情况

1. 您的性别:_____

  A. 男    B. 女

2. 您的学历:_____

  A. 专科    B. 本科    C. 硕士    D. 博士   E. 其他

3. 您现在的职称:_____

  A. 助教    B. 讲师    C. 副教授    D. 教授   E. 其他

4. 您担任的学校行政职务为:_____

  A. 无    B. 系级    C. 分院级    D. 校级   E. 其他

5. 您所任学校的类型:_____

  A. 研究型院校   B. 教学型院校   C. 教学研究型   D. 其他

6. 您所在的省(市)为_____

## 二 主体调查部分

1. 以下关于国家审计本质的观点您赞同哪一个?

  A. 免疫系统论   B. 政治工具论   C. 经济监督论   D. 国家治理与国家审计论   E. 其他

2. 您认为中国共产党第十八届中央委员会提出的《决定》是否丰富了依法治国的内容?

  A. 认同    B. 基本认同    C. 不认同    D. 不好说

3. 您是否认同国家审计现在的功能定位：预防、揭露、抵御功能？

    A. 认同　　　　B. 基本认同　　C. 不认同　　D. 不好说

4. 请您对当前国家审计所体现的工作重视程度进行排序：

①财政财务审计 ②绩效审计 ③经济责任审计 ④财经法纪审计 ⑤资源环境审计 ⑥民生项目审计 ⑦地方债务审计

5. 您认为国家审计的目标及功能是否应根据国家治理目标进行调整？

    A. 认同　　　　B. 基本认同　　C. 不认同　　D. 不好说

6. 审计理念从过去李金华审计长的"看门狗""经济卫士"转变到刘家义审计长的"免疫系统论"，您是否认同国家审计理念随着审计长的变迁而改变？

    A. 认同　　　　B. 基本认同　　C. 不认同　　D. 不好说

7. 中国共产党第十八届中央委员会第四次全体会议提出依法治国是中国共产党领导人民治理国家的基本方略。您认为国家审计是否需要适时变化？

    A. 需要变化　　B. 不需要变化　　C. 不好说

8. 中国共产党第十八届中央委员会第四次全体会议过后，依法治国成为重点话题，依法治国的推动离不开国家审计，请您对以下在依法治国下国家审计发挥的功能进行排序：

①检查法律及政策执行情况，查找漏洞，在体制机制等方面提出解决的措施，深化改革发展

②加强反腐和问责，提高审计权威，促进国家法制及廉政建设

③加强对国企央企的审计，充分发挥审计对企业的服务及促进作用

④强化国家重点领域的审计，如财政资金运用等环节，以维护国家经济安全

⑤应加强国家公共资金如社保基金、社会捐助基金的审计，并加强环境资源方面的审计

9. 请您对下列国家审计存在的问题严重程度进行排序：

①缺乏独立性

②审计结果披露受限制

③审计工作目标与重点不稳定，其监督职责难以深化

④审计监督留有空白

⑤预算审计流于形式

10. 目前，新一轮地方债务审计结果已公告，但对于这次审计结果，众多民众及机构还是持怀疑态度，对此，您是否认同地方债务的审计结果？

  A. 认同  B. 基本认同  C. 不认同  D. 不好说

11. 自改革开放以来中国出现了大面积腐败现象，这在很大程度上与中央对地方政府权力的制约不够有关。当前，您是否认同强化国家审计（财政审计）在地方上的作用以加强中央集权？

  A. 认同  B. 基本认同  C. 不认同  D. 不好说

12. 目前，地方审计体制改革正如火如荼地进行，其中以广东省最具代表性，对国家审计体制改革有一定借鉴意义，那么您支持以下哪种体制改革的观点？

  A. 双轨制  B. 合并制  C. 持保留意见

13. 对目前我国反腐格局"分散"局面，您认同国家审计应该进行纵向垂直管理并进行审计内部职能机构改革吗？

  A. 认同  B. 基本认同  C. 不认同  D. 不好说

14. 有全国人大常委会委员说"离开了审计，人大的财政监督将无法进行"，那么在您看来是人大需要审计合并加强监督，还是审计离开了人大监督无法全到位？

  A. 前者  B. 后者  C. 都包括  D. 不好说

15. 目前仅实现国家层面的报告公开，您认为对于地方审计结果公开是否利于整个国家审计透明度的加强？

  A. 是，地方审计报告公开有利于提高审计公开广度及深度

  B. 否，国家审计透明度提高的关键还是在国家审计局，地方审计报告公开无利于增强透明度

  C. 不好说

16. 国家审计曾被提出是国家治理的组成部分，服务国家治理。那么在您看来此观点的提出是国家审计高层管理理念先进，还是机缘巧合？

  A. 先进  B. 巧合  C. 不好说

17. 2012年广东横琴新区新建廉政办，集合纪检监察检察审计4项功能，有人认为这是对权力分散、重复建设的反腐力量的重新聚合，有利于提高反腐败体制的法治权威性，有人认为此举可能导致体系混乱，独立性不足。您如何看待这个问题？此举对于国家审计未来发展有何启示？

18. 国家审计署近年来在反腐上大有成就，如铁道部原部长刘志军贪污案、中国航空港建设总公司原常务副总经理陈同洲受贿案等。但目前公众依旧质疑其反腐能力，您认为其中存在的原因是什么？

# 后　　记

首先，感谢三年前评委厚爱，我得以获此项目。虽然可以自傲：搞管理的跨界拿到了第一个党建口的国家社会科学基金项目；如今，再跨界拿到法学口重点项目。但是，在项目结束时，第一个想到的还是那些给予我肯定的评委，也许他们已经淡忘了当初的投票。如果他们能看到我的拙著及后记，并致以确认的眼神，我会如释重负——终于不负当初评委投票之期待！

自然，也要感谢即将"堂审"的评委们。在日常教学科研中，我常在研究生们面前口若悬河，令弟子尊崇有加，常显"我就是真理化身"的嘚瑟模样。正好，借助成果评审，做会儿学生，听听评审专家滚烫的谏言，也可杀杀平日里养成的学术骄横之气。要知道天外还有"评委"！

常见"后记"，多是惯例，感谢妻子云云。我的妻是负责貌美如花的主，我养家还带厨艺。妻子常在邻里夸赞我：我家大厨是教授级的。但教授级大厨做菜淡了咸了常被批，还被冠以对提高厨艺有帮助。感谢妻子我就呵呵了：你就继续负责美貌如花吧。

其实，国家级课题就是个"坑"，谁都想往里跳。没有的时候想拿；完成它，是以腰酸背疼、脖子僵硬为代价的，个中辛苦只有自知了。好在结题十分顺利，浙江省五位鉴定专家给予了较高评价，省社科规划办并未要求修改就直接上报全国社科规划办了，全国社科规划办审核后只要求作一定修改就算结题了！比起那些还在煎熬文章发表与发愁课题撰写的同人来说，我已经幸福得不要不要了！

在项目完成片刻兴奋之后，我又陷入自责——发表论文甚少。原因是：研究时间跨度允许3年完成，但是在申报书中误填为2年，造成研究时间预算仓促。随着研究纵深，内容已经突破原先申报书的设计构思，增加了相当篇幅内容，从而延长了研究时间。2年的研究时间里既要收集资料、设计问卷，又要整理分析与实证，完成25万字（出书估计30万字左右）的研究成果实属辛苦，体现在成果发表上就差强人意了。虽然本项目研究是以专著而不是以系列论文的形式结题，但我还是深感遗憾。

未来会有一波发表行情吗？虽然中国财产申报制度的彻底公开还有很长一段路要走，但党内个人申报事项却愈加严细，先党内管控后党外推延，也许是我国财产申报制度走上法治化轨道的节奏。

已经修改四稿了，仍觉有不妥之处，但至少可以安心去做膝盖半月板手术了……

感谢我的研究生为这本专著所作的贡献。宁波大学的傅卓唯、常雪文、贺皎慧、王明宇、郝一、李应华与兰晓利为本专著部分章节做了大量工作，其中王明宇与兰晓利对本书第四章、贺皎慧对第五章、郝一对第六章、李应华对第八章作出了一定贡献。云南大学的宗婷、白冰、李杰、陈刚为专著的修订倾注了汗水，在此一并表示感谢！

2018 年 12 月 1 日于昆明